中华学人丛书

◎ 彭南生 著

中间经济

传统与现代之间的中国近代手工业（1840—1936）修订版

北京师范大学出版集团
BEIJING NORMAL UNIVERSITY PUBLISHING GROUP
北京师范大学出版社

序　言

章开沅

　　俗话说："言者无意，听者有心。"有时前人无意中讲过的一句话，会使听者有所感悟，有所联想，乃至引发大篇大篇的文章、大本大本的著作。

　　记得是在1964年暮春，我有幸随同杨东莼、邵循正两位前辈到天津为社会历史调查摸底。东老博学多才、见多识广，经常是妙语连珠、风趣隽永。邵先生则属于沉默寡言类型，言语有时甚至显得较为木讷。但有次茶余饭后的闲谈中，邵先生的一句话却给我很大启发。他说："今后对资产阶级恐怕需要加强集团研究。"根据我平素对邵先生的了解，这必定是他经过深思熟虑才说出的一句话，而且很可能是针对当时已流于简单化、贴标签式的所谓"阶级分析法"。经过多年在研究工作中的实际体会，我把集团（或群体）研究看作个案研究与类型研究之间的中间层次。因为，阶级、阶层绝不是个人的简单相加，正如资本主义经济体系也不是企业的简单相加一样，而集团正是个人与整体之间的纽带。马克思在《资本论》中曾把资本家称为"经济范畴的人格化"，实即代表资本主义经济领域一系列规定和关系的总和。这些规定和关系，在资本家个人或单个企业中间固然已经存在并以多种样式表现出来，而在一定集体（如资本集团、大型企业、行业、商会等）中，则往往可以更为丰满也更为清晰地得到表现。多样性的充分展示，常使统一性的揭示更为容易，这已成为许多探索历史客观规律性的学者的共识。因此，我在张謇研究和其后的商会研究过程中，常常使用集团（或群体）研究的方法，并且因此取得许多新的创获。

　　无巧不成书。三十年后我与南生有次偶然在途中闲谈，又说起上述这个历史话题，不料他早已从这个话题中得到启发，并且郑重其事地提出想构建"中间经济"的理论框架，为中国近代手工业的长期存在及其历史地位和作用寻求新的解释。我当时就表示赞赏，并且还谈了一些在海外的见闻与感受。例如，在欧美许多家庭与餐馆，为保护环境而不再用一次性塑料餐具，但又缺乏其他可以取代的简单餐具。菲律宾商人根据这一市场需要，利用传统的手工编织业，制造不同型号的藤盘作为食物容器，吃完饭只要把垫在盘上的油纸丢在垃圾箱就算完事，懒人甚至可以免于洗碗之劳，因此一度很受那些上班族（特别是单身者）的欢迎。此外也谈到日本的"一村一品"，瑞士的高级钟表，仍然是以传统手工业的改进为主。这些本属漫不经心的聊天，南生却从中体会出中国近代手工业的存在自有其历史继承性与合理性，并且决定以此作为博士学位论文的选题。

南生有较好的史学训练作为基础，同时又曾在赵德馨先生指导下研读中国近现代经济史，认真地"换脑筋，换思维"（赵先生语），因而能够真正以经济学的思维与方法来研讨近代中国经济的演变过程。他在严谨的实证研究基础上，修正了二元经济理论的误区，在其所谓传统（农业）与现代（工业）两大部门之间，明确指出还存在着由传统向现代转化的近代手工业，并称之为中间经济。作者从生产力和生产关系两方面考察，认为中国近代手工业实际上是一种介于传统手工业与现代经济工业之间的过渡经济，而二元经济中手工业的大量存在则更为凸显了近代中国经济的过渡特征。

从历史实际出发，作者对中国近代手工业的地位与作用给予了较高的估量。他认为近代手工业是一条介于传统农业与现代机器工业之间的中间经济带，而其特有的经济功能在传统与现代产业之间起着纽带作用。它对现代工业是既有竞争又有互补，而对传统农业则有一种"向后连用"的积极作用，它的发展往往能够促进传统农业生产的改良。（这些在第二章、第四章、第五章有相当详尽的具体论析。）此外，作者还根据统计数字，充分肯定了近代手工业在整个国民经济与对外贸易中的重要地位。严谨缜密是南生治学的一贯风格，仅本书所附表格即有 71 个（本书第一次出版时的表格有 44 个，经此次修订，表格增至

71个——编辑注)之多，可见其用心之苦与用力之勤。

通读书稿之后，我更加深信史学研究应该加强对中间形态的研究，无论是就政治、经济、文化、地域、阶层而言都应如此。道理其实也很简单，因为无论是人类社会或自然界，无论是社会或自然的哪个领域和哪个层面，其本身结构与相应的研究方法都是多层次的，而非此即彼、截然两分的简单化则是治学过程中的大忌。我曾多次以生物学为例，个体的研究必须经过种、属、科、目、纲、门的逐步归纳分类、演绎比较，然后才有可能获致对于动物界和植物界的整体认识。而个体内部则有细胞→分子→原子诸层次，个体外部环境也有种群→群落→生态系统诸层次，其间同样存在着许多规定和关系，因而也就决定了生物学及其各分支学科研究方法的多层次性，人与一般动植物固然不能相提并论，但个体与整体的关系及其间的多层次性则是共同具有的。我过去之所以强调集团(或群体)研究和现在之所以强调中间形态研究，其目的无非是希望使我们的认识与研究方法更加符合于历史客观实在的多层次性与复杂性。

写到这里，我不禁又想起邵循正先生，想起他那句似不经意的简单话语对我的启发，而这种启发甚至在我一些学生的工作中也得到绵延。邵先生并非我的业师，相处较密也只是20世纪60年代初那一年多时间，但他那蔼然仁者的风貌以及奖掖后进的情怀都使我终生难忘。借此稍缀数语，以表示对这位前辈学者的敬意。

辛巳春于桂子山之实斋

目　录

表　格

绪　论　手工业经济史理论与中国
近代手工业经济研究

一、工业生产形态的演进模式

(一)生产形态的理论规范

生产形态是指一定历史时期生产活动中生产关系的总和，即生产关系在生产中的具体体现形式。在不同历史时期，生产关系有不同的表现形式，由此形成了历史上形形色色的生产形态。不同生产领域也有不同的生产形态，工业化以前的人类社会主要从事农业和工业两大基础性的生产活动，于是又有农业生产形态与工业生产形态之分。对生产形态的进一步区别主要依据生产经营、生产劳动和生产管理的具体形式。①

经营形式反映生产的经营组织状况，包括生产资料归谁所有、由谁经营、经营者和所有者的关系，以及由此决定的产品归谁所有、产品如何分配。自从工业脱离了宗法式农业成为一个独立的生产领域后，工业中的经营形式多种多样，很难一概而论，其中最为重要的有业主制下的自主经营、包买主制下的依附经营和股份制下的公司化经营。

---

①　生产形态与生产方式既相互联系，又有所区别。生产方式更多地用在社会经济形态层面上，其核心要素是生产资料所有制，按照马克思主义经典作家的论述，人类的生产方式分为原始制、奴隶制、封建制、资本主义和共产主义等五种，并相应地形成五种社会形态。生产形态是生产方式在工业与农业生产中的具体体现，本书侧重于生产过程中的制度层面，包括经营形式、管理形式和劳动形式。

与本书分析有关的主要是前两种经营形式。在业主制下的自主经营形式中，业主提供生产所需的全部生产资料，产品归业主所有，并由业主决定如何销售和分配。不过，不同生产方式下的"业主"，性质截然不同。在小农经济时代，作为"业主"的小农与作为农业经济补充的小手工业者，生产规模小，技术落后，小农和小手工业者尚需亲自参与生产。在资本主义时代，"业主"成为大规模土地和资本的所有者，如大农场主和工业资本家，他们通过对主要生产因素如土地、资本的掌控来获取超额利润。当然，即便在资本主义时代，小业主也并未绝迹，而且在社会经济生活中占有一定地位。在包买主制下的依附经营形式中，依附经营者的生产资料一般由包买主提供，产品由包买主经销，包买主的身份可能是商人，也可能是工场主或工厂主，还可能是传统或现代金融业者，如钱庄、银行等。这两种经营形式在工业发展的各个阶段都存在，但对其性质和意义却不可等量齐观。劳动形式是指生产者在劳动过程中的存在方式。在大机器工业以前的工业生产中，生产者不是以分散的个体劳动形式出现，便是以集中的协作形式出现，大机器工业彻底改变了早期资本主义工业的劳动形式，把工人大量集中在机器周围，进行社会化劳动。"大机器工业与以前的工业形式不同的一些特点，可以用一句话来概括：劳动的社会化。"[1]管理形式是指对生产和劳动的管理的方式，包括生产与劳动由谁来管理，是业主亲自管理，还是由专门人员进行管理，以及如何管理，等等。管理形式因工业发展的不同时期而不同，在历史上，先后出现了宗法式管理、强权式管理和制度化管理等不同的形式。在宗法式管理中，生产者之间有着程度各异的血缘联系，业主利用其血亲权威地位和长期以来形成的家族文化观念对生产与劳动过程进行监督和管理，这是一种最原始、最简单的管理。强权式管理是资本的必然产物，"一旦从属于资本的劳动成为协作劳动，这种管理、监督和调节的职能就成为资本的职

---

[1] 列宁：《俄国资本主义的发展》，见《列宁全集》（第二版）第 3 卷，505 页，北京，人民出版社，1984。

能。这种管理的职能作为资本的特殊职能取得了特殊的性质"①。随着雇佣工人的增加和生产规模的扩大，业主已经不可能亲自对劳动力和生产资料的合理使用进行全面监督，因此，执行资本家意志的专门管理人员产生了，并逐渐职业化。对于劳动者来说，"他们的劳动的联系，在观念上作为资本家的计划，在实践中作为资本家的权威，作为他人意志——他们的活动必须服从这个意志的目的——的权力，而和他们相对立"②。简言之，劳动者作为资本的一部分，同机器一样，成为资本家的生产工具。制度化管理是大机器工业的"伴侣"，随着资本聚集方式的变化和社会化大生产中生产规模的不断扩张，企业管理阶层应运而生。他们主要根据企业立法，如工厂法、公司法、劳动法，以及企业内部管理细则对企业的生产和劳动进行制度化管理。从宗法式管理到强权式管理，再到制度化管理，是管理方式上的进步。

区别不同的工业生产形态必须从经营形式、劳动形式和管理形式三个方面进行综合分析，其中经营形式决定着劳动形式和管理形式。经营者生产资料的有无和多少，决定着经营者能否雇用工人和雇用多少工人，雇佣工人的有无和多少又决定着由谁来管理和如何进行管理，其实质就是采取何种劳动形式和管理形式的问题。各种形式由低级向高级的发展往往不是一蹴而就的，其间有许多过渡环节，例如，在分散的个体劳动与集中的分工协作之间，就经历了家庭劳动和简单协作的过渡，而在分工协作时期，也还存在着大量的个体劳动，形成你中有我、我中有你、杂糅交织、错综复杂的局面。那种试图在各种生产形态之间划一条清晰的楚河汉界的做法，其实是一种理论上的误区。

（二）工业生产形态的双重演变

从生产手段变迁的角度可以将人类的工业活动划分为两个大的历史时期，即手工业时期和大机器工业时期。"手工业"是一个不适合开展科学研究的概念，"它通常包括了从家庭手工业和手艺开始到很

---

① 马克思：《资本论》第 11 章，见《马克思恩格斯全集》（第一版）第 23 卷，367～368 页，北京，人民出版社，1972。

② 马克思：《资本论》第 11 章，见《马克思恩格斯全集》第 23 卷，368 页。

大的手工工场的雇佣劳动为止的所有一切工业形式"①。因此，对手工工业进行更细致的形态分析将有助于下文研究的展开。根据生产形态划分的主要依据，我们可以将大机器工业以前的手工工业区别为三种形态：

(1)手艺。与作为一种技艺的手艺不同，这里的手艺，"即按消费者的订货来制造产品，是脱离了宗法式农业的第一种工业形式"②。手工业的产品既然主要是为了满足订货者需要的，直接面向的是消费者，手艺人也就失去了与市场的联系。因此，作为一种工业形态，手艺"几乎不越出农民的自然经济的领域"③。它或存在于农民家庭，在农闲季节里等待着消费者上门订货，成为农业之外农家的重要副业；或以走村串巷的流动艺人面貌出现，直接为需求者上门加工；或存在于乡村市镇，有一间固定的加工场所，在集市日里接受订货；或与农业形成季节性互补，在农业淡季为消费者定做产品。在这种工业形态中，虽然完全采取分散的个体劳动，但经营形式却比较复杂。手艺人加工产品的原料可以由订货的消费者提供，也可以由手艺人提供，手艺人的劳动报酬既可以以实物支付，也可以以货币支付，可见，"手艺"的经营形式既不同于业主制，也不同于包买主制，既有自主经营成分，也有依附经营色彩，是两者的原始统一。与小商品生产者相比，手艺人的特点是和土地保持着较牢固的联系，农民家庭就是加工场所，即便是集镇上的手工作坊，其规模也很小，农忙时节手艺人还必须参加农业劳动。在这种工业形态中，还没有出现为"卖"而进行的生产，但是，正是这种原始的工业形态孕育着较高级的工业形态。列宁指出："手艺人一旦和市场接触，就逐渐地过渡到为市场生产，即成为商品生产者。"④手艺人和市场接触的主要方式——手艺这种工业形态所固有的唯一的发展因素——就是手艺人外出去其他地方找工作，即手艺人走

① 列宁：《俄国资本主义的发展》，见《列宁全集》第3卷，410页。
② 列宁：《俄国资本主义的发展》，见《列宁全集》第3卷，297～298页。
③ 列宁：《俄国资本主义的发展》，见《列宁全集》第3卷，299页。
④ 列宁：《俄国资本主义的发展》，见《列宁全集》第3卷，300页。

村串户的上门加工活动。这不仅是自然经济时代农村特有的生活风貌，而且在其他高级工业形态下，也在社会经济生活中充当着一种拾遗补阙的角色。近代中国那些流动的手工业者如铁匠、铜匠、锡匠、补碗匠、箍桶匠、木匠、石匠、泥水匠、缝工等，都是这种工业形态的延续，"当然掺杂进去了不少的'现代化'成分"①，如与土地的联系日益减少，劳动报酬的支付形式主要是货币等。因此，作为第一种工业生产形态的手艺与后来被称为手艺的手工业不可同日而语。

（2）小手工业。随着商品经济的进一步发展和社会分工的进一步发达，新的手工业行业不断出现，同时，手艺人与小手工业者之间的竞争也随之加剧。过去那种坐等上门订货的方式已经难以应对日趋激烈的竞争，于是，他们中的一部分人外出做工，甚至迁移到人口稀少的地区。这从空间上扩展了手工业的范围，无论是单个手工作坊，还是整个手工行业，其规模都获得了巨大的增长。这些都体现了作为资本主义最初步骤的小手工业的增长。在小手工业生产中，"一方面分出少数小资本家，另一方面分出多数雇佣工人或生活得比雇佣工人更苦更坏的'独立手工业者'"②。这既是小手工业发展的结果，又为小手工业进一步扩大创造了条件。小手工业的生产经营以两种形式出现，少数小资本家采取业主制下的自主经营形式，他们起初只建立起使用家属工人的小作坊。随着家属工人人数的增加，作坊规模进一步扩大，使用的雇佣劳动者人数也日益增多，其中学徒成为重要的廉价劳动力来源，劳动过程开始具备了简单协作的性质，"简单协作在那些大规模运用资本而分工或机器还不起重大作用的生产部门，始终是占统治的形式"③。简单协作提高了劳动生产力，家属工人在手工作坊中的作用逐步降低，直到完全退出生产领域。"因此，在这里十分明显地表明了商

---

① 王亚南：《中国半封建半殖民地经济形态研究》，180页，北京，人民出版社，1957。王亚南先生将这种形态称为"外出工资作业"。

② 列宁：《俄国资本主义的发展》，见《列宁全集》第3卷，319页。

③ 马克思：《资本论》第11章，见《马克思恩格斯全集》第23卷，372页。

品生产的辩证法，即'靠自己双手劳动为生'变成靠剥削他人劳动为生。"①正是在小手工业时期，出现了最初的资本主义生产关系的萌芽。

广泛存在的所谓"独立手工业者"，即自主经营的小业主，不得不采取包买主制下的依附经营形式。由于小生产者的分散性、孤立性，以及他们之间在经济上的差别和斗争，小手工业在许多情况下产生出特种的包买主——为转卖商品而收买商品的商业资本的代表。包买主的出现解决了分散的小生产的小量销售同大市场所必需的大宗整批销售之间不可调和的矛盾。"这种大规模销售的纯粹经济上的优越性，必然使小生产者同市场隔绝，使他们在商业资本的权力面前无力自卫。这样，在商品经济的环境下，由于大规模的整批的销售对零散的小规模的销售占有纯粹经济上的优势，小生产者就必然依附于商业资本。"②根据列宁的分析，包买主制下的依附经营形式有五种。第一种也是最简单的一种形式，就是商人（或大作坊主）向小商品生产者收购制品，包买主利用自己的垄断地位无限制地压低制品的收购价格。第二种形式就是商业资本同高利贷相结合，小手工业者用制品偿还债务。第三种形式是包买主以商品偿还小手工业者的制品，这是商品经济和资本主义所有不发达的阶段所固有的。第四种形式是商人以"手工业者"生产上所必需的各种商品（原料或辅助材料等）来做支付，这意味着在资本主义关系的发展上向前跨了一大步，包买主把小手工业者同商品市场的联系切断之后，又切断了他们同原料市场的联系，这样就使小手工业者完全从属于自己。第五种形式就是包买主把生产所需的材料直接分配给所谓"独立手工业者"，使其为一定的报酬而生产，于是手工业者成了在自己家中为资本家工作的雇佣工人，包买主的商业资本在这里就变成了工业资本，资本主义的家庭劳动形成了。这是依附经营形式的最高阶段，它在小手工业中只是偶尔出现，它的大规模采用是在以后资本主义发展的较高阶段。③ 在小手工业时期的依附经营

① 列宁：《俄国资本主义的发展》，见《列宁全集》第3卷，314页。

② 列宁：《俄国资本主义的发展》，见《列宁全集》第3卷，325页。

③ 参见列宁：《俄国资本主义的发展》，见《列宁全集》第3卷，331～332页。

形式中，劳动过程依然以分散的个体劳动形式出现，劳动生产率低下，包买主对"手工业者"的生产过程并不过问，但其剥削程度却甚于作坊主对雇佣工人的剥削。

（3）工场手工业。小手工业时期业主制下的自主经营和包买主制下的依附经营进一步发展的过程，就表现为工场手工业产生的两条路径。"一方面，拥有较多工人的作坊逐渐地实行分工，资本主义简单协作就这样变为资本主义工场手工业。"①另一方面，包买主制下的依附经营形式在工场手工业时期获得高度发展，即资本主义家庭劳动的大规模采用，马克思将这种资本主义家庭手工业称为"现代家庭工业"，因为它"与那种以独立的城市手工业、独立的农民经济，特别是以工人家庭的住宅为前提的旧式家庭工业，除了名称，毫无共同之处"②。这些表面上独立的手工业者成了事实上的雇佣工人，他们在家里加工从包买主那里领来的材料，以取得计件工资，那些以取得商业利润为目的的包买主实质上变成了以剥削剩余价值为主的工业资本家。"如果进一步的发展导致生产中实行系统的、使小生产者的技术得到改革的分工，如果'包买主'分出若干局部工序并由雇佣工人在自己的作坊里做，如果在分配家庭劳动的同时并与此紧密相联出现了实行分工的大作坊（常常就是属于这些包买主的），——那么我们看到的是资本主义工场手工业产生的另一种过程。"③包买主从采用分散的家庭劳动到建立集中的大作坊，是一个曲折的、渐进的过程，他们开始时只将技术成熟的某些工序或某一部件集中起来，而仍然将其他大量的零件作业留在分散的家庭内。随着生产的发展和技术的进步，集中的部分逐渐增多，但家庭劳动的重要性仍不可等闲视之。因此，从依附经营形式中逐渐发展起来的手工工场总是刻下了旧时代的深深印痕。

然而，即使是从业主制下自主经营的手工业中生长起来的工场手工业，也广泛地利用资本主义家庭劳动，因为"家庭劳动丝毫也不排除

---

① 列宁：《俄国资本主义的发展》，见《列宁全集》第 3 卷，346 页。
② 马克思：《资本论》第 13 章，见《马克思恩格斯全集》第 23 卷，506 页。
③ 列宁：《俄国资本主义的发展》，见《列宁全集》第 3 卷，346～347 页。

资本主义工场手工业这一概念，恰恰相反，有时它甚至是资本主义工场手工业进一步发展的标志"①。分散的家庭劳动与工场手工业联系如此密切的主要原因是它们有着相同的技术基础，"在手工技术的条件下，大作坊不可能完全排挤小作坊，尤其是当小手工业者延长工作日和降低自己的需求水平的时候"②。手工工场就是大量作坊中的少数大作坊，小作坊有时只是工场手工业的场外部分，因此，手工工场主时常将制品中的某一道工序或某一零件的生产承包出去，或者向"手工业者"收购产品的某些构件，等等。这种形式的实质是业主制下的依附经营，只是这里的业主已经是手工工场主。在这里，我们看到了手工工场主对家庭劳动的支配，看到了商业资本同工业资本的密切结合，因此，"'包买主'在这里差不多总是和手工工场主交错在一起"③的。这种资本形态上的纠缠不清及与之相适应的阶级分野不清晰，正是早期资本主义关系不成熟的表现。

工场手工业的劳动过程采取了分工协作的形式，"以分工为基础的协作，在工场手工业上取得了自己的典型形态。这种协作，作为资本主义生产过程的特殊形式，在真正的工场手工业时期占居统治地位"④。伴随着技术的进步、劳动工具的专门化与生产工序的分解，分工使得相当数量的工人能在某一个大作坊中分门别类地从事某一道固定的工序，从而造成了社会生产过程的质的划分与数量比例的变化，随之也引发了管理形式的进步，产生了专门对工人进行监督的管理人员。"真正的工场手工业不仅使以前独立的工人服从资本的指挥和纪律，而且还在工人自己中间造成了等级的划分。"⑤劳动形式和管理形式的进步大大提高了工场手工业的劳动生产率，为工业形态向更高级的形态发展奠定了基础。"工场手工业在资本主义工业形式的发展中具

----

① 列宁：《俄国资本主义的发展》，见《列宁全集》第 3 卷，374 页。
② 列宁：《俄国资本主义的发展》，见《列宁全集》第 3 卷，393 页。
③ 列宁：《俄国资本主义的发展》，见《列宁全集》第 3 卷，399 页。
④ 马克思：《资本论》第 12 章，见《马克思恩格斯全集》第 23 卷，373 页。
⑤ 马克思：《资本论》第 12 章，见《马克思恩格斯全集》第 23 卷，399 页。

有重大的意义，它是手艺和带有资本原始形式的小商品生产同大机器工业（工厂）之间的中间环节。"①与技术进步相伴随的工场手工业内部的系统分工有利于机器的采用，"在工场手工业中，我们看到了大工业的直接的技术基础。工场手工业生产了机器，而大工业借助于机器，在它首先占领的那些生产领域排除了手工业生产和工场手工业生产。因此，机器生产是在与它不相适应的物质基础上自然兴起的。机器生产发展到一定程度，就必定推翻这个最初是现成地遇到的、后来又在其旧形式中进一步发展了的基础，建立起与它自身的生产方式相适应的新基础"②。因工场手工业而扩大了的市场反过来使手工业生产"已经不再能适应日益发展的市场和更加迅速地发展着的资本家之间的竞争了。采用机器的时刻来到了"③。机器体系在生产中的运用标志着大机器工业时代的开始。

　　大机器工业是工业生产形态的革命性发展，标志着人类工业文明一个新时代的开始。机器代替了手工工具，蒸汽机取代了生物动力，工厂的规模与效益由于技术革命而得以迅速扩大和提高，工人被大量聚集到机器的周围，成为机器生产的一部分。机器的出现使得工厂的劳动形式与管理形式发生了巨大的变化。与手艺形态下分散的个体劳动相比，工厂中的工人劳动具有社会化劳动的性质。劳动的社会化是大机器生产的必然要求：

　　　　在工场手工业中，社会劳动过程的组织纯粹是主观的，是局部工人的结合；在机器体系中，大工业具有完全客观的生产机体，这个机体作为现成的物质生产条件出现在工人面前。在简单协作中，甚至在因分工而专业化的协作中，社会化的工人排挤单个的工人还多少是偶然的现象。而机器……则只有通过直接社会化的

---

① 列宁：《俄国资本主义的发展》，见《列宁全集》第 3 卷，347 页。
② 马克思：《资本论》第 13 章，见《马克思恩格斯全集》第 23 卷，419 页。
③ 马克思：《资本论》第 13 章，见《马克思恩格斯全集》第 23 卷，517 页。

或共同的劳动才发生作用。因此，劳动过程的协作性质，现在成了由劳动资料本身的性质所决定的技术上的必要了。①

列宁在研究了俄国大工业的国内市场形成过程后，对大机器工业中劳动社会化的必然性进行了更加全面深刻的论述，他指出，资本主义所造成的劳动社会化，表现在七个方面：第一，产品的社会性，"为自己的生产变成了为整个社会的生产"；第二，生产的集中性，"空前未有的生产集中以代替过去的生产分散"；第三，自由雇佣工人的劳动代替了人身依附关系下的农奴劳动；第四，大规模的人口流动；第五，农业人口的减少和大工业中心的增加；第六，新型社会联盟与联合，"这些联合具有一种与以前的各种联合不同的特殊性质"；第七，人们精神面貌的改变，"经济发展的跳跃性，生产方式的急剧改革及生产的高度集中，人身依附与宗法关系的一切形式的崩溃，人口的流动，大工业中心的影响等等，——这一切不能不引起生产者性格的深刻改变"。②

工厂主以获取最大利润为最高原则，不仅充分榨取劳动力的剩余价值，而且千方百计扩大机器生产的规模。但是，"很明显，机器和发达的机器体系这种大工业特有的劳动资料，在价值上比手工业生产和工场手工业生产的劳动资料增大得无可比拟"③。因此，无论是创办新工厂，还是扩大旧工厂的生产规模，单一业主都难以在短时间内集聚巨额资本，于是，股份制诞生了。马克思在论述以股份制方式集中资本的强大功能时说，"假如必须等待积累去使某些单个资本增长到能够修建铁路的程度，那末恐怕直到今天世界上还没有铁路。但是，集中通过股份公司转瞬之间就把这件事完成了"④。股份制的出现不仅解决了资本集聚的难题，而且也引起了工厂治理结构上的巨大变化。独资或家族式资本变成了社会化资本，单一家族式企业变成了股份制企业，

---

① 马克思：《资本论》第 13 章，见《马克思恩格斯全集》第 23 卷，423 页。
② 列宁：《俄国资本主义的发展》，见《列宁全集》第 3 卷，550～552 页。
③ 马克思：《资本论》第 13 章，见《马克思恩格斯全集》第 23 卷，424 页。
④ 马克思：《资本论》第 23 章，见《马克思恩格斯全集》第 23 卷，688 页。

工厂法、公司法、劳动法等法律法规的出台及不断修订，将大机器工业的劳动与管理置于制度规范的约束下。工厂这个有组织的机器体系，由于"工人在技术上服从劳动资料的划一运动以及由各种年龄的男女个体组成的劳动体的特殊构成，创造了一种兵营式的纪律。这种纪律发展成为完整的工厂制度"①，说到底，工厂制度的实质就是资本对劳动的管理，"资本在工厂法典中却通过私人立法独断地确立了对工人的专制。这种法典只是对劳动过程实行社会调节的资本主义讽刺画，而这种调节是大规模协作和使用共同的劳动资料，特别是使用机器所必需的。奴隶监督者的鞭子被监工的罚金簿代替了"②。正如恩格斯在《英国工人阶级状况》中所描述的那样，"在这里，工厂主是绝对的立法者。他随心所欲地颁布工厂的规则；他爱怎样就怎样修改和补充自己的法规"③。

工厂或工业企业通过积累和集中两种方式不断扩大资本规模，资本、劳动、管理相伴而生，相辅相成，摧毁着一切旧有的工业基础，"小规模的分散的劳动过程向大的社会规模的结合的劳动过程的过渡也普遍化和加速起来，从而使资本的积聚和工厂制度的独占统治也普遍化和加速起来。它破坏一切还部分地掩盖着资本统治的陈旧的过渡的形式，而代之以直接的无掩饰的资本统治"④。股份制并不改变资本统治的本质，"这一比较平滑的办法把许多已经形成或正在形成的资本溶合起来，经济作用总是一样的"⑤。但是，管理形式发生了根本变化，由于资本的社会化，股东（主要是大股东）通过一年一度的股东大会，决定企业经营、管理的重大事项，由其选举产生董事会、监事会，成为公司最高权力机关，董事会聘请职业经理，形成由董事会、经理部门、监事会组成的决策权、执行权、监督权三权制衡机制。董事、经

①　马克思：《资本论》第13章，见《马克思恩格斯全集》第23卷，464页。
②　马克思：《资本论》第13章，见《马克思恩格斯全集》第23卷，465页。
③　马克思：《资本论》第13章，见《马克思恩格斯全集》第23卷，465页。
④　马克思：《资本论》第13章，见《马克思恩格斯全集》第23卷，549页。
⑤　马克思：《资本论》第23章，见《马克思恩格斯全集》第23卷，688页。

理、监事三者各司其职，从而使资本的统治更为彻底。

以上我们分析了从手艺到大机器工业的四种工业生产形态，归纳起来，它们的主要特征如表0-1所示：

表0-1　工业生产形态演进特征简表

形态名称	经营形式	劳动形式	管理形式	经济发展阶段
手艺	业主制与包买主制的原始统一	个体劳动	——	自然经济
小手工业	业主制下自主经营与包买主制下依附经营的并存	个体劳动与简单协作的结合	宗法式管理	商品经济产生和资本主义萌芽
工场手工业	业主制下自主经营	分工协作	强权式管理	资本主义形成
大机器工业	股份制下的公司化经营	社会化劳动	制度化管理	资本主义高度发展

(三)工业生产形态的演进特点

工业生产形态从低级向高级的发展过程中，体现出如下几个特点：

(1)渐进性。如果不是孤立地从某个国家或地区的角度，而是从人类工业生产活动发展的整体来思考，那么，工业生产形态的演进就是一步步地、渐进式地向前发展。渐进性主要从两个方面表现出来。首先，高级的工业形态总是从前一种较低级的工业形态发展而来的。作为商品生产的第一种工业形态的小手工业，是从手工艺生产中孕育出来的，在小手工业时期，业主制下自主经营的小手工业逐渐扩大规模，建立起以雇佣劳动为主的大作坊，包买主则在某一工序或某种零件的生产上，把分散的小手工业集中起来，形成一定规模的生产。这是小手工业中产生工场手工业的两条途径。作为资本主义高级阶段的大机器工业只能在技术更加进步、分工更加系统的工场手工业中产生，"工场手工业不断地转化为工厂；手工业不断地转化为工场手工业"①。高级工业形态总是对较低级的工业形态的继承、扬弃和发展。不过，如果从单个国家和地区，尤其是后发工业化国家和地区的角度来看，这

---

① 马克思：《资本论》第13章，见《马克思恩格斯全集》第23卷，537页。

种演变过程尚未充分展开就在工业化的世界潮流的冲击下被迫中断，进而出现从小手工业时代一跃而进入大机器工业时代的现象。大机器工业不仅无法在本国手工工场中孵化成形，相反，还可能迫使原有的小手工业向着工场手工业的方向发展。这是工业生产形态演进的非正常道路。然而，从严格意义上说，除英国之外，其他国家的大机器工业都不是在本国手工工场的基础上产生出来的，因此，这条非正常的道路也就见怪不怪了。

其次，高级的工业形态总是在旧的工业母体中从小到大（在广度和深度两方面）一步一步地走向成熟的。起初，新的工业形式总是十分弱小的，在旧的母体内充分吸收营养，进行着量的积累，到了一定程度才突破传统樊篱的束缚，将传统工业置于自己的支配之下。例如，手艺生产在地理和分工上的逐步扩展与深化，同时也是小手工业缓慢增长的过程。从无数的小手工业中分化出来的少数大作坊，最初与小手工业的区别仅仅只是雇佣工人人数的多少，技术上并无质的差异，但随之发展而来的是少数大作坊在雇佣工人数量和工业生产总额上占据优势，于是工业活动迈进了工场手工业时期。工场手工业中使用机器的领域也只能是逐渐扩大的，"机器时而挤进工场手工业的这个局部过程，时而又挤进那个局部过程。这样一来，从旧的分工中产生的工场手工业组织的坚固结晶就逐渐溶解，并不断发生变化"①。变化的结果便是大机器工业破壳而出，并逐步成长为主体工业形态。

（2）粘连性。此即各种工业生产形态之间的互相兼容与渗透。我们在上文从理论上抽象出了四种主要工业生产形态，每一种工业生产形态都代表着一个工业时代。事实上，在工业发展的任何一个时代，都不可能是某种形态的一枝独秀，而是几种形态的多元并存。在工场手工业时代，我们可以看到依附于大作坊且在数量上占据优势的小手工业的大量存在，甚至在大机器工业时代，我们仍然可以看到前几种生产形态杂糅交织的景象。马克思以英国的裁缝业为例具体描述了这种情况，他写道：

———————

①　马克思：《资本论》第13章，见《马克思恩格斯全集》第23卷，505页。

有的地方是真正的工厂生产；有的地方是中间人从资本家头儿那里取得原料，在"小屋"或"阁楼"里把10—50或者更多的雇佣工人聚集在缝纫机周围；最后，有的地方则象机器尚未形成有组织的体系而只能小范围使用时会发生的情形那样，是手工业者或家庭工人同自己的家人或少数外面雇来的工人一起，使用属于他们自己的缝纫机。①

高级的工业形态中掺杂着较低级或更低级的生产形态，表现出它与传统的不解之缘和难以抹掉的时代痕迹。这种现象在英国存在，在其他国家和地区同样存在，只不过延续的时间长短不同罢了。

进一步分析，体现各种生产形态的经营形式、劳动形式、管理形式也往往相互牵扯，难分彼此。分散的个体劳动作为手艺生产的主要形式，在小手工业中广泛存在，甚至作为工场手工业乃至大机器工业的"附属物"，在这两种生产形态中也顽强地存在着。宗法式管理主要存在于小手工业中，传统的师徒制具有浓厚的宗法色彩，但在工场手工业中也奇迹般地保存下来。列宁在《俄国资本主义的发展》中分析俄国奥洛涅夫省卡尔哥波尔县灰鼠毛皮业——一种典型的资本主义工场手工业——的各种制度时，形象地写道：

> 业主同工人的关系是"宗法式的"：按照古老的习惯，业主无偿供给克瓦斯和食盐，工人向业主的厨娘索取。为了向业主表示谢意（因为业主"赐予了"工作），工人们在下工以后，无偿地去拔灰鼠尾巴和刷毛皮。工匠们整个星期都住在作坊里，业主经常以揍他们取乐，强迫他们干各种活——翻干草、扫雪、挑水、洗衣服等等。②

中国近代工场手工业中大量存在的学徒制度其实也是一种带有浓厚宗法色彩的管理形式。这种采取宗法式管理的工场手工业与真正意义上的工场手工业之间还有一段不大不小的距离。总之，工业生产形

---

① 马克思：《资本论》第13章，见《马克思恩格斯全集》第23卷，519页。
② 列宁：《俄国资本主义的发展》，见《列宁全集》第3卷，370页。

态中经营、劳动、管理形式上的"张冠李戴"，更加加剧了工业生产形态之间的粘连性。

（3）中介性。从整体上观察，在工业发展的历史长河中，任何一种生产形态都构成由低级向高级发展的中间环节，是一种中间经济。手艺是与农业紧密结合的家庭手工业和小手工业之间的中间环节，小手工业成为连接手艺与工场手工业之间的链条，工场手工业则架构起了小手工业通向大机器工业的桥梁，它们之间环环相扣，缺一不可。当然，在大机器工业已经产生的年代，那些落后国家和地区不一定亦步亦趋地沿着从小手工业到工场手工业再到大机器工业的发展模式前进，而是选择直接引进外国先进机器和管理经验的移植型道路。但并不能因此否认手工业在这些国家和地区发展中的中介地位及功能，这是因为，一方面，大机器工业难以一下子全面摧毁和替代传统手工业，在这些国家和地区，两者的并存只是时间的长短不同而已；另一方面，传统手工业在机器工业的竞争和刺激下，不断在经营、劳动、管理形式上加以更新，从依附于农业转向依附于大机器工业，并在一定条件下向机器工业过渡，构成大机器工业产生和发展中的一种中间环节。

二、原始工业化与工业化

（一）原始工业化理论的出现及其内涵

如果说用二元经济模式①分析中国近代社会经济史可能造成忽视

---

①　W. 阿瑟·刘易斯于 1954 年发表《劳动无限供给下的经济发展》一文，提出将典型的贫穷国家的经济分为"传统"部门和"现代"部门两大部分，"传统"部门包括个体农业和城市中各类个体经济，"现代"部门包括商业性农业、种植业、采矿业及制造业。刘易斯认为，传统部门对经济活动的贡献体现在劳动力的无限供给上，经济发展过程是现代部门相对传统部门的扩展过程，这一扩展过程将一直持续到传统部门中的"剩余劳动"蓄水池干涸。一方面，刘易斯将经济活动中的传统部门与现代部门对立起来；另一方面，在二元经济理论中，大量存在于农村和城市中的手工业即便不受到忽视，也被归入传统部门。参见[英]约翰·伊特韦尔、[美]默里·米尔盖特、[美]彼得·纽曼编：《新帕尔格雷夫经济学大辞典（第三卷）》，184～185 页，北京，经济科学出版社，1996。

手工业的偏颇，那么原始工业化理论则正好弥补了这个缺憾。原始工业化理论是 20 世纪 70 年代以来西方经济史学界建立的一种探讨手工业经济史的新理论，这一理论不仅把现代工业化的历史追溯到大机器工业产生之前的农村手工业经济内部，为我们研究手工业提供了新的视角，而且将人们的研究视线引向手工业领域之外，进行农业、工业、人口、社会等领域的整体研究。原始工业化理论既吸收了马克思主义经典作家关于近代手工业经济史研究的养分，并依据已有的史实抽象出一种新的解释模式，又继承了 19 世纪德国历史学派经济学对手工业发展问题的关切，并引入农业、人口等变量，使理论框架更加完备。最早提出原始工业化理论构想的是美国学者门德尔斯（Franklin F. Mendels），1969 年他的一篇讨论弗兰德斯亚麻布业的论文中出现了原始工业化的提法。1972 年门德尔斯发表题为《原始工业化：工业化进程的第一阶段》的论文，率先提出了原始工业化这一概念。为了验证这个理论，门德尔斯先后发表了《18 世纪弗兰德斯的工业化与人口压力》《18 世纪弗兰德斯的农业与农民工业》，以及向第八届国际经济史讨论会提交了论文《原始工业化：理论与实际的一般性报告》，这些文章奠定了原始工业化的理论基础。其后，西方经济史学界的许多学者结合各自国家和地区，主要是前近代时期欧洲的历史实际，继续从不同角度进行论证和争论，但完整系统地对原始工业化理论加以阐发的还是德国学者 Peter Kriedte（克里特）、Hans Medick（梅迪克）、Jürgen Schlumbohm（施卢伯姆）等人编撰的 *Industrialization before Industrialization*（《工业化前的工业化》）[①]一书。

什么是原始工业化？门德尔斯最初的解释是"主要分散于农村的制造活动的发展"，后来，门德尔斯做出了修正，将原始工业化定义为"传统组织的、为市场的、主要分布在农村的工业的迅速发展"。[②] 虽

[①] 关于该书的主要内容及观点，可参见史建云：《〈工业化前的工业化〉简介》，载《中国经济史研究》，1988(3)。

[②] 刘兰兮：《门德尔斯原始工业化理论简述》，载《中国经济史研究》，1988(3)。

然原始工业化也是以手工业为主的工业化，但它既与早期农村家庭手
工业不同，又与传统手工业作坊有着本质上的差异。首先，原始工业
化时期的工业生产，目的不在于家庭自给，不再主要依靠当地集市为
地方市场提供产品，而是为本地区以外的市场甚至是国外市场提供商
品。其次，原始工业化与农业商品化存在着密切的联系，早期农村家
庭手工业的发展必然引起商品粮需求量的增长，于是市场上出现了专
门从事粮食生产的专业农户，从而促使商业性农业发展。最后，原始
工业化时期的农村家庭手工业在劳动形式上与旧式手工作坊不同，带
有明显的季节性，一般根据农业生产的节奏，在农闲或农业生产淡季
从事纺织、编织之类的工业生产，家庭就是工作场所，家庭成员是主
要劳动力，有时也根据产品的市场需求，雇用工人或学徒。家庭工业
的最高级形式可以完全脱离农业而以手工业经营为主。那么，早期家
庭工业向原始工业化转化的内在动力究竟是什么呢？大多数原始工业
化论者都认为其最终原因是人口压力。门德尔斯在研究了弗兰德斯区
域经济史后得出结论说："弗兰德斯高水平的工业化出现在人口密度最
大、土地分散的地区。"[①]从时间上看，"18 世纪弗兰德斯内陆地区有
着比较高的人口平均增长率，尽管前二三十年增幅较缓，但到世纪末
人口增加一倍，同欧洲其他地区相比，1700 年时内陆地区人口密度就
比较高，18 世纪的增长趋势只是加大了与其他地区的差距……人口压
力直接促进了工业化，人口增长停止的农村地区则没有工业化"[②]。克
里特等人认为人口压力主要是通过土地占有关系反映出来的，随着人
口的增长、世俗化趋势的加强，可资利用的沃壤之余的少量土地已被
开垦殆尽，"在继承权不可分的地方，产生了大量无地农民阶层，在继

---

①　F. F. Mendels，"Industrialization and Population Pressure in Eighteenth-century Flanders," *Journal of Economic History*，vol. 31，1971.

②　F. F. Mendels，"Industrialization and Population Pressure in Eighteenth-century Flanders," *Journal of Economic History*，vol. 31，1971.

承权可分的地方，分散的小块土地占绝大多数"①。这些无地或少地的农民既面临着收入不足以维持生存的困难，又由于农业生产的季节性而大量"隐蔽性"失业。于是，"他们只能尽力寻求手工业和商业收入以填补农业收成的不足。农业必须以非农业收入来补充，这部分收入在总收入中的比例取决于土壤的质量、土地面积的大小、精耕细作的程度，以及非农业劳动的潜力。虽然在农业淡季，小土地所有者和无地者可以在封建主庄园和大农场中寻找工作，尤其是人口增长强化农业生产以来更是如此，但这不能解决季节性失业问题……随着农业劳动的剩余产品迅速接近于零，他们就会把劳动力转移到更多的生产领域，乡村手工业正好提供了这样一个机会"②。

(二)原始工业化的四种形式及其与工业化的关联性

原始工业化时期手工业生产的存在方式多种多样，施卢伯姆提出了四种形式，即封建组织中的工业生产(feudal organization of industrial commodity production)、小商品生产(Kaufsystem，德文原意为购买制)、包买主制(putting-out system)、工场手工业生产(tendencies to centralize production)。施卢伯姆认为，"乡村工业起源于农业经济，这不仅由于乡村工业活动由农民——尤其是大量无地阶层出现之前的小私有者——进行，而且也因为从事工业生产的技能和方法来源于农民……更为重要的是，生产通常在农民家里进行，家庭因此承担了'生产单位'的功能"。尽管乡村工业与农业经济的联系涉及原始工业化的起源和形式，但封建组织中乡村工业的结构性状况在许多方面还不同于传统农业生产。"首先，乡村工业生产的市场份额高于传统农业"；"其次，也是更为重要的是，超过直接生产者消费所需的剩余被不同的阶级以不同的方式所侵吞，作为一条规律，同传统农业相比，

---

① Peter Kriedte, Hans Medick and Jürgen Schlumbohm, *Industrialization before Industrialization*: *Rural Industry in the Genesis of Capitalism*, Cambridge, Cambridge University Press, 1981, p. 15.

② Peter Kriedte, Hans Medick and Jürgen Schlumbohm, *Industrialization before Industrialization*: *Rural Industry in the Genesis of Capitalism*, p. 16.

乡村工业生产只是间接地、非广泛地被纳入封建体系"。① 施卢伯姆虽然以"封建组织中的工业生产"来描述原始工业化的第一阶段，但他更强调"从狭义上理解，工业品生产不是封建主义组织起来的"②，乡村工业的非封建性为早期原始工业化的发展创造了有利的外部条件。

在小商品生产时期，一旦某种特殊工业集中到一个特定的"原始工业"地区，城市手工业者和面向市场生产的部分农民就不可能直接向消费者出售产品，而乡村工业的集中化只有在商人开辟了远距离地区的市场时才有可能。生产者和消费者之间的商业中介比生产分工更加普遍，并引起了以前还是独立的小商品生产者的经济依附。施卢伯姆突出了这一时期小商品生产与商业资本的相互作用，但同时也注意到它们"在各自领域内保留一定程度的自主"③。生产领域为小商品生产的规律所支配，直接生产者拥有自己的制品，自己生产或购置原料，使用自己的工具、自己的劳动力或家庭成员的劳动力，但不使用或只在很小范围内利用工资劳动者。生产者进入市场出售产品只是为了购买其他商品，如新原料、辅助材料、被损坏的工具等，因此所购商品的交换价值不需要比所出售商品的价值更大，更确切地说，如果这种情况发生了，那也只是一种"运气"。普通小商品生产者的生产目的只限于保证其家庭生活，原则上，他们的生产需求不可能构成无限增长的引擎。另外，资本规律支配着流通领域，消费需求不是商人从事经济活动的驱动力，因为利润中用于个人消费的比例是很小的，既然利润的追逐不受商人消费力的限制，商人总是希望投资到能够获取更大利润的地方，不论产品是否为其所需。在这种情况下，商业资本利用了比城市更庞大、更低廉的农村劳动力从事工业生产。于是，集中的、专门以一种或少数几种产品为远方市场进行大规模生产的工业区产生

---

① Peter Kriedte, Hans Medick and Jürgen Schlumbohm, *Industrialization before Industrialization*：*Rural Industry in the Genesis of Capitalism*，p. 16.

② Peter Kriedte, Hans Medick and Jürgen Schlumbohm, *Industrialization before Industrialization*：*Rural Industry in the Genesis of Capitalism*，p. 98.

③ Peter Kriedte, Hans Medick and Jürgen Schlumbohm, *Industrialization before Industrialization*：*Rural Industry in the Genesis of Capitalism*，p. 99.

了。"当某个地区的劳动力变得不足，或由于劳动需求增长迫使生产者努力改善其条件的时候，商人企业主就可能雇用其他地区更低廉的劳动力，为此，他们可能去开发邻近或者更远的地区……这种空间上广泛扩张的趋势是原始工业化时期工业品大量增长的主要原因。"①

包买主制又称外放制，施卢伯姆强调了包买主制下资本进入生产领域的重要性。"在包买主拥有原料所有权的包买主制形式下，资本已经很清楚地超越流通领域，进入生产领域。部分生产工具不再属于直接生产者，而已经转化为资本，即能够创造剩余价值的价值"；工业中使用的新式、昂贵的机器也常常为包买主所有，"在这种情况下，资本完全支配了生产领域。直接生产者不再制造可以出售的商品，只是为获取计件工资而出卖劳动力"。② 随着生产工具所有权从家庭生产者转移至包买主手中，是否生产、生产什么、怎样生产、生产多少的权力也随之转移到了包买主手中，包买主为了获得这些经济权力，必须比纯粹商人相应地投入更多的资本，这是一种进步。"小生产者对商业的依赖日益加深，部分是由于资本越来越多地进入生产领域以及社会劳动分工的发展。"③在包买主制下，"家庭在某种意义上不再是一个生产过程要求所有成员合作，并通过共同劳动挣得一份收入的生产单位。单个家庭成员通过分散劳动可以挣得一笔个人工资，家庭只是一个生产场所，是一个与消费和人口再生产相关的单位。同时，分散在许多家庭中的生产过程是一个接受包买主指挥和控制的统一体"④。

原始工业化时期，生产过程中的某些工序甚至全部都被集中到一个单独的、聚集了大量工资劳动者的生产中心一起进行，于是工场手

① Peter Kriedte, Hans Medick and Jürgen Schlumbohm, *Industrialization before Industrialization：Rural Industry in the Genesis of Capitalism*，p. 101.

② Peter Kriedte, Hans Medick and Jürgen Schlumbohm, *Industrialization before Industrialization：Rural Industry in the Genesis of Capitalism*，p. 102.

③ Peter Kriedte, Hans Medick and Jürgen Schlumbohm, *Industrialization before Industrialization：Rural Industry in the Genesis of Capitalism*，p. 106.

④ Peter Kriedte, Hans Medick and Jürgen Schlumbohm, *Industrialization before Industrialization：Rural Industry in the Genesis of Capitalism*，p. 107.

工业出现了。手工工场的创办人有商人、包买主、小生产者，以及形形色色的包买主制下的中间人和中间机构。工场的出现并不意味着包买主制的削弱，除关键工序外，"生产过程的其他步骤常常通过包买主制与工场相结合，整个企业因此形成一个局部工场，从而进一步巩固了包买主制的地位。因为工场主不仅对生产过程中的最重要部分进行完全控制，而且还雇用在原料和生产市场以及把产品变为完全市场商品方面依附于工场的家庭手工业者。原始工业化时期，这种企业形式在许多工业部门都非常普遍"①。

上述四种生产形式在某种意义上并非必须和必然地构成一个连续过程。在一个企业或一个地区的历史发展进程中，停滞、倒退甚至超越某些阶段的现象都有可能发生，如发展进程在小商品生产或包买主制低级阶段的中断，即小商品生产直接进入手工工场，或从包买主制直接转化为机器工厂。布罗代尔则将连同大机器工业在内的工业划分为四种类型，即形同星云的无数家庭小作坊、位置分散但互有联系的工场、"集中的制造厂"、拥有机器设备以及以水和蒸汽为动力的制造厂，并且认为，"不存在从手工工场到制造厂自然的和合乎逻辑的过渡……从手工工场到制造厂的过渡有个相当长的延续过程，而不是后者必定理所当然地取代前者"，在这个问题上马克思与其同时代的桑巴特发生过激烈的争执，马克思坚信手工工场能够转化为现代化工厂，桑巴特则持否定意见，布罗代尔引用1680年至1880年安斯巴赫和拜罗伊特两公国约五分之一的手工工场在1850年仍然存在的史实，认为"在这个孤立问题上，桑巴特赢了马克思一个回合"。② 事实上，尽管从手工工场到现代化工厂的发展过程缓慢且形式复杂，但原始工业化的趋势却十分清楚：资本日益进入生产领域，拥有生产工具的相对独

---

① Peter Kriedte, Hans Medick and Jürgen Schlumbohm, *Industrialization before Industrialization*：*Rural Industry in the Genesis of Capitalism*, p. 109.

② ［法］费尔南·布罗代尔：《十五至十八世纪的物质文明、经济与资本主义（第二卷）》，顾良译，311～316页，北京，生活·读书·新知三联书店，1993。

立的小生产者转化为依附性的工资劳动者。①

原始工业化与工业化之间的关系极其复杂。首先，原始工业化与工业化的第一阶段（即纺织工业）有着直接的联系，尤其在先发原生型工业化国家，工业化发生在原始工业化的主要领域——纺织工业，绝非偶然。其次，在后发工业化情形下，原始工业化与工业化之间的联系松弛或者完全中断，在这里，工业化的主要动力来自外部，而不是原始工业制度与技术基础，原始工业化所造成的工业化先决条件能够为其他方式所创造或取代。最后，不是所有的原始工业地区都能过渡到工厂制度，在许多地区，原始工业化走向衰落，出现逆工业化（de-industrialization）现象。② 落后国家和地区的原始工业化同工业化有一个较长时间的并存期，在欧洲大陆上的德国，手工纺织业基本上被机器纺纱取代后，织布业还停留在原始工业化时代，"到 1861 年，在 940 家工厂里除了 23500 台机器织布机外，还有 13000 台手工织布机进行精细加工，除此之外在小企业里还有 150000 台手工织机"③。克里特认为，欧洲大陆上的工业化采取了不同于英国的模式，没有独立的发展，主要是对英国挑战的回应。到 18 世纪末期，大陆国家还没有发展到必须放弃传统增长方式这一步，原始工业化尚未丧失机能，但在走向成熟之前，英国的工业革命使其被迫中断，大陆国家面临着采用英国先进技术转化原始工业的必要局面。不过，由于原始工业机制的衰落是由内部发展引起的，从原始工业化到工业化必然会延续一段很长的时期。事实上，19 世纪原始工业化还在继续发展，比较成本对大陆国家家庭工业更为有利，并由此形成了一个不断变化的、由比较成本决定的"补偿制度"，例如，德国以廉价劳动力加工从英国进口的

---

① 参见 Peter Kriedte，Hans Medick and Jürgen Schlumbohm，*Industrialization before Industrialization：Rural Industry in the Genesis of Capitalism*，p. 109.

② 参见 Peter Kriedte，Hans Medick and Jürgen Schlumbohm，*Industrialization before Industrialization：Rural Industry in the Genesis of Capitalism*，p. 135.

③ ［德］汉斯·豪斯赫尔：《近代经济史——从十四世纪末至十九世纪下半叶》，王庆余、吴衡康、王成稼译，374 页，北京，商务印书馆，1987。

半成品，提升了在世界市场的地位。除少数完整的集中化工厂外，大陆国家仍然以家庭工业为主。只要它们的发展依赖于国际或国内先进资本主义部门制造的半成品，它们就接近于现代家庭工业，成为资本主义工业化进程中的一个有机部分。大陆国家不发达的程度是特殊工业化模式的反映，19世纪40年代中期以后德国工业的飞速发展是从重工业尤其是铁路部门开始的，消费品特别是纺织品只是工业化进程中一个次要的角色，其他家庭工业，如金制品、玩具、乐器、钟表等的制造行业，则一直存在到20世纪。①

（三）原始工业化理论的缺失与启示

在赢得众多支持者的同时，原始工业化理论包括这个概念本身，也受到一系列批评。归纳起来，批评意见包括：（1）在原始工业化理论中占有核心地位的"区域"缺乏界定其范围的清晰的标准，这一区域既可以是一个市镇，也可以只是一两个小社区；（2）原始工业雇佣劳动力的规模同样缺乏判断标准；（3）出口市场的范围也缺乏可精确度量的标准，无法确定距离多远的终端市场算是区域外市场而非本地市场；（4）原始工业化理论只关注农村工业，忽略了前工业时代其他类型的制造业；（5）原始工业化理论只适用于西北欧，但在西北欧的地理范围内，最重要的英国却不适用于该理论的一般模式；（6）由于原始工业化理论立足于区域研究，因此，和所有类似的研究一样，建立在个案研究基础上的结论是否能撑起一个一般性理论，是大可质疑的；（7）原始工业与农业的关系实际上是不确定的；（8）原始工业化理论忽略了城市中心的经济作用；（9）那种认为原始工业化为工厂工业化准备了条件的观点也值得怀疑，在原始工业化地区，去工业化与重归农业经济并不罕见，实证研究表明，原始工业化既非工厂工业化主要的资本来源，亦非其主要的企业家技能来源，进一步说，也不存在原始工业化诱发

---

① 参见 Peter Kriedte，Hans Medick and Jürgen Schlumbohm，*Industrialization before Industrialization：Rural Industry in the Genesis of Capitalism*，pp. 109-140.

农业商业化的明显证据。① 国内学者在肯定原始工业化理论贡献的同时，也提出了批评意见，李伯重认为该理论本身"也存在严重的缺陷"，除了上述经济史学家们批评最多的"这种理论强调原始工业化与近代工业化的因果关系"，他还提出，原始工业化理论"过分强调农村工业的作用，而忽视城镇工业的发展及其与农村工业之间的关系"。他从西欧经济史着眼，表示在15—18世纪欧洲的全部工业活动中，除"家庭手工业作坊"以外，"分散的手工工场""集中的制造厂"和"拥有机器设备以及用水和蒸汽为动力的制造厂"都与以农村工业为主的"原始工业化"关系并不密切，因此用以农村工业为中心的"原始工业化"来概括这一时期的特征是不全面的。②

原始工业化理论虽然吸取了马克思主义经典作家关于手工业经济史的论述，但两者之间的区别还是显而易见的。首先，马克思主义的手工业经济史理论主要是对资本主义发生发展的典型道路（主要是英国）所做的一种理论抽象，而原始工业化理论则侧重探讨不同地区的手工业发展史。其次，马克思主义的手工业经济史理论着重剖析手工业经济内部生产关系的变化，尤其是资本、劳动关系的变化，原始工业化理论则将研究的视野扩大到手工业经济以外的农业、人口、对外贸易等领域。最后，马克思主义的手工业经济史理论强调从简单协作到工场手工业再到大机器工业三个依次发展的阶段，原始工业化理论则认为大机器工业的产生不一定是工场手工业的自然分娩，工场手工业也不一定能催生出大机器工业。其实，在这个问题上，经典作家与原始工业化论者只是分析问题的视角不同罢了，马克思主义所揭示的是一条资本主义发生发展的正常道路，是对人类工业活动整体所做的归纳，原始工业化论者强调工业生产活动的区域差异性，两者并不矛盾。

---

① 参见 Sheilagh C. Ogilvie and Markus Cerman（eds.），*European Proto-Industrialization*：*An Introductory Handbook*，Cambridge，Cambridge University Press，1996，pp. 7-11.

② 参见李伯重：《理论、方法、发展趋势：中国经济史研究新探》，55 页，北京，清华大学出版社，2002。

　　原始工业化理论的着眼点虽然集中在工业化之前的农村手工业，但其分析问题的思维模式依然适用于工业化时期的手工业，尤其是落后的外缘型工业化国家和地区，近代中国属其中之一。在这些国家和地区，手工业具有广泛性和长期性，不仅在机器工业基础薄弱的广大农村大量存在，而且在现代工业依托的城市也占有一席之地。探讨中国近代手工业长期、广泛存在的现象及其原因，仅从手工业本身出发，颇有不识庐山真面目之叹，必须进行农业、现代工业、人口及政府行为等方面的综合研究。当然，借鉴原始工业化理论研究中国近代手工业，并不意味着中国近代手工业都具有原始工业化性质。一方面，原始工业化理论主要是对区域经济历史史实的一种抽象，而且主要适用于区域经济史研究，更何况中国领域之广、区域间的差异性之大，远远不是一个区域所能涵盖的。另一方面，在研究时段上，原始工业化理论主要探讨工业化前的手工业，强调对工业化的前导作用，而中国近代始于 19 世纪 60—70 年代的洋务运动，已经开始引进西方机器工业，近代工业化迈出了艰难的一步。因此，与机器工业并存的中国近代手工业也不再适合定性为原始工业化。此外，原始工业化理论对于早期工业化尤其是工业化起源的历史研究仍然具有启示性：(1)英国在工业革命时期的发展速度没有那么快，也就是所谓渐进性，与工业革命前的高速发展，是可以结合起来考虑的；(2)工业化不是一个国家级现象，而是一个区域性现象；(3)工业革命并非 18 世纪末的突变，而是大量传统工业(traditional industry)中的微小改变累积起来的。① 本书认为，鉴于近代中国区域之间的不平衡性与差异性，中国近代若干乡村手工业经济区的出现体现了原始工业化色彩。对这些区域内原始工业化的产生、发展及前途，对大机器工业产生之后农村手工业经济区的性质和地位，则需另撰文专门考察。

---

　　① 参见 Sheilagh C. Ogilvie and Markus Cerman（eds.），*European Proto-Industrialization：An Introductory Handbook*，pp. 20-21.

三、研究现状与主要分歧

手工业作为近代中国在时间上长期存在、空间上广泛分布的一个重要的国民经济部门，长期以来研究不够。据笔者的粗略统计，1949—1997年近50年，专门研究手工业经济的论文仅有70余篇，专著更是寥寥无几，目前看到的仅有段本洛的《苏州手工业史》（南京，江苏古籍出版社，1986）。这种现状与中国近代手工业的重要地位是不相称的，其主要原因，一是相对落后的手工业没有引起应有的重视，人们的研究视野集中于现代化的大工业；二是手工业史资料较为分散，除彭泽益编撰的四卷本《中国近代手工业史资料》外，更多有关手工业经济的记载、调查材料分散在地方志及当时的报纸杂志上，从而增加了探讨近代手工业经济史的难度。尽管如此，已有的研究成果仍然是我们进一步深入探讨的基础，研究中出现分歧需要我们认真分析其产生的原因，并作为发现历史问题的重要路径。为了学习和进一步展开研究，笔者将1949年以来与本书有关的研究情况归纳梳理如下。

（一）外国资本主义与传统手工业的变迁

鸦片战争前，中国封建社会中的手工业已经孕育着资本主义生产关系的萌芽。毛泽东曾经指出，如果没有外国资本主义的影响，中国也将缓慢地发展到资本主义社会。那么，外国资本主义究竟对中国传统手工业造成了什么样的影响呢？对此，学术界有几种不同的看法。一种观点是"破产论"与"依附论"，认为中国手工业在外国资本主义侵入后面临着破产的命运，"外国商品占夺中国市场的过程，也就是中国手工业遭受破产的过程"，因为，"在自然经济基础上进行生产的城乡手工业，既已无力抗拒外国商品的侵袭，只能步步退却，销路日见萎缩，也就无法逃脱破产的命运"。棉纺织手工业是遭受破产命运的典型行业，而"丝茶手工业在外国资本主义侵入后的遭遇代表了中国手工业的另一种命运……在外国资本和买办商人资本的控制下，变成出口原料的加工手工业，走上依附外国资本主义的一条道路"。这样，鸦片战争以后早就存在着的资本主义萌芽也就失去了继续生长发育的基础，因此，"在中国，事情的发展甚至是这样离奇特殊……工场手工业阶段，不是发生在大机器工业之前，而是产生在大机器工业之后。它的大量发展，要等到二十世纪初期，大机器工业有了进一步发展的情况下，才有可能"。① 与此相类似的观点有"中断论"，明确主张"外国资本主义的侵入截断了中国发展资本主义的正常道路"②。另一些学者则不认可"中断论"，他们认为"外国的侵略可以改变中国经济发展进程的方向和速度，但是不可能一刀斩断这个进程"③，并明确地批评了"中断论"，指出"把在清代鸦片战争前和鸦片战争后的中国经济，看作是'中断'的现象，并认为彼此前后'脱节'、没有内在联系的论点，显然是没有根据的"④。他们也不赞同"破产论"，不仅不同意把鸦片战争后中国近代手工业遭到的破坏看得过于严重，而且认为还有所发展，"鸦片战争后，洋货入侵，中国传统手工业受到摧残，但不象〔像〕通常想象那样都成了机器大工业的牺牲品"，并通过对 40 个传统手工业行业的考察，"发现受摧残的主要是手纺纱、土钢、土针、踹布、土烛、制靛、创〔刨〕烟丝、木版印刷八个行业，其余都能维持，多数并有发展，尤其是向工场手工业（包括散工制）发展。到 20 世纪初期，这些传统行业中都有工场手工业形式了"。⑤ 近年来，又有人指出"破坏论"和"发

---

① 樊百川：《中国手工业在外国资本主义侵入后的遭遇和命运》，载《历史研究》，1962(3)。

② 汪敬虞：《中国近代手工业及其在中国资本主义产生中的地位》，载《中国经济史研究》，1988(1)。

③ 戴逸：《中国近代工业和旧式手工业的关系》，载《人民日报》，1965-08-20。

④ 彭泽益：《鸦片战后十年间银贵钱贱波动下的中国经济与阶级关系》，见黄逸平编：《中国近代经济史论文选集》第 3 册，897～898 页，上海，上海师范大学历史系，1979。

⑤ 吴承明：《早期中国近代化过程中的内部和外部因素》，见章开沅、朱英主编：《对外经济关系与中国近代化》，6～7 页，武汉，华中师范大学出版社，1990。

展论"均失之偏颇。他们认为在外国资本主义与中国传统手工业变迁的关系上,"外国资本主义势力从充当小手工业与农业分离的不自觉工具,变为阻碍中国手工业向资本主义工业转化为〔的〕势力","外国资本家利用中国的特殊国情,阻挠手工业向机器工业过渡"。①

如何评价外国资本主义对中国传统手工业的"破坏"性,如何看待鸦片战争后中国传统手工业的发展,这既是近代中国的历史实际问题,也是一个重大的现代化模式问题,即后发现代化国家的工业化道路问题。学术界对这个问题的关注或多或少地打上了时代的烙印,20世纪70年代中期之前,尤其是中华人民共和国成立初期,中华民族刚刚从帝国主义侵略的屈辱历史中走出来,又面临着西方资本主义阵营的仇视和制裁,因此,揭露西方资本主义列强对近代中国的侵略所带来的破坏性,是对帝国主义政治声讨的一种学术呼应。20世纪70年代后期以来,随着改革开放的推进,利用外资、引进技术成为推动中国经济发展的重要手段,学术界也开始重新审视近代外国资本在华经济活动,在洋务运动、民族机器工业、外国资本主义工业等问题上出现了一些新的解释,"发展论"即属其中之一。学术研究虽难以完全摆脱时代的影响,也正是在这个意义上,克罗齐提出了"一切历史都是当代史"的著名论断,但历史研究绝不能随着时代的变化而"随波逐流",而应坚持在尊重史实基础上进行客观评价。在外国资本主义与传统手工业的变迁关系上,我们认为,要正确地认识这个问题,既要准确地区分作为自然经济附属部分的传统手工业行业和作为资本主义工业有机组成部分的近代手工业部门,又要把经济发展的一般规律与近代中国的特殊经济国情结合起来。从经济发展的一般规律看,在外国资本主义和民族资本主义的竞争下,作为自然经济附属部分的传统手工业行业,必然不断地受到破坏而趋于瓦解。这种被破坏或者构成了近代手工业部门经济发展的前奏,或者孕育着手工业行业从传统向现代的渐进式发展。这一过程虽然残酷,但却是符合经济发展规律的进步现象。

---

① 杨宇清:《中国近代手工业的演变与反思》,载《赣南师范学院学报》,1991(4)。

如受到外国资本冲击最大的家庭手工棉纺织业，鸦片战争后随着手工纺织业的逐渐衰落，农村劳动力更加过剩，自给自足的农民家庭更加困苦。但是，手工纺织业的衰落并不代表其他乡村手工业的衰落，相反它意味着其他手工业行业的发展，近代华北乡村手工棉织业经济区的兴起就是最好的例证。手工织布业成为机器纺纱业的巨大市场，不仅促进了现代经济的发展，而且也加速了早期手工织布业的近代性变迁，因此，20世纪二三十年代的手工织布业中已广泛地存在着资本主义生产关系。

然而，同现代机器工业比较起来，无论多么先进的手工业终究是一种落后的生产形式。在近代中国，外国资本为什么没有彻底摧毁手工业，进而导致手工业与机器工业长期并存的现象呢？我们认为，一方面，外国资本固然要维持中国经济领域的半殖民地格局；另一方面，传统经济中的农民在贫困化的压力下，手工业作为国民经济的一个重要部门和农民家庭经济的重要补充而顽强地生存下来，同时由于与民族机器工业遭受外国资本压迫的共同命运，以及传统手工业自身的能动机制，手工业逐步走上一条从传统向现代发展的艰难道路。城乡家庭手工业、手工作坊和工场手工业构成了一条近代中国产业经济中的中间经济带。相对于民族机器工业而言，这是一种前工业化现象，但它并未发展于工业化前，恰恰相反，它出现在工业化启动后的进程中。工业化与前工业化在近代中国的长期共存格局，既表明了近代中国经济的过渡性与落后性，也体现了近代手工业经济在落后国家和地区一定时期内的相对合理性。如果我们不仅看到19世纪70年代在外国资本主义刺激下一部分地主、官僚和商人投资创办的民族机器工业，而且注意到20世纪二三十年代部分工场手工业向机器工业过渡转化的事实，那么，我们就会发现，近代中国实际上在一条二元工业化的道路上艰难地跋涉。

(二)近代手工业与民族机器工业的关系

这一问题可以从两个层面来理解，一是传统手工业与民族机器工业产生之间的关系，二是民族机器工业产生之后与近代手工业的关系。明清之际孕育着手工业资本主义生产关系的萌芽，鸦片战争后是否为民族机器工业的产生创造了条件，学术界存在着两种截然对立的观点。20 世纪五六十年代，学者们着重强调了两者之间的联系，有的学者提出："中国封建社会末期社会经济和手工业生产所达到的水平，是中国近代机器工业由以产生的出发点和内在根据。离开了这个出发点和内在根据，近代机器工业的出现就会成为不可理解的事情。"这种联系可以具体化为三个方面：(1)原有的手工业直接转化为机器工业；(2)原有的手工业为机器工业的产生准备条件；(3)两者之间很少联系，但机器工业仍是由整个中国社会发展的行程所决定的。① 有的学者着重从资本主义产生的前提条件上肯定了两者之间的联系，认为手工业为近代民族资本主义的发展建立了社会条件："第一，它为近代资本主义企业准备了雇佣劳动的条件，并提供了熟练工人"；第二，"为近代工业的建立准备了市场和运输条件"；"第三，资本主义萌芽为近代工业的产生准备了一定的物质和资本基础"。② 他们把那种认为"鸦片战争后近代工业的建立是另起炉灶，与原有的资本主义萌芽并无继承和发展关系"的观点称为"中断论"，而"中断论也自然导致外铄论"。③ 20 世纪 80 年代以来，有学者针对这些看法提出了不同的观点，通过大量细致的分析，他们认为"中国原有的手工业以至整个经济，远远没有为资本主义机器工业的产生，准备必要的条件。中国资本主义现代企业的出现，是在外国资本主义入侵的条件下产生的。……外国资本刺激了中国资本主义的发展，又压制了中国资本主义的发展。这是中国资本主义的所以发展和所以不发展的根据之一④。很显然，"刺激"作用是客观影响的结果，"压制"却是外国资本主义的主观意愿。

---

① 参见戴逸：《中国近代工业和旧式手工业的关系》，载《人民日报》，1965-08-20。

② 许涤新、吴承明主编：《中国资本主义发展史》第 1 卷，754～756 页，北京，人民出版社，2003。

③ 吴承明：《中国资本主义的萌芽概论》，见《中国资本主义与国内市场》，178 页，北京，中国社会科学出版社，1985。

④ 汪敬虞：《中国近代手工业及其在中国资本主义产生中的地位》，载《中国经济史研究》，1988(1)。

　　民族机器工业产生之后，近代手工业与机器工业之间究竟是对抗大于互补，还是互补大于对抗？有的学者认为，"迄 1920 年，绝大部分手工行业都是发展的，手工业总产值也是增长的；并且，机制工业发展最快的时候，也是手工业发展最快的时候……至少在 1920 年以前，两者的矛盾不是很突出，同时两者又有互补性"①。有论者着重从农村市场的视角分析乡村手工业与近代机器工业的发展，认为农村手工业使用近代工业生产的原料或工具，农村手工业提高了农民的购买力，同时大多数农村手工业不存在与机器工业的竞争关系，因此，"在近代中国，农村手工业商品生产，在市场问题上，对民族工业的发展既有促进的一面，也有与之竞争、对抗的一面，促进作用是主要的，而竞争、对抗则是次要的"②。有的学者具体分析了机器工业与近代手工业在生产上的相互关系，认为"一方面，大机器工业和工场手工业通过加工、订货、收购与赊销，统率着广大的小手工业和家庭手工业；另一方面，所有各种手工业，从工场手工业到农民家庭手工业，又都依附于大机器工业，甚至成为大机器工业的厂外附属物。中国手工业，从这时开始，再也不是孤立于资本主义之外而独立发展的了，它已经逐步纳入了资本主义发展的范围和轨道"③。上述论点都比较一致地肯定了机器工业与近代手工业之间的良性互动关系，肯定了手工业从附属于传统农业到依附于大机器工业的地位转换的进步作用。有的学者则不同意将此作用估计得过高，认为"中国资本主义的产生，也有破坏手工业的一面。它也破坏农业和农村家庭手工业的结合。但是，在破坏的同时，农业与手工业更加结合的一面，又经常出现在人们的面前"④。

---

　　① 　吴承明：《近代中国工业化的道路》，载《文史哲》，1991(6)。

　　② 　史建云：《从市场看农村手工业与近代民族工业之关系》，载《中国经济史研究》，1993(1)。

　　③ 　樊百川：《中国手工业在外国资本主义侵入后的遭遇和命运》，载《历史研究》，1962(3)。

　　④ 　汪敬虞：《中国近代手工业及其在中国资本主义产生中的地位》，载《中国经济史研究》，1988(1)。

　　手工业与农业更加结合也罢，附属于大机器工业也罢，在民族工业产生并得到一定程度的发展后，手工业的长期存在却是不可否认的事实。手工业为什么能够长期存在？学术界有着不同的解释，有的学者着重从生产力层次上加以分析，认为"近代中国工厂工业的机械化程度是很低的，它同大量的工场手工业长期共存，并且在很多方面都有联系，怎好割裂开来？要是忽视了这一点，就不能很好地掌握中国半殖民地半封建社会工业资本主义发生和发展的规律和独具的特点"①。这就是说，手工业与民族机器工业的长期共存，主要在于两者的"机械化程度是很低的"。另外一些学者则不认同这种解释，他们认为："中国大机器工业和手工业的'长期共存'，并不是由于工厂和手工业在机械化程度方面彼此互相接近，而是由于中国工厂工业和手工业同受帝国主义的侵略和压迫，在外国资本的强大势力面前，有着共同的命运。这种'长期共存'，不是发展中的共存，而是两者都得不到发展的并存。这是中国半殖民地半封建社会工业资本主义发生和发展的规律性和独具的特点。"②既然是"独具的特点"，当然应有唯一性和排他性，那么究竟谁真正找到了中国近代工业资本主义发生和发展的规律性和独具的特点呢？我们认为，两种意见都具有一定的片面性。一方面，对手工业和机器工业长期共存的原因的分析，不能代替对中国近代工业资本主义发生和发展规律的探讨；另一方面，两种意见都只看一点，而忽略了其他，第一种意见着重于两者内因上的联系，第二种意见强调了外部环境的共同性。实际上，如前所述，近代手工业与机器工业的"长期并存"反映着近代中国在一条二元工业化道路上艰难跋涉。二元工业化道路的形成是各种因素综合作用的结果，举其大者，如传统经济下农民的贫困化所造成的生存压力、外国资本的压迫、政府行为，以及国际市场的导向、手工业经济内部的若干能动因素等。这些因素

---

　　①　彭泽益：《近代中国工业资本主义经济中的工场手工业》，载《近代史研究》，1984(1)。

　　②　汪敬虞：《中国近代手工业及其在中国资本主义产生中的地位》，载《中国经济史研究》，1988(1)。

共同造成手工业与机器工业长期共存的局面，任何以点带面的分析都难免陷于片面化。

(三)近代手工业的性质与地位

鸦片战争以后的手工业在外国资本和民族机器工业的双重作用下，要么主动，要么被动，自觉或不自觉地发生了或多或少的一些变化。如何衡量手工业行业中这些变化的性质，学术界也有不同的看法。大多数学者都肯定这种变化的资本主义性质，他们认为，"专就资本主义萌芽的生产形式，即工场手工业和包买商等形式说，则更是发展了"，他们还批评了"外铄论"，指出"这种理论是否定工场手工业的资本主义性质，只把使用机器和机械动力的近代工业算作资本主义"。[1] 即使是中国近代的个体手工业，其性质也发生了变化。"一般地讲，在鸦片战争前的封建社会，它为封建主义服务，是封建统治的经济基础。但在半殖民地半封建社会的条件下，随着整个社会经济的改组，这种个体经济也被改造，使它在不同程度上为资本主义服务，成为资本主义经济的附庸和必要的补充形式。"[2]

近年来，有论者从反面提出了相异的观点，他们认为，"从既定的概念出发，把中国近代手工业生产划归资本主义商品经济的范畴是有失妥当的"[3]。持论者分析了中国近代手工业发展的内在基础，在他们看来，鸦片战争后"无论是传统手工业，还是新兴手工业，都未曾改造旧有的基础。因此，无论这种生产组织形式与资本剥削形式多么相似，但它同资本主义的生产结构本身仍有本质的区别"[4]。"与其说中国近代工场手工业是一种资本组织的生产单位，不如说它更靠近前资本主义的小商品生产基础。整个手工业总体发展趋势中这种个体性质的保

---

① 许涤新、吴承明主编：《中国资本主义发展史》第1卷，758页。

② 彭泽益：《近代中国工业资本主义经济中的工场手工业》，载《近代史研究》，1984(1)。

③ 陈庆德：《论中国近代手工业发展的社会基础》，载《云南财贸学院学报》，1990(3)。

④ 陈庆德：《论中国近代手工业发展的社会基础》，载《云南财贸学院学报》，1990(3)。

持，使其距离向资本主义工业化的转变，尚有相当大的差距。"①

对手工业性质认识上的分歧，导致了人们对近代手工业地位认识的差异。有的学者从近代手工业的历史出发，肯定了近代手工业向机器工业过渡的中介地位，认为鸦片战争后，大部分手工业行业是"继续发展的，或长期维持下来，其中又有三分之二逐步向机器工业过渡"②。有的学者则明确否定近代手工业向机器工业发展的趋势，认为"它总是不能再向前更进一步转化为机器生产"，并指出："在资本主义生产基础已完全建立起来的近代的世界性历史联系中，以手工业为主体的社会经济发展，与其说是向着近代化转变的自然累积过程，不如说是近代化历史转变的道路受到阻塞。"③

四、本书主旨与结构安排

本书以马克思主义关于手工业经济史的论述为理论基础，借鉴当代西方经济史学界的原始工业化理论和分析方法，把1840—1936年的中国近代手工业作为一个经济整体进行研究。1840年和1936年是中国近代手工业发展史上两个关键性的年份。从1840年起，传统手工业在外力和内力的双重作用下，性质逐步发生变化，1936年以后持续进行的战争，使中国近代手工业的发展偏离了原来的轨道和手工业自身的规律，战时经济，尤其是大后方经济，虽然在很大程度上就是手工业经济，但这并不代表手工业正常发展的方向。选取这个历史时段也只是为了研究的便利，并非指两个年份前后中国手工业突然发生了质的改变，正是马克思所说"社会史上的各个时代，正如地球史上的各个时代一样，是不能划出抽象的严格的界限的"④。从鸦片战争到全面抗

---

① 陈庆德：《中国近代手工业的发展趋势》，载《求索》，1991(6)。

② 许涤新、吴承明主编：《中国资本主义发展史》第1卷，758页。

③ 陈庆德：《论中国近代手工业发展的社会基础》，载《云南财贸学院学报》，1990(3)。

④ 马克思：《资本论》第13章，见《马克思恩格斯全集》第23卷，408页。

战前夕，为我们从较长时段上考察近代手工业提供了一个必要的时间视野。本书认为，只有立足于一个较长时段，才能对近代手工业进行全面客观的评价。当然，本书不可能涉及手工业的方方面面，也不可能对学术界现有的分歧一一做出回答。本书主要就中国近代手工业为什么长期存在、中国近代手工业的性质和地位集中加以论述。

第一章至第三章着重论述中国近代手工业存在的外部环境，其中第一章剖析了中国近代的农民经济。我们认为，在近代中国传统农业技术条件下，人口与土地的比例长期失调，农村劳动力大量过剩，离村现象非常严重，农民在贫困化的压力下，不得不转移到其他生产领域。手工业不仅与农民有着深厚的历史渊源，而且适应农业生产的季节性，能够使农民在务农之余获得一份边际生产率大于零的收入，因此手工业的存在是农民经济不可或缺的一项重要补充，实际情况也正是如此。该章认为，传统经济下农民的贫困化在很大程度上决定了近代中国手工业的长期存在。

第二章论述了民族工业的内部结构及其相互关系，民族工业包含着近代手工业和大机器工业两大部分。鸦片战争以后，传统手工业从自然经济的网络中独立出来，逐渐融入民族资本主义经济体系，近代手工业与民族机器工业之间既有竞争，也有互补。我们认为，互补构成两者之间关系的主流，这正是近代手工业在中国早期工业化过程中能够存在并获得一定发展的重要因素。关于学术界存在分歧的手工业与民族资本主义产生的关系问题，该章在对"两栖"行业进行系统考察后认为，虽然民族资本主义产生并存在着突发与渐进两种模式，但"突发型"占主要地位。

第三章分析了近代手工业经济中的政府行为。农民的贫困化、手工业者的破产，危及社会的稳定和政府的统治，因此，晚清、北京、南京政府都先后采取了一系列维护、提倡和发展手工业的政策及措施，并取得了一些积极成效。既要实现工业化，又要尽可能避免工业化过程中因贫困而造成的社会动荡，这是从晚清到民国政府所面临的两难处境，近代政府没有，也不可能拥有有效处理这个两难问题的政治、经济能力，因此，既没有完成工业化，也没有顺利推进手工业向现代工业的转化，于是手工业得以长期存在。

当然，除了外部环境，近代手工业要在与机器工业激烈的竞争中存在下去，还有其自身的能动因素。第四章至第七章分析了近代手工业内部的若干变化。其中第四章论述了手工业生产力的变革取向即中间技术的采用，包括生产工具的缓慢趋新，手工业生产工艺的逐步改进，"石磨＋蒸汽机"技术模式的出现，这些都有利于手工业生产向大机器生产的过渡。该章认为，20世纪20年代前后，随着我国电力与机器制造工业的发展，许多手工业行业开始了向大机器工业的转化。

第五章在马克思主义经典作家的手工业经济史理论指导下，考察了手工业生产形态的近代性变迁，着重论述了手工业的经营形式。该章认为，近代手工业存在着包买主制下的依附经营、业主制下的自主经营和合作制下的联合经营，其中包买主制下的依附经营占据主导地位。近代手工业中广泛存在的包买主制下的依附经营形式十分复杂，依附经营者的劳动形式、依附方式及依附"度"有差异，包买主的存在形态也具有多种类型，这种复杂性就带来了手工业近代性变迁的艰难性。业主制下的自主经营形式存在于家庭手工业和工场手工业中。在近代中国，自主经营与依附经营相互转换，相互包容，纠缠不分，艰难地适应着受到外来因素影响的变幻莫测的市场。合作制下的联合经营继承了中国古代合伙制传统，解决了手工业生产中存在着的资金、劳动力、购销等方面的困难，同时，在政府的倡导下，合作经营得到一定程度的推广。多种经营形式的并存，促进了近代手工业的发展。

第六章研究了近代手工业的行业治理。从会馆、公所等旧式行会到同业公会、工会等新式行业与职业组织，虽然行业治理的出发点各有不同，但对行业治理的重视却一脉相承。该章认为，行会制度下的主客共治制在近代早期延续并保存下来，这既是旧式手工业发展不充分、阶级分野不清晰的表现，也是传统政治、文化因素在手工业管理中的内化，并在一定程度上满足了官府管理手工业经济活动的需要。主客共治制借助年度大会、业祖祭祀强化了行规、业规的权威性与合法性，实现了控制行业规模、限制业内竞争、维护行业整体利益的目的。但随着手工业经济的进一步发展、阶层分化的加剧，行会制度下的主客共治逐步为同业公会、工会制度下的分治机制所取代。同业公会作为业主的同业团体，将维护业主的利益置于行业整体利益之中，以业规约束手工业生产行为，规范行业经营秩序，在行业治理中发挥了应有的作用。工会作为手工业工人的职业团体，更加重视手工业工人的利益，随着阶级意识的增强，工会将怠工、罢工作为手段，开展维护手工业工人劳动权益的斗争，成为行业治理的一项重要内容。同业公会与工会都是法人社团框架下的正式制度安排，两者之间既有对立，也有妥协与合作。

第七章剖析了近代手工业中的学徒制度。旧式手工业中具有浓厚封建色彩的学徒制度延续下来，传统手工业行会在 19 世纪末 20 世纪初重整行规，其中重点就是重申学徒制度的严肃性。对学徒制度的强调旨在抵抗鸦片战争后日趋加剧的手工业经济竞争，违背了经济发展的趋势。随着资本主义工场手工业的发展，学徒制度也随之发生变化，并逐步以劳动用工机制取代了职业技能传授功能，成为近代手工业生产劳动管理的主要体现形式。从总体上看，学徒制度是一种宗法式管理，这种落后的管理形式阻碍着近代手工业的进一步发展。工场手工业中大量使用学徒，既促进了手工业的一时兴盛，也给手工业带来了消极影响，从长期来看，学徒制度不利于业主的技术更新。

当然，本书也不可能涉及手工业的所有行业和各个方面，本书选取手工制造业作为分析对象，对手工采矿业(包括各种金属矿、煤矿、盐矿等)均置而不论。另外，近代大多数有关记载及调查材料将手工业称为手工工厂甚至工厂，为保持史料的原始性，本书对引用的材料一律不加更改。

第一章　传统经济下农民的贫困化

　　传统经济下农民的贫困化是近代中国一个基本的经济国情。造成农民贫困化的原因是多方面的，既有农村和农业内部的因素，如农业生产技术落后造成的单位面积产量低下、人口压力等，也有来自农村之外的非农业因素，如外国资本主义对华经济侵略和掠夺、早期工业化发展滞后带来的对农村劳动力吸纳能力的不足。本章主要就人口压力所造成的农民贫困化进行论述。无论是静态上的分析，还是动态上的考察，中国近代农村都有大量剩余劳动力，这些原来被自然经济结构所隐蔽起来的剩余劳动者，在外国资本主义打击下逐步暴露出来，并由此产生了贯穿中国近代始终的农民离村现象。与西方资本主义国家工业化过程中农业剩余劳动力的转移不同，中国近代农民离村的主要原因不是城市工业化所形成的"拉力"，而是农村中人口过剩的压力，因而产生了一些负面效应——农业劳动力大量流失、农业生产衰退、畸形城市化，并构成近代军阀混战、土匪横行的社会基础。如何维持农民的基本生存，如何消化农村中大量的失业劳动者，如何降低农民离村所造成的负面效应，是近代中国面临的时代难题。从根本上解决这些问题，有赖于工业化的发展和农业生产技术的进步。但是在近代中国，民族机器工业的发展受到外国资本主义的竞争和打击，在解决农民的贫困化和吸纳农业剩余劳动力方面能量有限。在这种情况下，一种能够充分利用传统经济和技术资源的、边际生产率大于零的城乡手工业的存在和发展就成为解决这一时代难题的一个必要补充。从实际情形看，手工业成为仅次于农业的农民家庭必不可少的经济支柱，在一定程度上缓解了农民的贫困化趋势，因此对传统农民经济的分析便构成本书研究手工业长期存在和发展的一个基点。

一、人口压力：近代人口与土地比例的失调

(一)人口与土地比例关系的静态分析

人口与土地的比例是衡量人口压力大小的重要参数。所谓人口压力，就是人口再生产对物质资料再生产所形成的压力，即物质资料再生产满足不了人口再生产的需求。"人口压力"是一个历史性的动态现象，随着科学技术的进步，人类物质生产能力的提高，人口压力的大小也处在不断变化之中。在传统农业社会，人民的衣食来源主要仰给于农业，农业的发展在传统农业生产力的制约下，主要取决于土地的数量。因此，适度的人口与土地的比例是维持社会经济增长和社会经济生活稳定的重要因素，人口不足，必然造成经济与文化发展的停滞，人口数量超过了土地的承载力，又阻碍着人民生活水平的提高。在土地私有制下，家庭是生产与消费的基本单位，农家经济状况往往决定于土地面积的大小与人均拥有耕地的多少，人口压力总是存在于人多地少的农家。在这种情况下，大量的半自耕农、佃农只能靠租种地主的土地来维持家庭的生存，并从事手工业以弥补家庭经济的不足。

在近代中国，农业仍然是最重要的国民经济生产部门，在人口与土地的比例关系上，近代中国是否存在着人口压力呢？20世纪30年代，国内一批社会学家、人口学家和经济学家在国外资本主义适度人口理论的影响下，开始研究中国社会的贫困问题。他们一致认为，当时的中国存在着巨大的人口压力。许仕廉指出："假定全国地为一万九千万英亩，又假定依中国习惯，适中之生活，每人平均需地一英亩，是中国人口不宜过二万万，现时已超过四万[万]五千万矣！"[1]柯象峰认为，中国的土地至多只能养活两亿左右的人口。[2] 一些从事农村调查和人口统计的学者也认为，如果按照20世纪30年代欧美人民生活水平，中国"每人须有耕地16华亩有奇。即须将全国耕地增加4倍以上，始

---

[1]　许仕廉：《人口论纲要》，245页，上海，中华书局，1934。

[2]　参见柯象峰编著：《中国贫穷问题》，195页，南京，正中书局，1937。

能达到欧美人民现有之生活程度"①。陈长蘅分别采用美国哈佛大学伊士特教授和美国华盛顿经济学研究社理事库辛斯基的生活标准，认为"中国全国所有可耕之地纵能尽耕，按照伊士特所定生活标准，只能供给2万万乃至2万万5千万人；按照库辛斯基所定生活标准，亦只能供给3万万2000万乃至4万万人"，所以，他坚持认为当时中国的人口，"大致已达到全国领土所能维持的最大密度，甚或有其过之无不及也"。② 由此可见，人均耕地严重不足。20世纪30年代的这些研究敲响了中国人口问题的警钟。但是，他们的研究自觉不自觉地受到了马尔萨斯人口论的影响，探讨适度人口数量的主要依据具有一定的推测性，从而给他们关于近代中国适度人口规模的理论涂上了一层悲观色彩。

其实，中国古人非常重视对农业生产经验的总结，关于人均耕地，孟子曾言："百亩之田，匹夫耕之，八口之家足以无饥矣。"作为田地计量单位的"亩"各地差异很大，不同的时代，变化也很大。与马尔萨斯同时代的清人洪亮吉（1746—1809）对这个问题也有探讨，他认为："今日之亩，约凶荒计之，岁不过出一石。今时之民，约老弱计之，日不过食一升。率计一岁一人之食，约得四亩，十口之家，即须四十亩矣。"③几十年后，中国农业生产的亩产量与农民生活水平没有明显变化，因此，近代关心民生问题的学者也大多采用了洪亮吉的推算，认为："以今日田亩计之，每亩之所获，岁约一石（此指今日中国普通之田而言），又以人民之所食计之，每日之所食，人约一升。率一岁之所食，统计之，约以四亩供一人之食。"④这些议论都已经注意到了传统

① 杨季华：《皖北农村社会经济实况》，见李文海主编：《民国时期社会调查丛编·乡村社会卷》，155页，福州，福建教育出版社，2005。

② 李文海主编：《民国时期社会调查丛编·二编·人口卷》上，868页，福州，福建教育出版社，2014。

③ 洪亮吉：《卷施阁文甲集》卷一《意言二十篇·生计篇》，见《洪亮吉集》第1册，15～16页，北京，中华书局，2001。

④ 佚名：《论中国治乱由于人口之众寡》，载《东方杂志》，第1卷，第6号，1904。

农业生产力状况下单位面积农作物产量以及维持人民基本生存所需的人均粮食需求量这两个影响适度人口数量的基本变量。

但是，由于土地肥沃程度、水分充沛量、农作物品种，以及农场经营规模等农业生产条件存在差异，在近代中国，南方和北方、沿海和内地、丰年和灾年，单位面积农作物产量的差别也比较大。单位面积产量上的差别，必然导致不同地区间适度人口数量的差异。相对而言，中国北方人口与土地的适度比例低于南方，即单位土地面积上的农业人口承载力低于南方。以华北平原上的直隶望都县为例，"以人民之食料而论，每人所需日约一升，非有六亩之田，不足以供一人之用"①。又如山西省较为富庶的解县，"当全盛之时，户口七万有零，平均分之每人仅得四五亩旱田，终岁劳苦，丰年略可自饱，仍不能事父母，畜妻子，一遇荒歉，流亡殆尽"②。由此可见，人均五亩耕地在北方是难以维持生计的。南方的情况明显好于北方，据 20 世纪 20 年代初的调查，每亩平均收入，南方大大高于北方，"北部的田地每一亩的收成，固然比扬子江流域的少得很多，而小农每亩之收成，更比大农每亩之收成又少了一筹了"③。具体情况如表 1-1：

表 1-1　20 世纪 20 年代初中国农村土地每亩收入情况示例表

单位：元

家庭土地面积	浙江	江苏		安徽	直隶	
	鄞县	仪征	江阴	芜湖	唐山	邯郸
1～2 亩	35.6	27.0	19.5	11.3	3.8	3.8

---

① 李文治编：《中国近代农业史资料第一辑（1840—1911）》，664 页，北京，生活·读书·新知三联书店，1957。

② 徐嘉清修，曲逎锐纂：民国《解县志》卷三《丁役略》，见《中国方志丛书》编委会编：《中国方志丛书·华北地方·第 84 号》，192 页，台北，成文出版社，1968。

③ ［英］戴乐仁等：《中国农村经济实况》，王建祖等校，李锡周编译，见李文海主编：《民国时期社会调查丛编·二编·乡村经济卷》上，28 页，福州，福建教育出版社，2009。

续表

家庭土地面积	浙江	江苏		安徽	直隶	
	鄞县	仪征	江阴	芜湖	唐山	邯郸
3～5 亩	18.0	19.1	18.9	10.9	3.8	2.5
6～10 亩	14.6	13.2	19.1	11.1	3.9	2.7
11～25 亩	9.9	9.8	18.9	10.9	4.1	3.0
26～50 亩	7.7	7.2	18.9	10.6	4.5	4.4
50 亩以上	5.1	—	—	6.7	5.1	5.1

资料来源：[英]戴乐仁等：《中国农村经济实况》，王建祖等校，李锡周编译，见李文海主编：《民国时期社会调查丛编·二编·乡村经济卷》上，28 页。

再以南方耕田十亩的农家为例，其生产及消费情况如下：

> 上腴之地，丰岁亩收麦一石、稻三石，其入四十石耳。八口之家，人日廪米八合，老稚居其半，人日廪米四合，率日食米四升八合，一岁食米十七石二斗八升。麦当其三之一，尚食米十一石有奇。率稻一石为粝米五斗，则留稻二十三石麦六石，然后足一岁之食。余麦四石、稻七石，乘急而卖，幸得中价，麦石值钱一千二百，稻石值钱八百，凡为钱十千四百。纳租税及杂徭费，率亩为钱五百，十亩则为钱五千，余钱五千四百耳。而制衣服、买犁锄、岁时祭祀、伏腊报赛、亲戚馈遗、宾客饮食、嫁女娶妇、养生送死之费，皆出其中，而当凡物皆贵之日，其困固宜。①

这是一个有耕田十亩的八口之家的收支状况。除留足口粮外，交租纳赋、婚丧嫁娶、生老病死、年节所需、礼尚往还等，悉出自农田收入，"当凡物皆贵之日，其困固宜"。因此，在南方，人均耕地 1.25 亩的农户，生产的粮食能满足基本温饱所需，这与北方人均耕地四五亩才能维持基本生存相比，情况要好得多。当然，如果加上基本生存之外的

---

① 李文治编：《中国近代农业史资料第一辑(1840—1911)》，665 页。

大量支出，农户仍然陷入贫困，这恰恰说明，在中国近代农村，无论南方北方，从家庭需求上看，手工业经济的存在都具有必要性。据陈翰笙研究，南方稻作区每户平均至少需 6～10 亩才能维持生计，如果是佃农，则所需耕田还要加倍。①

那么，从全国范围来看，人均占地多少才能维持基本温饱呢？在此，我们必须对主要农作物单位面积产量和人均粮食需求量做一些实证分析。据卜凯于 1921—1925 年对中国七省 2866 处田场的调查，水稻的平均产量为每公顷 25.6 公担，小麦为每公顷 9.7 公担②，将其换算为市制单位，水稻亩产约 341 斤，小麦亩产约 130 斤。根据 20 世纪 30 年代有关书刊所载重要农作物的总产量及总播种面积计算出的单位面积产量如表 1-2 所示：

表 1-2　20 世纪 30 年代重要农作物单位面积产量表（1931—1937）

单位：斤/市亩

品种	年份							平均产量
	1931	1932	1933	1934	1935	1936	1937	
稻	325	366	337	273	334	341	341	331
小麦	145	143	153	151	136	149	118	142
玉米	188	192	184	176	189	181	180	184
高粱	178	187	191	173	188	199	179	185

资料来源：章有义编：《中国近代农业史资料第三辑（1927—1937）》，926 页，北京，生活·读书·新知三联书店，1957。

吴慧对 20 世纪 30 年代粮食作物单位面积产量的计算更为合理，计算对象包括稻、小麦、高粱、谷子、玉米、大豆六种重要粮食作物，并将大豆和甘薯分别折合成稻谷和原粮，同时还参考了不同地区、不同作物的复种因素，其结果如表 1-3 所示：

———————

①　参见陈翰笙：《解放前的地主与农民——华南农村危机研究》，冯峰译，10 页，北京，中国社会科学出版社，1984。

②　参见［美］卜凯：《中国农家经济》，张履鸾译，291 页，上海，商务印书馆，1936。

表 1-3　20 世纪 30 年代农作物亩产量表(1931—1936)

单位：斤/亩

产量	年份					
	1931	1932	1933	1934	1935	1936
亩产量	215.7	231.2	229.1	202.8	216.4	232.7
乘复种指数 1.256 后的单位面积产量	270.9	290.4	287.7	254.7	271.8	292.3

资料来源：吴慧：《中国历代粮食亩产研究》，202～205 页，北京，农业出版社，1985。

关于人均粮食需求量，明清两代的记载大体相同，即"人日食米一升"。据吴慧考证，明清时期一升大米重量合 1.53～1.55 斤，月食 3 斗合 45.9～46.5 斤，年需粮食约 550.8～558 斤。"明清时食一升，大致是丁男之食量，或说是相当于男女大小平均每人的口粮加其他用粮数量。"[1]按清代中叶 55.7% 的成品率计算，一人的大米年消费量约为原粮 988.9～1001.8 斤。民国时期人民消费结构变化不大，所需大米消费量基本相同，陆精治在《中国民食论》中以 1914 年和 1915 年两年大米和小麦总消费量计算得到的人均大米年消费量为 3.9149 石，人均小麦消费量为 0.724 石，折合市制为 557 斤(原书作者以 120 斤为一石)[2]，约需原粮 1000 斤。

根据上述粮食亩产量和人均粮食需求量的考察，笔者认为，以 1∶3.5 作为近代全国范围内人口与土地比例的适当参数是可行的。据此我们再进一步分析近代中国人口与土地比例的实际情况。

清朝是中国人口发展史上的一个重要时期，自 1712 年实行"滋生人丁永不加赋"及随后的"摊丁入亩"政策之后，清朝登记在册的人口数字直线上升。记录显示，1741 年全国人口突破 1.4 亿，接着在 1762 年、1790 年和 1834 年先后突破 2 亿、3 亿和 4 亿，到 1840 年鸦片战

---

[1]　吴慧：《中国历代粮食亩产研究》，81 页。

[2]　参见陆精治：《中国民食论》，380～381、390～391 页，上海，启智书局，1931。

争发生时，全国共有 412814828 人。与此同时，垦田的面积也有所增加，1712 年垦田面积为 6930444 顷，一百年后的 1812 年达到 7889256 顷。① 但是，耕地面积的增加跟不上人口的持续递增，时代前进的年轮与人均耕地占有量不断下降的趋势同步进行，1724 年全国人均耕地面积为 5.5 亩，近一百年之后的 1822 年却下降到 2 亩。② 由此可见，近代中国从一开始就面临着人口过剩的巨大压力。

从 1840 年到全面抗战发生前的 1936 年，虽然由于战争、饥荒、瘟疫等天灾人祸的影响，人口增长的势头趋缓，但人口与土地的矛盾似乎并未减轻，人多地少现象依然是近代中国最基本的经济国情。我们根据有关材料将近代中国人均耕地面积的情况列表如下：

表 1-4　近代中国耕地与人口比例情况简表

年份	人口	耕地面积/市亩	人均耕地面积/市亩
1851	432164047	756386244	1.75
1873	277133224	756631857	2.73
1887	401520392	911976606	2.27
1901	426447325	911976606	2.14
1911	374223088	999480629	2.67
1932	423253508	1148657720	2.71

资料来源：本表据梁方仲所编著《中国历代户口、田地、田赋统计》（上海，上海人民出版社，1980），孙毓棠、张寄谦所著《清代的垦田与丁口的记录》（见《清史论丛（第一辑）》），实业部中国经济年鉴编纂委员会所编《中国经济年鉴》（上海，商务印书馆，1934），王毓霖所编《经济统计摘要》（北平，友联中西印字馆，1935），柳诒徵所著《中国文化史》下（南京，正中书局，1947）等编制而成。其中，1901 年的耕地数据沿用 1887 年的数字，1911 年的耕地数据系 1916 年农商部统计表（这是民国初年农商部开始编制的年度统计表中的一个，原件藏中国社会科学院经济研究所）中的各省田亩面积减去荒地面积之差，1932 年的耕地面积原为 1248781000 亩，计算有误，现更正为 1248541000 亩，并已按 1 亩等于 0.92 市亩折算为市亩。

----

① 参见南开大学历史系编：《清实录经济资料辑要》，28 页，北京，中华书局，1959。

② 参见孙毓棠、张寄谦：《清代的垦田与丁口的记录》，见《清史论丛（第一辑）》，北京，中华书局，1979。

由于近代中国缺乏科学的人口普查和土地资源调查，上表所列数字不可能十分准确，例如，1873 年就缺少江苏、安徽、云南、广西、陕西、甘肃六省的人口数字，因此，该年的人均耕地面积可能高于实际情况，但这不会影响本书对人口与土地比例关系的分析结论。以此作为近代中国人口与土地比例演变的大致线索还是可行的。上表所列人均耕地面积大体反映了 1840 年以后中国人口与土地比例关系的变动趋势，就全国范围来看，近代中国人均耕地面积始终未能超出 3 亩，对于以农立国的近代中国来说，土地资源的短缺必然造成物质资料再生产的巨大不足，从而产生大量的相对过剩人口。这是从宏观上对全国人口与土地比例所做的静态考察。事实上，近代中国存在着许多影响粮食作物生产的动态因素，研究人口压力时，对这些动态因素也不可等闲视之。

（二）人口压力的动态考察

从人均耕地面积考察静态上的人口压力，并不表明人口压力会均匀地分布在农户和农村人口上，相反，还会由于地区的不同而呈现出很大的差异性。以 1934 年为例，南京国民政府土地委员会成立后，组织了 3000 余人的调查队伍，对全国 20 个省、789 个县的土地和人口进行了抽样调查。结果表明，户均耕地面积为 14.08 亩，人均耕地面积为 2.71 亩，各省之间人均耕地面积的差距很大，具体情况如表 1-5：

表 1-5　1934 年中国人均耕地面积统计表

省别	人口	耕地面积/亩	人均耕地/亩	省别	人口	耕地面积/亩	人均耕地/亩
江苏	31803955	92089057	2.90	甘肃	3010602	13705060	4.55
浙江	15620554	35501909	2.27	察哈尔	1646551	13734265	8.34
安徽	16672334	34340053	2.06	宁夏	1326022	1298605	0.98
江西	4086300	13495024	3.30	青海	626081	3950723	6.31
湖南	17234652	28661796	1.66	福建	10323778	17404316	1.69
湖北	17265237	32969597	1.91	广东	1543657	1362258	0.88
四川	7823306	13728507	1.75	广西	1869805	3534697	1.89
河北	18362924	59209046	3.22	云南	3117461	6658313	2.14

续表

省别	人口	耕地面积/亩	人均耕地/亩	省别	人口	耕地面积/亩	人均耕地/亩
山东	29469456	79506930	2.70	贵州	1928787	14399907	7.47
山西	10716085	51758465	4.83	总计	200575818	542758199	2.71
陕西	6128271	25449671	4.15				

资料来源：本表据土地委员会编《全国土地调查报告纲要》有关数据综合而成，其中，耕地面积略去小数点后的数字。本表各省人口、耕地面积采自原表数据，人均耕地面积和总计栏内数据对原表有修正。参见李文海主编：《民国时期社会调查丛编·二编·乡村经济卷》下，334 页。

由表 1-5 可知，人均耕地面积最大的察哈尔达到了 8.34 亩，人均耕地最少的广东则仅有 0.88 亩，大抵来说，"北多而南少"。即便在同一省份，不同地区的人均耕地面积也会呈现差异，因此，在研究人口压力或因人口压力而造成的社会经济问题时，不能因为平均取向而掩盖了地区间的差异性，进而将人均土地面积作为衡量不同地区人口压力的唯一要素。更为重要的是，人口压力还会受到许多动态因素的影响。在近代中国，以下几方面的动态因素使人口压力进一步加剧。

首先，自然灾害造成了减产现象。由于科学技术的落后，中国近代预防自然灾害的水平较低，抵御自然灾害的能力很弱，加上晚清至民国政府水利失修，从全国范围来看，几乎是连年灾害。据不完全统计，长江中下游地区的江苏、浙江、安徽、江西、湖北、湖南六省，从 1846 年至 1910 年，遭受水、旱、风、雹、潮、虫等自然灾害的州县累计达 8570 个，其中江苏 2853 个，浙江 1384 个，安徽 1769 个，江西 907 个，湖北 1280 个，湖南 377 个。[1] 黄河流域除上述灾害外，还有沙、雹等灾情发生。据统计，鸦片战争后的整个晚清时期，直隶、山东、河南、山西、陕西、甘肃六省累计蒙受自然灾害的有 13 个府、9775 个州县，其中直隶 2305 个州县，山东 9 府 2869 个州县，河南 4

---

[1]　参见《长江流域六省历年灾荒表》，见李文治编：《中国近代农业史资料第一辑（1840—1911）》，720～722 页。

府 2329 个州县，山西 957 个州县，陕西 774 个州县，甘肃 541 个州县。① 这些自然灾害造成大面积减产，有些地方甚至颗粒无收，饥荒遍野，例如，1906 年长江下游的水灾，使江苏北部"受灾之处，计长八百里，阔五百里。彼处民人约有四百万，如此巨灾，为近来四十年中所未有"②。受天灾影响的、嗷嗷待哺的饥民达数百余万，"总计徐州府属之邳州、宿迁、睢宁、铜山、萧县五处共饥民五十余万人；淮安府属之清河、桃源、山阳、阜宁、安东五处共饥民七十余万人；海州及沐阳、赣榆三处共饥民四十余万人，总共一百六十余万人，给照回籍就赈者尚不在数"③。1877 年的北方灾荒被时人称为"丁丑奇荒"，"山西无处不旱，平、蒲、解、绛、霍、隰，赤地千里，太、汾、泽、潞、沁、辽次之。盂、寿以雹，省北以霜，其薄有收者大同、宁武、平定、忻、代、保德数处而已。而河东两熟之地，自乙亥〔光绪元年〕以来，比四不登……被灾极重者八十余区，饥口入册者不下四五百万……而饿死者十五六，有尽村无遗者"④。

民国时期，自然灾害有增无减，灾情所造成的损失无法统计，举其大者，例如：1920 年华北陕、豫、冀、鲁、晋五省大旱，灾区 317 县，灾民 2000 万人；次年，豫、苏、皖、浙、陕、鲁、鄂、冀大水，以淮河区域受灾最重，受灾面积达 27000 方里，鲁、豫、晋三省受灾地有 148 县，灾民达 9814332 人⑤；1924 年河北、广东、广西等六省虫灾，农田受害面积达 640000 英亩，损失 1300 万元。⑥ 即使是灌溉条件良好的都江堰灌区华阳县，据调查，灾害造成的粮食减产也十分严重，"全县各种土地易受水旱灾害之面积甚广，而其受灾程度亦甚

① 参见《黄河流域六省历年灾荒表》，见李文治编：《中国近代农业史资料第一辑(1840—1911)》，733～735 页。

② 《江督论江北灾状》，载《时报》，光绪三十二年(1906)十月二十八日。

③ 《江北灾民计数》，载《时报》，光绪三十二年(1906)十二月二十四日。

④ 李文治编：《中国近代农业史资料第一辑(1840—1911)》，741 页。

⑤ 参见邓云特：《中国救荒史》，42 页，上海，商务印书馆，1937。

⑥ 参见巫宝三：《中国粮食对外贸易——其地位趋势及变迁之原因(1912—1931)》，38 页，南京国民政府参谋本部国防设计委员会印行，1934。

重，因之作物产量减少"①。具体情况如表 1-6 所示：

表 1-6　四川省华阳县各种土地受灾程度统计(1941 年调查)

土地类型		一种或数种作物减产 50% 以上			一种或数种作物完全无收者		
		面积/市亩	占总面积百分比	频率	面积/市亩	占总面积百分比	频率
易受水灾	坝田	40057	5.2	10 年一次	26498	3.4	4 年一次
	冬水田	—					
	山田	—					
	坝地	31612	4.1	2 年一次	2169	0.3	3 年一次
	山地	—					
易受旱灾	坝田	108554	13.9	2 年一次	54468	7.0	3 年一次
	冬水田	142796	18.4	3 年一次	25723	3.3	12 年一次
	山田	343288	31.4	3 年一次	71902	9.3	6 年一次
	坝地	90808	11.7	2 年一次	3402	0.3	5 年一次
	山地	236857	30.6	3 年一次	71902	9.3	17 年一次

资料来源：叶懋、潘鸿声：《华阳县农村概况》，见李文海主编：《民国时期社会调查丛编·二编·乡村社会卷》，729 页。

更值得注意的是，这一时期，军阀连年混战，不仅消耗了巨额的军费，而且严重影响农业生产，兵灾所带来的损害同天灾所造成的损失相比，有过之而无不及。例如，在江苏宜兴，"甲子(1924 年——引者注，下同)战事，正值秋收之时，农民于隆隆炮声之中，实不能安心于田亩间，因之收获失时，损失岂可数计！乙丑(1925 年)又两遭兵灾：春正奉军南下，骚扰地方，以致五十里不见菜绿；秋中孙(传芳)兵过境，又值收获时间，农民畏兵如虎，潜逃避处，秋收亦受影响。丙寅(1926 年)迄今，军马倥偬，勇男不能力耕于田，农妇不能专心于织矣"②。

---

① 叶懋、潘鸿声：《华阳县农村概况》，见李文海主编：《民国时期社会调查丛编·二编·乡村社会卷》，728 页，福州，福建教育出版社，2009。

② 徐方干、汪茂遂：《宜兴之农民状况》，载《东方杂志》，第 24 卷，第 16 号，1927。

农民真正是畏兵如虎，"只要听到一声军队拉夫，不管稻子干死也好，谷粒成熟脱落也好，统统都藏匿起来，不敢出外一步。好容易盼到战事停止，到稻田上去望望，只见干的干，掉的掉，可怜一年的辛勤劳苦，就此白白的牺牲"①。这是战争影响下湘中农民的真实写照，其实又何尝不是所有内战地区农民受害的缩影呢！南京国民政府成立以后，战争更为频繁，战事规模更大，"自 1927 年夏至 1930 年夏这短短三年中间，动员十万人以上之内战已多至近三十次"②。1930 年的蒋、冯、阎大战中，"根据有明确记载的各种报纸，洛阳等二七县兵灾的损失平均竟占农产常年产值百分之一六〇·二"③。

自然灾害不仅造成土地减产、绝收，而且农田设施因灾害受损，又使土地产出进一步下降，农民种田的积极性大大降低。为了维持生存，农民争相出售或典当土地，从而造成土地价格的进一步低落，以江苏江宁一镇四乡为例，"当地在民国 20 年大水之后，23 年又逢大旱，农民出售与典当土地者甚多。按照供过于求定律，势必影响土地买卖之价格"，其中 180 户农家，1924 年平均每亩地价为 59.8 元，1934 年跌落至 35.1 元，平均每亩跌去 24.7 元。④ 从全国范围来看，土地价格跌落的趋势十分明显，以 1931 年土地价格指数为 100，到 1935 年，水田下降至 81，平地 83，山地 82，土地价格的涨落可以视为农村经济的晴雨表，"涨则象征农村之繁荣，农业之兴盛，跌则反映农村之贫乏，农业之衰颓"⑤。

农民为了维持生存，必然在农业之外寻求其他谋生或自救手段，从而为乡村手工业的存在和发展增添了外部动力。

---

① 陈仲明：《湘中农民状况调查》，载《东方杂志》，第 24 卷，第 16 号，1927。

② 陶直夫：《一九三一年大水灾中中国农村经济的破产》，载《新创造》，第 1 卷，第 2 期，1932。

③ 方华：《灾荒中的河南农村》，载《新创造》，第 2 卷，第 1、2 期，1932。

④ 参见蒋杰：《京郊农村社会调查》，见李文海主编：《民国时期社会调查丛编·乡村社会卷》，349～350 页。

⑤ 《五年来农村地价涨落趋势》，载《中央日报》，1936-09-19。

其次，耕地抛荒与改种，导致粮食种植面积下降。自然灾害的打击、军阀混战的侵扰、苛捐杂税的重压，都造成土地的抛荒现象频频发生。晚清时期，清政府镇压太平天国运动的战争曾使江、浙、皖三省土地大量荒芜，例如：江苏省"自粤逆〔太平军〕窜扰后，田地类多荒废。江宁、镇江、常州三府，暨扬州府之仪征县，被兵最重，荒田最多；其江都、甘泉二县与苏州所属次之；松江、太仓二属又次之……统而计之，荒田尚居原额十之五、六"①；浙江省在太平天国运动失败以后，"据各属册报荒芜田、地、山、荡至一十一万二千三百六十六顷七十四亩有奇……截至宣统元年止，尚有荒芜未垦者四万一百四十四顷有奇"②；安徽"兵燹之后，各省之中以皖南北荒田为最多，其地方亦以皖南为最盛，如宁国、广德一府一州，不下数百万亩"③。民国时期土地抛荒趋势更为明显，南京国民政府土地委员会"对于我国垦地之荒废情形，曾作十四省八十九县之调查，总计近十年内已垦地之荒废者计占原垦地面积百分之一〇·六四"④。有些地方抛荒比例更高，"据天津《大公报》及西安《民意日报》（民国——引者注，下同）二十年（1931）调查（陕西）十九县所得之结果，每县被弃不耕之田地，平均占总耕地面积百分之七十"⑤。因此，尽管从晚清到南京国民政府都比较重视垦荒问题，尤其是东三省及云南、贵州等地区的垦边工作取得了一定成效，但人口递增与土地抛荒现象的并存，使得近代中国的耕地面积所增无几。据计算，以1873年耕地面积指数为100，1893年仅上升到101，到1933年仍然停留在这一水平上。⑥ 由此可见，抛荒现象的大量存在几乎抵消了历届政府的垦荒成绩。

---

① 李文治编：《中国近代农业史资料第一辑（1840—1911）》，158页。
② 李文治编：《中国近代农业史资料第一辑（1840—1911）》，160～161页。
③ 李文治编：《中国近代农业史资料第一辑（1840—1911）》，162页。
④ 国民政府主计处统计局编：《中国土地问题之统计分析》，48页，重庆，正中书局，1941。
⑤ 邓云特：《中国救荒史》，181页。
⑥ 参见章有义编：《中国近代农业史资料第三辑（1927—1937）》，907页。

另一个不可忽视的事实是，随着外国资本主义经济侵略的逐步深入，农产品进一步商品化，农业经营中弃粮他种的现象日益突出，尤其是罂粟、烟草面积的扩大，占据了大量的耕地。据《英文中华年鉴》记载，"一九〇五年，中国每年种着三十七万六千担鸦片，等于二万二千吨"①。1906年产量更高，《国际鸦片委员会报告书》估计，中国20个省区的鸦片产量达584800担，按每亩产鸦片50两计算，需占用耕地18713600亩。② 北京政府时期的"一九二五—二六年：全国普遍种植鸦片毫无限制。吸烟是自由和普遍的行为，鸦片产量约与一九〇五年相同"③。南京国民政府一面倡导禁烟，一面开征烟亩税，鸦片种植禁而不绝。据时人对20世纪30年代的估算，"中国种烟的面积，当在八百万亩左右"④。烟草种植面积不断扩大，产量逐年递增，以安徽、河南、山东三省烤烟产量为例，1917年为1300万磅，1927年达1800万磅，1937年上升到21000万磅。⑤

最后，在微观动态层面上，我们认为，作为直接生产者的小农经济体承受着更大的人口压力。上文对人均拥有耕地量的静态分析，并不表明小农经营的田场规模就是人均耕地面积的简单相加。实际上，田场经营规模大小的形成受到多重因素，如自然条件、人口密度、地权分配等方面的综合影响，从而产生很大的差异。在近代中国，占主导形式的是小农经营。据英国皇家亚洲学会中国分会在19世纪80年代对中国江苏、浙江等省区的调查报告，我们将晚清时期各地田场经营规模概况列为表1-7。

---

① 章有义编：《中国近代农业史资料第二辑（1912—1927）》，210页，北京，生活·读书·新知三联书店，1957。
② 参见李文治编：《中国近代农业史资料第一辑（1840—1911）》，457页。
③ 章有义编：《中国近代农业史资料第二辑（1912—1927）》，210页。
④ 许涤新：《捐税繁重与农村经济之没落》，见钱亦石等：《中国农村问题》，60页，上海，中华书局，1935。
⑤ 参见章有义编：《中国近代农业史资料第二辑（1912—1927）》，201～202页。（1磅≈0.4536千克——编辑注）

表 1-7　19 世纪 80 年代中国田场经营规模概况

地区	一般田场经营规模
江苏镇江	10～50 亩，平均为 20 亩
浙江杭州	三四亩至二三十亩不等，平均 12～15 亩
江西	3～26 亩，平均面积约为 8 亩
湖北广济	稻田区经营面积为 10 亩，棉产区为 7～8 亩
云南大理	平均经营面积为 10 亩，20 亩为最大的经营面积
贵州	田场平均生产能力为大米 8～12 担，推算面积为 8～12 亩
直隶武清	80 亩，多为王公贝勒所占有
山东莱州	30 亩，供一人生活所需土地为 5 亩
山东益都	10 亩，该县每人平均约有地 1 亩
山西平阳	20～30 亩，50～100 亩便算大规模经营
宁夏	250～300 亩，有少数为 500 亩
东北南部	10～30 英亩非常普遍，10 英亩以下更多①
东北北部	20 英亩，原报告以 6 华亩为 1 英亩，东北南部与此同

　　资料来源：李文治编：《中国近代农业史资料第一辑（1840—1911）》，629～660 页。

　　①有关东北地区的文献中使用英亩这一单位，1 英亩≈4046.856 平方米。

　　表 1-7 说明，19 世纪 80 年代，除东北、宁夏等地区外，其他大部分地区田场经营规模都比较小，尤其是粮食主产区的长江中下游一带，一般农场的经营面积为 10～20 亩。北方的经营规模虽然普遍大于南方，但受到农业生态环境的影响，北方地区农作物单位面积的产量较低，其绝对经营规模仍不大。

　　20 世纪 20 年代较为精确的调查表明，小农经营仍然是农业生产中占统治地位的经营形式。我们根据卜凯对中国七省 17 处 2866 个田场规模的调查，重新加以分组统计，如表 1-8 所示：

表 1-8　1921—1925 年中国七省 2866 个田场规模分组统计表

田场规模/亩	中国北部	中国中东部	该组田场占总田场的比例/%
2.5～22.5	604	644	43.55
22.6～52.5	483	441	32.24
52.6～97.5	246	125	12.94
97.6～197.5	230	37	9.32
200.0 及以上者	52	4	1.95

资料来源：实业部中国经济年鉴编纂委员会编：《中国经济年鉴》，(F)9～11 页。

注：本表中"田场规模"一栏的数据分组不连续，而"该组田场占总田场的比例"的总和为 100%，从这一结果看，当时的调查者就是按照这个标准来分组，至于是否科学，就很难说了。

统计表明，22.5 亩以下的田场占总田场的 43.55%，22.6～52.5亩的田场占 32.24%。两项合计占到总田场的 75.79%。田场越大，在总田场中的比重越低。按照卜凯对田场规模的分组统计，最小组有719 个田场(卜凯分组的标准因地而异，如安徽芜湖以 0～10 亩为最小组，山西五台地区以 0～60 亩为最小组)，中小组有 604 个田场，两项合计达到 1323 个，占总田场数的 46.16%。同一时期，马伦和戴乐仁对 1922 年的浙江、江苏、安徽、山东、河北五省共九县的田场规模进行了调查，结果显示，5 亩以下的田场占总田场数的 32.9%，6～10亩占 25.2%，11～25 亩为 24.1%，三项合计，占到总田亩数的82.2%。[1] 因此，保守的估计是，20 世纪 20 年代的中国农村中有70% 左右的农户处于难以维持温饱的小规模经营之中。

20 世纪 20 年代以后，无地化和小农化经营的趋势日益加强。据南京国民政府行政院农村复兴委员会对浙江、广西、云南、陕西四省共 3217 家农户的调查，我们加以综合分组统计。如表 1-9 所示，20 亩以下的农村经营户占总经营户的 85.3%，在 20 亩以下的农村经营户中，10 亩以上的经营户达 1813 户(其中广西 594 户，浙江 500 户，陕西 247 户，云南 472 户)，占田场经营总数的 56.4%。

---

[1]　参见章有义编：《中国近代农业史资料第二辑(1912—1927)》，381 页。

表 1-9　1933—1934 年四省 3217 个田场规模分组统计表

田场规模/亩	浙江	广西	云南	陕西	该组田场占总田场的比例/%
0.1～19.9	1013	784	571	375	85.3
20.0～39.9	60	64	17	133	8.5
40.0～49.9	8	5	1	60	2.3
50.0～99.9	7	3	0	101	3.5
100.0～199.9	4	4	1	5	0.4
200.0 及以上	0	0	0	1	0.0
总计	1092	860	590	675	100.0

资料来源：本表据行政院农村复兴委员会编、上海商务印书馆出版的《浙江省农村调查》(1934)，《广西省农村调查》(1935)，《云南省农村调查》(1935)，《陕西省农村调查》(1934)等调查报告对四省农村 3217 个田场的分段比较数字综合编制而成。

注：本表编制过程比较复杂，做了以下几点技术处理。第一，陕西省农村调查中一般只对贫农使用土地的情况做了分段统计，对地主、富农、中农的情况依据他们平均使用土地的情况归入相应组别。第二，陕西绥德原调查表中以垧为单位，今以 1 垧约等于 3 亩计算(中国垧的标准非常复杂，仅山西一地，有每垧约等于 2.5 亩，也有 1 垧等于 3 亩、4 亩、5 亩者，见刘容亭：《山西高平、陵川、神池三县十六个乡村概况调查之比较》，载《新农村》，第 9 期，1934)，7 垧以下划入 0.1～19.9 亩，8～15 垧划入 20.0～39.9 亩，16～35 垧划入 50.0～99.9 亩，36～65 垧划入 100.0～199.9 亩，66 垧以上划入 200.0 亩及以上组。第三，编制本表时不考虑所有权因素，剔除了不使用田亩的农户。

在近代中国，人口与土地的矛盾突出地体现在 80% 以上的无地或少地的小农经营者身上。一方面，他们的农业经营连最低的生活水准也难以维持；另一方面，他们的劳动能力又存在着巨大的浪费。从土地利用经济学的角度看，一定规模的经营相对于小农经营在生产要素上能够实现巨大的节约，从而产生规模效应——较高的劳动生产力和较高的单位面积产量。小农经营虽在劳动用工上大大高于规模经营，但物化劳动的投入严重不足，劳动力的边际生产率为零，农民终岁辛劳，不得温饱，这充分反映了人口与土地比例失调造成的农村劳动力的大量隐性失业现象。

(三)农民生活状况的定性描述

农民生活状况的优劣是衡量人口压力大小的一个重要因素。在近代中国,除占人口极少数的大地主和富农外,小农经营者始终处于收不抵支的恶性循环之中。1913 年,山东潍县一个耕地 14 亩的五口之家,年收入 158.30 两,年支出 191.05 两,亏欠额为 32.75 两。① 1923 年,江苏无锡一个耕田 10 亩的五口之家,各项收入 234 元,支出 274 元,收不抵支之差额约 40 元。② 马伦和戴乐仁于 1922 年对江苏、直隶等四省九县农户进行调查,收入在 200 元以下的占总农户的 81.14%。调查者以 150 元为这一时期的生活贫困线,其中 74.82% 的农户生活在贫困线以下,南方和北方相差近 20 个百分点,直隶的贫困农民比例达 82.3%,江苏省的贫困农民比例为 61.97%。20 世纪 30 年代农民的收支状况不仅没有明显改善,反而更趋恶化。表 1-10 反映了 20 世纪 30 年代不同地区、不同年份的农户收支状况。

表 1-10　20 世纪 30 年代各地农户收支状况示例表

单位:元

调查对象	年份	收入	支出	每户赤字	资料来源
上海 140 农户	1931	45182.6	59836.8	−104.67	《中国经济年鉴》(1934),(F) 377 页。
安徽怀宁农户	1934	9577360.0	11463300.0	−29.07	《中国近代农业史资料第三辑(1927—1937)》,757~758 页。
安徽无为耕田 10 亩之家	1931	214.0	269.0	−55.00	《中国经济年鉴》(1934),(F) 380~381 页。
安徽霍邱耕田 23 亩之家	1931	225.0	255.0	−30.00	

---

① 参见章有义编:《中国近代农业史资料第二辑(1912—1927)》,475 页。

② 参见董成勳编著:《中国农村复兴问题》,199~200 页,上海,世界书局,1935。

续表

调查对象	年份	收入	支出	每户赤字	资料来源
苏州北乡 100 农户	1936	7716.0	13989.0	—62.73	《中国近代农业史资料第三辑(1927—1937)》,750~753 页。
江苏吴兴 924 农户	1934	235952.6	271766.8	—38.76	
沪西上海县 944 农户	1936	97971.5	149918.1	—55.03	
江宁县土山镇 286 农户	1933	—	—	—37.03	
福州紫阳村 174 农户	1935	—	—	—70.06	

由此可见,从总体上看,20 世纪 30 年代各地农家普遍处于收不抵支的贫困状况之中,如果我们剔除农家收入中属于手工业性质的副业部分,那么农民的亏空会更大。处在极度贫困中的农民,不得不举债维持简单的农业再生产,或者降低本已很低的生活水平。根据一项调查统计,1933 年全国 22 个省区的农村总户数平均有 56% 和 48% 的农家成为借款和借粮的债户。[1] 另据中央农业实验所对西北、北方、西南、东南、中部、东部六大区 737 个县的调查报告,负债农民占农家总数的比例高达 62%。[2] 近代中国农民的生活费用大大低于同一时期的美国和日本,据美国驻沈阳副总领事克劳德报告,"满洲居民和美国居民生活费用的比例大致为十比一,那就是说,在满洲,一个美国人需要用相当于十元银币的费用来维持生活,而满洲人只要一元银币便能按他自己的方式生活下去"[3]。这是 20 世纪初的比较,到 20 世纪 20 年代,"日本农民同中国农民的悬殊不下百分之二十"[4]。应该指出的是,东三省的人均土地拥有量大大高于内地各省,他们与美国、日本的农民尚有如此差距,其他各地的农民生产状况当更为艰难。表 1-11 列举了一些近代文献资料对各地农民基本生活状况的定性描述。

---

① 参见章有义编:《中国近代农业史资料第三辑(1927—1937)》,749 页。

② 参见钱俊瑞:《中国目下的农业恐慌》,见薛暮桥、冯和法编:《〈中国农村〉论文选》下,829 页,北京,人民出版社,1983。

③ 李文治编:《中国近代农业史资料第一辑(1840—1911)》,660 页。

④ 章有义编:《中国近代农业史资料第二辑(1912—1927)》,476 页。

表 1-11 中国近代农民生活状况举要

类别	反映时代	生活状况	资料来源
衣	北京政府时期	(淮北)衣则完全布类，或且鹑结；冬则棉衣，一袭而已，日以章身，衣以覆体……凶年，御冬无棉衣……	《东方杂志》，第 24 卷，第 16 号，1927。
		(湘中)许多农民，身上穿的衣裤，没有一件不是补过又补，缝过又缝，脚是差不多终年赤着……	《东方杂志》，第 24 卷，第 16 号，1927。
		(贵州)省城居民，经济稍微活动，还可以穿点布衣，外县穷苦人民……破衣百结，褴褛不堪的，满目皆是，时常见女子无裤，用破布遮了前后，惨状实不忍睹……	《东方杂志》，第 21 卷，第 6 号，1924。
	南京国民政府时期	(广西)一般农民以前赶圩大抵都是穿新的或比较整齐的衣服，现在都褴褛化了……	《东方杂志》，第 32 卷，第 2 号，1935。
		(陕西)汉中的一般农民穿着极其粗劣褴褛的衣服，安康地方还发现许多结草为衣的贫农。	《东方杂志》，第 30 卷，第 1 号，1935。
		(西兰线陕西段调查区域的 25 县)一般农民能得布衣粗服，足以蔽体保温者，已属万幸，夏秋两季，农家儿女，十九裸体……	章有义编：《中国近代农业史资料第三辑(1927—1937)》，803 页。
食	晚清时期	(直隶)在最好的年头，他们也吃最低级的食物……几乎完全是同大豆及豆腐混合起来的高粱、玉米及小米，一块白面馒头便是一种特别的款待，当然，更难吃到任何肉食……	李文治编：《中国近代农业史资料第一辑(1840—1911)》，917 页。
		(湖南)山户农家，遂有全食杂粮，而留谷以换钱者，亦有半食杂粮，以济谷之不足者，种种苦状，罄竹难书……	李文治编：《中国近代农业史资料第一辑(1840—1911)》，916 页。
		(山东青州)现在饥民之困苦，较前数年灾区为更甚，该处一带高粱，都已罄尽，民所食者，麸皮及番茄皮，并可食之树皮、高粱根、草籽等项……均取下充饥……	李文治编：《中国近代农业史资料第一辑(1840—1911)》，739 页。

续表

类别	反映时代	生活状况	资料来源
食	北京政府时期	(河南)一般农民生活极苦,吃高粱、小米者在乡间还算是中等人家,而一般极贫苦之农人,竟有吃草糠糠者。	章有义编:《中国近代农业史资料第二辑(1912—1927)》,486~487页。
		(湘中)大多数佃农和自耕农每天只有两顿粗糙饭,还有一点自家种的蔬菜,肉,除掉大节气,如过年的时候,是不容易发现的。	《东方杂志》,第24卷,第16号,1927。
		(贵州大定)他们的生活却非常之简单。他们,至少十分之六,把白米去卖钱来下窖,而家中吃糠或豌豆,或鸦片烟和蕨。	《东方杂志》,第24卷,第16号,1927。
	南京国民政府时期	(湖北、河南、河北)讲到食,鄂境一带较好之农家有大米可吃,但大多数仍掺以小麦或甜薯。河南、河北一带乡村,其主要食品则为小米、甜薯、荞麦、高粱、豆类……至于大米饭算是奢侈品,到年节才有得吃。	章有义编:《中国近代农业史资料第三辑(1927—1937)》,789页。
		(广西)农村里面,十户都有九户吃粥,不有饭吃的,或且是吃那草根木茎的杂粮的。	章有义编:《中国近代农业史资料第三辑(1927—1937)》,793页。
		(汉中)他们所吃的无非是米屑、苞谷屑、红薯块、巴山豆和无盐无油又酸又臭的野菜。	《东方杂志》,第30卷,第1号,1935。
住	晚清时期	(江苏)镇江附近的农舍极为粗劣,设备也极简单,有一张桌子,一个土灶,一把椅子或者几条板凳和床铺,这是仅有的家具……农民不得不住在凄惨的屋子里。	李文治编:《中国近代农业史资料第一辑(1840—1911)》,631页。
		(直隶)屋子一律是泥土筑成的三间矮屋,屋顶是高粱秆,上面抹上一层滑秸泥……一个小碗柜,一口衣箱,或许还有一个凳子。	李文治编:《中国近代农业史资料第一辑(1840—1911)》,917页。
	北京政府时期	(贵州大定)住屋,多半是自筑土墙,"牵萝补茅"的筑成。大门小门都是野竹编成,上糊牛粪。家中鸡、犬、牛、羊与人争寝处。	《东方杂志》,第24卷,第16号,1927。
		(淮北)居唯茅舍,卑狭殊甚,仅堪蔽风雨而已。	《东方杂志》,第24卷,第16号,1927。
		(鄂西北)他们住着用土筑成的瓦屋,一巴掌大的窗子,空气日光的供给,都是谈不上的。	《东方杂志》,第24卷,第16号,1927。

续表

类别	反映时代	生活状况	资料来源
住	南京国民政府时期	(苏北)农家全是草屋,矮小简陋不堪,所用家具,完全是土货,穿的也是土布,资本主义经济的侵略还没有直接到这里。	《江苏省农村调查》,69页。
		(广东顺德)屋宇之建设,大都简陋坦垣,草瓦(多用稻草)比比皆然……黑暗非常,家具多竹制,简单而适用,蚕室寝室,均混而不分。	《广东经济纪实》,267~268页。
		(陕西陇海)农民居住,多为土屋,亦多于土山、土丘之中,筑窑而居,以避风雨。土窑深可数丈,向外处有窗及门,后部虽通风,而光线甚缺……家无长物,虽一桌一椅亦多无之。	章有义编:《中国近代农业史资料第三辑(1927—1937)》,803页。

从整体上看,中国近代的农民生活状况正如《中国经济年鉴》的编者所言:"中国农人生活程度之低,从各方面皆可看出。收入方面既渺小可怜,且其中大部份仍仅用于维持物质生活方面之要素。生活必需费用虽占入款大部份,但食物既缺乏营养,且又终年不变,衣服极粗,仅足蔽体,住室简陋,聊蔽风雨,绝无舒适美观之可言。近代之教育,宗教,以及社会生活,与彼等风马牛不相及。乡村教育幼稚之至,质量二者皆差,可谓毫无用处。敬神方面,虽有相当价值,可是负担太重,而社会生活,绝为枯燥单调,娱乐消遣,颇感缺乏。"[1]

二、离村现象:农村剩余劳动力往何处去

(一)农村劳动力的理论剩余量

前文的分析表明,近代中国面临着很大的人口压力,在这样一个以农业为主的人多地少的大国,农村存在着大量的劳动力使用不足甚至无地可种的现象。那么,近代中国究竟有多少农村剩余劳动力呢?为了弄清这个问题,首先我们必须考察近代农民的劳动生产力,即在

[1] 实业部中国经济年鉴编纂委员会编:《中国经济年鉴》(1934),(F)365页。

劳动力充分使用的条件下，一个农民耕种多少土地才能达到理想的产出，超过这个数量或增加劳动力都不会影响农业生产水平。

从历史上的记载看，中国近代农民的劳动生产力因不同的自然条件而产生较大的差异，北方旱地较多，农民多从事粗放式种植，南方多水田，集约化经营占主导地位。"北方一人的耕作面积，普通为二十亩，最大为四十亩。"①在经营地主较多的淮北，"完全由佣工操作；百亩之田，约须佣工三人"②，即每个劳动力可耕土地约为 33 亩。在东北的黑龙江垦区，"壮健单夫治二三晌〔垧〕（据同时期文献记载，一垧约等于十二亩——引者注，下同）地，供八口家食，绰有余裕"③，即一个全劳力可耕地约 36 亩，"田场如果超过五英亩，便非一人所能胜任。如超过的不多，便在春秋两季雇用短工。但要把五英亩地耕种好，就得整整要一个人的劳力（该项材料中以六华亩折合一英亩）"④。根据这些记载，我们将北方一个农民耕种土地的适度数量定为 30 亩。

同一时期长江流域及南方稻作区农业劳动力的能耕地数量大大低于北方。湖北黄梅"十亩耕地劳动力底分配，需长工一人，配以耕畜一头"⑤。在湖南洞庭湖，"以普通年成为标准，预计每个农民每年耕田十二亩"⑥。江西抚州地区的"二遍稻田，用力多而灌荫劳，人借牛之力以为力，一牛之力可七八亩"⑦。在江苏，"以佣人耕者推之，人耕十亩"⑧。据英国皇家亚洲学会中国分会的报告，浙江"一个身强体壮的有经验的农业工人据说可以耕种六亩地"⑨。广东"一个年轻力壮的

①　［日］长野郎：《中国土地制度的研究》，强我译，354 页，上海，神州国光社，1932。

②　张介侯：《淮北农民之生活状况》，载《东方杂志》，第 24 卷，第 16 号，1927。

③　李文治编：《中国近代农业史资料第一辑（1840—1911）》，618 页。

④　李文治编：《中国近代农业史资料第一辑（1840—1911）》，652 页。

⑤　章有义编：《中国近代农业史资料第三辑（1927—1937）》，275 页。

⑥　《每周农情述要》，载《益世报》（天津），1937-04-24。

⑦　李文治编：《中国近代农业史资料第一辑（1840—1911）》，618 页。

⑧　李文治编：《中国近代农业史资料第一辑（1840—1911）》，669 页。

⑨　李文治编：《中国近代农业史资料第一辑（1840—1911）》，632 页。

小伙子，如果不需车水，一人可以独力耕种六亩地。如果这些田的水源经常不断而且地位便利，三个强壮的农民便可以耕种三十亩"①。历史上的这些记载虽然没有经过科学严格的测定，但也不宜轻易否定。据陈翰笙考察，"在农业较粗放的北方和东北边疆，一个单一农户可管理和耕种的有效面积可达40亩到120亩。而在华北农业较集约的地方，则仅为8—20亩。至于在南方，土地的生产力较高，普通进行集约耕作的农田面积少到5—7亩"②。今人的研究也表明，20世纪30年代的江南稻作区，"在单季水稻＋冬作物的一年两熟地区，每个农业劳动力可耕种水田8亩而不需雇工。……在棉稻兼作区，每个劳力可耕种6亩土地而不需雇工"③。由此可见，在长江流域及南方稻作区，一个劳力的适度耕地数量为6～12亩。为了稳妥起见，我们尝试以人均耕地10亩作为南方省区的理论劳动力需求量。下面我们以人均耕地面积较高的1932年为例，以人均耕地30亩和10亩分别作为北方省区和南方省区农村劳动力需求量的理论参数，计算全国农村的理论劳动力需求量，如表1-12所示：

表1-12　1932年全国农村的理论劳动力需求量

地区范围	耕地面积/亩	理论劳动力需求量
北方省区	694850240	23161675
南方省区	453807480	45380748
全国	1148657720	68542423

资料来源：耕地面积依据表1-4，在制订本表时，大体以长江为界划分南方和北方，考虑到淮北及苏北的自然条件，将其中一省即安徽省划入北方省区，另外，原材料中缺青海、西康及广西三省土地数量。参见实业部中国经济年鉴编纂委员会编：《中国经济年鉴》(1934)，(F)1～2页。

---

① 李文治编：《中国近代农业史资料第一辑(1840—1911)》，638页。

② 陈翰笙：《中国农民》，见汪熙、杨小佛主编：《陈翰笙文集》，140页，上海，复旦大学出版社，1985。

③ 曹幸穗：《旧中国苏南农家经济研究》，109页，北京，中央编译出版社，1996。

按表 1-4，1932 年的人口为 423253508 人，按 1∶5 的丁口比例计算全国男性劳动力人数，应为 84650702 人，以此减去理论劳动力需求量，全国约有 16108279 个男性劳动力应在农业以外的其他劳动部门就业，如果加上在劳动力年龄组的妇女人数，那么全国非农业劳动力人数当为 32216558 人。当然，我们不能忽视与农村理论劳动力需求量等量的女性劳动力，即 68542423 个成年妇女也是不能在农业部门充分就业的，这就决定了她们至少必须在农业生产的淡季时寻求某种副业以维持生存。

在探讨农村剩余劳动力问题时，我们不能够仅仅满足于理论上的分析，各种自然灾害的侵袭、苛捐杂税的繁重、地权分配的严重不均，以及由此产生的地租剥削的残酷，都使得土地被大量抛荒，导致近代中国始终存在着有人无田种和有田无人种的奇怪现象。以河南省南阳县为例，据调查，1932 年该县荒地共 3273615.14 亩。一部分是自然条件较差的山岭岗坡荒地，面积 2132270.76 亩，其中具备条件的可垦地面积 67884.73 亩，占山岭岗坡荒地面积的 3.18%；一部分是自然条件较好的平地荒地，面积达 1141344.38 亩，其中具备条件的可垦荒地为 443436.42 亩，占平地荒地的 38.85%。调查者认为："平地的荒地差不多和熟地具有同样的条件，只是从前没有开垦过，至多也不过土质物理性较逊而已，但是南阳大多数的贫农呻吟在现实贫困疲惫的情况下，没有好的农具，没有耕牛，也没有肥料，所靠的只是终日胼手胝足地在烈日下劳动，土匪底屡次骚扰，以及各色各样的负担都很巧妙地转嫁到他们底肩上去，他们底再生产且日益收缩，何有能力来顾到开垦？"[①]加上本应坐在学堂里接受教育的童工大量被使用，都可能使实际上的剩余劳动力人数大大高于理论上的劳动力剩余量。有文献记载，据 1925 年统计，全国失业人数有 168332000 人，假定中国总人口中能工作者占 70%，应该有 305266000 人。而据各方统计报告，全国之农工有 87218000 人，苦工有 34887000 人，工厂工人有 1744000

---

① 冯紫岗、刘端生合编：《南阳农村社会调查报告》，见李文海主编：《民国时期社会调查丛编·二编·乡村社会卷》，132~133 页。

人，手工艺工人有 1382000 人，则总数仅为 136931000 人。若从总人口能做工之人数，减去此全国总工人人数，则失业及无业的人数可达 168335000 人。① 有人估计，1933 年时，不包括中国在内的世界"失业群众，仅达五千万人，而我国一国之失业农民，约在一万万以上，工人当在四百万以上，约合世界失业人民之两倍尚强"②。另据陈翰笙估计，20 世纪 30 年代的中国，"全国失业人口至少有 60000000 人"③。这些估计当然不会十分准确，但所反映的农村剩余劳动力问题的严重性，则是无可置疑的。

(二)离村率：离村农民的量化分析

一位曾在中国有过 25 年经历的外国人十分惊叹晚清时期直隶永平府的"步行流徙"现象，称"在他的记忆中从未见过"。好奇的外国记者曾耐心地数过两次，其结果如下：35 分钟之内走过了 270 人，20 分钟内又走过了 210 人。这两个数目是在不同的两天分别数的，可以作为每天旅行人数的一个合理的平均数。④ 当然，农民不可能天天如此流徙，离村的农民也不可能如同好奇的外国记者所述的那般浪漫旅行，他们正在艰难地走向憧憬中的幸福彼岸——或到"宽乡"垦荒以养家，或者进城谋工以糊口。

农村太苦，苦得连生存都难以维持，一向"安土重迁"的农民不得不谋食他方，甚至举家外迁，于是离村构成了近代中国一个特殊的社会问题。本来，"离村"是传统农业国家向工业化国家转型过程中一个必然的伴生现象，随着资本主义大机器工业以及资本主义商品货币关系的飞速发展、农场化经营和机器应用的日益普及，许多农民和手工业者被排挤出传统生产领域而成为过剩人口。与此同时，工业化的发

---

① 参见张梓生、孙怀仁、章倬汉主编：《申报年鉴》，(P)25 页，上海，申报馆，1933。

② 《念二年度本市全年商业状况》，载《国际贸易导报》，第 6 卷，第 1、2 号，1934。

③ 陈翰笙：《现代中国的土地问题》，见汪熙、杨小佛主编：《陈翰笙文集》，72 页。

④ "Coolies Tramping North," *The North-China Daily News*, 1904-04-08.

展又促进了社会分工，为农村过剩人口提供了较为充分的就业机会。在这里，农村剩余劳动力既因工业化的产生而产生，又由于工业化的发展而被吸收，离村化与城市化高度融于一体。然而，中国近代农民的离村却有另一番苦涩。本已存在着巨大人口压力的农村，鸦片战争后，在外国资本主义和中国民族资本主义的双重冲击下，自给自足的经济结构逐步走向分解，与此同时，农村经济由衰败而破产，一部分农民缺乏甚至完全被剥夺了作为主要农业生产资料的土地，成为饥寒交加的过剩人口。然而，同样遭受外国资本打击的民族机器工业的发展十分有限，难以吸纳庞大的农村剩余劳动力。因此，近代中国的离村农民不仅漂洋过海，充当"猪仔"，而且农村内部的流动也很频繁，甚至流入城市的劳动力也难以在民族工商业部门中充分就业。如果说，原发工业化国家里的剩余劳动力为资本主义的继续发展提供了必要的劳动力，那么，近代中国大量存在的过剩劳动力则成为工业化水平进一步提升的阻力。一方面，廉价的劳动力使得资本家在机器的购买和使用面前踌躇不前；另一方面，离村进城的农民因难以在机器工业中充分就业而不得不进入手工业行业，使之与机器工业形成激烈的竞争。

　　从晚清到全面抗战前，离村现象似有愈演愈烈之势。晚清年间，由于人均耕地面积已难以维持温饱，许多地方的农民全家甚至整村离乡他适，以至于封建统治者无法完成封建田赋的征收，例如，山西"和林格尔厅所属南窝子等村，逃户遗粮二千五百八石一斗五升一合，并续报上窑子等村，遗粮二百八十七石二斗七升五合；托克托城厅所属安兴遵三里，逃户遗粮一千一百二十石九斗六升三合五勺；又续报兴遵二里，遗粮一百一十石四斗九升一合一勺……按段履查，率皆黄沙白草，一望弥漫"①。农民他适之处又充满着人多为患之忧，例如，江苏苏北"一带村农，每至荒年，辄即扶老携幼，谋糊口于苏城……本年（指光绪三年——引者注）该处田稻亦有丰稔，而流氓之至苏者仍复纷

---

　　① 曾国荃：《勘明和托二厅荒地仍垦豁免除疏》，光绪五年（1879）二月二十三日，见沈云龙主编：《近代中国史料丛刊》第 44 辑《曾忠襄公奏议》卷十三，1228～1229 页，台北，文海出版社，1966。

纷不绝……或推小车，或泛扁舟，三五成群，分道而至者，固已实繁有徒矣"①。直隶、山东两省逃往东北地区的离村农民尤多，"至此地者纷至沓来，目难数计"，以至于"奉吉两省，通衢行人如织，土著颇深恶之，随事辄相欺凌"。② 许多无地可垦、无业可寻的离村农民成为游民。有人估计，晚清同治年间，"士工商之外，无末业可治，散而游幕，去而僧道，隶为胥役、投为奴仆，流为地棍盐徒，每省不下二十余万人，此皆游民耗敌于农者也"③。

民国成立后，离村现象更为突出。据田中忠夫研究，20 世纪 20 年代在江苏、安徽、山东、直隶、浙江五省十县被调查的 46861 个村民中，离村人口达 2259 人，离村率为 4.82%；如按村别调查，在 169 个村中，离村农民达 2188 人，平均每村约 13 人；田中还将上述区域分为中部和北部，则二者离村率分别为 3.85% 和 5.49%。④ 20 年代末 30 年代初，南京国民政府农村复兴委员会对江苏、浙江、陕西、河南四省部分地区农民出外工作人口的调查统计，如表 1-13 所示：

表 1-13 江苏、浙江等四省部分地区农民出外工作人口比例表

地区		1928 年出外工作人数占总人口百分比	1933 年出外工作人数占总人口百分比
江苏	盐城县 8 村	4.0	7.0
	启东县 8 村	3.1	3.4
	常熟县 6 村	3.8	3.8
浙江	龙游县 8 村	6.0	5.0
	东阳县 8 村	14.0	14.3
	崇德县 9 村	3.0	3.6
	永嘉县 6 村	5.2	5.2

① 《流氓复至》，载《申报》，光绪三年(1877)十一月初二日。
② 李文治编：《中国近代农业史资料第一辑(1840—1911)》，935、937 页。
③ 汤成烈：《治赋篇三》，见盛康辑：《皇朝经世文续编》卷三十四《户政六·赋役一》，武进盛氏思补楼刊本光绪二十三年(1897)版，5b 页。
④ 参见王仲鸣编译：《中国农民问题与农民运动》，185～187 页，上海，平凡书局，1929。

续表

地区		1928 年出外工作人数 占总人口百分比	1933 年出外工作人数 占总人口百分比
陕西	渭南县 4 村	5.0	5.0
	凤翔县 5 村	3.5	9.7
	绥德县 4 村	5.3	1.7
河南	许昌县 5 村	5.8	6.6
	辉县 4 村	1.9	2.9
	镇平县 6 村	4.9	7.0

资料来源：王文昌：《20 世纪 30 年代前期农民离村问题》，载《历史研究》，1993(2)。

按表中数字计算，1928 年农民离村率为 4.8%，1933 年为 5.3%。另一项范围更广的调查表明，察哈尔、绥远等 22 省在 1933 年有 1920746 户举家离村，占报告各县总农户的 4.8%，有青年男女离村的为 3525349 户，占报告各县总农户的 8.9%。[1] 局部地区的农民离村率更高，增幅更猛，例如，"山东离村率最低为西部的夏津和恩县，约百分之十……最高为南部费县、莒县，达百分之六十左右"[2]。离村农民在不同农户中的比例和离村原因也不一样，例如，在浙江兰溪，据 1934 年的调查，24.01% 的农户有农民离村，其中，地主、地主兼自耕农的离村比例占该类农户的 56.67%、33.74%，佃农兼雇农、雇农的离村比例占该类农户的 65.35%、91.67%，而自耕农、半自耕农、佃农离村比例较低，分别为 22.26%、16.41%、18.54%。中国近代的离村农民并非完全出于被动，也有主动走出农村的，"乡村人民之离村，或由于家计不足，不能不出外谋生，或由于富裕人家羡慕都市之繁华，而不安于其家乡"。[3]

---

① 参见《农情报告》，见章有义编：《中国近代农业史资料第三辑（1927—1937）》，886 页。

② 许涤新：《农村破产中底农民生计问题》，载《东方杂志》，第 32 卷，第 1 号，1935。

③ 冯紫岗编：《兰溪农村调查》，见李文海主编：《民国时期社会调查丛编·二编·乡村社会卷》，375～376 页。

(三)离村类型：离村农民的分类考察

从离村农民的动因与流向看，晚清至民国时期，农民的离村行为主要有四种类型，即逃荒型、垦荒型、进城型和出境型。

(1)逃荒型离村。中国近代农业生产水平落后，加之水利长期失修，农民抗灾备荒能力低下，在各种自然灾害的侵袭下，受灾农民被迫离开原居住地，出外就食避荒。这部分农民离村后的流向不定，或转徙于村村落落，或流落于街头巷尾。由于中国幅员辽阔，就全国范围而言，几乎无年不灾，因此，逃荒型离村农民的数量特别大。如前所述，晚清时期的长江流域和黄河流域频频受灾，每次灾后都有大量灾民逃荒。据《申报》记载，1876年江苏水灾后，"江北被灾之老幼男女出境就食者，计不下二十万人"[1]。1890年，"江宁近江低田，亦有偏灾。穷民扶老携幼，及邻省沿江一带灾民，来省就抚者，不下十数万人"[2]。1910年，"淮安、扬州、江宁、平湖、海州等处，老弱流亡，络绎道路，或数百人为一起，或数千人至万人为一起。汉口地方乃聚至二十余万人"[3]。光绪初年的河南旱灾中，"流民陆续逃出潼关者，以二十万计"[4]。"即以省城粥厂而论，初设不过四万九千余人，至年底已增至十万……其余各州县查报，自数万至二十余万不等。"[5]北洋军阀混战时期的离村难民难以计数，例如，直奉两军交战时(1926年)，"奉军集驻(北京——引者注)城外者十余万，民房均被占用，奸淫杀掠无所不至，被逐离家之难民皆纷纷入京，其数之多实难胜记，或三五成群，或结连数十百名，莫不彷徨四顾，不知其行止，狼狈之状，非常可怜"[6]。1924年的齐(燮元)、卢(永祥)战后，江南"已变成

---

① 《苏垣灾民近状》，载《申报》，光绪二年(1876)十二月二十八日。

② 曾国荃：《委员赴江浙加放春赈疏》，光绪十六年(1890)正月二十二日，见沈云龙主编：《近代中国史料丛刊》第44辑《曾忠襄公奏议》卷三十二，3143页。

③ 李文治编：《中国近代农业史资料第一辑(1840—1911)》，723页。

④ 李文治编：《中国近代农业史资料第一辑(1840—1911)》，744页。

⑤ 李文治编：《中国近代农业史资料第一辑(1840—1911)》，745页。

⑥ 岳威：《伤心惨目的北京城》，载《向导周报》，第154期，1926年5月。

为'闾里为墟，居民流散'的情形了"①。20 世纪 20 年代末 30 年代初接连发生的几次特大灾荒，使逃荒的农民数量达到高峰。1928—1929 年的大旱灾遍及河南、山东、陕西、河南、甘肃、热河等省，灾民达5000 万。1931 年的江淮大水灾，据研究，"仅长江中、下游受灾面积即达 15 万多平方公里，淹没农田 5000 多万亩，灾民达 2800 多万人"②。1934 年又发生了遍及 10 余省、损失超过 13.5 亿元的大旱灾。黄河在 1933 年、1934 年数度决口。在 1928 年的旱灾中，陕西难民有99758 人，同年甘肃因灾流亡的多至 294579 人。③ 1931 年江淮流域大水灾，"人民流动亦剧，据金大农业经济系调查，每千人中平均有 125人流离，流离人口约占灾区总人口 40％，其中有 31％系举家而行，9％则系单身出走"④。据 1935 年对农民离村原因的调查统计，因各种自然灾害和兵灾造成的离村农民占离村农民总数的 44.1％，其中，陕西、安徽、察哈尔、江西、福建、湖北、绥远、贵州、河南、湖南、青海等 11 省区超过了 50％。⑤

（2）进城型离村。鸦片战争后，随着不平等条约规定的通商口岸的开放，中国沿海兴起了一批不同于传统城市的新型工商业中心，这里积聚了近代中国绝大部分的外资企业和民族工商业企业，对农村劳动力产生了一定的需求。同时，欧风东渐，习俗趋新，文化丰富，对农民尤其是农村青年产生了强大的吸引力，在此就业与谋生相对较易。因此，城市成为农民向往的去处。例如，上海开埠后，"风气浮华，起居畅适，直无一户不有佣趁之人，而惟苏乡来者为最伙，航船往来，几于如水赴壑"⑥。在上海租界中，"职员、外语通、经营广州零星装

① 《战后的江南》，载《东方杂志》，第 21 卷，第 23 号，1924。

② 孟昭华编著：《中国灾荒史记》，751 页，北京，中国社会出版社，1999。

③ 参见陈翰笙：《难民的东北流亡》，见冯和法编：《中国农村经济论》，326页，上海，黎明书局，1934。

④ 吴文晖：《灾荒与中国人口问题》，载《中国实业》，第 1 卷，第 10 期，1935。

⑤ 参见章有义编：《中国近代农业史资料第三辑(1927—1937)》，892 页。

⑥ 《论苏乡苦况》，载《申报》，光绪九年(1883)八月初七日。

饰品的商人和餐馆老板等，主要是广东人。买办、仆役、船员、木匠、裁缝、男洗衣工、店员则主要来自宁波。侍候外国妇女的大多数女佣以及本地人商店的刺绣工和妇女头饰工是苏州来的。南京的男子经营缎子、玉石、钟表和钻石生意"①。在湖北孝感，"乡民因农村生活艰苦，羡慕都市繁荣，离村外出者，亦日渐加多。所去之处，以汉口为多"②。江苏常熟的贫苦农民"唯有向城市另谋生活之道。内地城市，工业尚未发达，无法容纳，大都转趋大都市；男子入工厂充劳役，女子多做人家的仆役"③。四川长寿农村在 1933—1935 年这三年逃往重庆的人数共约 5380 人。④ 合川、綦江、江北农民"仅就五年来（指1930—1934 年——引者注）移往重庆者计之，亦有八千六百四十人"⑤。这类例子不胜枚举。据《农情报告》1935 年的调查，全国 22 个省中举家迁至城市逃难、做工、谋生、住家的农民分别占 14.2%、21.3%、15.4%、8.2%，四项合计达 59.1%，到别村垦荒、务农、逃难的农民占 36.9%。同一时期对青年男女离村之去处的调查表明，出于各种目的离村进城的农民达 65.3%，而到别村务农或垦荒的为29.5%。⑥ 由此可见，在农民离村后的去向中，进城是他们的优先选择。

　　进城后的农民大多从事苦力职业。"（广西）近城市的农村中男子，许多跑到城市去做苦力的，到农忙时有些是转回农耕村田〔农村耕田〕，

---

　　① 徐雪筠、陈曾年、许维雍等译编：《上海近代社会经济发展概况（1882～1931）》，21 页，上海，上海社会科学院出版社，1985。

　　② 陈伯庄：《平汉沿线农村见闻杂述》，见《平汉沿线农村经济调查》，40 页，上海，交通大学研究所，1936。

　　③ 殷云台：《常熟农村土地生产关系及农民生活》，载《乡村建设》，第 5 卷，第 3 期，1935。

　　④ 参见刘仲癛：《四川长寿农村底概况》，载《农村经济》，第 2 卷，第 8 期，1935。

　　⑤ 仲弓：《四川农村崩溃与人口压迫》，载《民间意识》，第 2—4 期合刊，1936。

　　⑥ 参见章有义编：《中国近代农业史资料第三辑（1927—1937）》，893～894 页。

有些则全年做苦力……梧州共有苦力一千七百七十四人，很多是由农村来的。他如南宁、柳州、桂林等比较大的城市所附近的农村，这种情形是一样的有的。"①四川进城的农民"以普通劳动者的姿态出现，或者并普通劳动也不肯拼着体力去干，那只有以无业流氓和乞丐为归宿了。如成、渝两地人力车夫、山轿夫的年有增加，以及马路街坊上游手好闲人与叫化乞丐的多，都是明证"②。湖北孝感的进城农民"所操职业，不外卖力拉车而已"③。这些离村进城农民虽然为城市的发展提供了充足、廉价的劳动力，但也造成了这些新兴城市消费性和寄生性的特点，带来了诸多城市社会问题。

（3）垦荒型离村。中国近代乡村人口的地理分布极不均匀，一些地区，如长江流域、珠江流域及华北平原的人口与土地矛盾比较突出，另一些地区，如东北和内蒙古等地存在着大量的未垦荒地。在晚清和民国政府垦荒政策的鼓励下，一部分农民从人多地少、土地贫瘠、赋税苛重的"窄乡"向人口稀少的"宽乡"流动，形成垦荒型离村。在这种形式的离村中，最引人注目的是向东北三省和内蒙古地区的移民垦荒。早在清朝末年，清政府就制定了《黑龙江招垦章程》《瑷珲招垦章程》《黑龙江省学田局招佃章程》等章程条例，给予垦户及组织领垦有功人员一系列优惠及奖励措施。规定到黑龙江的垦户"携有边垦招待处执照者，除由烟台至营口招商局轮船业经奏准减收船价外，其由哈尔滨至松花、黑龙两江之官办轮船，及昂昂溪至齐齐哈尔之官办铁路，均一律征收半价。其随带眷口，概免收费，以广招徕"；垦户前三年免收赋税，"凡领垦地亩，除领地之本年不计外，统于领垦后第三年起，一律升科"；对组织垦户有功人员，实行奖励，例如，各省及各招待处"招送垦户在五千人以上，领地过六万垧；或二千五百人以上，领地过三万垧者，准其呈请各该督抚咨报江省，分别照异常、寻常、劳绩请奖"，"领垦地主，独立招募佃户，垦辟升科地至六百垧以上，拟请给予七品

---

① 晶平：《广西的农村副业》，载《中国经济》，第5卷，第3期，1937。

② 章有义编：《中国近代农业史资料第三辑(1927—1937)》，901页。

③ 陈伯庄：《平汉沿线农村见闻杂述》，见《平汉沿线农村经济调查》，40页。

顶戴；八百垧以上，拟请给予六品顶戴；一千垧以上者，拟请给予五品顶戴"。①

民国成立后，继续推行奖励垦荒政策。北京政府于 1914 年和 1915 年先后颁布了《国有荒地承垦条例》和《垦辟蒙荒奖励办法》七条，规定："凡将照章划留领照之地自行开垦，垦竣五千方以上者，给予勋章，一万方以上者，给予翊卫处各职衔……凡人民领垦蒙荒，垦竣一百方以上者给予奖章。"②南京国民政府行政院及内政部也先后发布政令，鼓励垦荒，"对于移民初次赴垦区时，须按途程补给旅费，其乘坐国营舟车者，应由地方政府负责办理免费或减费手续"，"至于贫劳移民贷给金总额，应由移出省方担任百分之五十，乃至百分之八十，移入省方担任百分之二十乃至百分之五十"。③

晚清至民国政府的上述垦荒政策及措施从观念及行为上肯定并顺应了垦荒农民的流动潮流。早在晚清政策出台以前，直隶、山东两省农民就曾大规模向东北移民，于 19 世纪 70 年代达到高潮。据《申报》报道，光绪二年(1876)八月的某日，"山东海舶进辽河者竟有三十七号之多，每船皆有难民二百余人，是一日之至牛庄者已有八千余名，其余之至他处码头者尚属日日源源不绝"④。长江中游的"鄂省饥民航海至营口者，将及万人，扶老携幼，情状可悯。地方官及湖广同乡会商筹，拟移向黑龙江官地开垦。愿往者约千户，每户均平五人"⑤。19 世纪 20 年代出现了前往东北移民的狂潮，在海关报告的 1922—1931 年这十年，"中间几年显示出由山东和河北向东北移民的狂潮，其规模之大，可以算得是人类有史以来最大的人口移动之一。……这些人大部分都往新开垦的黑龙江区，这种趋势是由新建成的从呼兰至海伦，以及从昂昂溪往北的铁路所促成的。另一些移民就在沿中东铁路的东

---

① 李文治编：《中国近代农业史资料第一辑(1840—1911)》，800～803 页。

② 章有义：《中国近代农业史资料第二辑(1912—1927)》，655 页。

③ 《内、实两部会商奖励移民垦殖》，载《大公报》(天津版)，1933-03-20。

④ 《论山东难民多往奉锦二府事》，载《申报》，光绪二年(1876)八月二十四日。

⑤ 李文治编：《中国近代农业史资料第一辑(1840—1911)》，938 页。

段以及蒙古东南部——洮南地区等地定居下来。据铁路公司统计，从一九二三年到一九二九年进入满洲的移民在五百万以上"①。从东北地区人口的剧增也可以看出移民增长的幅度，"1900 年顷，南满人口为三百万左右，合北满人口一百五十万，时满洲人口为四百五十万。现在（1927 年——引者注）满洲人口，约二千二百万左右（或谓二千六百万左右）。所以二三十年间，满洲人口之增加，由四百五十万至二千二百万，差不多增了五倍。而北满人口，则由一百五十万增至一千三百万，至于八倍以上。此移民之大部分，皆系直鲁省籍；外国人移殖者，不过百分之一二"②。人口的增加促进了东北土地的开垦，据载，吉林省 1888 年以前放垦的土地面积达 1061652 垧，其中新垦及新放地为372785 垧。③ 1860—1904 年黑龙江省的放垦土地面积达 1248742 垧，其中新放荒地 1240742 垧，1904—1910 年放垦面积为 6975996 垧，其中新垦及新放地达 6628087 垧。④ 前往内蒙古垦区的离村农民也很多，据统计，1902—1908 年内蒙古的放垦面积为 7571331 亩，其中，"已征押荒地"5616925 亩，"未征押荒地"1954406 亩。⑤ 这些垦民大多来自口内各省，"光绪末年，蒙地放垦，口内贫民，接踵而来，遂至后套一带，筑室耕田，俨同内地。其中以山西人为最多。……山西人以外，河北省人数亦不少，约占人口总数百分之十。……鲁豫籍人，清末即有移入"⑥。

应该承认，垦荒型离村在近代中国农民离村现象中具有较大的积极作用。但是，由于农村社会信息不通、政府组织不力，垦荒农民中

---

① 《海关十年报告》(1922—1931)，见章有义编：《中国近代农业史资料第二辑(1912—1927)》，638～639 页。

② 朱契：《满洲移民的历史和现状》，载《东方杂志》，第 25 卷，第 12 号，1928。（据最近北京邮政总局调查，奉天人口 16944830 人，吉黑人口 9258600 人。——原注）

③ 参见李文治编：《中国近代农业史资料第一辑(1840—1911)》，786 页。

④ 参见张伯英总纂：《黑龙江志稿》卷八《经政志》，372～412 页，哈尔滨，黑龙江人民出版社，1992。

⑤ 参见李文治编：《中国近代农业史资料第一辑(1840—1911)》，840 页。

⑥ 铁道部财务司调查科：《包宁线包临段经济调查报告书》，(J)1 页，1931。

回流者较多，例如，"河套东部三百余里，人烟寥落，荒草遍野，又呈未放垦以前之状况"，"前此之一村五、六十户者，今则仅存数户"。①流入东北的垦荒农民回流者也颇多，据对大连、牛庄、沈阳、安东四地出入人数的统计，1923—1927 年流入东北的农民中回流者占比达47.7%，具体如表1-14所示：

表 1-14　大连、牛庄、沈阳、安东四地移入及移出人口统计表

时间	移入人数	移出人数	移出人数占移入人数的百分比
1923	341368	240565	70.47
1924	384730	200046	51.99
1925	472978	237746	50.27
1926	566725	323694	57.12
1927	1050828	341599	32.51
1923—1927	2816629	1343650	47.70

资料来源：陈翰笙：《难民的东北流亡》，见冯和法编：《中国农村经济论》，328 页。

　　由表可见，垦荒型离村农民的回流现象较为普遍，究其原因，不外两大方面：客观上，"宽乡"虽然土地宽敞，但地处偏远，气候恶劣，一部分垦民难以适应；主观上，中国传统农民安土重迁，虽为生活所迫，远走他乡，但对故土的眷念往往使他们难以在"宽乡"生根。

　　（4）出境型离村。早在 13 世纪时，马来群岛各岛上就出现了第一批华人居留地。明末清初之际，一部分抗清的失败者，航海前往南洋一带重新集结反清力量。清政府为了防止有抗清情绪的移民者大量集中，在严禁出境移民的同时，也禁止移民返回祖国，这种情况一直持续到 1840 年。因此，这个时期的移民主要是政治性、非经常和小规模的。鸦片战争后，清政府被迫放宽其限制，并于 1893 年从形式上彻底废除了禁止移民出境及侨民回国的法令。同时，世界资本主义的发展尤其是西方列强对殖民地的掠夺式开发需要大量廉价的劳动力，于是

---

　　①　刘嘉训等：《五原县垦务调查》，见章有义编：《中国近代农业史资料第二辑（1912—1927）》，666 页。

中国东南沿海一带主要是闽、粤、桂三省出现了规模较大的移民出境的潮流，海外移民人数稳定增加。1865 年赴美华工约万人，到 1883 年达到 30 余万人。① 1881 年澳大利亚等各殖民地境内的中国人约 38533 人。② 到光绪后期，散处东南亚一带的中国移民"统计不下五百余万"③。此外，华工的足迹还遍布拉丁美洲、非洲、欧洲等地，据估计，1922 年移居境外国家及地区的中国移民总数为 8179582 人④，1929—1933 年达到 11586252 人⑤。此后，受世界资本主义经济危机的影响及移居地政府的限制和排斥，移民人数逐年减少。部分华侨受到排斥和失业的威胁被迫返回家乡，1882 年美国国会通过《排华法案》，从此美国西部各州白种人采取各种手段驱逐中国侨民，在美国的华工由 30 万人下降到 1910 年的 71531 人。⑥ 20 世纪 20 年代中后期至 30 年代前期，在世界经济危机中失业的华工纷纷回国，其总数达到了 1768809 人。⑦ 另据国民政府侨务委员会于 1935 年的调查，华侨总数只有 760 余万人。⑧

出国的华工，绝大多数是闽、粤二省沿海各区的农民。由于外国商品的倾销，"旧有的小农经济制度，也随之而日益瓦解（在旧有的小农经济制度中，农家自己制造必要的工业品）……千百万人将无事可

---

① 参见陈翰笙主编：《华工出国史料汇编（第七辑）》，35 页，北京，中华书局，1984。

② 参见陈翰笙主编：《华工出国史料汇编（第八辑、第九辑、第十辑）》，9 页，北京，中华书局，1984。

③ 张振勋：《招商兴办工艺雇募工役议》，见李文治编：《中国近代农业史资料第一辑（1840—1911）》，942 页。

④ 参见陈翰笙主编：《华工出国史料汇编（第四辑）》，9 页，北京，中华书局，1984。

⑤ 参见李长傅：《中国殖民史》，326 页，上海，商务印书馆，1936。

⑥ 参见陈翰笙主编：《华工出国史料汇编（第七辑）》，7 页。

⑦ 参见吴至信：《中国农民离村问题》，载《东方杂志》，第 34 卷，第 24 号，1937。

⑧ 参见余醒民：《没落中的华侨经济》，见章有义编：《中国近代农业史资料第三辑（1927—1937）》，483 页。

做，将不得不移往国外"①。例如，广东南路各县，"一般雇农或佃农，以田租太贵，无法承佃，以工值太廉，且无工可做，相率卖身当猪仔，到南洋去当苦工者，每年约以千百计"②。广东"开平人口中约十分之一是离村而又离国的……翁源一县完全是农业地方，手工业也没有什么的；而它的人口在最近五年内减少了五分之一，从十五万降为十二万……潮安第六区银湖一村的壮丁只二千左右，出洋的在八百以上。第七区华美村里的壮丁，据当地区长说，竟有十分之七是出洋的。全县壮丁大约有十分之二在南洋"③。1935 年对全国 22 省青年男女离村之去处所做的调查显示，包括赴国外谋生、当兵等流向在内的离村率达到 6.2%，而福建、广东高达 17%、10.3%。④

上述四种类型的划分是对农民离村原因、去向等因素的理论分析。逃荒型离村行为大都带有被动性，其流向也难以确定，或流入垦区，或进入城市，甚至流往国外，早期"猪仔"贸易盛行之时尤其如此。其他类型的离村行为都受到一定的谋利动机的驱使，去向明确，但它们之间并非泾渭分明，而是有着不同程度的联系，有时还可以互相转化，加之近代政府对农民流动缺乏有效管理，交通阻塞，信息不通，垦荒型农民可能长期滞留于城市，滞留于城市的农民可能被贩卖到国外。不同类型之间的相互转化，反映了近代中国农民离村现象中的盲流性与复杂性。从流向上看，离村进城在各离村类型中居主导地位。

（四）农民离村进城的负面效应

农民离村是一个国家工业化过程中的必然现象，一方面，随着大机器工业的产生，工业规模急剧扩大，劳动力的需求量大大增加，客

① 李文治编：《中国近代农业史资料第一辑(1840—1911)》，939 页。

② 朱新繁：《中国农村经济关系及其特质》，203 页，上海，新生命书局，1930。

③ 陈翰笙：《广东农村生产关系与生产力》，64～65 页，上海，中山文化教育馆，1934。

④ 参见《农情报告》，见章有义编：《中国近代农业史资料第三辑(1927—1937)》，894 页。

观上需要扩充工人队伍；另一方面，随着大机器工业的发展而来的城市化以及相应的新兴商业、服务业的出现，需要补充新的城市居民和商业、服务业从业人员。因此，农民离村进城不仅符合早期工业化进程中劳动力转移的大趋势，而且也有利于城市发展。然而，近代中国的农民离村同西方先发工业化国家如英国、法国、美国等国相比，存在着较大的差异。

首先，西方先发工业化国家的农民离村同农业劳动力的非农化就业趋势相一致，其动力都起源于工业革命。据统计，英国在1801年时的农业劳动力占总劳动力的比重为35％，到工业革命完成后的1851年农业劳动力下降到22％。与此同时，工业和服务业的就业劳动力分别达到48.3％和29.7％，到1901年，农业劳动力再降低为9.1％，而工业和服务业的就业人数分别占到51.2％和39.7％。① 美国在1820年时农业劳动力占总劳动力的比重为78.8％，1880年下降到51.3％，非农业劳动力上升到48.7％，到1910年时，农业劳动力再次下降到31.4％，非农业劳动力跃升到68.6％②，可见，先发工业化国家中的离村农民大都能为非农产业部门所吸纳。近代中国的离村现象虽十分严重，然而无须详细的统计数字论证，便可知农村人口的比重始终在80％以上，现代机器工业只吸纳了极少一部分农民，离村与离业处在脱节状态。自然，这是工业化发展迟滞的体现。在西方工业化国家，一方面，工业革命无情地摧毁和取代了手工业，逐步确立了大机器工业生产的主导地位；另一方面，大机器工业的发展，为农业生产方法的革新创造了物质技术条件，农业的机械化与农业劳动生产率的大幅度提高，能够为工业发展提供更多的剩余产品，大批廉价的农业劳动力能在不影响农业总产出的前提下被释放出来。因此，农民离村是经

---

① 参见伍晓鹰：《人口——经济结构转变模式的国际比较》，载《世界经济》，1987(5)。

② 参见韩俊：《跨世纪的难题——中国农业劳动力转移》，44页，太原，山西经济出版社，1994。原书据布鲁斯·F.约翰斯顿、彼德·基尔比合著《农业与结构转变》一书附录整理。

济发展过程中的一种积极现象。但是，中国近代的农民离村，发生在半殖民地半封建化程度不断加深的过程中，民族机器工业虽然早在19世纪60年代就已在外国资本主义的刺激下得以产生，并曾一度得到发展，但在外国资本主义不平等的竞争和封建关系的束缚下，大机器工业和现代工厂制度始终没有发展成为占统治地位的产业经济成分，吸纳农业剩余劳动力的能力十分有限。那些在外国资本主义和民族机器工业竞争下失业的、原先可以在农业和手工业的紧密结合中消化的相对过剩人口，难以在现代工商经济部门充分就业，于是，近代中国的离村农民就出现了多元化流向。

其次，西方先发工业化国家中的农民离村又是传统农村社会经济关系变更的产物。英国代表着这种变更的第一种模式。随着英国毛织业的发展和"价格革命"的影响，羊毛价格大幅度上涨，为了获取更大的利润，英国资本主义化的贵族强行圈占了大量土地，把耕地变为牧场，结果大批农民被赶出了土地。"持有地的圈围和合并，特别是1790—1810年战时圈地狂期间，已经把包括一些破产的小所有主家庭在内的很多小持有者家庭驱逐进工人阶级。"[①]美国代表着另一种模式。随着工业革命的进步，美国农业机械化水平逐步提高，1892年内燃拖拉机在美国首先研制成功，1900年后出现汽油拖拉机，几年后就有了适于家庭农场使用的小型汽油拖拉机，到1910年，美国全国仅有1000台拖拉机，1920年达到24.6万台，1930年上升到92万台，农业基本实现机械化。与此同时，大规模农场经营占据农业生产形式的主导地位。1900年，美国共有573.7万个农场，平均每个农场经营面积为892亩，到1930年，农场数上升到629.5万个，平均每个农场的经营面积增加到953亩。[②] 这些大规模农场耕作方法先进，单位面积农产品的收获量高，其农产品价格比经营小块土地的自耕农的要便宜。

---

① ［英］克拉潘：《现代英国经济史》上卷，姚曾廙译，154页，北京，商务印书馆，1986。

② 参见中国农业科学院科技情报研究所编：《国外农业现代化概况》，53～55页，北京，生活·读书·新知三联书店，1979。

于是，那些继续耕种小块土地的农民不得不卖掉已经难以维持生存的那一小块土地，到现代大机器工业部门去谋生路。近代中国的离村现象发生在现代工业发展微弱而农村封建经济关系又十分强大的背景下，农村中占主导地位的生产形式是小农经营，地主土地所有制及封建地租剥削广泛存在，封建高利贷关系十分盛行，广大无地、少地的小农阶层年复一年地重复简单再生产，他们承受着巨大的人口压力，在祖先编织起来的延续几千年的封建经济关系网中，再也无法生存下去了，离村成为他们别无选择的选择。

如果说英国、法国、美国等先发工业化国家的离村现象只是资本主义发展过程中的阵痛，那么，近代中国则不得不吞下半殖民地半封建化过程中农民离村的苦涩。离村现象所带来的负面效应主要体现在以下三个方面。

（1）农业劳动力大量流失，农业生产衰退。"（广东）壮年劳动者常脱离农村，致生产力日益减少……（湖北）不仅壮年劳动力，即一般劳动力都离村了，因此招致了劳力底缺乏。如武昌县洪山，二十年来约减少三〇％。因而在平时还好，到了农忙期，劳力便大感缺乏。"①北京及其附近，由于劳动力的流失，"各种劳力事业，颇有缺乏此项人才之叹……乡间之农作，尤有缺少农工之叹"②。随之而来的便是耕地荒芜，产量下降，例如，在四川南充，"年长力强不逃而投军，即散而为盗，由是耕者日少，而田愈荒"③。青壮年农业劳动力大量流失给农业生产造成了严重的影响。晚清时期，农作物收成递减的趋势十分明显。如表 1-15 所示：

---

① ［日］田中忠夫：《中国农业经济研究》，汪馥泉译，139～140 页，上海，大东书局，1934。

② 《京畿劳工缺乏》，载《农商公报》，第 120 期，1924。

③ 柳琅声修，韦麟书纂：民国《南川县志》卷四之二《食货下》，见《中国方志丛书》编委会编：《中国方志丛书·华中地方·第 389 号》，316 页，台北，成文出版社，1976。

表 1-15　明清时期山西、河南、陕西、江西、湖南、
湖北、福建七省各州县收成分组统计表

单位：个

年份	夏季				秋季			
	不满六成	六成以上	七成以上	八成以上	不满六成	六成以上	七成以上	八成以上
1840	22	131	223	148	62	139	233	93
1860	94	121	119	82	73	80	96	69
1880	172	165	146	41	200	155	173	60
1910	306	123	88	14	280	115	88	36
总计	594	540	576	285	615	489	590	258

资料来源：李文治编：《中国近代农业史资料第一辑（1840—1911）》，762～769 页。原表数据来源于中国社会科学院经济研究所藏《清代农业生产收成表》。

表 1-15 所列不同年代的州县数虽略有差异，但农业收成下降的势头一目了然。在 1840 年的夏收中，不满六成和八成以上的州县分别为 22 个和 148 个，占总州县数的 4.2％和 28.24％；到 1910 年夏季，收成不满六成的州县增加到 306 个，八成以上的州县却下降到 14 个，分别占到该年总州县数的 57.63％和 2.64％。农业收成的下降，原因是多方面的，但不容否定的是，农业劳动力尤其是青壮年劳动力的大量流失，是其中一个重要的原因。

进入民国时期，农业生产状况并未好转。在福建厦门一带，"人们相信这十年（一九一二—二一）中，耕地面积已经缩小了一些，各种作物产量也减少了。这种情况的原因之一，就是大量身体强壮的劳动者已经放弃了田间工作，流亡到海峡殖民地、爪哇等地"[①]。1931—1936 年，各省主要农作物产量持续下滑，据《农情报告》统计，21 个省的主要夏、冬季作物收获成数仅相当于十足年（最高产量年）的 51％～77％。

（2）造成畸形城市化。城市化是工业化的伴生现象，工业化与工业

———————————

① 《海关十年报告》（1912—1921），见章有义编：《中国近代农业史资料第二辑（1912—1927）》，649～650 页。

生产摆脱了前工业化时代的分散性，向着集中化和大规模发展，大机器生产使工人完全从属于机器，正如恩格斯所说，"大工业企业需要许多工人在一个建筑物里面共同劳动；这些工人必须住在近处，甚至在不大的工厂近旁，他们也会形成一个完整的村镇"①。于是，现代工业城市形成了。按照现代化理论的解释，现代城市对农村劳动力产生"拉"力，具体表现为城市工商业规模的扩大、新兴工商业部门对劳动力需求的增长及城乡收入预期值差异的吸引。同时，农村社会经济对农业劳动力又产生一种"推"力，如农业机械化的采用及其对农业劳动力的排斥。在这种"拉"力和"推"力的共同作用下，西方工业化国家较好地实现了城市化。但是，近代中国的农民离村与其说来自城市工业化的"拉"力和农业机械化的"推"力，还不如说源于土地的压力。中国近代农村剩余劳动力进入城市，虽然为城市工商业的发展提供了一支庞大的劳动力队伍，有利于城市的繁荣与发展，从而增强了传统政治城市的经济功能和在工业化中的重要地位，但是，由于中国近代工业化和经济发展水平并不高，人口大量涌入城市，引起大城市的恶性膨胀。流入城市的农民只有极小一部分被工业化所吸收，进城的离村农民难以完成由农业人口向工业人口的转移，形成城市化发展超过工业化程度的畸形现象，具体表现为以下三个方面：

第一，城市人口过快增长。据美国学者施坚雅（G. W. Skinner）估计，从 1843 年到 1893 年，中国城镇数目由 1653 个增至 1779 个，城镇人口由 2072 万人增至 2351.3 万人，城镇人口比例由 5.1％提高到 6％。② 半个世纪中，城镇人口增长不到 1％。总体上看，城镇人口增长不快，但大城市人口增长很快，以上海为例，据邹依仁研究，1852 年上海总人口约为 54 万人，到全面抗战前的 1936 年增长到约 381 万人，详见表 1-16。

---

① 恩格斯：《英国工人阶级状况》，见《马克思恩格斯全集》（第一版）第 2 卷，300 页，北京，人民出版社，1957。

② 参见 G. W. Skinner, *The City in Late Imperial China*, Stanford, Stanford University Press, 1977, p. 229.

表 1-16　近代上海人口变动统计表

年份	"华界"人数	公共租界人数	法租界人数	总人数
1852	544413	—	—	544413
1865	543110	92844	55925	691879
1910	671866	501541	115946	1289353
1915	1173653	683920	149000	2006573
1927	1503922	840226	297072	2641220
1936	2155717	1180969	477629	3814315

资料来源：邹依仁：《旧上海人口变迁的研究》，90～91 页，上海，上海人民出版社，1980。

　　从 1852 年到 1936 年，上海地区的人口增长了 6 倍以上。据估计，近代上海的人口自然增长率至多在 1%左右，按照这种人口自然增长率，以 1852 年的 54 万人作为基数，那么到 1936 年的 84 年时间里，上海的人口应为$(1+1\%)^{84} \times 544413$ 即 125 万余人，而不可能增加到 381 万余人。人口过快增长，主要"是由于人口从广大内地迁入"，例如，在安徽淮北一带，"由于淮河长期失修，经常闹水灾，距离旧上海亦不远，所以通过逃荒的方式来旧上海的安徽人口亦复不少"。[1] 而江苏、浙江、广东流入上海的人口甚至超过了安徽。又如汉口，据《夏口县志》统计，光绪十四年(1888)汉口镇人口仅 18 万，而至民国初年竟增至 120 万，20 余年间增长了近 6 倍。[2] 广州人口 1891 年约为 180 万，1901 年达 240 万。镇江人口 1901 年为 20 万余人，比 1891 年增加 5 万～7 万。[3]

　　除了这些新兴工商业城市人口急剧增长，一些传统政治中心城市

　　① 邹依仁：《旧上海人口变迁的研究》，13、42 页。

　　② 参见侯祖畬修，吕寅东纂：民国《夏口县志》卷三《丁赋志》，见《中国地方志集成》编委会编：《中国地方志集成·湖北府县志辑·3》，39b～40a 页，南京，江苏古籍出版社，2001。

　　③ 参见汪敬虞编：《中国近代工业史资料第二辑(1895—1914)》下册，1172 页，北京，科学出版社，1957。

也有人满为患之忧。清末流入北京的手工业者，芸芸众生，"约分两途：一曰食力，西人所谓工也；一曰食技，西人所谓艺也。食力之中，以当家人、车夫、水夫及瓦作、小工四项为大宗；食技之人，以木匠、瓦匠人数为最多，此外尚有各种手艺之人，统计其数，亦不下数十万，皆系客民，并非土著"①。民国时期，每年都有大批外省区移民涌入北京市。从历年市民的籍贯统计看，移民以河北、山东、山西、辽宁等省籍人口为主，来自全国各地。1936 年全市人口约 1533083 人，在省籍人口中，河北籍占 40.2%，山东籍占 5.6%，其他各省占 11.7%，合计占 57.5%。② 南京市人口增长也很迅速，据统计，1912 年南京人口为 269000 人，1935 年突破百万，达 1013320 人。③ 一些小城镇人口更是快速增长，例如石家庄，"在京汉铁路未通以前，石家庄仅为获鹿县属之一农村，住户约三四十家……迄光绪二十九年，京汉铁路通车，始渐有商民来往，迨光绪三十三年秋间，正太铁路通车，而石家庄之地位益形重要，自是以后，商贾云集，行栈林立，筑建繁兴……民国二年户数不过二百余家，民国六年增至一千户，彼时人口约六千内外，现则人口增至四万，大小商户约二千余家"④。

　　第二，城市人口职业结构严重失衡。工业化城市是以工业经济为主体的现代化城市，产业工人在职业结构中占有十分重要的地位。由于中国近代工业化水平偏低，流入城市的离村农民难以在产业部门得到合适的职业。不仅传统政治性城市，即使是开放的通商口岸城市，也存在着严重的职业结构失衡现象。先看沿海第一批辟为商埠的上海。1935 年旧上海公共租界人口职业构成如表 1-17 所示：

---

　　① 黄中慧：《辛丑五月二十九日上庆邸，倡议北京善后工艺局说帖》，见彭泽益编：《中国近代手工业史资料（1840—1949）》第 2 卷，516 页。

　　② 参见《北京市统计览要》[民国二十五年(1936)]，见韩光辉：《北京历史人口地理》，282 页，北京，北京大学出版社，1996。

　　③ 参见《抗战前国家建设史料·首都建设（三）》，见秦孝仪主编：《革命文献》第 93 辑，226 页，台北，"中央"文物供应社，1982。

　　④ 《石家庄之经济状况》，载《中外经济周刊》，第 181 号，1926 年 9 月 25 日。

表 1-17　1935 年旧上海公共租界人口职业构成统计表

行业/职业类别	男	女	儿童	合计	百分比
农业及园艺	942	208	—	1150	0.1
工业	165035	38134	1680	204849	18.3
商业	177499	4150	1679	183328	16.4
金融银行及保险业	10502	102	—	10604	1.0
运输及交通事业	13466	55	—	13521	1.2
专门事业（医师、律师、会计师等）	13167	1467	—	14634	1.3
政府及市政机关	7908	81	—	7989	0.7
陆海军界（在职的不在内）	409	1	—	410	0.0
写字间、速记员、办事员等	3569	58	—	3627	0.3
家务等	42489	14465	296	57250	5.1
艺术界、技艺界、运动员等	2818	863	25	3706	0.3
杂类	87792	276981	255017	619790	55.3
总计	525596	336565	258697	1120858	100.0

资料来源：邹依仁：《旧上海人口变迁的研究》，107 页。"①外国人除外。②除1935 年以外，公共租界从未调查界内人口的职业情况。法租界亦从未调查人口职业情况。"（原注）

　　上海是近代中国最大的工商业城市，当时先进的工业企业几乎都集中在公共租界内，其工业人口仅占城市人口的 18％左右，而第三产业及无业人口竟占城市人口的 82％左右。由此可见，上海的人口远远超过了工业化对劳动力的需求。

　　再看第二批开放的内地口岸城市汉口。汉口在清末时号称"东方芝加哥"，成书于 1915 年的《汉口小志》曾对清末汉口居民的从业状况做过统计，如表 1-18 所示：

表1-18　清末汉口居民从业状况统计表

行业/职业	人数	行业/职业	人数	行业/职业	人数	行业/职业	人数
政界	135	水手	324	矿师	28	道士	195
军界	196	划夫	1479	僧侣	220	石工	384
警界	224	车夫	2157	苦力	3671	木工	3507
法界	97	轿夫	671	废疾	98	小贸	9464
学界	2025	码头夫	7914	船业	251	小艺	4625
报界	33	医士	401	洋伙	749	使役	500
绅界	293	种植	704	渔业	588	厨役	3203
商界	30990	畜牧	57	乞丐	494	司事	572
律师	20	挑水夫	820	公差	487	优伶	109
馆幕	60	实业工人	2221	佣工	9256	无业	4579
儒士	571	术士	47	水泥工	1914	总计	99833
美术	737	教士	101	窑工	44		
地理星卜	177	机匠	640	金工	1801		

资料来源：徐焕斗修，王夔清纂：《汉口小志》之四《户口志》，见《中国地方志集成》编委会编：《中国地方志集成·湖北府县志辑·4》，57～59页。

《汉口小志》的作者没有科学的社会分层理论，也缺乏先进的统计手段，因此上表关于清末汉口居民的从业状况不可能十分准确。但通过这些数字，我们依然可以发现，大体上就业于新式产业的"实业工人"，仅为从业人口的2.24％，更多的劳动者不得不在苦力和手工业部门谋生。由此可见，离村农民大量涌入城市已经使上海、汉口这类新兴工商业城市出现了严重的职业结构失衡，导致城市商业大于工业、消费大于生产的畸形现象。

第三，城市大量人口失业，城市社会问题突出。晚清城市无业游民的增多曾使统治者十分惶恐和忧虑，四川总督岑春煊上任以后，"每历衢市，未尝不幸其民之广，而时见其癃瘠枯槁，衣裤不完，往往群聚而游于市者，尤不敢不恻恻以怜其穷，而栗栗于不教不养之无以善其后"①。北京的情况更为严重，1900 年八国联军入京，"死亡虽众，而自去冬以来，洋兵所据之地，以京城有全权庇荫，最称安谧，且谋生较易，四乡来者日众"，"无业游民生计日绌，苟不早为之所，则民不聊生，人心思变，更何堪设想"。② 第一次世界大战以后，随着外国资本的卷土重来，城市工人失业更加严重，例如，在天津织布业，"失业之事，已为是业工人之家常便饭，尤以民国十八年中失业工人更多……天津织布厂坊，共有三二八家……解雇三〇八九人。设以此解雇工人百分之五〇，另就职业，其余百分之五〇，计一五四五人，即为失业。合计天津织布业中所用雇工不过七八七三人，而失业工人之数当其五分之一"③。1928 年，杭州丝织业、经绒业等 11 个行业失业工人就高达 6028 人，1930 年增至 13000 人。④ 广州在 1928 年时的失业工人为 8784 人。⑤ 另据《上海市年鉴》记载，1930 年上海"华界"人口中，无业人口达 308206 人，占人口总数的 18.21％，到 1936 年，无业人口在总人口中的比例虽下降到 16.19％，但绝对失业人数却增至347382 人。⑥ 当时的报刊对全国范围内的失业工人做出了不同的估计，《中华日报》(1933 年 3 月 4 日)载全国除农民以外，各行业工人的失业总数为 925865 人（全国工人总数为 136931000 人）；江西省政府出版的《经济旬刊》(第 12 卷，第 1 期，1934 年 1 月)载全国失业工人为4000000 人以上；《劳工月刊》(1933 年上半年)根据许多实例和假定推

① 刘锦藻：《清朝续文献通考》卷三百八十三《实业六》，考一一三〇一，上海，商务印书馆，1936。

② 黄中慧：《辛丑五月二十九日上庆邸，倡议北京善后工艺局说帖》，见彭泽益编：《中国近代手工业史资料(1840—1949)》第 2 卷，515～516 页。

③ 方显廷编著：《天津织布工业》，67～68 页，天津，南开大学经济学院，1931。

④ 参见彭泽益编：《中国近代手工业史资料(1840—1949)》第 3 卷，70～71 页。

⑤ 参见《经济半月刊》，第 2 卷，第 20、21 期合刊，1928，见彭泽益编：《中国近代手工业史资料(1840—1949)》第 3 卷，71 页。

⑥ 参见邹依仁：《旧上海人口变迁的研究》，106 页，表 15。

算，认为中国失业工人约有 12500000 人。① 虽然各家估计出入较大，但大多数承认工人失业已构成当时城市中的一个严重社会问题。

尽管流入城市的农民只能干城市人不愿干的苦力工、脏累活，但这些职业也是有限的，一部分进城农民沦为无业游民，加入了城市失业者队伍之中。按金陵大学农业经济系对 1931 年水灾区域的经济调查，离村农民中有三分之一以上从事工作，五分之一求乞，其余为无职业或职业未详的人。因此，"在民族工业枯萎的境况下，原来的工人，已经一批一批的被抛弃于十字街头；离村的农民，自然不容易找到工作的，结局只有拉黄包车充当牛马；只有踯躅街头过着乞丐的生活……白天吃的是包饭作的残肴剩饭，晚上则缩于垃圾箱旁、屋檐下、房角处或弄堂口，以报纸铺地，以牛皮纸及广告盖身"②。这是城市人口急剧增长所造成的城市社会问题的表征。

人口膨胀带来的城市社会问题集中体现在黑社会组织、抢劫、斗殴、拐骗等方面。清朝咸丰年间淮扬一带的黑社会组织成员，"多脚夫、船户、肩贩、手艺及游民、游勇者流，借烟馆、赌场、茶坊、小押为巢穴，行劫为非，声气甚广。以先入者为长辈，次入者为幼辈，已及五七辈，辈不知若干人。均以口号字第为凭，随地联络，所至不携分文，可得居处饮食。遇事群起应之，口号所通，趋救立至，不必素相识也。……此类根柢于仙庙，枝叶于苏、沪，蔓延于京、瓜、清淮，萌孽〔蘖〕于金陵、芜、六"③。清末汉口最繁华的租界地带及铁路车站、轮船码头等处，无业游民集结，许多游民结帮成党，游荡街市，一些会党组织如"洪帮""青帮"等大小头目也都混迹于此，汉口逐渐聚合了一股具有相当势力的黑社会组织，例如，有"武汉的杜月笙"之称的汉口大流氓杨庆山早年就是汉口华景街头的一个无业游民，后来加

---

① 参见何德明编著：《中国劳工问题》，159～160 页，上海，商务印书馆，1937。

② 许涤新：《农村破产中底农民生计问题》，载《东方杂志》，第 32 卷，第 1 号，1935。

③ 李文治编：《中国近代农业史资料第一辑(1840—1911)》，944 页。

入洪门，荡迹秘密社会，步步升为名震长江沿线的"寨主"。① 黑社会组织给城市社会带来恐怖和动荡，甚至影响正常的工业生产，是城市社会秩序紊乱的一个重要温床。20世纪30年代，广东南海、顺德的农村妇女"离乡别井而赴广州、港、澳等处为人佣工，或操神女生涯者，几至不可以数计。更查此辈妇女由乡来省寻工之后，因供过于求谋生不易之故，其生活之困苦实有甚于乡间，是故每为一般拐匪所乘，借引荐谋工之名，将各妇女诱拐贩卖于从化北江各处，其年轻貌美者，闻所值动辄三五百元，一般女工入其彀中而被拐卖者，不知凡几"②。生活的艰辛也逼着一部分进城妇女充当娼妓。据汉口官方统计，1909年汉口妓女人数即达2857人。③ 在浙江，"(建德)少妇们、姑娘儿，眼见得故乡已吃空了草根，也丢了年高的双亲、正在哺乳的孩子，纷纷到兰溪、金华去，在茶楼、酒楼中做了女堂倌，出卖着肉体"④。

(3)构成中国近代土匪横行、军阀混战的社会基础。兵灾匪患又反过来加剧了农民离村现象，带来中国近代社会的剧烈动荡。近代中国军阀连年混战，土匪猖獗，有其深厚的经济、政治和社会背景，其中严重的农民离村现象为兵灾匪患提供了充足的兵源。据《申报》记载，光绪十年(1884)七月朔日，苏州"阊门外三塘桥堍，旧设金桂茶园，屋内有武员杨君，奉宪檄驻此招勇五百名。一时投效者纷至沓来，竟有一千四五百名"⑤。1924年，"吴佩孚和他的直系军阀就在山东大招军队，济南大街小巷差不多都有招军的白旗，曹州更厉害，曹州极偏僻

---

① 参见龙从启：《武汉大流氓——杨庆山》，见中国人民政治协商会议武汉市委员会文史资料研究委员会编：《武汉文史资料(第九辑)》，1982。
② 《国内劳工消息(六月份)》，载《国际劳工通讯》，第10期，1935。
③ 参见贺鸿海：《旧汉口的娼妓》，见政协武汉市委员会文史学习委员会编：《武汉文史资料文库》第6卷，280页，武汉，武汉出版社，1999。
④ 沉岳：《建德的政治和农村》，载《中国农村》，第3卷，第7期，1937。
⑤ 《苏省募勇》，载《申报》，光绪十年(1884)七月初四日。

的地方都有此种白旗"①。由于山东每年都有大量农民外出，扩充军队极为容易，"离开土地的农民，除开当兵或作匪，别无出路。当兵因为出路有限，目前已经走不通了，作匪却是一个极自由的职业"②。因此，进入民国以后，有关土匪的记载触目皆是，例如："在雷州方面，失业的人数，竟至四十余万，几占全人口百分之四十以上。当土匪的人数，竟至三万"③；江苏"农民流而为匪者极多，徐州一带，所以成了著名之匪区"④；在直隶，据 1928 年 10 月 20 日的上海《民国日报》载，"有千万贫农，受饿死逼迫。……据最近调查，该省充当土匪者，有五〇〇〇〇〇之众"⑤。这里记载的数字未必十分准确，但问题的严重性却不会令人怀疑。河南"土匪之多，差不多尽人皆知"⑥。湘西、湘南"农民多半入伍为兵，或竟流而为匪"⑦。福建农村里的剩余劳动力"各种路子，都走不通，农民不愿饿死，势不得不挺〔铤〕而走险，去做土匪了"⑧。

　　既然农民贫困化造成的离村现象带来了如此严重的负面效应，那么，如何缓解农民的贫困化、如何消化和吸纳农村剩余劳动力，便是近代中国面临的一个十分重大的社会问题。从根本上解决这个问题，有赖于工业化的高度发展。但是，在中国近代，由于受到西方资本主

---

①　硕夫：《直系军阀马蹄下的山东人民》，见章有义编：《中国近代农业史资料第二辑(1912—1927)》，649 页。

②　韦东：《湖南溆浦县的农村经济概况》，载《中国农村》，第 1 卷，第 2 期，1934。

③　章有义编：《中国近代农业史资料第二辑(1912—1927)》，648 页。

④　润之：《江浙农民的痛苦及其反抗运动》，见章有义编：《中国近代农业史资料第二辑(1912—1927)》，649 页。

⑤　朱新繁：《中国农村经济关系及其特质》，299 页。

⑥　西超：《河南农村中底雇佣劳动》，载《东方杂志》，第 31 卷，第 18 号，1934。

⑦　《湘省纷纷报米荒》，载《农商公报》，第 131 期，1925。

⑧　朱博能：《安溪农村破产的姿态》，见章有义编：《中国近代农业史资料第三辑(1927—1937)》，904 页。

义列强的打击和掠夺，工业的发展条件极为不利，同时由于中国工业化的后发性，工业技术的引进和采用在其早期阶段就富于资本密集的特征，所需劳动力有限。在这种背景下，一种劳动密集型的非农产业——手工制造业的存在和发展，客观上成为时代的必需。

三、手工业与城乡经济

对于安土重迁的农民来说，离村毕竟是苦涩的，大部分农民还是留在了故乡，或离乡不离土。流入城市中的一部分农民也不得不依靠手工业谋生，这在一定程度上缓解了中国近代社会的紧张状况。如果说这多少还值得肯定的话，那么就不应否定手工业在缓解农民贫困化趋势、吸附农村剩余劳动力过程中所发挥的积极作用。

如前所论，中国近代农民的贫困化主要是巨大的人口压力所造成的，从静态上看，晚清至全面抗战前的中国近代始终存在着人多地少的尖锐矛盾，在落后的生产技术条件下，现有的土地不足以养活全部近代中国人。在动态层面上，人地矛盾的主要承担者是农村中的广大小农，小农时时刻刻都处在如何维持家庭生存的压力之中，必须在农业以外寻找其他职业以养家糊口。当时人也充分认识到了这一点，他们指出："我国农人耕田面积极小，每岁收获，大都不足以维持其一年之生计，举凡樵采也、运输也、负贩也、木工也、泥水也、石工也、陶作也、篾作也，以及制鞋、缝衣、铸镬、打铁等等工作也，固无一而非农人之副业也。农村农人与各行手工艺者，实一而二，二而一，几无鸿沟之可分也。"[①]作为农村中大量土地所有者的地主和实行雇工经营的富农，虽无生存压力，但在外国资本主义的刺激下，也逐渐产生了追求利润的动机，并在一定条件下转化为经营乡村手工业的动力。尤其是在东南沿海和通商口岸城市附近的周边农村地区，不仅乡村地

---

① 何廉：《我国今日之经济地位（未完）》，载《纺织周刊》，第 5 卷，第 4 期，1935。

主和富农——他们是倡导地方公益副业的主要力量①，而且城市中的商人也将其部分资本投入手工业生产领域。一方面临着维持家庭生存的压力，一方存在着经营乡村手工业以追求利润的动力，这正是资本主义生产出现的前提条件，也是中国近代手工业长期存在的重要原因。正是在这个意义上，因人口压力而形成的传统经济下农民的贫困化才构成中国近代乡村手工业长期存在并在一定条件下获得发展的主要因素。

事实上，中国近代乡村手工业的存在特别是部分手工业经济的兴起和发展就是这种压力和动力综合作用的结果。例如，河北高阳手工织布区内共 78643 户，434510 人，耕地面积共 1176030 亩，平均每户 5.5 人，每户耕地 14.95 亩，平均每人 2.7 亩，很显然，在北方人均 2.7 亩是难以维持基本生活的。更为严重的是，高阳织布区还是水灾多发区，区内自然条件恶劣，盐碱地多，农民以种植高粱、小米、玉米、棉花等农作物为主，产量很低，平均每亩净利仅 1.47 元。"以如许薄利的出息，平日极少积蓄，一旦遇着水旱婚丧等变故，或军队的征发派捐，其不足以应付而陷于穷困者，又不待辞费。故农民于耕地之余，如不经营其他附业以补助家计，实不能维持生活。"②宝坻的自然条件与高阳相似，全县可耕地面积为 2750000 亩，全年雨量不多，但降水集中，河床高涨，时能成灾，例如，1917 年水患面积占比达 50%，1931 年达 46%。在土地利用上，占农民户口 45% 的佃农与半佃农所耕农田面积不过 1/5，农业生产不足以维持家庭生活，这个因素

---

① 乡绅在农村手工业的发展中起着十分重要的作用，四川蚕丝业的改良就离不开乡绅的推动。例如，合州举人张森楷于 1901 年在合州大河坝创办蚕桑公社，亲自担任社长，先后筹资近 4 万元，共培养学生 3 班，设立分社 20 余处，为了推广蚕丝业改良的成绩，"将社制蚕种酌量分送各属，照派学生前往教导饲法，随宜改进，并不收取价教俸，借广流传民间，领种所获之茧或有佳良如社茧者，特照市价每斤加钱一百文买入"，这一举动"实川省丝业改良之先声"。参见郑贤书修，张森楷纂：民国《合州县志》卷二十《蚕业下》，见《中国地方志集成》编委会编：《中国地方志集成·重庆府县志辑·11》，183～184 页，成都，巴蜀书社，2017。

② 吴知：《乡村织布工业的一个研究》，2～8 页，上海，商务印书馆，1936。

与其他方面结合在一起共同促成了宝坻手工棉织区的形成。正如时人所谓"宝坻手工棉织业之所由发展，不仅由于棉产之丰富及农民之多暇，实亦由于农民生计之贫困"①。南京国民政府实业部中央农业实验所与金陵大学社会学系对该所附近二十三村的农民职业进行了联合调查，结果发现调查区内六村镇中除汪营村每户耕地面积 18 亩外，其余五村均在 6 亩左右，共有 899 人从事农业，占在业人数的 58.72％，210 人从事织绒、刺绣等家庭手工业，占全体在业人数的 13.72％，从事与手工业有关的商业、专业职业及其他零星工作者 375 人，占全体在业人数的 24.49％，"可见手工工业[在]农民经济上之地位颇为重要"②。

的确，手工业在农民家庭经济中的地位十分重要，乡村手工业经济收入是农民贫困化状况下的家庭重要经济支柱。在这一点上，手工业在农村的重要性似乎超过了城市，以浙江手工造纸业为例，据统计，1929 年主要存在于农村的浙江手工造纸槽户共有 24437 户，雇佣工人总数达 126852 人，资本总额为 5090028 元，每年出产总值高达 20850487 元③，这对农民经济是一个重要的补充。1928 年河北家庭工业总产值达 103856753 元，其中纺织类为 91554217 元，占总值的 88.2％，产值在百万元以上的共 21 县，其中高阳最多，每人平均出产值达 215.2 元，全省除天津、涞源以外的 127 县每人平均通过家庭工业所创造的价值为 3.75 元。④ 家庭工业在农民家庭经济中占有十分重要的地位，1933 年对山东各县农家副业收入的调查表明，副业收入占农家总收入的 17％。农家副业中除饲养家禽家畜外，家庭手工业接近

---

① 方显廷、毕相辉：《由宝坻手织工业观察工业制度之演变》，载《政治经济学报》，第 4 卷，第 2 期，1936。

② 郑林庄、柯象峰：《实业部中央农业实验所附近二十三村农民职业调查》，载《中国实业》，第 1 卷，第 6 期，1935。

③ 参见方显廷、吴知：《中国之乡村工业》，载《经济统计季刊》，第 2 卷，第 3 期，1933。

④ 参见方显廷、吴知：《中国之乡村工业》，载《经济统计季刊》，第 2 卷，第 3 期，1933。

50%。① 从局部地区来看，家庭手工业收入比例更高。1924 年，河北宝坻手织区内织户每家依靠织布的平均纯所得为 105.11 元，依靠农作物的净收入，佃农平均为 26.38 元，半自耕农为 86.62 元。也就是说，佃农农户的织布收入约占总收入的 80%，半自耕农的织布收入占收入的 55%，可见织布工业在宝坻农民家庭经济中占有重要地位。② 1933 年，南通全县共 63140 户、13 余万人从事手工织布业，占全县 50 万人的 26%，直接或间接以织布为生活依靠的达 92%，土布产值约 9180543 元，平均每户 145.4 元，在织户农织收入总额中的比重平均为 20.7%。③ 有趣的是，无论是低收入户，还是高收入户，手工织布业收入的比重都较高，具体地说，在低收入户中的比例为 22.5% ～ 33.5%，在高收入户中则为 34.7% ～ 40.7%④，这种现象反映了乡村手工业发展过程中的两极分化趋势。高阳织布区 1932 年共计 50793 人从事织布业，据对 344 家有净利的织户的统计分析，平均每家全年收入 152.91 元中，织布工资 75.11 元，占 49.12%，自织布匹净利 45.60 元，占 29.82%，两项合计为 120.71 元，占 78.94%，而平均每户耕地净利仅 27.96 元，占 18.29%，副业及其他工艺收入 4.24 元，占 2.77%，"足见高阳织布收入的十分之八，来自织布工资或盈利。织布在高阳织户经济上地位的重要，可见一斑"。⑤ 因此，对专门的手工业经济区来说，手工业成为农民家庭不可缺少的重要经济收入来源。其他地区农民家庭手工业收入虽不及上述专门手工业经济区重要，但也是仅次于农业的经济来源。据张培刚对清苑 500 个农户的调查，从事副业者 123 户，除从政，做军警、店员等职业外，一般多从

---

① 参见实业部国际贸易局编纂：《中国实业志（山东省）》第 2 编，105、111～112 页，上海，实业部国际贸易局，1934。

② 参见方显廷、毕相辉：《由宝坻手织工业观察工业制度之演变》，载《政治经济学报》，第 4 卷，第 2 期，1936。

③ 参见蔡正雅：《手工业试查报告》，见彭泽益编：《中国近代手工业史资料（1840—1949）》第 3 卷，759、761 页。

④ 参见严中平：《中国棉纺织史稿》，284 页，北京，科学出版社，1955。

⑤ 吴知：《乡村织布工业的一个研究》，140、142 页。

事经商、纺织、作坊行业，以及做工匠、脚夫、小贩等与手工业有关
的职业。平均言之，经商收入为 95.54 元，作坊 44.2 元，纺织 28.59
元，小贩 25.21 元，工匠 23.46 元，脚夫 15 元，从事手工副业者大多
是农作物收入较低的中农、贫农、雇农，也有少量富农。家庭手工业
在家庭总收入中的比重因耕地面积不同而相异，耕地较少，则手工业
收入较高。① 另据卜凯调查，江苏江宁农民家庭工业收入占总收入的
14.8％，在安徽怀远则为 10.4％；布朗博士对四川峨眉山 25 户农家
的调查表明，农民家庭工业的收入为 15.4 元，占总收入的 8.8％；成
都平原 50 户农家中 58％的农户有育蚕纺织等家庭工业的收入，平均
为 20.51 元，这项手工业收入"对穷困之农人，不无小补"。② 虽然我
们缺乏全国农民手工副业的精确统计，但据当时人估计，近代农村中
从事副业者"在百分之九十左右。设以百分之九十为准，我国农村副业
的劳动人口，当在二万万七千万人以上。虽然此二万万七千万农民不
完全依赖副业而生存，然农村副业有补于此二万万七千万农民的生活，
则无疑义"③。因此，在现有的生产技术条件下，手工业的存在不仅缓
解了城市的就业压力，而且在一定程度上消弭了农村的隐性失业现象，
缓解了农民的贫困化，提高了农民的购买力，从而有利于农业生产技
术的改进。如果说耕地不足体现出来的人口压力是近代乡村手工业存
在和发展的主要原因，那么手工业收入在农民家庭经济中的重要地位
则从反面证明了乡村手工业的必不可少。正如时人所谓"要解决农村的
失业问题，要增加农民的生产，提倡农村副业，自是最合理的途径，
手工业与农村有共存其荣的关系，自然是农村最好的副业，事实上大
凡手工业发达的地域，农村经济一定比较充裕……所以要想增加农村
生产能力，非提倡手工业不可"④。

---

① 参见张培刚：《清苑的农家经济（下）》，载《社会科学杂志（北平）》，第 8
卷，第 1 期，1937。

② 方显廷、吴知：《中国之乡村工业》，载《经济统计季刊》，第 2 卷，第 3
期，1933。

③ 张奇英：《中国农村副业研究》，载《中国实业》，第 1 卷，第 9 期，1935。

④ 愈明：《提倡手工业之我见》，载《国货月刊》（长沙），第 28 期，1935。

　　无论是城市还是农村，手工业在吸纳农村剩余劳动力方面都发挥了重要的作用。虽然近代中国缺乏这方面的精确统计材料，但依据有关史料的零星记载，仍然可以窥见手工业所创造的大量就业机会。笔者将各地手工业从业人数择其要者列为表 1-19，以略表一斑。

表 1-19　各地手工业从业人数示例表

地区	行业	时间	手工业者数量	资料出处
南京	纱缎业	清同光年间	工人有 3 万人，赖以为生者约有 1 万人。	《工商半月刊》，第 1 卷，第 7 号，1929。
杭州	丝织业	清同光年间	杭州城内从事丝绸制造者有 6 万人。	彭泽益编：《中国近代手工业史资料（1840—1949）》第 2 卷，75 页。
宁波	制茶业	1871	从事烤茶及拣茶的男女工人估计有 9450 人。	彭泽益编：《中国近代手工业史资料（1840—1949）》第 2 卷，272 页。
南京	织缎业	1913—1917	直接织缎工人约有 9500 人，间接者总共约有 15500 人。	《中国实业志（江苏省）》第 8 编，172 页。
营口	织布业	1917	多属木机织布，依此业为生者不下 1 万人。	彭泽益编：《中国近代手工业史资料（1840—1949）》第 2 卷，672 页。
山东	发网业	清末民初	山东妇女依此为生者约为 10 万人。	《中国实业志（山东省）》第 8 编，118 页。
山东潍县	刺绣业	光绪年间	全县妇女多以刺绣为业，全部女工约有 1 万人。	《中外经济周刊》，第 187 号，1926 年 11 月 6 日。
湖南	制笔业	民初	湖南全省从事毛笔产销者有七八千人。	彭泽益编：《中国近代手工业史资料（1840—1949）》第 3 卷，59 页。

续表

地区	行业	时间	手工业者数量	资料出处
山东周村	丝织业	20世纪20年代	周村摇麻工计有4万余人，织工及经丝麻工约有1万人。	彭泽益编：《中国近代手工业史资料（1840—1949）》第3卷，88页。
宣化	皮毛业	1927	毛皮行有60余家，约用工人5600名，均以手工为之。	《中外经济周刊》，第228号，1927年9月17日。
北京	地毯业	1923	地毯工场有206家，所用工人有6834人。	方显廷编：《天津地毯工业》，7页。
长沙	各种手工业	20世纪30年代	据调查，全市手工业工人约有34000人。	《中国实业》，第1卷，第1期，1935年1月。
湖北	榨油业、酿酒业、织布业	1920	三个行业中的手工业从业人数为133017人。	胡焕宗编：《湖北全省实业志》，148、149、153、154、155页，武汉，华中科技大学出版社，2020。
景德镇	制瓷业	1923	瓷窑百数十座，从事制瓷的工匠约有20万人。	彭泽益编：《中国近代手工业史资料（1840—1949）》第3卷，48页。

表1-19所列数字远远不是全部的手工业工人。从全国范围来看，据北京政府农商部对全国30种手工业有关情况的不完全统计，1912年全国30种手工业从业人数为13220122人，产值达4235489241元，1913年手工业从业者及其所创产值均有所下降，分别为9033575人和2441722691元[1]，1914年全国手工业从业人数为7759870人，产值为949022542元，1915年手工业从业人数为10975611人，产值为1210053779元[2]。此后由于各省上报数字的大量缺失，这项统计逐步

---

① 参见《全国三十种手工业户数人数和产值统计》，见彭泽益编：《中国近代手工业史资料（1840—1949）》第2卷，431页。

② 参见《全国二十七种手工业户数、人数和产值统计》，见彭泽益编：《中国近代手工业史资料（1840—1949）》第2卷，第19章附录，"欧战时期中国手工业统计资料"。

失去了可比性。不过，据 1949 年后国家统计局的材料，在 1936 年全部工业职工人数中，现代工业 170 万人，工场手工业 254 万人，手工业者 757.9 万人，后两者合计共 1011.9 万人，为现代工业人数的 6 倍。[①] 有关手工业所吸纳的就业人数还可参看以下各章的论述。因此，在农民贫困化的压力下，手工业成为介于传统农业和现代大机器工业之间一个非常重要的国民经济部门。

当然，近代手工业的存在和发展还不仅仅由于它在缓解农民贫困化趋势和吸纳农村剩余劳动力方面所充当的角色及其所发挥的作用，而且也因为它与民族机器工业之间的良性互动。中国是一个后发外缘型工业化国家，民族机器工业产生之后，在经济规律的作用下，必然打击和排斥传统手工业，但它同时却面临着外国资本主义的不公平竞争，并因此造成其打击和排斥传统手工业的能量不足，于是造成手工业在一定时期内广泛存在。更为重要的是，民族机器工业与手工业同属于民族工业的范畴，在经济民族主义——近代爱国主义的重要组成部分——的旗帜下，两者构成多层面的互补，因而我们还必须全面透视民族工业的内部结构及其相互关系。

---

① 参见中华人民共和国国家统计局编：《我国的国民经济建设和人民生活》，见全慰天：《中国民族资本主义的发展》，117 页，郑州，河南人民出版社，1982。工场手工业从业者和手工业者二者合计人数应为 1011.9 万人。

第二章　民族工业的和弦与变奏

　　鸦片战争后的 19 世纪六七十年代，民族机器工业在外国资本主义的刺激下得以产生，传统手工业在外国资本主义的打击下，开始了结构性和近代性变迁的进程。不同地区和不同行业的一部分手工业仍然停留在个体手工业和行会手工业阶段，另一部分手工业则进行着生产工具的缓慢更新，生产工艺的逐渐改进，经营方式的灵活变通，以及向资本主义生产方式转化，从而造成了民族工业三个层次并存的态势。资本主义作坊和手工工场是一种介于传统手工业和近代手工业之间的中间层次。从总体趋势上观察，资本主义作坊和手工工场与民族机器工业在曲折中缓慢前行，构成民族工业的双重性发展。从结构上剖析，部分手工业与民族机器工业共同构成"两栖"行业。"两栖"行业是在"突发"与"渐进"两种形态中形成和发展的，但以突发型为主，手工业与民族机器工业之间的竞争主要是"两栖"行业内部的竞争。其中，突发型的"两栖"行业竞争比较激烈，相比之下，渐进型行业中的竞争则较为和缓。近代中国还存在着大量的机器工业无力涉足的手工业行业，也有一些因手工业无法生产而为机器工业所特有的行业，它们之间不存在竞争，而是构成一种结构性互补。即使是在"两栖"行业内部，手工业与民族机器工业也形成互补，包括市场关联性互补、市场水平性互补及劳动技术性互补。竞争迫使少数手工业行业衰退甚至破产，互补则使部分手工业行业得以生存下来并获得一定程度的发展，并且以新的规模、新的方式消化破产的手工业者。互补构成两者之间关系的主导面，这正是手工业能够在近代一直存在并在一定时期获得发展的重要因素。

一、民族工业的双重性发展

(一)民族工业三个层次的形成

中国近代工业,从生产力层次上分析,包括手工业和机器工业,从生产关系层次上分析,则包括国家资本主义性质的官办企业和私人资本主义性质的民营企业以及个体手工业,此外,还有外国资本主义在华企业。本章所分析的民族工业的三个层次,主要是指传统个体手工业、资本主义作坊和工场手工业,以及近代大机器工业。资本主义作坊和手工工场之间很难进行严格的区分,它们最初的区别仅仅只是雇佣工人的多少。在近代中国,大量存在的包买主往往同时兼营生产环节中某道工序的手工作坊,而某些手工工场主为了减轻场房及设备费用,常常只在场坊中保留部分关键工序的生产工具,更多地将原料分散到手工业者家中生产,然而,从所投入生产过程的资本来看,或可称之为分散的手工工场,它们无异于真正意义上的手工工场。正是基于这种思考,本书将资本主义作坊与手工工场放在同一层次上加以分析。不过,甲午战争后晚清农工商部及各省创办的工艺局、习艺所,其主要宗旨在于传授手工艺技术并消除游民(详见下章有关分析),在资本主义手工业中所占比重不大。因此,我们主要考察手工业中的民营部分。鸦片战争以后,随着传统手工业的变迁、新式民用工业企业的产生,民族工业三个层次也随之形成。

传统手工业变迁主要体现为结构性变迁和近代性变迁。所谓结构性变迁,是指在外力冲击和市场引力作用下,部分手工业行业或某些手工业生产工序的衰落,部分适应国际市场的手工业生产的发展以及新型手工业的兴起。据现有研究,鸦片战争后,中国传统手工业中的手工纺纱、手工炼钢、手工制针、制靛业、土烛制造、木版印刷等八个行业遭到严重摧毁,大约到 20 世纪初年基本上销声匿迹。而茶叶、生丝等传统手工业品的生产,在国际市场引力效应下,出现了发展的势头,成为出口型的具有重要意义的手工业行业。还有一批从国外引进并与国内市场实际相结合而生成的新兴手工业,如针织业、手帕业、火柴业、化学工业、搪瓷业、电池业、机器业、电机业、自行车业、印刷业等。地毯业、花边业、抽纱业、草帽业、发网业、制蛋业、猪鬃业、肠衣业等则是在出口需求刺激下新形成的手工业。这些行业大多出现于 1900 年以后的清末民初时期，它们的出现改变了传统手工业的结构。① 基于此，我们认为，鸦片战争后至 20 世纪初年，传统手工业的结构性变迁已基本完成。

所谓近代性变迁，是指随着原料供应和产品销售上的市场因素的渗入而发生的手工业生产的演变。1840 年以后，西方资本主义商品及其近代观念伴随着鸦片战争的腥风血雨涌进了古老的中华大地，冲击着世世代代生活在"田园诗"式的男耕女织模式中的人们，也冲击着建筑在这种经济结构之上的封建观念。西方商品中，除了不道德的鸦片贸易，对中国人民经济生活产生重大影响的当数棉纺织品。自有海关统计以后，进口棉制品在不断增长之中，如表 2-1 所示：

表 2-1　甲午战争前进口棉布、棉纱数量及价值统计表

年份	棉布		棉纱	
	进口数量/万匹	进口价值/万关两	进口数量/万担	进口价值/万关两
1867	425.0	1167.1	3.4	147.2
1872	1192.0	2143.5	5.0	137.7
1878	896.2	1350.9	10.8	251.2
1884	1122.9	1655.7	26.1	557.5
1890	1656.1	2562.9	108.3	1938.6
1894	1379.6	3070.8	116.2	2140.4

资料来源：许涤新、吴承明主编：《中国资本主义发展史》第 2 卷，274、281 页。

从表 2-1 看，在绝对数字上，棉布进口的数量与价值均大于棉纱，但就增幅而言，棉纱的增长速度远远高于棉布。如果以 1872 年的进口

①　具体情况请参见许涤新、吴承明主编：《中国资本主义发展史》第 2 卷，917～970 页。

指数为 100，那么到 1894 年棉布和棉纱的指数分别增长到 115.7 和
2324。棉布进口趋缓和棉纱进口剧增的背后是使用机纱的手工织布业
的兴起。据吴承明估计，1894 年全国农村土布产量应为 5.89 亿匹，
所需用纱总量为 612.4 万担，其中所用机纱量为 143.4 万担，在用纱
总量中的比重为 23.42%。换句话说，到甲午战争前，中国手工织布
中机纱用量已接近 1/4。同一估计表明，到第一次世界大战前的 1913
年，手工织布中机纱用量占到用纱总量的 72.33%。机纱用量的增加
同时也是土纱用量的萎缩。这一过程不仅反映了传统手工纺织业中纺
与织的分离和手工织布业中商品比重的增加，而且有利于手工织布业
生产形态的向前发展。城市手工织布工场和农村中包买主制下的依附
经营形式的广泛出现就是最好的证明。

传统锻铁手工业也因原料市场的变化而与资本主义发生了关系。
据历年海关报告，19 世纪 70 年代至 20 世纪初年中国钢和铁的进口数
量不断增加，如表 2-2 所示：

表 2-2　1871—1911 年中国钢铁进口统计表

单位：公担

年代	钢和铁
1871—1873	142806
1881—1883	273717
1891—1893	887337
1901—1903	958829
1909—1911	2264257

资料来源：严中平、徐义生、姚贤镐等编：《中国近代经济史统计资料选辑》，
75 页，北京，科学出版社，1955。

传统锻铁手工业主要以土钢铁为原料锻制农具、农用刀具、泥水
木匠工具、刀具以及船用铁器，业主兼师傅，以小作坊经营为主。鸦
片战争后，随着进口钢铁的增长，上海、天津、宁波等通商口岸城市
的锻铁手工业逐步放弃土钢铁。例如，上海濮万顺刀店"制刀所用的原
料，洋铁洋钢已代替了从前的土铁本〔土〕钢。而所谓洋铁，大都是上

海外商祥生船厂的废旧剪口铁板，洋钢则系进口德国货双熊牌、双马牌条钢"①。1868 年，宁波进口钢铁达 21650 担，其中 12000 担"用子口单运往绍兴和杭州，在那里把它做成农具和工具、水桶箍和中国式厚底冬鞋的钉子。……土铁很贵，在宁波已全部为洋铁所代替了"②。19 世纪末 20 世纪初，上海进口钢铁除满足本地市场需要外，80% 以上由北洋帮、天津帮、长江帮、浙江帮等各大帮系的商人所采购。③质优价廉的进口钢铁提高了手工业产品的质量，增强了竞争力，同时也为它们生产新的品种创造了条件。尤其是随着手工工具的改良，手拉机、铁木机、足踏缫丝机、轧棉机、针织机等产品的市场需求进一步扩大，为传统锻铁手工业向资本主义机器制造业转化奠定了基础（有关论述详见本章第二个问题的分析）。

　　鸦片战争后，中国部分手工业产品的国际需求量增长，如以 1868 年出口指数为 100，则其后二十年 11 种主要手工业产品的出口指数如表 2-3 所示：

表 2-3　甲午战争前中国 11 种手工业产品出口指数表

年份	茶	生丝	绸缎	糖	夏布	陶瓷	纸	土布	烟叶	油	皮革货
1868	100	100	100	100	100	100	100	100	100	100	100
1873	103	113	113	401	149	188	93	306	439	1346	663
1878	93	88	258	458	391	208	256	810	1026	1176	11982
1883	94	78	230	934	578	204	290	794	1222	2471	1276
1888	88	89	452	611	1703	414	673	1796	7013	12735	59464

　　资料来源：彭泽益编：《中国近代手工业史资料(1840—1949)》第 2 卷，54～56 页。

----

　　①　中国社会科学院经济研究所、上海市工商行政管理局、上海市第一机电工业局编：《上海民族机器工业》上册，5 页，北京，中华书局，1979。

　　②　彭泽益编：《中国近代手工业史资料(1840—1949)》第 2 卷，172 页。

　　③　参见上海五金机械采购供应站编：《上海私营五金商业社会主义改造资料》，1961 年打印稿，见许涤新、吴承明主编：《中国资本主义发展史》第 2 卷，201 页。

如表 2-3 所示，丝、茶贸易指数略有下降，这主要是受到国际市场上印、锡茶和日本丝的竞争影响。除此之外，其他手工业产品的贸易指数起伏，但总体趋势不断上升。产品销售市场的扩大，产生了相应的出口导向效应。第一，大批量需求导致大批量生产，从而促使传统手工业生产规模扩大，规模的扩大必须带来经营、劳动、管理形式上的变化，以提高劳动生产率。第二，国际市场上的激烈竞争有利于中国传统手工业改进生产技术，降低生产成本，提高产品质量。政府管理机构往往采取一定措施敦促商人按国际市场的规模进行生产，商人为了谋求利益，也主动采取措施监督直接生产者的产品质量。

原料和销售市场上的近代性变迁是导致生产形态演变的重要因素之一。中国手工业生产中的资本主义生产关系虽早在鸦片战争之前的明清之际就已萌芽，但受到各种封建因素的制约，发展十分缓慢，直到 1840 年，手工业作为补充农业经济的副业地位及个体生产的性质仍未改变。鸦片战争后，许多手工业行业中出现了大作坊和手工工场。例如，在制茶业，广州外销的"河南茶"就是在较为完整的手工工场中生产出来的，"河南茶"的一种——"橙香白毫"的制作要经过拣茶、筛茶、熏茶、干燥等工序，如果香味不够强，则要再熏以至三熏。另一种"橙黄白毫"的制作也要经过拣茶、筛茶、烘炒、卷揉、干燥等环节。"这些茶行都是宏大而宽敞的两层楼的建筑。下层堆满了茶叶和操作工具，上层挤满了上百的妇女和小孩从事于拣茶和把茶分为各种各类的工作。"①类似的手工工场在开埠不久的上海也很快出现。"茶商为迎合外人心理起见，不能就其所需要之式样，设法改制，惟内地所制之茶，每以不明了外人之嗜好，多有货不对样之弊，于是乃附设茶厂，专做纠正不合之处，迨至咸丰初年，即华茶对外贸易极盛时代，国外需要激增，内地交通不便，消息不灵，常有供不应求之势，于是上海沪商，乃采茶〔买〕毛茶，在沪改制，所谓'土庄茶栈'者，应运而生，成为专

---

① 彭泽益编：《中国近代手工业史资料（1840—1949）》第 1 卷，483～486 页。

业矣。当时上海土庄茶栈，约三四十家，营业颇为发达。"① 当然，像广州、上海的那种手工工场并不多见。在茶叶产地的鄂、赣、湘、闽以及台湾等地，往往表现为较低程度的专门从事茶叶生产中某一道或几道工序的茶号、茶行、茶庄、茶馆等。在湖南平江，"贫家妇女，相率入市拣茶，上自长寿，下至西乡之晋坑浯口，茶庄数十所，拣茶者不下二万人，塞巷填衢，寅集酉散，喧嚣拥挤"②。江西九江"城内外之开茶栈者共四十余家，各栈伙以及诸色人等应用千余人。红绿茶开秤时，城厢远近之妇女拣茶者约以数千计"③。很显然，平江的茶庄和九江的茶栈都只承担拣茶装箱等简单工序，其他如摘择、干枯、压卷、酝酿、烘烤等工作都是由茶农在家中完成的。

鸦片战争前若干手工业行业如铁器铸造、棉染织、制糖、造纸、榨油等当中存在着的资本主义生产关系在战后都获得了不同程度的发展。一些新兴的行业如火柴业、皂烛业、针织业等一开始就采取了手工工场的经营形态。这些工场集中在通商口岸及其附近地区，有的规模很大，例如，1897 年开办的汉口燮昌火柴厂，"所用工人约一千二百名……每日约做四十三万盒之谱……其工作并不用机器"④。又如，广州"西村文明阁自来火公司，设在粤汉铁路首站。去年〔一九〇七年〕九月经已开办，雇用工人二百名，男女小孩均备，只有手机一副，用以转运自来火木料使之蘸药，余均人工手造制"⑤。

到清末民初，手工业中的资本主义关系获得了较大发展。北京政

① 实业部国际贸易局编：《中国实业志（江苏省）》第 8 编，484 页，上海，实业部国际贸易局，1933。

② 张培仁修，李元拣纂：同治《平江县志》卷二十《食货志一·物产》，见《中国地方志集成》编委会编：《中国地方志集成·湖南府县志辑·8》，424 页，南京，江苏古籍出版社，2002。

③ 《渌阳琐闻》，载《申报》，光绪十年(1884)三月二十八日。

④ 《光绪二十三年汉口华洋贸易情形论略》，见彭泽益编：《中国近代手工业史资料(1840—1949)》第 2 卷，331 页。

⑤ 《光绪三十四年广州口华洋贸易情形论略》，见彭泽益编：《中国近代手工业史资料(1840—1949)》第 2 卷，332～333 页。

府农商部曾对民国初年 25 种手工业作坊和手工工场做过调查统计，其结果如表 2-4 所示：

表 2-4　1912 年 25 种手工业作坊和手工工场统计表

业别	家数	工人数	业别	家数	工人数
棉织业	115	1831	染料颜料业	73	721
制线业	243	3342	制香烛业	264	9480
织物业	2130	87829	酿酒业	1387	19526
刺绣业	8	1353	制糖业	728	9410
成衣业	987	14886	制烟业	996	17956
染坊及漂洗业	265	3581	制茶业	617	145722
针织业	70	7214	糕点制造业	267	2333
窑瓷业	2214	67685	印刷刻字业	50	1972
造纸业	2788	38346	纸制品业	115	3469
制油及制蜡业	1703	20725	木竹藤梭柳器业	631	7995
制漆业	18	203	毛皮革制品业	427	7665
火药火柴业	80	10459	玉石牙骨介角制品业	57	609
洋皂烛业	80	1519	总计	16313	485831

资料来源：北京政府农商部编：《第二次农商统计》，见彭泽益编：《中国近代手工业史资料(1840—1949)》第 2 卷，432～433 页。

表 2-4 所列统计数字不可能十分准确，25 种行业中有极少数使用原动力的工厂，同时，由于手工业经营形式的复杂性，一部分包买主制下的依附经营者，因缺乏集中的工作场所，统计中很可能被遗漏，但从性质上讲，也是资本主义手工业。虽然如此，表 2-4 还是基本反映了这一时期手工业生产形态的进步状况。1912 年 25 个行业中作坊和手工工场数总计为 16313 家，吸纳工人数总计为 485831 人。从行业发展水平看，造纸业、窑瓷业、织物业、制油及制蜡业、酿酒业等行业的作坊和手工工场数量为 1000～3000 家。从企业规模看，25 个行业中绝大多数场坊雇佣工人数为 10～30 人。这说明行业内存在着分工协作，当然也存在着由于行业性质的不同而造成的各行业劳动协作程度的差异。因此，我们

认为，至20世纪初，资本主义作坊和手工工场已经发展成一种重要的生产形态。与鸦片战争前手工业中的资本主义生产所得无法计量相比，资本主义作坊和手工工场已构成中国近代民族工业的一个重要层次。

当然，对传统手工业的近代性变迁不能估计过高，因为直到1913年，停留在个体生产阶段的手工业户数还有1668832户，职工人数达9033575人，创造的产值达24亿余元。[①] 这充分说明了传统手工业的艰难蜕变。

民族工业的最高层次是近代工矿企业。中国近代工业产生于19世纪六七十年代，初步发展于甲午战争后的清末民初时期。根据现有资料的统计，截至1913年中国设立的近代民用工矿企业达1122家，资本额超过2.1亿元。从经营性质上看，有清政府经营的官办企业，也有私人设立的商办企业；从部门分布上看，近代工矿企业遍布41个行业，但主要集中在纺织业、缫丝业、面粉业、水电业、燃料采掘业、金属采掘业等行业。具体情况如表2-5所示：

表 2-5　清末民初中国近代工矿企业数及资本额统计表

行业名称	企业数	资本额/万元	平均资本/万元	行业名称	企业数	资本额/万元	平均资本/万元
纺纱业	27	2490.0	92.22	酿酒业	7	140.5	23.42
染织业	66	333.7	5.56	罐头业	8	42.7	5.34
轧花业	11	98.5	9.85	机器工业	36	456.5	13.83
织麻业	5	130.0	26.00	制革业	22	579.7	28.99
呢绒业	11	442.9	40.26	玻璃制造业	17	359.3	25.66
丝织业	8	38.0	6.33	砖瓦制造业	32	119.6	6.29
其他纺织业	6	5.0	1.67	制瓷业	10	64.4	6.44
服用品业	7	27.0	4.50	水泥制造业	4	292.0	97.33
缫丝业	205	1802.0	9.53	烛皂业	32	115.9	4.29
面粉业	83	1076.5	13.63	制药业	6	36.0	6.00

---

① 参见《全国三十种手工业户数人数和产值统计》，见彭泽益编：《中国近代手工业史资料(1840—1949)》第2卷，431~432页。

行业名称	企业数	资本额/万元	平均资本/万元	行业名称	企业数	资本额/万元	平均资本/万元
碾米业	14	126.1	9.70	化妆品业	6	27.9	4.65
火柴业	57	238.7	4.26	制材业	7	235.0	42.16
造纸业	25	480.7	20.90	水电业	78	3854.6	52.80
印刷业	28	654.0	24.22	建筑业	6	273.0	54.72
卷烟业	30	161.2	5.97	燃料采掘业	76	2450.2	34.03
榨油业	65	818.9	14.37	金属采掘业	81	2517.4	35.96
制蛋业	12	94.0	23.50	其他工业	19	120.2	6.68
制茶业	10	178.3	29.72	总计	1122	21054.4	20.86
制糖业	5	174.0	43.50				

资料来源：本表据杜恂诚著《民族资本主义与旧中国政府（1840—1937）》（上海，上海社会科学院出版社，1991）附表资料统计并列表制成，在计算各行业平均资本时，剔除了资本额不详的企业。

表2-5所列1122家近代民用工矿企业资本额都在万元以上，但在严格意义上，我们不能把它们全部等同于大机器工业。根据北京政府1913年对全国工厂中使用原动力与不使用原动力工厂的统计，全国工厂中使用原动力的只有347家，占同年统计工厂数的1.6%，占万元以上工矿企业的30.9%。但是，这些企业的高起点、大规模是分散的手工业生产以及集中的手工工场所无法比拟的。更重要的是，它的生产设备和资本运营方式代表着中国近代工业发展的方向。因此，它是民族工业中最具希望和最高层次的工矿企业。

清末民初民族工业三个层次格局表明，传统手工业无疑还占有相当大的优势，成为民族工业的主体层次。资本主义作坊和手工工场在生产力上靠近传统手工业，在生产关系上接近大机器工业。传统手工业只要在生产关系上加以改革，就有可能发展成为资本主义作坊和手工工场，而作坊和手工工场在进行生产力革新之后，就可能过渡到近代机器工业。因此，这是一个介于传统手工业和近代工业之间的中间层次。近代工业虽然力量弱小，但它代表了民族工业的主流层次。在大机器工业已经产生并得到一定发展的情况下，我们不必过分强调手工业向大机器工业过渡转化的重要性，因为完全可以借鉴外国经验直接建立大型的近代化工矿企业。但是，考虑到近代中国特殊的经济国情，手工业向机器工业的转化仍然具有缓解民族工业竞争程度、减轻社会震荡、保持社会经济和谐发展的重要意义。同时，作坊和手工工场为小工业资本家参与民族工业留下了一些空间，从而扩大了资本家阶级的社会基础。这些小工业资本家希望有朝一日能扩大规模，跨入大资本家行列。所以，从发展的观点看，作坊和手工工场的适度扩大有助于巩固中国近代工业化的进程。

(二)民族工业两个层次的发展

民族工业两个层次的发展就是指主流层次和中间层次的发展。基于众所周知的原因，从 1914 年起，国内出现了近代工业和资本主义手工业的发展高潮。从北京政府农商部的统计看，1914 年使用原动力的工厂为 359 家，1915 年发展到 488 家，1916 年又增长到 506 家，此后统计表中数字不完全或数字不详的省份越来越多，这一统计也因而失去了比较意义。但从数字较为完整的局部地区来看，发展趋势仍十分明显，例如，在北京，1914 年使用原动力的工厂有 1 家，1920 年发展到 12 家，河南省由 3 家增至 7 家，江苏省由 154 家增长到 315 家。同一统计也反映出资本主义作坊和手工工场的发展，1914 年全国 25 种手工业作坊和手工工场为 15485 家，1915 年增至 16140 家，1916 年为 13736 家，工场数字虽有所下降，但吸纳的工人数却由 1914 年的 396039 人增加到 410881 人。①

南京国民政府成立后，新式工业仍然有所发展。据国民政府经济部"民国 21—26 年工厂登记统计"所示，截至 1937 年，我国民族工业的工厂数为 3935 家，资本额达 37893.8 万元。② 需要说明的是，第一，这一统计的主要依据是 1929 年制定的《工厂法》，该法令规定：

----

① 参见《全国二十五种手工业作坊和手工工场统计》，见彭泽益编：《中国近代手工业史资料(1840—1949)》第 2 卷，第 19 章附录。

② 参见中国工业经济研究所编：《中国工业建设的程序》，见陈真编：《中国近代工业史资料(第四辑)》，92 页，北京，生活·读书·新知三联书店，1961。原表计算有误，引用时已订正。

"凡用汽力、电力、水力发动机器之工厂，平时雇用工人在30人以上者适用本法。"①因此，上述企业应该基本上属于使用原动力的机器生产。第二，这一数字不能反映当时中国工厂发展的全貌，因为1931年"九一八"事变后东北地区的企业数没有包括在上述统计之中。从我们对创办资本额在万元以上的新式工矿企业的分析看，民族工业两个层次的发展状况更为清晰，如表2-6所示：

表 2-6 1914—1927 年中国新式工矿企业数及资本额统计表

行业名称	企业数	资本额/万元	平均资本/万元	行业名称	企业数	资本额/万元	平均资本/万元
纺纱业	83	11558.8	156.20	橡胶业	16	73.4	4.89
染织业	116	821.1	7.08	制革业	48	546.0	12.41
轧花业	1	—	—	玻璃制造业	20	168.1	9.89
织麻业	2	12.0	12.00	砖瓦制造业	16	158.7	13.23
呢绒业	22	816.3	58.31	水泥业	3	345.0	115.00
丝织业	73	546.4	9.26	制瓷业	10	128.2	14.24
其他纺织业	24	206.5	9.37	搪瓷器业	11	82.0	8.20
服用品业	46	343.1	7.98	涂料染料业	12	76.0	8.44
缫丝业	332	1190.7	8.82	烛皂业	33	206.2	6.87
面粉业	166	3675.0	22.83	制药业	31	158.0	5.85
碾米业	29	88.3	32.07	化妆品业	19	302.2	17.78
火柴业	95	903.6	9.51	制材业	29	913.3	36.53
造纸业	31	1244.1	41.47	水电业	279	3053.6	11.02
印刷业	30	175.8	6.51	建筑业	9	167.0	23.86
卷烟业	28	822.0	29.36	燃料采掘业	102	5340.0	56.21
榨油业	69	688.8	11.86	金属采炼业	31	945.1	45.00

① 天津市档案馆、天津社会科学院历史研究所、天津市工商业联合会编：《天津商会档案汇编(1928—1937)》下册，1403页，天津，天津人民出版社，1996。

行业名称	企业数	资本额/万元	平均资本/万元	行业名称	企业数	资本额/万元	平均资本/万元
制蛋业	7	63.2	10.53	酸碱制造业	11	377.1	41.90
制茶业	2	11.0	5.50	精盐业	11	519.0	47.18
制糖业	5	609.3	152.33	杂食业	14	397.0	36.09
酿酒业	9	88.0	11.00	机器工业	56	423.6	8.31
罐头业	10	42.0	4.20	杂项工业	41	290.2	7.64
饮料业	8	90.5	1.31	总计	1990	38666.2	23.53

资料来源：本表据杜恂诚著《民族资本主义与旧中国政府》附录表统计编制。原表中有 87 家企业设立年代不详，资本额为 519 万元，本书统计编表时不计入，在计算企业平均资本时，剔除了资本额不详的企业。

同前一时期相比，发展是十分明显的。1914—1927 年，万元以上企业的资本额比前 64 年企业的总和还多17611.8万元，企业数量超过868 家，企业平均资本规模扩大了26700元。这一时期出现了新的投资领域，生成了新的行业，如精盐业、橡胶业、搪瓷器业、酸碱制造业、饮料业等，新行业的产生增强了主流层次的整体实力。但原有行业的发展很不平衡，纺纱业、呢绒业、丝织业、面粉业、火柴业、造纸业、烛皂业、制药业、化妆品业、制材业、水电业、燃料采掘业等行业，在企业数量和资本额上都超过了前一时期，尤其是纺织业、面粉业、水电业、燃料采掘业等行业继续充当主流层次的投资热点。制糖业、制瓷业等行业的企业数量与前一时期相同，但资本额增长了。砖瓦制造业、水泥业等行业虽在设立的企业数量上少于前一时期，但企业规模扩大了。相反，缫丝业、碾米业、印刷业、榨油业、酿酒业、罐头业、机器工业、制革业、玻璃制造业以及建筑业等行业的厂家增加了，但创办资本额却减少了。有些行业如染织业、轧花业、织麻业、制蛋业、制茶业、金属采炼业等急剧萎缩，企业数量和资本额都下降了。

经济史学界对这一时期工业产值的估算更加深了我们对民族工业两个层次发展的认识。据估计，1920 年近代化工业的产值为 98853 万元，工场手工业（包括散工制）制造业产值为 106515 万元，到 1936 年，则分别增长到 28.3 亿元和 23.7 亿元。① 两者都有发展，但近代化工业生产的增长速度远远大于工场手工业，而且近代化工业的产值也开始超过工场手工业。

民族工业两个层次的发展中最引人注目的现象是低层次向高层次的过渡转化。在城市工业中，资本主义作坊和工场手工业增长并缓慢向机器工业转型，即中间层次向主流层次发展。在乡村工业中，出现了原本依附于农业的家庭手工业向资本主义商品生产的转化，即主体层次向中间层次的发展。有关城市手工业对机器原动力的应用，将在第四章中加以探讨，此处不再赘述。

乡村手工业的发展集中体现为手工业经济区的出现。外国资本主义和本国民族资本主义打击了部分传统手工业，但同时也促使部分行业在新的基础上以更大的规模集中起来，出现了若干专门的手工业经济区。例如，手工织布业经济区就是在农村纺织业普遍受到机器纺织业的冲击后，由于机纱和改良织机的输入，在通商口岸城市附近的农村地区或交通便利的棉产区域兴起的。其中较为著名的有河北高阳织布区、宝坻织布区、定县手工棉纺织区，山东潍县织布区，江苏通海织布区，广西玉林高机织布经济区，浙江平湖织袜工业区。还有一些因外国市场的需求增长而发展起来的专门手工业经济区，如山东草帽辫业经济区。这些手工业经济区的一个共同特点就是，手工业在地区经济结构和农民家庭经济总量中占有非常重要的地位，有些经济区内的手工业甚至成为农民家庭主业。下面分别对之进行考察、研究。

（1）河北高阳织布区。高阳织布区的形成起源于光绪末年，得力于高阳商务分会的大力倡导。高阳附近历史上就出产窄面土布，因洋布输入，销售受到排斥。光绪末年，高阳商务分会成立后，"集资向天津日商田村洋行购买织机，试办工厂，是为高阳布实行改良之始，光绪末年商会诸人所办之织布工厂，已养成工徒多人，加以天津实习工厂及各县工艺局养成之工徒，亦多散归乡间辗转传习，因之高阳附近农

---

① 参见许涤新、吴承明主编：《中国资本主义发展史》第 2 卷，1054 页；吴承明：《论工场手工业》，载《中国经济史研究》，1993(4)。

民熟悉织布新法者日渐增多"①。于是，高阳分会"选本地良工巧匠仿做若干架，放给织布客户，改织宽面土布，推广实行，日增月益"②。经过第一次世界大战期间的发展，高阳织布区已扩展为包括高阳、蠡县、安新、清苑、任邱等五县共计414村、43万人在内的以高阳县城为中心的手工织布业经济区域。③ 该区域发展高峰时期(1923—1929)的布机数均在20000架以上，各年具体数字如表2-7所示：

表2-7　高阳织布区内的布机数统计表

单位：架

年份	平面机	提花机	合计	年份	平面机	提花机	合计
1923	25628	467	26095	1927	26084	2508	28592
1924	25635	630	26265	1928	25575	4056	29631
1925	25835	862	26697	1929	24900	4324	29224
1926	27632	1644	29276				

资料来源：吴知：《乡村织布工业的一个研究》，18 页。

手工织布业给高阳区域创造了巨大的经济效益。1916 年高阳改良布匹的总销售数量为 1688500 匹，销售价值达 12273800 元④，而这时高阳的织布机仅为 9751 架。到 1929 年，高阳布匹产量达 3000000 匹，销售价值为 30600000 元。⑤

(2)河北宝坻织布区。"宝坻手织工业之兴起，即系受新式织布机及洋纱输入之影响⋯⋯'庚子联军'之后，一切华洋贸易禁例尽去，洋

---

① 《高阳之土布》，载《中外经济周刊》，第 195 号，1927 年 1 月 8 日。

② 《高阳县商务分会总理韩伟卿陈述商会倡导机器纺织首倡"高阳土布"之经过及谨防假冒的办法》，见天津市档案馆、天津社会科学院历史研究所、天津市工商业联合会编：《天津商会档案汇编(1903—1911)》上册，225 页，天津，天津人民出版社，1989。

③ 参见吴知：《乡村织布工业的一个研究》，2～5 页。

④ 参见《直隶省高阳县改良布匹民国五年全年销额表册》，载《嘉定县公报》，第 29 期，1917 年 5 月 25 日。

⑤ 参见方显廷、毕相辉：《由宝坻手织工业观察工业制度之演变》，载《政治经济学报》，第 4 卷，第 2 期，1936。

纱始渐侵入华北。宝坻位于玉田林南仓镇西南，该镇乃天津通热河赤峰之孔道，因此不特天津所运外来洋纱得长驱运入宝坻，即华北本部自纺棉纱，该县亦得资用……庚子年间，新式日本织布机即由津运入，光绪三十二年（一九〇六），直隶总督袁世凯办实习工场，设织染部，宝坻学生之来津习纺织者，即传入日本织布机器与新式织布方法。复因邻接天津，耳濡目染，于洋布之价廉物美，亦渐有认识，肆意仿制，织布业亦于是发展矣。"①1923年是宝坻织布业最发达的年份，织布机总数达11387架。宝坻土布的销售以热河为主，1923年所销售的布匹总计为4589000匹，价值达12144000元，其中销往热河地区3303000匹，价值7392000元，占销售总数的72％和销售价值的61％，其余棉布则销往东三省、西北以及河北本省。1923年宝坻手织工业略有下降，1929年生产布匹3010000匹，价值为7525000元。②

（3）山东潍县织布区。潍县织布区的出现较晚，据民国《潍县志稿》记载，"民国初年，有东乡人自天津购机数架回乡推广，传习技术，改良出品，获利颇丰……民国四、五年间，约有布机五百台左右"，"十二三年间，渐及于南北各乡，至今已遍及全县，布机台数增至五万以上"。③潍县织布区内的"织布摇纱之男女工人，共数约八九万人，所用之机，已皆改为新式木机，俗名洋机"④。产品以白布为大宗，格布、条子布和哔叽等数量较少。据同业估计，"每年出布约一千万匹"，"值七千五百万元以上"。⑤据《胶济铁路经济调查报告》统计，1933年

---

① 方显廷、毕相辉：《由宝坻手织工业观察工业制度之演变》，载《政治经济学报》，第4卷，第2期，1936。

② 关于宝坻织布区的产量产值，可参见方显廷、毕相辉：《由宝坻手织工业观察工业制度之演变》，载《政治经济学报》，第4卷，第2期，1936。

③ 常之英修，刘祖幹纂：民国《潍县志稿》卷二十四《实业志》，见《中国地方志集成》编委会编：《中国地方志集成·山东府县志辑·40》，543页，南京，凤凰出版社，2004。

④ 《山东潍县之经济近况》，载《中外经济周刊》，第187号，1926年11月6日。

⑤ 王子建：《中国土布业之前途》，见千家驹编：《中国农村经济论文集》，130～132页，上海，中华书局，1936。

潍县户均农业和家庭手工业产值都高于山东全省平均水平，全县手工业产值为 1211.6 万元，户均 103.8 元，手工业产值占总产值的48.4%。① 在织布中心区的眉村，农忙季节，壮年男子白天农作，晚上仍从事织布，织布业很快由家庭副业"一变而为正业之势，反视农作为副业"②。

（4）江苏通海织布区。长江下游北岸的南通及海门，以棉产著称，"一八八四年前后，海门从上海逐步运入机纱，产布渐渐改为洋经本纬，因此产量与产品俱有了迅速转变"③。机纱的使用促进了大尺布的发展，尤其是张謇开办的大生纱厂于 1899 年投产以后，"原料全用通棉，出产魁星牌纱，就地销售供应织布，因此关庄布产量大增，质地更好，从而产生了更多的大、中各牌高档大尺布，全用机纱"④。通海土布的销路，"分散在好几个区域，因之布店也随着分为关庄，京庄和县庄三帮。关庄的货销在东三省销的全是'大布'；京庄的货销在江苏和安徽一带，销的也是'大布'。县庄的货销在本地和苏浙皖闽各省，大小布都能销行"⑤。通海境内究竟有多少织机，惜无可靠资料记载，但其生产能力和经济效益在手工织布业经济区内名列前茅则无可怀疑，比如，1931 年以前南通土布产量达 1370 万匹，全年营业额为 2077 万元。1931 年"九一八"事变的发生使南通土布的主要销售市场受到影响，产量和营业额均有所下降，比如，1932 年各种土布产量为 1100万匹，1933 年降为 1060 万匹。⑥ 尽管产量有所下降，但土布在农民家庭经济中的地位仍十分重要，调查者认为，南通农村中纯以织布为生

---

① 参见从翰香主编：《近代冀鲁豫乡村》，450～452 页，表 4-11，北京，中国社会科学出版社，1995。

② 佚名：《调查潍县昌乐益都临淄周村织机数目及经济状况报告》，载《山东实业公报》，第 4 期，1931 年 10 月。

③ 林举百：《近代南通土布史》，30 页，南京，南京大学学报编辑部，1984。

④ 林举百：《近代南通土布史》，31 页。

⑤ 王子建：《中国土布业之前途》，见千家驹编：《中国农村经济论文集》，135 页。

⑥ 参见林举百：《近代南通土布史》，334～335 页。

者占38％，半恃织布为生者占54％，不以织布为生者仅占8％而已，其与社会经济关系之重大，不言而喻。①

（5）河北定县手工棉纺织区。手工棉纺织业为定县农村主要副业，与其他手工织布区不同的是，手工纺纱一直占有十分重要的地位，直到1931年，"调查全县66205家之结果，从事纺线者有28367家，占全调查家数42.85％，计39719人"②。尽管如此，手工纺纱落后的生产力仍然满足不了手工织布业的需求，所以"民国以来，改用新式厂制棉纱。从前多由天津输入印度纱，近则概系郑州豫丰纱厂及石家庄大兴纱厂出品"③。定县土布主要销往山西、察哈尔、绥远、内蒙古一带，随着京绥铁路的开通，定县棉布业发展很快，"民二（1913年——引者注），估计为二百万匹，民三，达二百六十万匹，民四，造成有史以来之最高记录四百万匹，约值2494000元"④。此后由于外国布匹的竞争，华北内战不休，定县手工织布业逐步萎缩，1921年后销往西北的布匹不足120万匹，但其在农民家庭经济结构中仍然占据重要地位。据张世文调查，1932年定县453村约385500人口中，从事家庭工业的男女人数达8万余人，占总人口的21％；家庭工业总值达4352496元，其中棉纺织业生产总值为2964608元，纯利润达878341元，这对于农民经济来说，是一项重要的补充。⑤

（6）广西玉林高机织布经济区。玉林织布业的产量不及上述各区，但在广西境内占有重要地位。"这里所织的布，已由'旧式'而趋于'改良'……一般织户所用的是木制的手拉梭机，名为'高机'，取所以别于

① 参见童润夫：《南通土布业概况及其改革方案》，载《棉业月刊》，第1卷，第2期，1937。

② 严中平：《定县手工棉纺织业之生产制度》，载《社会科学杂志（北平）》，第8卷，第3期，1937。

③ 《定县之棉花与土布》，载《中外经济周刊》，第192号，1926年12月11日。

④ 严中平：《定县手工棉纺织业之生产制度》，载《社会科学杂志（北平）》，第8卷，第3期，1937。

⑤ 参见张世文：《定县农村工业调查》，50～62页，成都，四川民族出版社，1991。

旧式的'倭〔矮〕机'之义。"①玉林高机业的兴起在 1921 年以前,当时"有些商人聘请手工棉织高机师傅在家开设工场,雇请工人织布;当时工场的规模很小,织机的数额亦不满百架……及各学徒和织工熟习了各种织机的精巧后各人便陆续的散归家里,依样仿造织机,自行织造布匹,这样一来,数年之间,各农村中已有不少会织高机的了";高机织布的原料主要是用人钟牌二十支的棉纱,产品主要销往省内各县,"据可靠的估计,大约在二十万匹"。②

(7)浙江平湖织袜工业区。针织业是从外国传入的新兴手工业,最初存在于上海,袜子是其大宗产品,1910—1911 年,平湖商人"高姓见社会上需用洋袜日多,遂向上海购制袜机十余架……至民国元年,添购袜机数十架,设立光华袜厂……由是继起而组织袜厂者,逐年增多"。上海民族机器工业仿造织袜机的成功,促进了平湖织袜业的发展,"计现在(1926 年——引者注)平邑城乡内外,共有袜厂三十余家,此外乍浦离县城二十七里有四五家,新仓镇有三四家(离城四十里),其营业略小于平邑城内之袜厂……查平邑城乡各袜厂所有大小袜机,现在约近万架"。织袜业取代织布业而成为平湖一种主要的家庭副业,具有十分重要的经济地位,"全邑每年出袜总数,约在一百八十一万打……平均其价每打约值银二元四角,全年产额可值四百余万元之巨"。平湖袜子销售区域逐年扩展,"在民国五六年前,只行于浙江境内,七年以后推销于长江各省,近来销路已达于黄河流域"。③

(8)山东草帽辫业经济区。草帽辫业也是适应国际贸易需求而兴起的手工编织业,19 世纪 60 年代传入中国。据记载,"一八六二年烟台开埠之时,英商以其制法教授于当地农民……先仅限烟台一隅,后渐

---

① 王子建:《中国土布业之前途》,见千家驹编:《中国农村经济论文集》,136~137 页。

② 陈业堃:《广西郁林手工棉织高机业》,载《中国农村》,第 1 卷,第 6 期,1935。

③ 关于平湖织袜业的情况,可参见《浙江平湖织袜工业之状况》,载《中外经济周刊》,第 147 号,1926 年 1 月 23 日。

普及山东全省",并在华北一带蔓延开来,但"我国草帽辫主要产地,向以山东一省为最,其东部之登莱二州,尤为制产最著之区,西南各县之产品,虽不及东部各县所产之佳,然其制造之盛,无不让东部"。① 草帽辫在我国出口贸易中占有重要地位,1911 年草帽辫输出值突破 1000 万两,但此后受到战争影响,1914 年至 1918 年徘徊于 300 万两左右,大战结束后的 1919 年增至 771 万余两,1922 年再降至 528 万两。② 出口值的下降主要在于国内市场的开拓,"国内需求甚亟,故出口之数反见减少","据是业中人所估算,近年全国产额所值总在二千万元以上";山东草帽辫初级交易市场最著名的为莱州府沙河镇,"凡在潍县以东各地所产者,悉集于沙河,经沙河商店运至青岛或烟台"③,"出口总汇之区,自属青岛,凡远东所设出口公司,无不于此设立分行"④。此外,天津、胶州、烟台等地也是草帽辫出口的中心点。

　　上述专门经济区的出现,除各自的历史、地理因素外,还有一些相同的原因:其一,生产工具或生产技术不断改进,生产效率得以提高;其二,生产形式有所更新,与传统手工业相比,较能适应变动不定的市场环境;其三,市场覆盖面逐步扩大,市场组织走向发达,产品销售面向区域外的市场,商业资本对手工业生产的介入非常活跃(详见第五章的分析)。因此,手工业经济区不是农村传统手工业的简单延续,而是生产力和生产关系现代性变迁的产物,标志着作为自然经济补充形态的农民家庭手工业朝着面向市场的资本主义生产的转型。

---

① 《中国草帽辫业》,载《中外经济周刊》,第 159 号,1926 年 4 月 24 日。

② 参见《草帽辫之产销概况及制造情形》,载《中外经济周刊》,第 50 号,1924 年 2 月 23 日。

③ 《山东之草帽辫业》,载《湖南实业杂志》,第 1 年,第 5 期,1912。

④ 亮父:《济南对外之工商业》,载《直隶实业杂志》,第 4 年,第 2 期,1915 年 2 月。

二、民族工业结构透视

(一)民族工业的行业构架

中国是一个手工业历史悠久的国家，行业十分发达，要完全厘清传统手工业的行业结构，既不可能，也非本书所必需。这里只就鸦片战争以后主要的手工业行业做一个初步考察，弄清哪些是跨层次行业，即在手工业和机器工业中都存在的行业，本书称之为"两栖"行业，哪些行业只以手工方式生产，哪些行业仅在机器工业中存在，以便为下文的进一步分析打下基础。

晚清时期的手工业情况缺乏基本的统计。民国成立以后，北京政府农商部从 1912 年开始对全国手工业情况做过调查。列入该项调查的手工业行业达 30 种，这 30 种手工业行业在 1912 年时的户数为 2087888 家，职工总数有 13220122 人，产值为 4235489241 元。[1] 因此，这 30 种手工业行业都是当时手工业生产中的主要行业。它们是：榨油业、酿酒业、制糖业、制茶业、丝织业、棉织业、麻织业、针织业、皮革业、衣帽业、草帽辫业、草席业、胰皂业、蜡烛业、制漆业、火柴业、玻璃业、砖瓦业、陶瓷业、五金业、雕琢器业以及其他杂项工业等。除此之外，还有一些已经受到外国同类商品的打击但未完全消失的行业如手纺纱业、木版印刷等。花边业、抽纱业、发网业、制蛋业、猪鬃业、肠衣业等是在外国市场需求的刺激下产生的新兴手工业。农商部同年的调查还统计了 25 种手工业作坊和手工工场，其行业构成如表 2-4 所示。从这些作坊和手工工场的劳动规模来看，它们已经不同程度地具备了分工协作的资本主义性质。

鸦片战争后，在外国资本主义的刺激下，从 19 世纪六七十年代起，清政府的一部分官僚、地主、商人开始投资创办近代机器工业，除矿业外，清政府创办的民用工业企业主要集中在纺织部门，包括棉

---

① 参见《全国三十种手工业户数人数和产值统计》，见彭泽益编：《中国近代手工业史资料(1840—1949)》第 2 卷，431 页。

纺织、毛纺织等行业。私人资本主义创办的工业企业分布在缫丝、面粉制造、榨油、火柴制造、造纸、制药等领域，但它们大多数规模小、投资少，严格意义上说，尚未形成行业。它们的出现标志着近代民族机器工业的产生，而民族机器工业真正成长为在国民经济尤其是工业经济中占有一定地位的经济成分，还是在甲午战争后。甲午战争以后，随着清政府工业政策的转变、私人投资热情的高涨，民族机器工业进入初步发展时期。从汪敬虞对 1895—1913 年资本在万元以上、全部或部分使用动力的近代机器工业企业的统计来看，除矿冶业外，共计 468 家企业，分布在 24 个行业，其具体情况如表 2-8 所示：

表 2-8　清末民初机器工业企业数及资本额统计表

行业名称	企业数	资本额/万元	行业名称	企业数	资本额/万元
机器制造业	15	278.7	织麻业	4	100.0
水电业	46	2160.0	其他纺织业	6	73.2
水泥业	3	262.0	碾米业	9	102.1
砖瓦业	12	65.1	面粉业	53	862.2
陶瓷业	7	77.2	榨油业	28	475.2
玻璃业	10	342.9	卷烟业	20	137.8
火柴业	26	344.4	其他饮食业	15	311.1
烛皂业	18	80.5	造纸业	14	592.9
轧花业	3	28.0	印刷业	6	116.0
纺纱业	19	1045.4	胶革业	11	460.8
织染业	27	126.1	杂项工业	12	100.9
缫丝业	97	1158.4	总计	468	9822.4
呢绒业	7	521.5			

资料来源：汪敬虞编：《中国近代工业史资料第二辑(1895—1914)》下册，第三章，869~919 页。

辛亥革命以后，随着民族水电工业的发展，以电力为动力的民族机器工业企业进一步增多，针织业、丝织业、精盐业、石棉业、酸碱制造业等行业也开始机械化。这样，至 20 世纪初年，跨层次存在的"两栖"行业主要有：棉纺织业、针织业、面粉业、榨油业、酿酒业、制糖业、制茶业、制蛋业、碾米业、皮革业、烛皂业、造纸业、火柴业、砖瓦业、印刷业等。麻织业（主要为夏布生产）、毛织业（主要为制毯）、草帽辫业、草席业、雕琢器业、花边业、抽纱业、发网业、猪鬃业、肠衣业、毛笔制造业等行业基本上采取手工业生产方式。水电业、水泥业、精盐业、石棉业、饮料业、制罐业、橡胶业等行业主要用机器生产。这些行业或填机器生产之空缺，或补手工制造之所无，它们之间不存在市场竞争，而是形成一种结构性互补。

"两栖"行业的存在是传统手工业向现代机器工业转型过程中的一种过渡现象，即使在先发工业化国家也是不可避免的。从经济形态上分析，"两栖"行业中的现代部分在生产设备、经营管理上都优越于传统部分，在竞争中占据优势。"两栖"行业的现代性变迁其实就是现代部分对传统部分的排挤、打击和不断取代。但是，在后发工业化国家和地区，这一进程比较缓慢，加之外来经济因素的影响及由此形成的"两栖"行业在发生的时空维度上的不同特点，使得手工业和民族机器工业两个层次之间的关系也更为复杂。

（二）突发与渐进："两栖"行业的形成和发展

在近代中国的民族工业中，"两栖"行业按形成途径主要可分为两种模式：一是"突发型"，二是"渐进型"。

所谓"突发型"模式，是指"两栖"行业中的现代部分不是在原有手工业基础上生成，而是直接"移植"外国生产技术与生产制度形成的。"渐进型"模式的产生则有两种途径：一是"两栖"行业中的现代部分虽不是在原有手工业基础上生成的，但却经历了一段时间的类似于工场手工业的过渡转化；二是"两栖"行业中原有的手工业作坊或手工工场经过一定程度的发展之后，在一定条件下通过现代先进技术的"嫁接"逐步发展成为现代机器工业。在近代中国，"两栖"行业主要是通过"突发型"和"渐进型"中的前一种模式形成的，这是因为，直到鸦片战争前夕，中国传统手工业尚未发展到能够应用机器和非生物动力的水平，与民生息息相关或与国际市场关系密切、产生较早的"两栖"行业更是如此。

缫丝业是近代中国最早形成的"两栖"行业。鸦片战争以前，由于受到原始的土灶煮茧技术的限制，缫丝还没能摆脱依附于农业的家庭副业的落后地位，而且季节性强，例如，在太湖一带，"小满乍来，蚕妇煮茧，治车缫丝，昼夜操作"①。这样缫制出来的生丝，不仅产量少，而且质量较低。"每年仅旬余日时间，设备简陋，缫丝技术不易提高。于是，其出品则条纹不匀，或粗或细，线支多病，质脆易断，丝身不净，常杂乱头，扎缚不合，丝纹杂乱。"②这种状况满足不了国际市场上对中国生丝的质与量的需求，于是养蚕与制丝开始逐步分离，在一些蚕桑集中的地区，如广东、江浙、武汉等地，一部分对国际市场反应灵敏的商人开办了一批机器缫丝厂。

粤籍侨商陈启沅早年"经商暹罗，见该处丝厂用法国式之器械缫丝，产品精美，羡慕之余，思欲仿效"③。1872 年陈启沅回国投资7000 两白银，其中 4000 两用于购买工厂用地、机械设备及建造厂房，另外 3000 两用于购买蚕茧、支付劳动力工资，在广东南海简村创办起继昌隆缫丝厂。④ 其实，该厂最初仅是一个较大型的手工工场，"全厂不过数十缫丝釜位，只有单缫而无复缫"⑤。它在两点上改进了手工缫丝技术：一是改土灶煮茧为蒸汽煮茧，这是集中缫丝的关键所在；二是改手工缫丝为足踏缫丝。陈启沅"创设足踏器械，以人力代火力，所制生丝，较之法国所产无多逊"，经过一定发展，"其后遂进而改用蒸汽原动力"。⑥

1881 年经营生丝出口贸易的湖州商人黄佐卿投资 14 万元，在上海"老闸北苏州路创设公和永机器缫丝厂，向法国订购丝车一百部，锅

---

① 彭泽益编：《中国近代手工业史资料(1840—1949)》第 1 卷，210 页。

② 高景嶽、严学熙编：《近代无锡蚕丝业资料选辑》，14 页，南京，江苏人民出版社，1987。

③ 孙毓棠编：《中国近代工业史资料第一辑(1840—1895)》下册，958 页，北京，科学出版社，1957。

④ 参见曹腾骈：《陈启源和继昌隆缫丝厂》，载《文物天地》，1983(5)。

⑤ 吕学海：《顺德丝业调查报告》，见彭泽益编：《中国近代手工业史资料(1840—1949)》第 2 卷，44 页。

⑥ 马君武：《三十年来中国之工业》，见彭泽益编：《中国近代手工业史资料(1840—1949)》第 2 卷，44 页。

炉两具，引擎吸水器全备"；继公和永缫丝厂而起者，"有甬商叶澄衷在老闸北设立伦华丝厂，乌程顾敬斋设立乾康丝厂，无锡薛南溟设立永泰丝厂，皆有丝车四百余部"。① 此外，祝大椿也于 1894 年投资 50 万两在上海设立了源昌丝厂。这些都是上海地区较早的机器缫丝厂，它们的创办人除丝商黄佐卿外，其他几个是人所熟知的五金商人、官僚、买办。在武昌，湖广总督张之洞于 1894 年"订购缫丝二百盆之机器，酌置蚕茧，于湖北省城望山门外购地设厂……其厂地、厂屋及马力汽机，可供三百盆之用"②，是为湖北缫丝官局。在蚕桑主要产地的无锡，与洋行关系密切的茧商周舜卿于 1902 年向"上海华伦丝厂购买旧丝车九十六台，安装在裕昌茧行的楼上，自缫自销"，不久因茧行失火，丝车被毁，周舜卿又于 1904 年投资 5 万两，购丝车 98 台，正式开设裕昌丝厂。③

上述各地最早出现的机器缫丝业，除继昌隆缫丝厂系经过短期手工工场过渡外，一般都是由缺乏经营手工缫丝工场经历的官僚、买办及新式商人直接引进机器设备，投资设厂，以"突发型"模式建立起来的，形成"中国蚕丝业之近代化，常由制丝业以外者发动"的现象。④ 到 19 世纪末 20 世纪初，近代缫丝业中跨层次存在的格局已经非常清晰，据吴承明估计，1901—1905 年平均每年桑蚕丝总产量达 22.96 万担，其中机器缫丝 5.73 万担，手工缫丝 17.23 万担。1911—1915 年总产量增至 26.98 万担，其中机器缫丝上升到 7.37 万担，手工缫丝增长为 19.61 万担。⑤ 生丝的品种分"白丝、黄丝、白经丝、黄经丝、白厂丝、黄厂丝六种。白丝、黄丝，即专指内地农家以旧法缫成之丝而

①　汪敬虞编：《中国近代工业史资料第二辑(1895—1914)》下册，953 页；中国人民政治协商会议浙江省委员会文史资料研究委员会编：《浙江籍资本家的兴起》，57~61 页，杭州，浙江人民出版社，1986。

②　孙毓棠编：《中国近代工业史资料第一辑(1840—1895)》下册，952 页。

③　参见高景嶽、严学熙：《近代无锡蚕丝业资料选辑》，32 页。

④　参见[日]林崑：《近代中国之缫丝业》，陆廷芳译，载《企业周刊》，第 1 卷，第 46、47 期，1943 年 11 月、12 月。

⑤　参见吴承明：《论工场手工业》，载《中国经济史研究》，1993(4)。

言……白经丝、黄经丝亦名'白返'、'黄返'，或名'再摇白丝'、'再摇黄丝'，系由丝商收买农家所缫出之白丝、黄丝，加以再缫，改为洋装，故又有'洋装丝'之称。白厂丝、黄厂丝俗称'厂经'，又称'机器丝'，系由新式丝厂用机器所缫出者"①。生丝的销售去向，机器缫丝以出口外销为主，手工缫丝则主要供应国内市场。例如，1912 年白丝、黄丝等手工缫丝的出口量为 62720 担，机器缫丝为 59157 担；1913 年，手工缫丝下降到 49803 担，机器缫丝则上升到 69541 担。②

棉纺织业是近代中国影响最大的"突发型""两栖"行业。鸦片战争以前，棉纺与棉织紧密地结合在农民家庭经济内部，作为农业的补充形式而存在，主要为家庭消费而生产，仅在个别地方出现了规模较大的织布工场，例如，佛山"从事织造各种布匹的工人共约五万人，产品需求紧迫的时候，工人就大量增加。工人们分别在大约二千五百家织布工场作工，平时每一工场平均有二十个工人"；这些工场主要利用农民家庭纺纱织布，"织造棉布匹头的老板和纺工之间，通常总是由老板供给纺工棉花二斤，收回棉纱一斤"。③ 这种生产形态之所以难以发展，主要是由于纺纱这一环节被制约在家庭内部，从而限制着织布业的大规模生产。从全国范围来看，直到鸦片战争前夕，能够直接应用机器生产的棉纺纱工场少之又少。因此，要实现棉纺织工业的现代化，还缺乏可资利用的已有的手工业基础。

鸦片战争以后，在外国机器棉纺织品的冲击下，"纺"与"织"在农民家庭内部孪生般的结合开始松动，洋纱洋布在中国市场上获得了丰厚的利润。19 世纪 70 年代，一部分官僚、地主和商人萌生了"设局仿造布匹，冀稍分洋商之利"的动机。然而直到 90 年代，中国民族机器棉纺织业才在千呼万唤般的难产中真正诞生，这就是 1890 年建成开工

---

① 范师任：《中国丝业对外贸易之史的观察》，载《社会杂志》，第 1 卷，第 2 期，1931。

② 参见《十年来丝类输出额表》，见阮湘、李希贤、吴秉钧等编：《第一回中国年鉴》，1749 页，上海，商务印书馆，1924。

③ 彭泽益编：《中国近代手工业史资料(1840—1949)》第 1 卷，256～257 页。

的上海机器织布局和 1892 年投产的湖北织布官局，以及 1893 年在上海机器织布局被焚后改组成立的华盛纺织总厂。截至 1895 年年底，民族机器棉纺织业拥有纱锭共 197396 枚，工作纱锭 162396 枚，布机累计 4008 台，工作布机 3550 台。1895 年甲午战争失败之后，受外商在华设厂权条约化的刺激以及清政府振兴实业的政策激励，国内掀起了一股投资设厂热潮，机器棉纺织业成为其中焦点。据统计，至 1913 年，全国华洋各厂共有纱锭 982812 枚，其中华商 651676 枚，日商 233448 枚，英商 97688 枚；全国布机 9389 台，其中华商 4633 台，日商 3546 台，英商 1210 台。[①]

棉纺织业中现代部分的产生与中国传统手工棉纺织业没有直接的传承关系。其一，这些企业都是缺乏手工棉纺织业主经历的业外者创办的，创办人或主持人大多为官僚、士绅、买办或商人，没有手工工场主身份出身的，如表 2-9 所示：

表 2-9　1890—1910 年民族机器棉纺织业主要企业简况表

企业名称	设立年份	设备情况	创办人身份
上海机器织布局	1890	纱锭 35000 枚，布机 530 台	郑观应（买办）、龚寿图（江苏补用道）
湖北织布官局	1892	纱锭 30440 枚，布机 1000 台	张之洞（湖广总督）
华盛纺织总厂	1894	纱锭 64556 枚，布机 750 台	盛宣怀（津海关道）、聂缉规（江海关道）
上海华新织布厂	1891	纱锭 7008 枚	唐松岩（上海道）
上海裕源纱厂	1894	纱锭 25000 枚，布机 1800 台	朱鸿度（道台衔）
上海裕晋纱厂	1895	纱锭 15000 枚	不详
上海大纯纱厂	1895	纱锭 20392 枚	不详

---

① 参见郭荣生：《中国棉纺织业之演进（上）》，载《纺织建设月刊》，第 1 卷，第 2 期，1948。

续表

企业名称	设立年份	设备情况	创办人身份
上海兴泰纱厂	1896	不详	1902 年被日商山本条太郎购买
苏纶纱厂	1897	纱锭 18200 枚	陆润庠（国子监祭酒）
湖北纺纱官局	1897	纱锭 50064 枚	张之洞（湖广总督）
宁波通久源纱厂	1897	纱锭 17046 枚，布机 216 台	严信厚（李鸿章幕僚，曾督销长芦盐务）
无锡业勤纱厂	1897	纱锭 1192 枚	杨宗濂（长芦盐运使）、杨宗瀚（曾总办台北商务）
杭州通益公纱厂	1897	纱锭 15040 枚	庞元济（四品京堂）
上海裕通纱厂	1898	纱锭 18200 枚	朱幼鸿（浙江候补道）
萧山通惠公纱厂	1899	纱锭 10192 枚	楼景晖（候补同知）
南通大生纱厂	1899	纱锭 20350 枚	张謇（翰林院编修）
常熟裕泰纱厂	1905	纱锭 10192 枚	朱幼鸿
太仓济泰纱厂	1906	纱锭 12700 枚	蒋汝坊（郎中）
宁波和丰纱厂	1906	纱锭 21600 枚	顾元珲（中书科中书）
无锡振新纱厂	1906	纱锭 10192 枚	荣宗敬（钱庄主）、张石君（买办）、荣德馨（买办）
大生纱厂二厂	1907	纱锭 26000 枚	张謇
上海振华纱厂	1907	纱锭 11648 枚	凯福（英商）、吴祥林（华商）
上海九成纱厂	1907	纱锭 9424 枚	中日合办，不久日商独办，改称日信纱厂
上海同昌纱厂	1908	纱锭 11592 枚	朱志尧（买办）
江阴利用纱厂	1908	纱锭 15040 枚	施子美、严惠人（身份不详）
安阳广益纱厂	1909	纱锭 22344 枚	孙家鼐（郎中）
上海公益纱厂	1910	纱锭 25676 枚，布机 300 台	祝大椿（买办）、席立功（买办）

　　资料来源：汪敬虞编：《中国近代工业史资料第二辑（1895—1914）》下册，892～893 页；陈真编：《中国近代工业史资料（第四辑）》，195～200 页。

　　其二，表中所列企业都直接从外国引进先进机器设备。上海机器织布局拥有从英美等国引进的轧花、纺纱、织布各机全套设备。湖北织布官局的织布、整花、纺纱、提花、汽机、锅炉等设备主要购自英国的柏辣德公司和喜克哈葛里甫公司，共有纱锭 3 万余枚，布机 1000 台，发动机两台 1000 马力。① 江阴利用纱厂"特向英国著名爱昔礼司厂定造头等新式机器"②。其余各厂"所用机器，大都英制……动力皆为蒸汽引擎"③。

其三，上述企业大都位于交通便捷的地方，并建立了较为现代化的机器厂房。上海机器织布局坐落在杨树浦临江地带，"布局的厂地共 280 亩，主要厂房长 550 尺，宽 80 尺，高 3 层"④。湖北织布官局位于武昌文昌门外临江处，"厂大工精"⑤。

面粉业也是以"突发型"模式为主形成的"两栖"行业。民族机器面粉业产生之前，我国广大农村，尤其是北方产麦区，面粉主要在农民家庭中以石磨方式加工生产。在城市，商品粉则由畜力磨坊加工，例如，天津"在采用机器，大量出产之新式粉厂成立前，北方主要食物之面粉，恒在出售面粉之店铺磨成。磨时用人力或兽力推动之土磨"⑥。又如，在武汉，"绝大多数是作坊形式的畜力磨坊。这种磨坊的规模，有大有小，小者有石磨一二副，牲口一二头，罗柜一台，一般不雇用工人，而以家庭自然分工担负各项工作……大的磨坊至少有两副以上的大石磨和两头以上的壮牲口，绝大多数都雇佣有工人，收有学徒，有的雇工达十人左右。……在光绪初年，武汉地区有土磨坊数百家"⑦。这些存在于城市中的磨坊尤其是少数具有工场手工业性质的专业磨坊，在

---

① 参见孙毓棠编：《中国近代工业史资料第一辑（1840—1895）》下册，916 页。（1 马力＝75kgf・m/s≈735.5W——编辑注）

② 《江阴利用纺织公司广告》，载《申报》，宣统元年（1909）七月初一日。

③ 朱仙舫：《三十年来中国之纺织工业》，见陈真编：《中国近代工业史资料（第四辑）》，283 页。

④ 孙毓棠编：《中国近代工业史资料第一辑（1840—1895）》下册，1069 页。

⑤ 孙毓棠编：《中国近代工业史资料第一辑（1840—1895）》下册，915 页。

⑥ 方显廷：《天津之粮食业及磨房业》，载《经济统计季刊》，第 2 卷，第 4 期，1933。据载，这种米面铺、粮食铺又称为"磨房"。

⑦ 武汉市粮食局、湖北大学政治系编：《武汉市机器面粉工业发展史》（初稿），1960。

一定条件下是能够向近代机器面粉工厂过渡的。

　　但是，中国近代民族机器面粉工厂大多数没有经过手工工场的过渡而直接建立起来了。例如，最早的民族机器面粉工厂，即1900年开业的阜丰面粉厂，"其股东均属安徽寿县孙氏（家鼐）同族，并无外股。初时资本只规元三十万两，系合伙性质"，企业创办人孙多森一开始"就派他的弟弟孙多新（译音）和翻译殷子敬先生（译音）到美国去，以22000金元购得全套的美国机器"①。成立于1902年的华兴面粉股份有限公司是由怡和洋行买办祝大椿创办的，"资本300000两（每股50两），股东仅数人，似为合伙组织。有美式制粉机三十余台，一昼夜可产粉4000袋"②。也有从机器磨坊过渡而来的近代面粉工厂，"那时候用的是石磨四个，60匹马力引擎，日夜出粉200包"；1903年改组为茂新，次年向怡和洋行订购18寸英国钢磨六座，发展成为近代机器面粉工厂。③但是，这种"渐进型"的过渡现象较为鲜见，从现有材料看，从1900年到1913年，民族资本创办的近代机器面粉工厂共58家，除茂新面粉厂、益新面粉公司、复新面粉厂三家企业系由机器磨坊改组过渡而来外，其余面粉厂都是直接引进大机器工业技术而建立的。这类企业创办时的资本额为889.84万元，平均每家企业的资本为15.34万元，日产粉能力为66935包，占年产量的9.53％，旧式土磨坊产粉量达31172万包，是年产量的77.57％，机器磨坊产粉量为178.7万包，仅为总产量的0.42％，其余占总产量12.48％的面粉则为外国资本在华机器厂所制造。④

　　造纸业也是颇为典型的"两栖"行业。中国传统手工造纸具有悠久的历史，对人类文明的进步做出了重要贡献。鸦片战争后，手工造纸

---

　　①　汪敬虞编：《中国近代工业史资料第二辑（1895—1914）》下册，706页。

　　②　汪敬虞编：《中国近代工业史资料第二辑（1895—1914）》下册，804页。

　　③　参见荣漱仁：《我家经营面粉工业的回忆》，见中国人民政治协商会议全国委员会文史资料研究委员会编：《工商史料（二）》，45页，北京，文史资料出版社，1981。

　　④　参见上海市粮食局、上海市工商行政管理局、上海市社会科学院经济所编：《中国近代面粉工业史》，101、418～426页，北京，中华书局，1987。

业在曲折中向前发展，到 1913 年，手工纸的年产值约为 4200 万元，
1923 年为 5486 万元，1933 年缓慢递增到 5580 万元，不过，在造纸业
中的相对地位有所下降，分别为当年纸产值的 97％、92％、85％①，
尽管如此，其主体地位仍十分突出。这还可以从手工造纸槽户户数及
其所吸纳的职工数中得到印证，以民初为例，1912 年手工造纸业槽户
户数、职工数分别为 44700 户、260000 人，产值为 27960000 元，到
1915 年时，户数为 55800 户，职工数为 298000 人，产值为 54861000
元。② 手工造纸业分布地域广，长江流域的浙江、四川、江西、安徽、
湖南、湖北以及福建、广东等省较为集中，详细情况如表 2-10 所示：

表 2-10　中国近代各省手工造纸作坊和手工工场统计表

省别	1912 年		1913 年	
	家数	职工人数	家数	职工人数
浙江	929	13263	990	13406
福建	411	6517	324	5691
湖南	323	3776	180	2538
四川	280	3129	346	4093
湖北	202	1916	154	1500
江西	163	2114	192	2247
山西	99	1086	28	283
广东	96	1657	77	1134
直隶	87	1110	61	688
陕西	61	911	100	1447
奉天	51	856	36	626

① 参见徐新吾、沈剑华、陈承庆：《中国近代造纸工业的历史概况与特点》，
见中国近代经济史丛书编委会编：《中国近代经济史研究资料》七，78 页，上海，
上海社会科学院出版社，1987。

② 参见浙江省政府设计会编：《浙江之纸业》，25～37 页，上海，启智印务
公司，1930。

续表

省别	1912 年		1913 年	
	家数	职工人数	家数	职工人数
安徽	27	828	65	1148
贵州	24	329	14	485
河南	15	130	15	141
吉林	9	124	73	251
云南	6	54	4	36
江苏	3	439	1	352
黑龙江	2	72	8	118
合计	2788	38311	2608	36184

资料来源：彭泽益编：《中国近代手工业史资料》第 2 卷，437～438 页。

由表 2-10 可知，1912 年 18 省手工造纸作坊和手工工场共有 2788 家，职工人数为 38311 人，平均每坊场职工人数为 13.7 人，1913 年手工造纸作坊和手工工场下降到 2608 家，但平均每坊场职工人数上升到 13.9 人。浙江的手工造纸业在各省中独占鳌头，在浙江农村经济中占有重要地位。据 1930 年调查，浙江省"槽户有 24437 户，有纸槽 27765 具，工人凡 126852 人，全年盈余凡 3624170 元"[1]。中国近代最早的机器造纸厂是由曹子俊等人创办于 1884 年的上海机器造纸局，到 1937 年全面抗战前夕，除东北和台湾地区外，中国机器造纸厂达到 40 家。[2] 这些机器造纸厂多从国外引进先进的机器设备，例如，上海机器造纸局的主要设备包括多烘缸长网造纸机 1 台，锅炉和蒸锅各 4 台，职工 101 人，日产纸 2 吨。[3] 1907 年创办的上海龙章机器造纸公司，从美国引进 100 英寸的多烘长网造纸机，日产纸达 10 吨。同年设立的

---

[1] 浙江省政府设计会编：《浙江之纸业》，180 页。

[2] 参见《抗战前中国机器制纸厂一览表》，见陈真编：《中国近代工业史资料（第四辑）》，538～540 页。

[3] 参见曲德森：《中国印刷发展史图鉴》下，621 页，太原，山西教育出版社，2013。

武昌白沙洲造纸厂，从比利时引进 86 英寸长网造纸机。较晚成立的福建造纸厂部分设备如压碎机及胶水车由该厂修理部自造，其余机器均来自德国与瑞士，发动机达 450 马力，各种机器多与欧美最新式制纸机器相同，制纸工艺亦较先进。① 将近代主要机器造纸厂的机器设备状况列为表 2-11。

表 2-11　近代主要机器造纸厂机器设备状况一览表

厂名	资本额	机器设备状况
江南造纸公司	80 万元	150 马力蒸汽机 1 台，电力发动机 16 台共 100 马力，100 英寸、65 英寸圆网抄纸机 3 台
天章造纸厂	60 万元	西厂设备：长网式抄纸机 1 台，蒸煮罐 2 台，光泽机 1 台，250 马力汽机 1 台，100 马力电力发动机 1 台。东厂设备：100 英寸长网式抄纸机 1 台，100 英寸美国式抄纸机 1 台，蒸煮球 3 台，500 马力汽机 1 台
龙章造纸厂	26 万两	打料机 12 台，蒸煮球 2 台，兰克夏锅炉 4 座，600 马力汽机 1 台，100 英寸长网式抄纸机 2 台，光泽机 1 台
竟成造纸公司	40 万元	72 英寸长网式抄纸机 1 台，72 英寸圆网式抄纸机 1 台，蒸煮球 3 台，光泽机 1 台，100 马力汽机 1 台，电动机 200 马力
宝山造纸厂	20 万元	圆网式抄纸机 1 台
裕记造纸公司	50 万元	圆网式抄纸机 1 台
华兴造纸股份有限公司	20.6 万元	除尘机 1 台，蒸煮机 3 台，抄纸机 1 台（各种机器均为德国制造）
晋恒制纸厂	21 万元	蒸煮球 1 台，圆网式抄纸机 1 台
华盛纸板厂	30 万元	日本长网纸板机 1 台，圆网式造纸板机（平切两张）2 台，蒸煮球 4 台，打料机 8 台
利用造纸厂	50 万元	日本小圆网式抄纸机 1 台，大圆网机 1 台（系用德国烘缸，由本国工厂添配零件而成）

---

① 参见郑文汉：《福建造纸厂概况调查》，载《教育与职业》，第 138 期，1932；《福建造纸厂参观记》，载《兄弟国货月报》，第 1 卷，第 2 期，1934。

续表

厂名	资本额	机器设备状况
民丰造纸有限公司	50 万元	圆网式抄纸机 1 台，蒸煮球 3 台
华丰造纸公司	40 万元	圆网式抄纸机 1 台，蒸煮球 4 台
白沙洲造纸厂	50 万两	86 英寸长网式抄纸机 1 台，打料机 4 台，蒸煮球 2 台，250 马力汽机 1 台
汉口财政部造纸厂	200 万元	72 英寸哈吧式抄纸机 1 台，40 英寸长网式抄纸机 1 台，100 英寸阳克式造纸机 1 台，1200 磅打料机 6 台，洗涤机 2 台，2000 马力蒸汽引擎 1 台，锅炉 4 台
贵州造纸厂	30 万两	圆网式抄纸机 1 台

资料来源：本表由韩海蛟整理而成。参见韩海蛟：《产品层次与技术演变：近代中国造纸业之发展（1884—1937）》，68～69 页，硕士学位论文，华中师范大学，2015。本书引用时只列举资本额在 20 万元或 20 万两及以上的造纸厂，并对原表数据有所订正。原表据张天荣《中国之纸业》（载《上海总商会陈列所第三次展览会分门化学工艺特刊》，第 1 期，1923）、《中国制纸工业之现状》（载《商业月刊》，第 14 卷，第 5 期，1934）、《中国造纸工业之现状》（载《工商半月刊》，第 7 卷，第 10 号，1935）和鲍永康《我国抗战前后之机器造纸工业概况》（载《造纸印刷季刊》，第 1 卷，第 2 期，1941）整理而成。（表中所列资本，部分造纸厂为 1935 年之前实际资本，并非创办时资本或额定资本。——原注）

　　机器造纸业命运坎坷，发展曲折，或中途停歇，或转手他人。从造纸业的产值看，手工造纸业的产量仍远远高于机器造纸业。全面抗战前的 1932 年，据调查，仅产量较多的四省如浙江、江西、福建、安徽，合计纸产量达 252213 吨，如果再加上约占手工纸产量 31.04% 的全国其他地区的产量，手工纸总产量达到 365737 吨，而同一时期的 1936 年，中国机器造纸业年生产能力只有 89400 吨[①]，远落后于手工造纸业。

　　此外，我国农村中广泛存在的榨油业也很少向机器工业过渡，机器榨油业主要是以"突发型"模式产生的。

――――――――――

　　①　参见中华人民共和国国家统计局工业统计司编：《我国钢铁、电力、煤炭、机械、纺织、造纸工业的今昔》，197 页，北京，统计出版社，1958。

三、竞争与互补：民族工业两层次间的关系

(一)民族机器工业与传统手工业的竞争

如前所述，民族机器工业在劳动生产率上有着传统手工业难以比拟的优势，两者间的竞争实质上是"两栖"行业中的现代部分对传统部分的排挤和取代。但是，这一过程是缓慢的、渐进的。一般来说，民族机器工业对市场的占领总要经历一个由国际市场到国内市场或由城市到乡村、由通商口岸附近的农村到广大内陆腹地的空间传递过程。

从鸦片战争到全面抗战前的近百年间，中国近代主要的民族机器工业的确在一定程度上实现了对传统手工业的排挤和取代，其中以缫丝业、棉纺织业、面粉业最为突出。缫丝业中，19 世纪 80 年代前半期，生丝市场还基本上由手工缫丝所独占，平均每年桑蚕丝总产量达 15.52 万担，到 1936 年，机器缫丝从无到有，产量达 14.19 万担，但手工缫丝并未完全退出市场，年产量仍达 9.17 万担。机器缫丝主要供外销，在国际生丝市场上排挤了手工缫丝，使土丝出口量由 19 世纪 80 年代前半期的 7.05 万担缩减到 1936 年的 1.51 万担；而在国内市场上，机器缫丝没有成功地实现对土丝的取代，直到 1936 年，内销的土丝还保有 7.66 万担的市场份额。[1]

民族机器棉纺织业产生之前，中国传统手工棉纺织业已在一定程度上遭到洋纱洋布的摧毁，据统计，1890 年上海机器织布局产生时，外国进口洋纱已达 108.3 万担，洋布达 1656.1 万匹。[2] 按学术界已有的估算，以 1894 年全国土布产量 5.89 亿匹，需纱 612.4 万担为标准，则洋纱已占土布用纱总量的 2.81%。从局部地区来看，传统手纺纱受

---

[1]　相关数据参见吴承明：《论工场手工业》，载《中国经济史研究》，1993(4)。

[2]　参见姚贤镐编：《中国近代对外贸易史资料(1840—1895)》第 3 册，1368 页，北京，中华书局，1962。

到了更加严重的冲击，例如，闽广地区土布用纱总量中约 67.8% 已为洋纱所取代。传统手工棉纺纱业部分被破坏，为民族机器棉纺织业取代手工棉纺织业奠定了基础。因此，民族机器棉纺织业产生之后，很快加入了对传统手工棉纺织业的排挤，尤其是上海民族机器纱厂生产的棉纱"售价且较印度纱略好一成，所谓十支棉纱、十四支棉纱二种，于民间销畅，最为合宜"①。初创时期的民族纺纱业在 1894 年的产量仅为 34.2 万关担，手纺纱则为 469 万关担。到 1913 年，国内机纱产量增长到 168 万关担，手纺纱则下降到 143 万关担，机纱在绝对数量上已经超过了手纺纱。到 1936 年，国内机纱产量达 858 万关担，手纺纱产量进一步减少至 88 万关担，但并未完全绝迹，其主要市场局限于农村土布用纱领域，约占农村土布用纱总量的 24.06%。同纺纱业相比，机器织布业的发展迟缓得多。1894 年，国内机制布仅有 539 万匹，占全国棉布总产量的 0.79%。1913 年，国内机制布产量增长到 1756 万匹，在棉布总量中的比重也仅为 2.26%。直到 1936 年，国内机制布才增长到 4097 万匹，为棉布总产量的 45%，在竞争中依然处于劣势。②

　　面粉业的情况稍有不同。民族机器面粉厂产生之后，获得了较快发展，但取代旧式磨坊业的进程却十分缓慢。表 2-12 显示了 1913 年和 1936 年各种面粉的产量及其比重，其中，民族机器面粉厂的产量由 1913 年的 2036 万包增长到 1936 年的 10917 万包，在总产粉量中的比重由 4.35% 上升到 16.30%。机器面粉产量增幅虽大，但对手工面粉的排挤却十分有限。直到 1936 年，面粉业中的手工业生产量还占总产粉量的 81.60%，而其绝对产量还由 1913 年的 4.2 亿包增长到 1936 年的 5.5 亿包，可见，机器面粉厂对手工磨坊的取代并不是一帆风顺的。

---

　　①　陈诗启：《甲午战前中国农村手工棉纺织业的变化和资本主义生产的成长》，载《历史研究》，1959(2)。

　　②　参见赵津主编：《中国近代经济史》，138 页，天津，南开大学出版社，2006。（1 公担＝100 千克＝1.6534 关担——编辑注）

表 2-12　1913 年和 1936 年面粉产量统计表

类别		1913 年产量/万包	占总产量的百分比	1936 年产量/万包	占总产量的百分比
机器面粉厂	民族资本	2036	4.35	10917	16.30
	外国资本	2666	5.70	1405	2.10
手工业生产	农家自给粉	25442	54.36	35958	53.70
	机器磨坊	90	0.19	1476	2.21
	畜力磨坊	16572	35.40	17201	25.69
总计		46806	100.00	66957	100.00

资料来源：本表据上海市粮食局、上海市工商行政管理局、上海市社会科学院经济所编写的《中国近代面粉工业史》第 91、94、106、111 页资料重新计算整理而成。

榨油业的情形更甚于面粉业。据估算，1920 年全国油产量为 2124.5 万担，其中，机器油厂生产 155.9 万担，手工油坊生产 1968.6 万担，分别为总产量的 7.34%、92.66%。到 1936 年，全国油类总产量增长到 2986.6 万担，其中机器油厂和手工油坊的生产量分别为 219.4 万担和 2767.2 万担，各占总产量的 7.35% 和 92.65%。这几乎是一种平行式的增长，两者在竞争中都获得了发展，而不是机器油厂对手工油坊的取代。其他如造纸业、制糖业、制茶业等行业中也存在着类似状况。从总体上看，截至 1936 年，中国近代化工业的产值约为 28.3 亿元，工场手工业产值约为 23.7 亿元，如果加上其他形式的商品生产和非商品生产的手工业产值，则 1936 年手工业总产值达 100 亿元，是近代化工业产值的 3 倍多。① 这充分反映了民族机器工业对传统手工业的排挤和取代过程中的艰难性。

艰难性其实就是"两代"过程性中的两难性。民族机器工业既要完成对传统手工业的取代，又要实现进口替代，既遇到传统手工业的顽强抵抗，又面临着外国资本主义在华势力的强大竞争。近代中国广泛存在着的城乡手工业能在时间上最大限度地使用劳动力，在报酬上最

---

① 参见吴承明：《论工场手工业》，载《中国经济史研究》，1993(4)。

低成本地支付劳动力工资，甚至不计报酬，因此，足以在和机器工业的对垒中长久延续下来。正如日本学者林岛在评价中国近代缫丝业时所说："在中国，无论是土法制丝场或是机械制丝的发达，都未曾排除在农家家内的制丝业，今日农家家内的制丝，仍以所谓'不计自家劳力的价值'为有力的武器而与前者相抗衡。"①农民之所以"不计自家劳动力的价值"来发展家庭手工业，乃在于农民的贫困化，非如此就难以维持生存。这一点连近代来华的外国商人也十分感叹，他们认为清末四川手工棉织业的盛行是由于"人民职业之卑贱，穷苦劳工之过多，以及生活竞争之急烈，迫使家庭经济之各方面趋于发达。一家所产，虽仅足一家之需，苟境遇较优，则其生产，或有富余，可供应他人。故纺织工业乃成为一种基本家庭工业，得发展无阻于此特殊经济状况之下；虽外人赖有机器之利益，亦莫能与之抗衡"②。外国机器工业既然无力摧毁中国传统手工业，受到外国资本主义打击的民族机器工业当然更无力完全取代传统手工业。

政府在手工业经济上的行为也为传统手工业抵抗机器工业的排斥和打击助了一臂之力。清政府在处理为人熟知的广东南海"锦纶行"的缫丝工人捣毁裕昌厚丝厂事件时，基于"以十一家殷商之攘利而失数万贫户之资生，我国家民为邦本，非同外裔上下征利之邦，自应永远勒停，以安民业"③的认识，竟然派兵查封了机器缫丝厂。直到19世纪90年代，当有人在南海禀请开设丝厂时，两广总督仍以"商民设立机器缫丝，专利病民"为辞，不许"擅制"。④ 这种做法旨在维持一个内部循环运动的经济社会，而不愿推动社会经济向前发展。因此，虽然早在19世纪六七十年代清朝中央政府就已经掀起了洋务运动，并设立了

---

① ［日］林岛：《近代中国之缫丝业》，陆廷芳译，载《企业周刊》，第1卷，第46、47期，1943年11月、12月。

② 方显廷：《中国之棉纺织业》，276页，上海，商务印书馆，1934；又见彭泽益编：《中国近代手工业史资料(1840—1949)》第2卷，247~248页。

③ 孙毓棠编：《中国近代工业史资料第一辑(1840—1895)》下册，964页。

④ 汪敬虞编：《关于继昌隆缫丝厂的若干史料及值得研究的几个问题》，载《学术研究》，1962(6)。

若干近代化工业企业，但在地方政府层面上，对于向西方学习的洋务运动仍存在着不解与彷徨，广东如此，其他地方亦可想而知。一些地方政府对已经出现的近代民族机器工业，也尽量控制在小范围内，例如，安徽芜湖益新机器米面公司，"因经前升道袁爽秋京卿，与前英领事富美基君，议定善后章程六条，不准该公司添增机器，多做米面，以免攘夺本地人力碾坊生计。每日做米以五百担为额，做面以六十担为度，不准逾额，故不能再行扩充"①。清末民初时期，这种明令限制机器工业的做法已被摒弃，但政府的某些政策和措施依然在维护着传统的手工业，这个问题留待下章详细讨论。

在文化层面上，传统观念的流行为手工业者抵制机器工业的发展提供了现存的文化理据。陈启沅创办机器缫丝厂时，"引起很多人反对……第二个理由是因为男女在同一厂房里作工，有伤风化……又说高烟囱有伤风水"②。荣宗敬、荣德生创办无锡保兴面粉厂时，也遭到"当地绅士反对，认为这会'破坏文风'，结果规定他们一不准放回声，二不许煤灰入水，三不许将驳岸突出"③。诸如此类的传统观念都引起时人对中国近代新式工业难以发展的深沉思考，例如，郑观应在《盛世危言》中分析机器采矿业不振的因素时说："中国矿务不兴，利源未辟，其故有二：一由于官吏之需索……一由于谬谈风水者妄言休咎，指为不便于民，以耸众听，于是因循推诿，动多掣肘，而有志于开矿者不禁废然而返矣。……今各省理财之人明知中国煤铁五金诸矿为至旺至美，而竟不能立时开掘者，皆为风水所格。"④又如，时人分析近代中国新式制药工业不能发展的原因时认为："我国过去受科举之遗毒，对于医学之研究，向被轻视，所谓'医卜星相'，皆为末流，士大夫所不

---

① 汪敬虞编：《中国近代工业史资料第二辑（1895—1914）》下册，707 页。

② 孙毓棠编：《中国近代工业史资料第一辑（1840—1895）》下册，959 页。

③ 万林：《中国的"棉纱大王"、"面粉大王"无锡荣氏家庭暴发史》，见汪敬虞编：《中国近代工业史资料第二辑（1895—1914）》下册，708～709 页。

④ 中国史学会主编：《洋务运动》第 1 册，544 页，上海，上海人民出版社，1961。

屑为。……何况大多数人民尚信中医，服用中药，对于新药根本不感
需要。"①

当然，对于传统手工业在经济和文化观念上对民族机器工业的抵
抗不能估计得过于严重。因为早期创办近代民族机器工业的不是官僚
便是与官场有密切联系的地主、商人，他们往往能凭借官权排除这些
干扰。另外，传统手工业对民族机器工业也并非只有消极抗拒，我们
认为，传统手工业不仅在同民族机器工业的竞争中能够积极进取，在
生产工具和生产形式上也不断更新，而且传统手工业同民族机器工业
之间还存在着多种层面上的互补，这才是两者关系的主流。

(二)民族机器工业与传统手工业的互补

外国资本主义不仅排斥中国传统手工业，而且也打击民族机器工
业，这在一定程度上成为传统手工业与民族机器工业良性互动的基础。
实现进口替代是大多数民族机器工业创办者的共识，李鸿章创办上海
机器织布局就是鉴于洋纱洋布占据中国市场的严重局面，认为"非逐渐
设法仿造，自为运销，不足以分其利权。盖土货多销一分，即洋货少
销一分，庶漏卮可期渐塞……设局仿造布匹，冀稍分洋商之利"②。张
之洞也怀着相同的动机设立了湖北织布官局，他认为："棉、布本为中
国自有之利，自有洋布、洋纱，反为外洋独擅之利。耕织交病，民生
日蹙，再过十年，何堪设想！今既不能禁其不来，惟有购备机器，纺
花织布，自扩其工商之利，以保利权。"③荣德生创办面粉厂更是直接
受到外国进口洋粉的刺激，1900 年他路过香港码头时，看到"工人正
在装卸面粉，粉袋中落下来的粉屑，铺满一地。他一边随着粉地里的
脚印一步步地在走，一边却在不断思索。他想洋粉这样大量进口，每

---

① 李颖川：《中国制药工业不发达之原因及战前之困难》，见陈真编：《中国
近代工业史资料(第四辑)》，676 页。

② 《直隶总督兼北洋大臣李鸿章试办织布折》，见孙毓棠：《中国近代工业
史资料第一辑(1840—1895)》下册，1051 页。

③ 《两广总督张之洞奏拟设织布局折》，见孙毓棠：《中国近代工业史资料
第一辑(1840—1895)》下册，908 页。

年不下千万包，也就是我国每年要损失千百万的利权，常此以往，我国民食仰赖外人，如何得了？只有国人自己兴办实业，才能解决民生食用所需"①。以生产毛线著名的天津东亚公司用寓意深刻的品牌名寄予着创业者实现进口替代的宏谋远略，将产品"取名为'抵羊牌'。'抵羊'含有'抵制洋货'之意"②。

但是，要实现进口替代，势必要同外国资本主义展开特殊的商战。外国资本主义比封建经济势力更加凶狠，它们不仅资本雄厚，技术先进，有着上百年经营管理经验的积累，而且享有不平等条约带来的经济特权，因此在同中国民族机器工业的竞争中占据优势。它们利用种种方式打击、压迫甚至吞并民族机器工业。南洋兄弟烟草公司就曾受到英美烟公司的残酷打击。该公司成立初期，曾将总部设在香港。香港处于英国的殖民统治当中，英美烟公司经常在英国殖民势力的庇护下，禁止南洋兄弟烟草公司的产品销售。1907 年，英美烟公司借香港巡理府之力，强行集中了南洋兄弟烟草公司的"白鹤"牌香烟的两千余箱成品，在巡理府前焚毁。次年，英美烟公司又以南洋兄弟烟草公司最畅销的"双喜"牌香烟与其"三炮台"烟相像为借口，分别警告香港和九龙烟商，禁止售卖该公司产品。南洋兄弟烟草公司将总部转移至上海之后，英美烟公司立即采取集中货源策略，将外埠"派律"烟运回上海，并跌价出售。③ 永利碱厂也同样承受着外资企业跌价竞争的压力。20 世纪 20 年代中后期，永利碱厂生产的"红三角"牌纯碱每担成本为银洋六元六角，英商卜内门洋碱公司在市场上故意压低碱价，每两三个月跌落一次，迫使永利碱厂处于被动地位，最后将其生产的"蛾眉"牌纯碱降至每担四元二角出售，"红三角"牌纯碱也只得随之减价，以

---

① 荣漱仁：《我家经营面粉工业的回忆》，见中国人民政治协商会议全国委员会文史资料研究委员会编：《工商史料（二）》，41 页。

② 李天受、李静山：《天津东亚公司与宋棐卿》，见中国人民政治协商会议全国委员会文史资料研究委员会编：《工商史料（二）》，106 页。

③ 参见中国科学院上海经济研究所、上海社会科学院经济研究所编：《南洋兄弟烟草公司史料》，73～74 页，上海，上海人民出版社，1958。

每担三元九角竞售。① 永利碱厂就是在如此险恶的环境中惨淡经营的。但是，能够像南洋兄弟烟草公司和永利碱厂那样成功地顶住外国资本的强大压力并能得到一定发展的民族企业并不多见，许多民族企业被迫出租出卖，清算改组，甚至被吞并。以民族机器纱厂为例，从1901年至1936年，被英国、美国、日本等国以各种方式兼并的企业达23家。②

由此可见，外国资本是民族资本的主要竞争对手。在外国资本主义的排斥和打击下，民族机器工业不仅得不到应有的发展，而且也难以完成对传统手工业的取代，互补构成两者之间关系的主导面。两者间的互补包括结构性互补、市场关联性互补、市场水平性互补，以及劳动技术性互补。

所谓结构性互补，是指由于民族工业两个层次间行业结构的差异性而形成的互补关系。除部分跨层次存在的"两栖"行业可能产生冲突外，其他行业或因手工业无法生产相应产品而为机器工业所专有，或仅有手工业制造而补机器生产之所无，它们之间不存在竞争，而是形成结构性互补。在近代中国，由于机器生产的落后性，人民生活中的绝大部分日用品都是手工业制造的，手工业品在出口贸易中也占有十分重要的地位。因此，结构性互补更多地体现为手工业对机器生产的补充。

所谓市场关联性互补，是指手工业和机器工业生产中具有关联性的行业的产品在市场上的互补关系，其中一部分行业的产品构成另一行业的生产原料，一部分行业的产品则构成另一行业不可缺少的生产工具，彼此互相依存，共同发展。在中国近代民族工业中，机器纺纱业的发展离不开手工织布业的进步，现以1913年和1930年为例，列成表2-13，对之进行考察。

---

① 参见余啸秋：《永利碱厂和英商卜内门洋碱公司斗争前后记略》，见中国人民政治协商会议全国委员会、中国人民政治协商会议天津市委员会文史资料研究委员会编：《化工先导范旭东》，76～78页，北京，中国文史出版社，1987。

② 参见吴承明：《帝国主义在旧中国的投资》，118～119页，北京，人民出版社，1955。

表 2-13   1913 年和 1930 年中国纱线产量、

进出口量及消费量统计表

类别	1913 年数量/磅	百分比	1930 年数量/磅	百分比
本国纱线产量	200000000	35.84	982070800	102.22
进口纱线量	358000000	64.16	22616000	2.35
出口纱线量	—	—	43987064	4.57
总消费量	558000000	100.00	960699736	100.00
力织机消费量	15000000	2.69	206913532	21.54
手织机消费量	543000000	97.31	753786204	78.46

资料来源：方显廷：《中国之棉纺织业》，275 页。

表 2-13 显示，1913 年，纱线总量的 97.31％均为手织机所消费，力织机的消费量只占 2.69％，民族机器纺纱业的发展主要依赖手工织布业的原料需求。到 1930 年，纱线总量的 78.46％为手织机所消费，手织机消费量虽在国内纱线总消费量中的比重下降了，但绝对消费量却比 1913 年增长了 210786204 磅，力织机的消费量占比上升到 21.54％，增长了近 13 倍，这表明机器纺纱业、手工织布业及机器织布业获得共同发展。机器织布业的发展原因，一部分是经过前一段时间的发展，大多数机器纺纱厂增强了实力，附设了机器织布厂；另一部分是手工织布业中的大作坊和手工工场在向机器织布业过渡。民族机器纺纱业的发展在很大程度上实现了进口替代，进口纱线比重由 1913 年的 64.16％下降到 1930 年的 2.35％，而且国产机纱还有少量供出口。大生纱厂的成功更是机器工业与手工业关联性互补的典型。"大生纱厂的诞生及其发展，是适应了农村家庭手工纺织业对于机纱日益增长的需要。当地农民之所以接受机纱，最初并非是作为廉价的消费品，而是作为价廉质优的原料。在较长一段时间，大生纱厂简直可以说是与农村家庭手工纺织业共存共荣。"[1]大生所在地的江苏（南）通海（门）地区以手工棉纺织业著称，但在自然经济状态下，手工纺纱严重制约着织布业的发展，外国资本主义入侵之后，机纱因其线条长，

---

[1] 章开沅：《开拓者的足迹——张謇传稿》，65 页，北京，中华书局，1986。

出布多，而且好织，渐被采用，土纱被逐步淘汰。大生纱厂投产前，民族机器纺纱业中，"聂云台办的恒丰纱厂，出的云鹤牌纱，苏州又有陆润庠与王家禄办的苏纶纱厂，出产的天官牌纱，无锡业勤厂出产的四海升平牌纱，都在通州畅销"①。据估计，"通海两境，每日可销洋纱二十大包，已合机器一万锭之数"②。张謇正是利用了这一得天独厚的条件，以通海纱花为原料，以通海农村手工棉织业为销售市场，建立和经营着大生纱厂。1923 年以前，大生纱厂的纱线主要销往通海地区。因此，如果没有通海地区传统手工织布业的市场优势，大生纱厂是很难长期存在和发展的。反过来，大生纱厂的机纱又促进了通海手工棉织业的发展，由于机纱的广泛使用，"关庄布产量大增，质地更好，从而产生了更多的大、中各牌高档大尺布"③。

　　手工工具的改良为民族机器制造业的初步发展提供了市场条件。随着民族机器纺纱业的发展，棉花商品量激增，农民家庭轧花逐步向集中的手工工场转化，手工工具也由手摇向足踏过渡。最初足踏轧花车是从日本引进的，1896 年之前，上海"也不乏备有数十台足踏机的大作坊主……像这样拥有大作坊的行庄有二十七家，其拥有机器台数共计六八二台，其中如隆茂垣，拥有一二〇台，即使是规模最小如沈垣泰者亦拥有十二台"④。即便是内地开埠不久的湖北沙市，仅 1903 年进口的日本轧花车，就有"四千具之多"⑤。1897 年，民族机器制造业开始仿制轧花车，最早的是上海戴聚源铁铺，"随着轧花车的仿制，戴聚源铁铺亦逐步扩大发展成为铁工厂"⑥。在上海，"同时期制造轧

---

　　①　林举百：《近代南通土布史》，31 页。

　　②　《潘华茂等遵办通海纱丝厂禀》，见彭泽益编：《中国近代手工业史资料（1840—1949）》第 2 卷，211 页。

　　③　林举百：《近代南通土布史》，31 页。

　　④　彭泽益编：《中国近代手工业史资料（1840—1949）》第 2 卷，237 页。

　　⑤　《光绪二十九年沙市口华洋贸易情形论略》，见彭泽益编：《中国近代手工业史资料（1840—1949）》第 2 卷，237 页。

　　⑥　《前张源祥机器厂资本家张廷桢访问记录》，1861 年 8 月 19 日，见中国社会科学院经济研究所、上海市工商行政管理局、上海市第一机电工业局编：《上海民族机器工业》上册，171 页。

花车的南京帮有邓义兴、邓永泰、邓泰记等几家，专造脚踏小型日本进口式轧花车，俗称'剥屁股车'"①。在武昌，"周天顺冶坊，仿东洋规模，造成轧花机器，尤为灵敏"②。民族机器制造业仿造的轧花车占据了部分国内市场。"1900年前后，国产轧花机的年产销量约达二三百部，1913年达二千余部。"③产品市场的扩大，促进了轧花机制造厂专业的形成，仅上海一地在1913年的轧花机制造厂就达到十七家。

手工针织业的兴起带动了针织机制造厂专业的出现。针织业是在20世纪初年从国外传入的新兴手工业，其中以袜类为主要产品，最初使用进口德产手摇机。第一次世界大战后，德货进口减少，民族机器制造业开始大批仿造手摇袜机，例如，在上海邓顺锠机器厂，"生产袜机，每月经常在500台以上，统由姚福康包销，以湖南长沙帮所购为多。一年后，湖南去胃稍减，乃由硖石郭有川分包一部分袜机，专销硖石、平湖、嘉兴一带"④。民族机器制造业对手摇袜机的仿造，促进了浙江平湖等织袜工业区的兴起，平湖织袜工业的出现又反过来进一步促进了针织机制造厂专业的发展。截至1926年，"平邑城乡各袜厂，所有大小袜机，现在约近万架"，"各厂所用袜机，均系上海华商各工厂所造，价值愈售愈廉，如平邑各厂所用袜机，大半系牡丹牌一种（系上海振兴厂出品——引者注）"⑤，袜机愈售愈廉当然是制造厂家的产

①　《前邓顺锠机器厂资本家邓亭义外孙唐裕生访问记录》，1961年7月1日，见中国社会科学院经济研究所、上海市工商行政管理局、上海市第一机电工业局编：《上海民族机器工业》上册，172页。

②　许树分：《中国仿西法纺纱织布应如何筹办以裨国家商民均沾利益论》，见求自强斋主人：《皇朝经济文编》卷一百五，1页，上海，慎记书庄，1901。

③　《前张源祥机器厂资本家张廷桢访问记录》，1861年8月19日，见中国社会科学院经济研究所、上海市工商行政管理局、上海市第一机电工业局编：《上海民族机器工业》上册，177页。

④　《前裕生机器厂资本家71岁唐裕生访问记录》，1961年7月1日，见中国社会科学院经济研究所、上海市工商行政管理局、上海市第一机电工业局编：《上海民族机器工业》上册，185页。

⑤　《浙江平湖织袜工业之状况》，载《中外经济周刊》，第147号，1926年1月23日。

品增多、竞争激烈的结果。浙江西部的碳石镇"大小袜厂，共有三十余家……各家所用袜机，以上海华厂所出之蝴蝶、牡丹两牌为最多……碳石全镇，现有袜机四千余部"①。于是，针织机制造厂由第一次世界大战前的三家增至 1924 年时的三十九家。1927 年，上海华胜机器厂成功仿制电力袜机，其他厂也相继仿制，但手摇袜机仍有其特定销路，原因在于："其一，是转向内地；其二，在城市里则以花色袜、高档袜方面所用为主……丝袜之宝塔跟，线袜的各种花式及尖夹底袜，必须用手摇袜机织造，加上袜子中有丝、毛、棉、花、舞、短、长等数十种之多，都须用手摇机。"②因此，民族机器厂生产的手摇袜机仍有所发展。1923 年以前，上海"袜机销路活跃，每年约有万台以上"③。

手工织布机器的改良，尤其是脚踏布机的大量使用也在一定程度上推动了民族机器制造业的发展。随着质优价廉的机纱的大量供应，手工织布开始逐步脱离家庭形态，出现了织布工场。例如，在 19 世纪90 年代，四川"万县有几家手工工场，其中有的雇用织工八十名之多。他们在雇主监督下工作。各个屋子——不能说是厂棚——里面有织布机十二台至五十台不等，全都织平织布，间或也有织花条布，或方格布的"④。福建省在地方政府的倡导下，手工织布取得很大进展。1891年前后，"福州本市共织局六十余所，一年可出一百万筒"⑤。当然，更多的手工织布业者处在包买主制下的依附经营状态中，在前文提及的若干手工织布经济区里这尤其占主导地位。为了符合包买主要求的

---

①　《碳石之经济状况》，载《中外经济周刊》，第 215 号，1927 年 6 月 11 日。

②　《前求兴新机器厂资本家周鹤奎访问记录》，1961 年 6 月 21 日，见中国社会科学院经济研究所、上海市工商行政管理局、上海市第一机电工业局编：《上海民族机器工业》上册，336 页。

③　《前振兴机器厂资本家杜子良访问记录》，1961 年 11 月 4 日，见中国社会科学院经济研究所、上海市工商行政管理局、上海市第一机电工业局编：《上海民族机器工业》上册，340 页。

④　*Report of Mission to China of the Blackburn Chamber of Commerce 1896-1897*，见彭泽益编：《中国近代手工业史资料(1840—1949)》第 2 卷，259 页。

⑤　《纺织兼行》，载《益闻录》，光绪十七年(1891)十一月二十六日。

市场统一规格，这些手工织布业者不得不更新生产工具，否则其产品可能无人问津。因此，在 20 世纪初年，特别是第一次世界大战以后，民族机器工业又开拓了足踏机市场。例如，天津三条石几家最早的民族机器厂，即金聚成铸铁厂、郭天成机器厂、春发泰机器厂都从事织布机的制造。其中郭天成机器厂生产的"郭天成牌"织布机，"行销高阳一带……年产织布机、轧花机一百四五十台"①。到 1929 年，天津织布机制造厂达十五家，共生产织布机及其附件产品达 5383 件，销售值为 126457 元至 170187 元。同时，由于该年织布业衰落，尚有 1033 件、约 32166 元至 46462 元的产品没有售出。② 上海的"织机制造厂有江德兴、宣东兴、东升、天利成、东华、泉鑫昌、三星等数家"，在 1922 年至 1924 年，年产铁木机四五千台，包括仿天津式及仿日本式，"初期销路以上海为多，后销至江、浙二省的江阴、常州、无锡、嘉兴、杭州等地，并远销汕头、厦门"。③ 潍县织布区的兴起也带动了本地机器制造业的发展，该县"织布所用的织机，是铁轮木架的铁木机，又有脚踏式和手织式两种……此种脚踏机每具值价七八十元，大都是本地做的。潍县现有机器制造厂十一家，每年制造织机七千台以上"④。此外，丝织机、缫丝机等工具的改良也为民族机器制造工业扩大了产品市场。

　　20 世纪 30 年代，在世界资本主义经济危机打击下的手工业经济衰退导致民族机器制造业的萎缩。例如，振兴机器厂"专制各种织袜机，过去获利颇厚，年有相当余利，近年来销路日衰。民国二十二年

---

　　① 徐景星：《天津近代工业的早期概况》，见中国人民政治协商会议天津市委员会文史资料研究委员会编：《天津文史资料选辑（第一辑）》，146～149 页，天津，天津人民出版社，1978。

　　② 相关数据根据方显廷编著《天津织布工业》第 48 页表统计而成。

　　③ 《前新中兴机器厂资本家王耀家访问记录》，1962 年 6 月 21 日，见中国社会科学院经济研究所、上海市工商行政管理局、上海市第一机电工业局编：《上海民族机器工业》上册，270 页。

　　④ 王子建：《中国土布业之前途》，见千家驹编：《中国农村经济论文集》，130～131 页。

(1933年)营业额约二万余元……去年(1934年)只及前年半数"①。以制造针织机器为主的鸿泰永记机器厂,"近年因市况衰落,各埠针织业不振,因之该厂出品销路随之减少,加以同业间竞争剧烈,利润较前为薄。闻民国二十二年(1933年)因累次停工,颇有亏损。二十三年仅敷开支。去年(1935年)营业额约一万余元,不至亏蚀。本年营业萧条,预计结果难免亏损"②。据估计,上海民族机器工业的营业额由1930年左右的1000万元下降到1935年的600万元,主要原因在于"丝织机、棉织机、轧花机、卷烟机等销路最滞,几至无人顾问"③。民族机器工业最为发达的上海尚且如此,其他城市该业的萧条状况当更为严重。这从反面证明了具有关联性的手工业与机器工业之间的一荣俱荣、一损俱损的互动关系。

所谓市场水平性互补,是指生产同一产品的跨层次行业在市场的空间分布及产品的需求层次上的互补关系。例如,制造生丝的手工缫丝业和机器缫丝厂、生产面粉的手工磨坊和机器面粉厂以及生产油类产品的手工榨油坊和机器榨油厂等跨层次行业之间,形成地理分布上的互补。生产纸品的机器造纸厂和手工造纸坊之间则更多地属于产品需求层次上的互补。

缫丝业中,自机器缫丝业产生以后,厂丝的销售主要在国际市场,原有的家庭手工缫丝逐步转向以内销为主。例如,"上海厂丝之销路,大约十分之九以上为洋商购买,其销于国内绸厂袜厂,供机织新式绸

①　《中国征信所调查报告》第10075号,1935年12月7日,见中国社会科学院经济研究所、上海市工商行政管理局、上海市第一机电工业局编:《上海民族机器工业》下册,483页。

②　《中国征信所调查报告》第12032号,1936年6月11日,见中国社会科学院经济研究所、上海市工商行政管理局、上海市第一机电工业局编:《上海民族机器工业》下册,483~484页。

③　北四行调查报告:《1935年之机器业》,1935年12月26日,见中国社会科学院经济研究所、上海市工商行政管理局、上海市第一机电工业局编:《上海民族机器工业》下册,502页。

货及丝袜之用者，不及十分之一"①。华南丝区也呈现出同样的销售格局，"本地织造，多用土丝，车丝则全运出洋"②，土丝和厂丝的产销状况如表 2-14 所示：

表 2-14 19 世纪末 20 世纪初广东土丝和厂丝产销状况表

单位：担

年度	辑里丝	厂丝
1881—1882	11526	—
1885—1886	2567	4457
1890—1891	3276	10317
1895—1896	2474	20629
1900—1901	1037	31038

资料来源：*Decennial Reports*，见彭泽益编：《中国近代手工业史资料(1840—1949)》第 2 卷，189 页。

表 2-14 中，辑里丝即土丝(手工缫丝)，"主要是供土法织丝者购用"，厂丝(机器缫丝)则"向欧洲出口"。从全国范围来看，机器缫丝的出口量比重由 1895 年的 28.6％增长到 1931 年的 86.1％，同一时期手工缫丝的出口量比重则由 71.4％下降到 13.9％。③ 这种格局的形成无疑是由于土丝产品质量、规格无法满足国际市场上机器丝织业的需要，而国内手工丝织业仍然需要廉价的土丝。1920 年以前，机器缫丝业与手工缫丝业是并行发展的，手工缫丝的产销量大大高于机器缫丝产销量，机器缫丝业处于从属和补充地位。例如，1891—1895 年平均每年机器缫丝量仅 2.57 万担，主要供出口；手工缫丝量达 17.1 万担，其中出口 7.78 万担，内销 9.32 万担。到 1920 年，机器缫丝量上升到 7.53 万担，手工缫丝量同时增长为 21.16 万担，其中出口仅 3.21 万

① 《上海丝厂业之调查》，载《经济半月刊》，第 2 卷，第 12 期，1928。
② 姚绍书：《南海县蚕业调查报告》，见彭泽益编：《中国近代手工业史资料(1840—1949)》第 2 卷，357 页。
③ 参见方显廷、吴知：《中国之乡村工业》，载《经济统计季刊》，第 2 卷，第 3 期，1933。

担，内销 17.95 万担。1920 年后，机器缫丝业继续发展，手工缫丝业则逐步萎缩，手工缫丝转变为从属和补充地位。到 1936 年，机器缫丝增长为 14.19 万担，手工缫丝则下降到 9.17 万担，其中出口仅 1.51 万担，内销 7.66 万担。① 由此可见，在生丝市场的地理分布上，机器缫丝无法取代手工缫丝的内销市场，手工缫丝也无力占据机器缫丝的国际市场，两者在一定时期内并存并共同发展。值得注意的是，机器缫丝虽然排挤手工缫丝，但在一定条件下又需要利用手工缫丝，例如，在广东顺德，"自汽机丝厂创设后，手工缫丝往往变为丝厂的附庸，盖丝厂间有将劣茧选出，另设小室或小工场雇用女工用手机缫之"②。作为蚕丝主要产区的无锡，在机器缫丝业的带动下，兴起了"以经营丝厂下脚料的行业称丝吐业……属于手工业者有：（1）肥丝，利用丝厂剔除的次茧，如黄斑茧、双宫茧等，以旧式木车缫制肥丝；（2）小丝厂，拥有几部缫丝车的缫丝工场；（3）丝绵业，有些以丝厂滞头或烂茧拉制丝绵，属手工业，有些则是经营丝绵的商业；（4）滞头厂，把滞头中的蚕蛾取出，售于皂烛业或农村的养鸭户。废丝、乱丝、滞头上剥下来的薄茧衣，还是出口欧美生产绢绸的原料"③。

面粉业中的两个层次在近代一直是共同发展的，如表 2-12 所示，民族机器面粉厂和具有资本主义性质的机器磨坊与畜力磨坊的产粉量分别由 1913 年的 2036 万包和 16662 万包增长到 1936 年的 10917 万包和 18677 万包，所显示的不是两个层次生产的此消彼长，而是两者的并行增长，与其说两者之间存在着竞争，毋宁说更多地表明了两者在销售市场上互为补充的关系。机器制粉业的生产和销售主要集中在沿海、沿江、沿铁路线附近交通便利的大城市，例如，1933 年全国机制面粉实际产量为 76078940 包，其中上海、无锡、南京、汉口、济南、

---

① 参见吴承明：《论工场手工业》，载《中国经济史研究》，1993(4)。

② 吕学海：《顺德丝业调查报告》，见彭泽益编：《中国近代手工业史资料（1840—1949）》第 2 卷，51 页。

③ 《无锡蚕丝业史话》（手稿），见高景岳、严学熙编：《近代无锡蚕丝业资料选辑》，149 页。

青岛、天津、蚌埠八个城市共产粉 66238266 包，占总产量的
87.07％。① 面粉的销售也主要集中在大城市的通商口岸地区，以 1932
年为例，国产机制面粉的销售，"以天津为最多，计 426 万余担，占各
地入口总额 43％，其次则为秦皇岛、汕头、福州、厦门，各计 400～500
万担……1932 年我国各埠入口之国产面粉共计 8580943 担，价值
37664386 关两"②。广大的西北内陆地区的市场则为土粉所独占，据调
查，1936 年山西省 69 个县共有畜力磨坊 1186 家，石磨 1503 台，年
产面粉5540多万斤。③ "西安有土磨坊二百家供应着十七八万人口的日
常生活需要"④，这种情况一直延续到全面抗战前。即使在华北重镇天
津，1930 年时还有磨房 510 家。土磨坊与机器面粉厂的长期并存和发
展不仅有客观上的经济因素，如消费习俗、运输状况等，而且更有经
营形式的因素，例如，土磨坊大都就地产销，成本低，兼营他业。在
天津，"以机磨玉蜀黍粉，则不如土磨之佳，故玉蜀黍粉之研磨，乃为
磨房所独占"⑤。由此可见，面粉生产中跨层次格局的存在和发展，体
现了由于地理分布不同而造成的市场销售上的互补关系，机器面粉厂
在这种互补中获得了更快的增长。

机器造纸和手工造纸则在市场的不同需求层次上形成互补关系。
一般说来，机器纸主要满足新式印刷业和近代工商业包装的需要，手
工纸种类既多，用途亦广。我国是发明造纸术的文明古国，纸类出品
名目繁多，"竹纸类中之主要者如连史、毛边、贡川、川连、表芯、烧

---

① 参见中国科学院经济研究所、中央行政管理局资本主义经济改造研究室
主编：《旧中国机制面粉工业统计资料》，51 页，北京，中华书局，1966。

② 延伸：《最近我国之面粉业》，见陈真编：《中国近代工业史资料（第四
辑）》，402 页。

③ 参见实业部国际贸易局编：《中国实业志（山西省）》第 6 编，108 页，上
海，实业部国际贸易局，1937。

④ 《西安市私营磨粉业社会主义改造历史资料》（初稿），见上海市粮食局、
上海市工商行政管理局、上海社会科学院经济研究所编：《中国近代面粉工业史》，
100 页。

⑤ 方显廷：《天津之粮食业及磨房业》，载《经济统计季刊》，第 2 卷，第 4
期，1933。

纸等皆是。皮纸类之著称者则有宣纸、桑皮纸、棉纸、皮纸等。而草纸类中则以坑边纸、草纸、斗坊纸等为大宗"①。这些不同种类的纸品各有不同的用途,例如,连史、毛边、宣纸等主要供毛笔书写,"因国人写字向用毛笔,非此不称挥洒"②,所以这类纸品有其固定市场。具体地说,各地不同的手工纸因其特殊用途和特色,各自拥有特定的小众消费者。例如:连史纸"质白而细,印刷国文书籍,因其历久不变,为藏书家所重视"③;安徽宣纸"质韧色白,历久不变,为任何国产纸所不及,宜书宜画,虽久藏至千百年,不但色泽不变,更显其精彩"④;产于浙江的元书纸,除天津帮商店、上海商务书馆采办外,还有"学校印九宫格及练习书画之用"⑤;"浙江於潜的桃花纸,余杭富阳一带的桑皮纸,贵州的棉皮纸,福建的罗地纸,或供美术家的特别用途,或为最好的包裹材料,不但各处闻名,而且各有他的真正价值"⑥。此外,"纸用于迷信者均系手工出品,种类甚多,几无处无之,举其著者如黄烧纸、黄表纸、佛表纸、爆料纸及纸箔等皆是;除国内消费者外,每年输往南洋一带者为数亦夥";裱糊用纸也多为手工纸,"手工纸之供杂用者尤多,如连史纸之充扇料,顶泡纸之制爆竹,棉纸皮纸之用以衬衣,及制雨伞灯笼等物,皆其著例;他如火纸、坑边、蚕纸等亦皆各有其特殊之用途也"。⑦

纸品销售市场也同样存在着地理分布上的互补关系,"机制国产纸之销路大都限于国内各大商埠,内地所销为数无多……长江一带,为纸类产销之中心,生产既多,销路亦大,其分配中心,以上海、镇江、南京、九江、汉口、杭州等为主,上海一地尤为重要。例如天章所产

---

①　国民党全国经济委员会编:《制药工业报告书》,见陈真编:《中国近代工业史资料(第四辑)》,545 页。

②　刘锦藻:《清朝续文献通考》卷三百八十三《实业六》,考一一三〇六。

③　《国产纸业概况》,载《国货月报》,第 1 卷,第 2 期,1934。

④　《国产纸业概况》,载《国货月报》,第 1 卷,第 2 期,1934。

⑤　《国产纸业概况》,载《国货月报》,第 1 卷,第 2 期,1934。

⑥　《改进吾国制纸工业之商榷》,载《经济旬刊》,第 3 卷,第 9 期,1934。

⑦　国民党全国经济委员会编:《制纸工业报告书》,见陈真编:《中国近代工业史资料(第四辑)》,547 页。

之纸在沪销售者达总值5/8，竟成年产5千余吨之纸版，在沪所销者占70%，又如民丰历年在沪之销额未有低于75%者"①。华北地区的机器纸亦多销往北平、天津、青岛、济南、开封等地。正因如此，虽然民族机器造纸厂获得较大发展，但对手工造纸业的影响并不很大。内地纸品市场多为手工纸所占领，以四川为例，"在抗战前，市面所销之纸张，仍以土纸为多，洋纸仅占十分之一左右，盖除报纸及新式印刷所用之纸外，其他各方面，仍多用土纸"②。同时，由于近代海外华人华侨数量的增长，手工纸在南洋、欧美、日本等国家和地区仍维持着一定的销量，从1912年到1928年，多数年份手工纸的出口量与出口值均维持增长状况，具体如表2-15所示。截至1934年，全国手工造纸作坊多达10017家，职工有44397人，资本额为769180元，年产量达20070122担。③

表 2-15　民国时期中国手工纸出口量值统计表

年份	数量/担	数值/两	出口值指数	出口值增减/%	增减因素
1912	262564	3251958	100	0	
1913	249474	3182861	98	−3	第二次革命爆发，产地江西、安徽等省受军事影响。
1914	229959	2864983	88	−10	江西、湖北、湖南、广东等处水灾。
1915	253013	4261052	113	+33	欧战发生，洋纸价格飞涨，华纸销路颇旺。
1916	266781	3525401	110	−18	
1917	242891	3203082	99	−9	南北对峙，在湖南、江西、福建、广东等地常有战事发生。

---

①　国民党全国经济委员会编：《制纸工业报告书》，见陈真编：《中国近代工业史资料（第四辑）》，554 页。

②　钟崇敏、朱寿仁、李权：《四川手工纸业调查报告》，1 页，中国农民银行经济研究处印行，1943。

③　参见《全国手工造纸概况表》，见王毓霖编：《经济统计摘要》，43 页。

续表

年份	数量/担	数值/两	出口值指数	出口值增减/%	增减因素
1918	225862	3037942	92	−6	
1919	282227	3934807	112	+23	
1920	281670	3957162	112	+1	
1921	303395	4539072	114	+13	自制黄板纸亦有少数运往南洋。
1922	285531	3977649	112	−3	产纸各地又遭兵灾。
1923	319309	4833336	115	+17	
1924	341846	5123705	116	+6	
1925	280138	4864877	115	−6	国民革命军北伐。
1926	298920	5115761	116	+5	
1927	294435	5263235	116	+3	
1928	304221	5103884	116	−3	
总计				+34	
平均				+2	

资料来源：浙江省政府设计会编：《浙江之纸业》，66～67页。该表与原书内容保持一致，空格处为原表所缺。

不可忽视的是，近代民族工业中手工劳动、手工技术对机器工业的补充。近代火柴业、制革业、机器制造等行业中都大量存在着手工劳动或依赖手工技术的状况，例如，火柴业中，中国近代火柴工人可分为常工和散工两种，"常工在厂内工作，为正式工人；散工在厂外工作，多为贫寒家庭之妇孺，其工作之主要者为糊盒，其次如打包、装箱等，亦有由厂外包工者"[1]。著名"火柴大王"刘鸿生的苏州鸿生火柴厂创办时，"全厂工人约六百人，工人之中，以女工居多，约占三分之

---

[1]　国民党政府全国经济委员会编：《火柴工业报告书》，见陈真编：《中国近代工业史资料（第四辑）》，648页。

二，其工作大多系辅助工，如齐梗、刷边、理片、装盒等"①，而"糊盒的厂外工人比在工厂工人还要多。在本城（指苏州——引者注）的盘门、阊门、胥门、葑门和邻近乡村如外垮塘、唯亭、东山、吴江等地，都设有发盒所"②。南洋兄弟烟草公司是一个设备较为先进的民族机器卷烟企业，该厂包烟、拍叶、制盒等工作均以手工劳动补充，"烤焙后，即交包烟部。该部分罐装、纸包两种"，女工 2000 余人，"包成后，交入盒部。封包大盒蜡纸，均用女工……制盒多用人工"。③ 在机器制革工业较为集中的上海，"其大厂均以机械从事，但有一部分仍用人工，如生皮经石灰水泡浸而后，由池内取出，行脱毛除脂等工作时，皆由工人以钝刀用腕力刨去之。又鞣皮工作完成之际，如张皮晒日之工作，亦均以人工为之。小厂之工作，除置备一二滚桶外，其余均以人工为之"④。早期民族机器制造工业的发展也离不开手工技术的补充，"机器厂内的加工，除车床能车削者外，其他工序全凭手工操作，如钻孔二分半以下，用我国铜锡器店原有的'扶钻'及'弓钻'工具，二分半以上的，则用'扳钻'……加工引擎上四五寸粗的弯地轴，亦凭打铁工人手工锻制"⑤。正是凭着高超的手工技术，我国机器制造业生产出了最初的工作机和动力机。例如，上海勤昌机器厂仿造的第一台 12 马力卧式冲灯柴油引擎的"制造完全依靠协作"⑥。宝锠铜铁机器厂"曾

① 上海社会科学院经济研究所编：《刘鸿生企业史料》上册，323 页，上海，上海人民出版社，1981。

② 上海社会科学院经济研究所编：《刘鸿生企业史料》上册，80 页。

③ 中国科学院上海经济研究所、上海社会科学院经济研究所编：《南洋兄弟烟草公司史料》，169 页。

④ 《上海皮革工业之调查》，载《工商半月刊》，第 1 卷，第 4 号，1929。

⑤ 《前祥生船厂老工人孙祖恩访问记录》，1960 年 12 月 12 日，见中国社会科学院经济研究所、上海市工商行政管理局、上海市第一机电工业局编：《上海民族机器工业》上册，154～155 页。

⑥ 《前勤昌机器厂资本家周良义访问记录》，1962 年 10 月 3 日，见中国社会科学院经济研究所、上海市工商行政管理局、上海市第一机电工业局编：《上海民族机器工业》上册，217 页。

承包手工制造不少'别克'汽车的铁皮车身。质量较进口货并不逊色"①。以制造缫丝机为主要业务的钧昌机器厂，"年产缫丝机千台以上。为了增加产量，适应缫丝厂大量需要的要求，大部配件，都外包协作。如缫丝机的生铁台面，由翻砂厂代铸，铜盆由铜锡店协作，水箱锅炉水管分包于冷作"②。由此可见，如果没有传统手工技术的补充，我国早期民族机器工业的起步将会更加困难重重。

　　在评价近代机器工业大量的手工劳动和手工技术时，过去往往只分析其对工厂改进技术、更新设备的消极影响，而没有看到两者互补所产生的积极效应，这是失之偏颇的。近代机器工业企业创办时大多资本少，规模小，不经过一定时间的积累和发展，难以更新设备，廉价的手工劳动和手工技术正是民族企业起步和初步发展时所必需的。反过来说，机器工业中的若干环节和工序使用手工劳动和手工技术，也有利于吸纳更多的手工业工人就业，缓解手工业劳动者的贫困状况及由此带来的复杂的社会问题。

---

　　① 《前宝铝铜铁机器厂资本家应宝兴及子应宏昌访问记录》，1962 年 10 月 9 日，见中国社会科学院经济研究所、上海市工商行政管理局、上海市第一机电工业局编：《上海民族机器工业》上册，251 页。

　　② 《前钧昌机器厂出身荣泰五金号资本家何紫云访问记录》，1961 年 10 月 12 日，见中国社会科学院经济研究所、上海市工商行政管理局、上海市第一机电工业局编：《上海民族机器工业》上册，167 页。

第三章　近代手工业经济中的政府行为

　　虽然近代历届政府不可能从根本上真正解除农民的贫困化现象，也不会自觉地认识到近代手工业与民族机器工业之间的良性互动，但是，如何消除因贫困化而出现的农民离村现象，如何消化吸纳破产的农民和手工业者，如何维护社会稳定进而巩固自身的统治地位，却是晚清至南京国民政府面临的共同难题，不能否认他们为此而做出的努力。在这一动机驱使下，晚清、北京、南京政府都采取了一些旨在振兴、保护和发展手工业的政策措施，以解决在外国资本主义和民族资本主义冲击下日益加剧的破产农民和手工业者的就业问题，并取得了一些成效。同时，由于近代中国"实业救国"思潮的高涨，社会各界都强烈呼吁将发展传统手工业作为"实业救国"的一项重要举措，尤其是民国成立后，北京政府和南京国民政府顺应这一日益强大的社会呼声，先后两次召开了全国工商会议，制定了一些保护和发展手工业的具体对策，并加以贯彻落实，形成颇具近代特色的政府行为。从总体上看，近代手工业经济中的政府行为是值得肯定的，晚清从限制手工业发展的传统政策转向改良和提倡手工业，实现了政府角色的转换，是一种积极的行为，产生了一些正面效应。例如，培养了一批手工艺技术人才，保存和传播了一批民族传统手工艺，有利于中国手工业走向世界。北京政府在很大程度上扩大和深化了晚清政府振兴手工业的政策和措施。南京国民政府开始认识到改造手工业的重要性，并采取了具体措施。但是，由于随之而来的"九一八"事变、抗日战争和解放战争，这一进程没有持续下去。同时，由于这类政策措施的一些局限性，政府也不可能从根本上促使手工业向大机器工业顺利转型。不过，虽然如此，近代手工业经济中的政府行为仍然构成手工业长期存在并发生近代性变迁的重要因素。

一、晚清振兴手工业经济的政策措施

（一）限制手工业发展的传统政策

鸦片战争前，清朝封建统治者在重农抑商观念的束缚下，对手工业采取了严格的限制政策。

首先，切断部分手工业与市场的联系，以抑制手工业的发展，达到维护封建统治的目的。清朝前期厉行铜禁、铁禁政策。1728 年，清政府下令"民间不得擅用黄铜器皿，旧存者缴官给价"①。1731 年，清政府重申不许广东铁锅出口，"嗣后铁锅应照废铁之例，一概严禁，无论汉夷船只，均不许货卖出洋。违者照捆载废铁出洋之例治罪；官役通同徇纵，亦照徇纵废铁例议处"②。嘉庆年间，福建的"铁禁有二，一内禁，一外禁。内禁者，延建邵汀四府不近海之地，宜禁私铁，以清其源。外禁者，宁福兴漳泉五府近海之地，宜禁私通，以绝其流"③。清政府甚至对民间酿造业也加以禁止，1738 年，乾隆帝对江苏镇江酿造曲酒的坊户"严行申禁，此后毋许私造。其已成旧曲，应令地方官查明确数，令速行发卖"④。

其次，对手工业实行统制政策，清政府不允许民间随意开设铺户、作坊。1744 年，分散在北京的 364 座炉铺被强行集中到京城内外八旗

---

① 杨霁修，陈兰彬、杨颐纂：光绪《高州府志》卷四十九《纪述二》，见《中国方志丛书》编委会编：《中国方志丛书·华南地方·第 68 号》，738 页，台北，成文出版社，1967。

② 姚贤镐编：《中国近代对外贸易史资料(1840—1895)》第 1 册，15 页。

③ 《杨桂森请严查私铁议》，嘉庆十三年(1808)，见彭泽益编：《中国近代手工业史资料(1840—1949)》第 1 卷，424 页。

④ 南开大学历史系编：《清实录经济资料辑要》，224 页。

三营地方，交与步军统领衙门、顺天府府尹严行稽查。① 1808 年，嘉庆帝谕令神乐署两廊附近"赁开茶馆及各项作坊共三十三处，俱不准其开设，著以本日为始，饬令严催，统限两个月，一概搬移……倘届期犹未能全数搬净，著步军统领衙门将太常寺堂官参奏，交部议处，并查明任意客留不即搬移之各该民人，一并治以应得之罪"②。同时，清政府严格管制手工业原料的开采，例如，硝磺、银矿、白土、砖灰、木材等原料的开采乃至于茶树栽培等行业，严令禁止，不绝于史书。此外，清政府中央及各地官吏对民间手工业勒征贡物，其实质也是一种产品统制，例如，山西潞绸，苏州宫灯，云南、浙江、两淮等地的铜器，福建各色茶叶等手工业产品，都是各地官吏取媚朝廷的贡物，因此，难以按市场定价，商人亦无盈利可言，"官价陋规，有给半价者，有毫不给价者，有官发价而胥役中饱者，有官买一而役买二者，有延捱扣索搀换低银者，种种弊端，更难仆数"③。这不仅限制了手工业的扩大再生产，而且使这部分手工业难以为继，例如，山西长治、高平二县所织的潞绸为朝廷贡品，各级官吏"乃急急焉以为朝廷之必需，遂群起而竞取之，采买接踵而至，机户应接不暇。加以差使勒索，烦费靡穷，至于竭民力而不止"④。

最后，关多税重，手工业产品流通不畅。清朝前期，"各省地方，于关税杂税外，更有落地税之名。凡穭锄箕帚薪炭鱼虾蔬果之属，其值无几，必查明上税，方许交易；且贩自东市，既已纳课，货于西市，又复重征。至于乡村僻远之地，有司耳目所不及，或差胥役征收，或

---

① 参见清代抄档：《乾隆九年十月初九日鄂尔泰等奏》，见彭泽益编：《中国近代手工业史资料(1840—1949)》第 1 卷，422~423 页。

② 刘锦藻：《清朝续文献通考》卷五十六《市籴一》，考八一一一。

③ 赵志士：《为照值平买以清陋习示》，见彭泽益编：《中国近代手工业史资料(1840—1949)》第 1 卷，446 页。

④ 张淑渠、姚学瑛修，姚学甲纂：乾隆《潞安府志》卷三十四《艺文续编六》，见《中国地方志集成》编委会编：《中国地方志集成·山西府县志辑·31》，125 页，南京，凤凰出版社，2005。

令牙行总缴"①。地方当关各吏私立名目，在在需索，更为司空见惯，例如，在江苏浒墅关，"该关旧例量船之广狭，以定税之多寡，名曰梁头，自七尺起至一丈八尺止，纳税俱有定额。蠹等（指官吏郑国柱等人——引者注）擅自增加，如七尺梁头船，额收平料等银共止一两零者，今私征至十三两一钱零；补料等银共二两一钱者，今私征至二十二两二钱零；一丈八尺梁头船，额收平料等银共止九两二钱者，私征至六十八两六钱零。补料等银共止十八两三钱零者，今私征至一百六十两零，计所私征不下百余万，报部则仍照旧额，余尽烹分"②。浒墅关只是全国屡禁不止的一个缩影。关政之弊无疑妨碍了全国统一市场和区域性市场的形成。

总体来看，清朝前期的手工业政策旨在将手工业限制在传统农民家庭经济内部，使之成为自然经济的有机组成部分，服从并服务于建立在这种自然经济基础之上的封建统治，即使是城市手工业，也被牢牢控制在政府及与政府有密切关系的行会手中。任何超越自然经济而独立发展的手工业，都必将被置于政府的控制范围之内，难以有扩大再生产的可能。

在政府严格限制手工业发展的时候，英国等西方主要资本主义国家通过工业革命，工业生产发生了质的飞跃，即从手工业过渡到了大机器工业。鸦片战争便是英国完成这种过渡之后要求扩张市场的武力诉求的反映。战后清政府面临着全新的世界经济格局，中国传统手工业受到西方机制品的冲击。据吴承明考证，鸦片战争后，我国传统手工业受到冲击最严重的是手工纺纱、手工制针、手工炼钢、土烛制造、制靛业、木版印刷等八个行业，其中手工纺纱是存在范围最为广泛的传统手工业，产量由 1840 年的约 748 万担递减至 1936 年的 107 万担。③ 其他

---

① 清代抄档：《署理广西巡抚印务驻劄桂林府杨锡绂题》（乾隆六年八月二十八日），见彭泽益编：《中国近代手工业史资料（1840—1949）》第 1 卷，452 页。

② 清代抄档：《巡抚东城陕西道监察御史吴震方谨题》（康熙二十四年十二月初三日），见彭泽益编：《中国近代手工业史资料（1840—1949）》第 1 卷，454 页。

③ 参见吴承明：《论工场手工业》，载《中国经济史研究》，1993(4)。

手工业行业在外国机制品的竞争压力下苦苦抗争，一部分适应国外市场需要的手工业如丝织业、制茶业，面临着国际市场的激烈竞争。生丝产品受到日本的排挤，在国际生丝贸易中的地位日益下降，1871—1875 年中国生丝出口量达 3941000 公斤，日本仅为 691000 公斤，而 1911—1915 年日本跃升到 10771000 公斤，而中国仅为 7649000 公斤。① 茶叶则主要处在印度、锡兰的威胁之中，到 19 世纪末 20 世纪初，华茶的国际市场急剧萎缩，1894 年输往英国的华茶已由高峰时期的 100 万担减至 30 余万担，输往其他国家的华茶，也有不同程度的减少。②

外力冲击的同时，国内战争（主要是清政府对太平天国运动的镇压）对手工业尤其是江南一带的传统手工业产生了不可忽视的影响。例如，南京丝织业在 1853 年拥有织机 50000 张，到 1880 年已减至 5000 张，减少了 90%。又如，苏州丝织业 1853 年拥有织机 12000 张，1880 年减至 5500 张，减少了 54%。③"杭城机户昔以万计。洪杨之役，遂致星散。幸存者不过数家。"④

传统手工业受到的双重冲击给晚清带来了严重的社会问题。手工业者大量失业，使农民生活更加贫困，城市人口急剧增加，让本已动荡不定的社会更加危机四伏。1856 年以前，云南个旧的锡矿工人达 100000 人，甲午战争后的 1896—1897 年仅余 20000 人。⑤ 陕西"南山各处，木厢铁厂纸厂炭洞工作，计不下数万人。同州之大荔及沿河盐咸工作，手指尤繁。此等皆无业游民，一经歇业，易与匪勾结"⑥，从

---

① 参见万峰：《日本资本主义史研究》，198 页，长沙，湖南人民出版社，1984。

② 参见姚贤镐编：《中国近代对外贸易史资料(1840—1895)》第 2 册，1204 页。

③ 参见《五六十年代间几种主要手工业破坏的估算》，见彭泽益编：《中国近代手工业史资料(1840—1949)》第 1 卷，612 页。

④ 建设委员会调查浙江经济所编：《杭州市经济调查》，71 页，杭州，杭州市镇东楼建设委员会调查浙江经济所，1932。

⑤ 参见《五六十年代间几种主要手工业破坏的估算》，见彭泽益编：《中国近代手工业史资料(1840—1949)》第 1 卷，612 页。

⑥ 王茂荫：《附陈陕西军情片》，同治元年(1862)五月初八日，见彭泽益编：《中国近代手工业史资料(1840—1949)》第 1 卷，611 页。

而威胁清朝统治。福建崇安"为聚茶之所，商工辐辏，常数万人。自粤逆窜扰两楚，金陵道梗，商贩不行，佣工失业"①。江苏省自"河流北徙，漕运改章，向之千指万插者，今则悉成游手"②。一部分失业人口前往城市谋生，造成城市人口的过快增长。到19世纪末20世纪初，无业"游民"已经成为一个重大的社会问题，尤其是国内形势的发展更使清朝从中央到地方的各级官吏惶恐不安，他们为清政府的统治而忧虑。"无业游民生计日绌，苟不早为之所，则民不聊生，人心思变，更何堪设想。今欲地方安静，必先为若辈筹其生路，然后继以竣法，使之进有所图，退有所畏，善后之策，如斯而已。"③因此，谋求稳定封建统治的善后之策乃是晚清手工业政策转型的主要动机。

（二）清政府对手工业的改良和提倡

晚清政府为恢复和振兴传统手工业，主要采取了以下几项举措：

（1）学习外国先进技术，重视中国传统手工业原料作物种植技术及产品制造方法的改良。1906年，商部派郑世璜赴印度、锡兰考察茶务。郑世璜根据印锡"气候之暖热，播种之浅深，剪割之疏密，采摘之老嫩，烘焙之燥湿，碾压之轻重，装载之松紧"等方面的经验，写成《印锡种茶制茶》一书，提出设机器厂、立大小公司、固结团体等技术与管理方法，以改良中国茶业墨守成规、厂号奇零、商情涣散、作伪掺杂等弊端；商部十分重视这次考察，并为此专门札饬全国各大商会，阐明"中国土货出口，茶为大宗，近年来印度、锡兰等处，茶业日益精进，而华茶日益败坏，若不急为整顿，则华茶之美势将湮没"的严峻局面，要求各地商会"转饬各茶商，迅即设法改良"。④ 1906年，商部与

---

① 王家勤：《夏四月变崇安茶法》，咸丰三年（1853），见《王靖毅公年谱》卷上，见北京图书馆编：《北京图书馆藏珍本年谱丛刊》第149册，664～665页，北京，北京图书馆出版社，1999。

② 刘锦藻：《清朝续文献通考》卷三百七十八《实业一》，考一一二四〇。

③ 黄中慧：《辛丑五月二十九日上庆邸，倡议北京善后工艺局说帖》，见彭泽益编：《中国近代手工业史资料（1840—1949）》第2卷，515页。

④ 《商务局为郑世璜考察印锡茶务情形照会》，1906年3月19日，见章开沅、刘望龄、叶万忠主编：《苏州商会档案丛编（第一辑）》，331～332页，武汉，华中师范大学出版社，1991。

工部合组而成的农工商部也曾为提高茶叶质量，保护国际市场，札饬各商会"传知茶叶各董认真整顿"，"以冀销场畅旺，挽回华茶利权"。①农工商部对驻外商务随员的调查和建议也十分重视。1907年，农工商部转发了驻德商务随员莫镇疆来禀之文，当中总结了日本经验，指出日本自明治维新以后，"于茶之品质、树艺、制炼，政府奖励备至，学者研究至勤，而商人立会社，聘技师，聚集众品，比较评定，务投内外国人之所好，与饮者之所宜。又于出口各海岸设立试验所，俾求者应者得公同试验，昭示无疑"，要求各商务总会"转知各分会一体遵照"。②

针对生丝贸易的下降，1908年，农工商部又转发驻英商务委员周凤岗的条陈，建议"江、浙两省素来业丝富商，招集股本，择出丝最多地方创设机器纺织公司，一面遴选智巧机匠一二十人，赴法、义、日本三国学习此项工艺。三五年后，规模粗立，逐渐推广"，要求各地商会"传知各商民存备参考，并行知各分会一体知照"。③

棉纺织业是近代中国最大的手工业行业，清政府也非常重视棉花种植及棉纺织产品的改良。1908年2月，光绪帝发布上谕，"著农工商部详细考查各国棉花种类，种植成法，分别采择，编集图说，并优定奖励种植章程，颁行各省，由各督抚等督率认真提倡，设法改良……该部未经颁章以前，著各省督、抚先行体察该省情形，劝谕商民实力筹办，或选择官地试种，或集股设立公司，多方鼓舞"④。农工商部迅速札饬各驻外使馆商务随员，"将该国棉花种植及织造纱布，悉心查考，绘图帖说，详细报部。所有该国棉花子种，一并选择采购，寄部试

---

① 《农工商部札天津商务总会传知茶业认真整顿文》，见甘厚慈辑，罗澍伟点校：《北洋公牍类纂正续编（二）》正编卷二十一，872页，天津，天津古籍出版社，2013。

② 《农工商部转发莫镇疆考察德国茶叶进口情形来札》，1907年3月19日，见章开沅、刘望龄、叶万忠主编：《苏州商会档案丛编（第一辑）》，333～334页。

③ 《农工商部转发周凤岗条陈札》，1908年10月10日，见章开沅、刘望龄、叶万忠主编：《苏州商会档案丛编（第一辑）》，340～342页。

④ 《农工商部为改良棉种及纺织事来札》，1908年2月26日，见章开沅、刘望龄、叶万忠主编：《苏州商会档案丛编（第一辑）》，263～264页。

验……并咨各督、抚饬属详查见覆，暨将遵旨先行劝办情形，随时报部备案外，该省各属地方现在种植棉花以何处为最多？以何地为最良？所织纱布行销何处？能否仿照洋布与洋纱比较优劣若何？以及有无设立此项公司？或已设公司几处？自应先行调查，以资比较，而便考核"①。

　　清政府为调查各地植棉及纺织情形的饬令得到了地方商务总会、分会的响应，天津商务总会所属的高阳、磁州彭城镇、秦皇岛、顺德等分会都及时报告了本地植棉与纺织情形，并比较优劣，有的还提出了改进办法。② 农工商部制定的《奖励棉业章程》也于 1911 年 4 月发布。该章程共分十四条，其中第二条明确了奖励植棉的范围，以所产棉花"确系改良种法，收成丰足，棉质洁白坚韧，能纺细纱者"为限；第十条规定，"凡新式轧花机及弹棉、纺纱、织布各项手机，或将本地改良之棉花、纱布运销外省，所有经过各关卡应如何优加体恤之处，由部咨明税务处办理"；第十一条规定："如有能仿造轧花、弹棉、纺纱、织布各项手机，运用灵便，不逊外洋者，验明确实，一律酌给奖励。"③

　　针对 20 世纪初年草帽辫出口锐减的情形，农工商部于 1908 年 1 月和 9 月先后札饬全国各商务总会，说明"中国出口土货，草帽辫夙为大宗，不宜取巧弊混，自戕生机。……该商人等应力事讲求，推广销路，勿得嗜尺寸微利，致失信用"，并要求各省商会转饬该项商人，"遵照常规办理，其不合常规者，务即设法禁止，勿令装运出口，以保利权"。④ 1911 年 4 月，农工商部又转发了驻德商务随员水钧韶关于草

　　① 《农工商部为改良棉种及纺织事来札》，1908 年 2 月 26 日，见章开沅、刘望龄、叶万忠主编：《苏州商会档案丛编（第一辑）》，263～264 页。

　　② 参见《农工商部为调查各地植棉纺织情形事札饬津商会并附高阳秦皇岛顺德商会调查报告》，1908 年 2 月 26 日—5 月 21 日，见天津市档案馆、天津社会科学院历史研究所、天津市工商业联合会编：《天津商会档案汇编（1903—1911）》上册，1311～1315 页。

　　③ 《农工商部发送棉业奖励章程札》，1911 年 4 月 5 日，见章开沅、刘望龄、叶万忠主编：《苏州商会档案丛编（第一辑）》，264～267 页。

　　④ 《农工商部札饬天津商会出口草帽辫尺寸亏短信用丧失请速整顿文》，1908 年 1 月 3 日、9 月 12 日，见天津市档案馆、天津社会科学院历史研究所、天津市工商业联合会编：《天津商会档案汇编（1903—1911）》上册，1114、1116～1117 页。

帽辫外销锐减情形的调查及其改良建议，要求各"商务总会传知各商遵照"，水钧韶提出了联合草帽辫商人设立总会，传知各商会设立草帽辫调查局，在出产草帽辫之地劝设制造草帽公司等建议。①

（2）推广手工业优质原料作物的种植，注重手工工艺的交流与传播。蚕丝为中国传统手工业大宗出口商品，中国蚕丝中又以浙江杭州、嘉兴、湖州三府为最优。太平天国运动后，清朝各地方官积极倡导民间种植浙桑，仿造湖丝。江苏丹阳"兵燹后（指太平天国运动之后——引者注，下同），闲田既多，大吏采湖桑教民栽种，不十年桑阴遍野，丝亦渐纯，岁获利以十数万计"②。1874 年，湖北武昌"署知县宗景藩捐廉俸，于浙江买鲁桑万株，分给各乡，叶圆厚而多津，民间呼为宗公桑"③。1882 年，安徽婺源"左公（宗棠）从潘太守纪恩之请，捐廉市嘉兴桑秧十万株，运解婺源种植"④。1889 年，台湾巡抚刘铭传"委云林知县李联奎等赴江浙、安徽各省，搜集蚕桑之种及其栽饲之法，编印成书，颁与人民，大为奖励。又购棉子，通饬厅县晓谕农家播种"⑤。

四川成为近代中国的主要蚕丝区，很大程度上得益于地方官的着力倡导，笔者依据有关材料列为表 3-1，以管见一斑。

---

① 参见《驻德商务随员水钧韶调查草帽辫外销锐减情形与改良办法文》，1911 年 4 月 16 日，见天津市档案馆、天津社会科学院历史研究所、天津市工商业联合会编：《天津商会档案汇编（1903—1911）》上册，1117～1119 页。

② 刘诰等修，徐锡麟等纂：光绪《重修丹阳县志》卷二九《风俗·土产》，见《中国方志丛书》编委会编：《中国方志丛书·华中地方·第 409 号》，1490 页，台北，成文出版社，1983。

③ 钟铜山等修，柯逢时等纂：光绪《武昌县志》卷三，见《中国地方志集成》编委会编：《中国地方志集成·湖北府县志辑·33》，391 页。

④ 吴鹗修，汪正元纂：光绪《婺源县志》卷三《风俗》，清光绪九年（1883）刻本，5 页。

⑤ 连横：《台湾通史》，见沈云龙主编：《近代中国史料丛刊（续编）》第 74 辑，641 页，台北，文海出版社，1980。

表 3-1　晚清四川地方政府对蚕桑业的推广情况一览表

地区	推广情况	资料出处
新繁	余大令曾筹款购买桑秧万株，分布四乡，桑葱如云，饲蚕熬膏获利倍徙。	《四川官报》，第 19 册，《新闻》，2 页，1907。
江津	县令委绅赴四乡演说，劝导各都各保认栽百五十万株，复垫款七百金赴三台购秧数万，并立蚕桑实业学堂，自备伙食，不取学费，大开风气。	《广益丛报》，第 101 号，《纪闻》，9 页，1906。
永川	县令在任两年有余，购买桑秧布种四乡，民间已渐知取利，并委绅设局劝导……	《四川官报》，第 8 册，《公牍》，9 页，1907。
太平	县令讲求事桑，种植得法，今春一律发芽，共计六万五千余株。	《四川官报》，第 15 册，《公牍》，8 页，1907。
马边	前已设局训桑千株，现复拨款委绅购嘉桑一万二千株，分发各保领种。	《四川官报》，第 12 册，《公牍》，8 页，1908。
保宁	该府自去年创办山蚕传习所，成效大著，今春复改良一切，力求扩充，九属共设山蚕传习所三十余处，学生七百五十人，实习场一百七十余处。	《广益丛报》，第 232 号，《纪闻》，9 页，1910。
岳池	刘大令集城厢绅董议兴蚕业，首捐四百金以为之倡……	《四川官报》，第 7 册，《新闻》，1 页，1905。
长寿	县令已购桑秧五十万株，除分发外，余于西门外隙地栽种，设局经理，民间亦渐知养蚕。	《四川官报》，第 22 册，《公牍》，4 页，1905。
郫县	郫县城垣周围皆树桑万余株……	《四川官报》，第 4 册，《新闻》，1 页，1905。
资阳	吴大令去冬谕令各乡民凡有隙地，皆得种桑，刊章程以资惩劝，又于城内创设蚕桑公社，该邑桑业颇觉蒸蒸日上。	《四川官报》，第 8 册，《新闻》，1 页，1905。

河南省推广蚕桑之利的措施也非常得力，1880 年河南省设立了蚕桑总局，由河南候补道魏纶先"首先倡捐银款，派员前往浙省采买湖桑二十三万余株，蚕种三百六十余张，雇觅工匠二十四名，并各种器具

多副，又购买本产土桑三万余株，一并饬发各属，散给民间，认真劝办"①。次年，蚕桑总局采办蚕桑织具委员姚傅携亲赴浙江，陆续雇请"机匠五名，料房匠二名，牵经匠一名，理线匠一名，大红染匠一名，经纬染匠二名，绸绉染匠二名，并置机三张，经纬三对"②。蚕桑总局还专门制定了《浙匠豫徒各条规》，对认真教授的浙匠和刻苦学习的工徒给予重奖。例如，"织造宁绸线绉缎匹"及"染炼经纬"的工匠，每教成一合格幼徒，各奖银二十两；织造湖绉捻线缎的工匠，每授一合格幼徒赏银十四两；织造经纬、牵经引经的工匠，每培养幼徒一名，分别奖银十两；幼徒在学徒期内，每月能织捻线缎、湖绉、线绉二十丈，或织宁绸缎匹蟒袍十二丈者，则赏钱四百文，多织递加。③ 广西则于1888年在省城桂林、梧州府城开设机坊，每坊聘请广东机匠三名，教民学织，"群相仿效，到坊学习，坊间人满。织坊所成绸匹，丝线不亚广东"④。福建省于1890年设立福州织布局，"招集织徒，市购织具，量给火食，限以三个月学成，领机归织。数月之后，每徒每月率能织布二十余匹……城乡多仿照办理，每年约出布四十余万匹，穷民执业，赖以资生"⑤。

湖北巡抚谭继洵治鄂期间于1893年会同张之洞设立湖北蚕桑局，聘请江浙工匠共十七人为教习，"学徒准随时收录，其有手艺已成，情愿出局自行开机者，毋得留难；并准将织成之绸送局，代为练染，仍

---

① 涂宗瀛：《试办蚕桑渐著成效疏》，见葛士浚：《皇朝经世文续编》卷三十五《户政十二·农政上》，清光绪戊戌(1898)中夏石印本，6a 页，上海，上海书局，1898。

② 魏纶先：《蚕桑织物纪要》，见彭泽益编：《中国近代手工业史资料(1840—1949)》第 2 卷，19 页。

③ 参见《论浙匠豫徒各条规》，见彭泽益编：《中国近代手工业史资料(1840—1949)》第 2 卷，22 页。

④ 马丕瑶：《请免广西新丝厘税片》，光绪十六年(1890)三月十三日，见《马中丞遗集》卷二，收入《清代诗文集汇编》编纂委员会编：《清代诗文集汇编》第 718 册，613 页，上海，上海古籍出版社，2010。

⑤ 光绪十八年(1892)二月二十七日卞宝第奏，见朱寿朋编：《光绪朝东华录》第 3 册，3087 页，北京，中华书局，1984。

交该徒自售，俾广利益"①。虽然该局只存在了几年，但为湖北丝绸业的发展培养了一批工匠。张之洞也非常注重引进并推广手工艺技术，1905 年，他在劝工院的基础上，开办了汉口贫民大工厂，以训练贫民各种手艺为目的。② 1906 年又令工业学堂监督程颂万筹设"华兴手工技艺厂家"，由留日工业学生徐自新出资三千金，购回日本的各种手工艺机械，招收学徒一百余人，学习造纸、印刷、木工、竹工、漆工、绒绣等工艺。③ 1904 年，浙江新城县高大令"首先捐廉，会绅集款，购得织毛巾木机若干架，分给各乡妇女，劝令学织，以广利源"④。清政府从减免赋税方面对各地推广和改良手工业的做法予以支持，例如，1891 年，免去广西新出绸匹出境税厘，次年又批准福建"土布进口免其再征税厘，其运售出口土布减为四折征收"⑤，从而在一定程度上扶持了当地的新兴手工业。

　　一些地方机构还比较重视手工工具的更新。1903 年，江南劝业机器工艺总局从日本购回两部织布木机，该机每年可出布 120 匹，"价值之廉，织布之速，用力之省，远胜旧日之机"；1906 年 8 月，江苏省商务总局为劝谕民间仿造该机，专门发出"照会"，并将一千份该机图样分发两江各府、州、县，要求各地商会"劝谕各商民仿造传习，以开风气，而厚民生"。⑥ 各地商会组织为推广改良手工工具的使用而不遗余力，天津商务总会曾于 1910 年专门致函高阳商务分会，希望他们推

---

　　① 　《各省农事：厘定章程二十六条》，载《农学报》，第 6 期，1897。

　　② 　参见侯祖畲修，吕寅东纂：民国《夏口县志》卷十《实业志》，见《中国地方志集成》编委会编：《中国地方志集成·湖北府县志辑·3》，121a 页。

　　③ 　参见《实业：各省工艺汇志·湖北》，载《东方杂志》，第 3 卷，第 10 号，1906；《实业：各省工艺汇志·湖北》，载《东方杂志》，第 4 卷，第 6 号，1907。

　　④ 　《实业：各省工艺汇志·浙江》，载《东方杂志》，第 1 卷，第 3 号，1904。

　　⑤ 　光绪十八年(1892)二月二十七日卞宝第奏，见朱寿朋编：《光绪朝东华录》第 3 册，3087 页。

　　⑥ 　《苏省商务总局劝谕仿照织布木机照会》，见章开沅、刘望龄、叶万忠主编：《苏州商会档案丛编(第一辑)》，260 页。

广使用天津九诚铜铁厂的张国珍自制织布铁轮机。① 顺德商务分会于1902年从天津购回美商胜家公司手摇缝纫机和日商田村洋行轧棉、弹棉、纺纱、织布等机器30余架，"于郡市择地摆列，布告织纺村民来郡参观，并授以用机各法，以期改良进步；仿效推行。继而任县、巨鹿以及邻村各属，仿造者有之，贩卖者有之，借兹风气渐开"②。

(3)在中央及各省工艺传习机构，研究、改良、传播手工业产品制造技术。1902年，清政府设立了京师工艺局，即后来的农工商部工艺局，以"树全国艺事之模型，为各省劝工之倡导"③。此后，在"振兴实业"的口号下，中央和地方掀起了一股兴办工艺传习机构的热潮，如表3-2所示：

表3-2　清末中央及地方设立工艺传习机构一览表

名称	年份	地址	传习科目	备注
京师工艺局	1902	京师外城下斜街	织工、绣工、染工、木工、皮工、料工、纸工、藤工、画漆、图画、铁工、井工	附设成品陈列室，拟定试办简章，招收学徒500名
北洋工艺局	1903	河北旧右营基址	机械、劝工、彩印、染色、木工、窑业、刺绣、提花、图画、烛皂、制燧	常年招收学徒700名，直隶共设传习工场87处，罪犯习艺所25处
济南工艺传习所	1905	济南	铜铁、绣花、木器、毛毯、织布	开办经费50000两，岁需成本经费20000两，山东共设有工艺局约102处

① 参见《天津商务总会致高阳商务分会函》，见天津市档案馆、天津社会科学院历史研究所、天津市工商业联合会编：《天津商会档案汇编(1903—1911)》上册，1325页。

② 《农工商部为调查各地植棉纺织情形事札饬津商会并附高阳秦皇岛顺德商会调查报告》，1908年2月26日—5月21日，见天津市档案馆、天津社会科学院历史研究所、天津市工商业联合会编：《天津商会档案汇编(1903—1911)》上册，1315页。

③ 《农工商部工艺局扩充试办简章》，见彭泽益编：《中国近代手工业史资料(1840—1949)》第2卷，511页。

续表

名称	年份	地址	传习科目	备注
山西省城工艺局	1902	太原	布科、染科、玻璃、毯科、木科、漆科、带子科	山西各属及太原满营设有传习所10余处
江西工艺院	1901	南昌	蒲鞋、麦扇、草帽、麻绳、刷书、刻字、织带、缝衣、制履、织网	江西各属设立工艺传习院、所计76处
四川通省劝工局	1903	成都宝川局附近	缝帽、染布、织履等共10科	开办费计6900余两，四川全省各种工艺传习所共计73处
广东工艺厂	1904	广州小北门内	景泰青、藤器等	广东全省创办各种工业传习所共计21处
广西工艺厂	1904	省城桂山书院	土布、藤器、竹器、草席等科	招收学徒200名，广西全省共有各种工业传习所14处
福建工艺厂	1903	省城内南营	织布、粗工、细工等科	招收学徒160名，福建全省各种工业传习所约有14处
浙江工艺传习所	1905	杭州	织、染、绸布、造纸、制造、罐头食物	招收年龄15岁以上、25岁以下生徒160人，计有工艺传习所39处
苏州工艺局	—	苏州城	织毯、造履、木工等科	江苏全省有工艺传习所8处
陕西工艺厂	1904	省城西门外	竹工、木工、革工、针工、造纸、毡毯、潜工等科	挑选少壮无业者100人为学徒，陕西全省有传习机构12所
甘肃劝工局	1906	省城兰州	制革、皮箱、皮靴、裁绒、绸缎、织布、玻璃、皮盒、卤漆、铜铁器等科	工匠20名，学徒100名，杂役20名，甘肃设有工艺传习所49处
安徽全省工艺厂	1908	省城西门外	制毡、制革、竹器、木器、藤器、番布、宁漆、柳条编织等科	另设工业传习所1处，劝工场2处
奉天工艺传习所	1906	省城东门外	金、木、缝、雕、漆、绣、染、毯、织布、刷印、玻璃、胰皂、洋烛、凿井	招收官费学徒80名，艺徒学堂学生49名，全境有传习所12处

续表

名称	年份	地址	传习科目	备 注
黑龙江工艺传习所	1907	省城江沿西营	木工、油漆、蜡烛、胰子等科	黑龙江全省设有各种工业传习机构7处
吉林实习工厂	1909	松花江南岸	织科、染科、木科、料科、杂艺科	开办经费计吉钱124000余吊，吉林全境设工业传习所6处

资料来源：本表主要依据彭泽益编《中国近代手工业史资料（1840—1949）》第2卷第505～576页的有关史料，及刘锦藻著《清朝续文献通考》（《实业一》至《实业九》）考一一二三九至考一一三四三的有关资料编制，备注栏中有关省份工艺传习机构的数字系1913年实存数，其绝大部分为清末设立。

　　上表只是一个粗略统计，实际上，中央及地方还设立了八旗驻防工艺传习机构，例如，1908年成立的北京首善工艺厂，开办经费达185000两，学徒都来自八旗子弟；又如，同年成立的湖北荆州八旗工艺厂，开办经费10000两，也专招旗人入学。① 当然，各省地方工艺局、所并不是专门的手工艺传习机构，例如，直隶工艺总局"为振兴直隶全省实业之枢纽，除总理工艺学堂及考工厂两事外，有考查直隶全省土产及所销洋货情形，设法讲求劝谕地方工作之责"②。但是，推广手工业技术的传播、促进民族传统手工工艺的改良却是各地工艺局的重要职能。上表所列各地工艺局传习科目大都是适合于出口贸易的初加工手工业或具有该地地方特色的民族传统手工业，其主旨在于传授谋生手段，化除"游民"，达到教养兼施的目的。例如，京师工艺局所设各科，"如系南省专门工艺，京师尚未仿造者，则招集各该省工匠来京制造，以广其传；其京师已有之工艺，尚当推陈出新者，则招致良工，益加考究，以尽其量"③。为实现这个宗旨，京师工艺局制定了专

---

　　① 参见《荆州将军恩存等奏筹办驻防工艺场厂》，光绪三十四年（1908）四月初七日，见彭泽益编：《中国近代手工业史资料（1840—1949）》第2卷，573页。

　　② 《直隶工艺总局开办宗旨七条》，1903年10月，见天津市档案馆、天津社会科学院历史研究所、天津市工商业联合会编：《天津商会档案汇编（1903—1911）》上册，1139页。

　　③ 陈璧：《遵旨设立工艺局暨农工学堂大概情形折》，见彭泽益编：《中国近代手工业史资料（1840—1949）》第2卷，506～507页。

门的《雇募工师条例》，规定"如能改良旧法，发明新艺，仿造洋货，由本局分别呈明本部，赏给八九品艺士职衔"；"如能技艺超群，人难仿效，为世传独得之秘，本局察看，酌量可递补一二三等教习名目，其辛工银由二十两至五十两"。① 北京工艺局对于"京货所著名者，如景泰琅、裁〔裁〕绒毯、平金、雕刻之类，精益求精，以广销路。洋货所浸灌者，如纸张、布匹、针线、火柴、蜡烛之类，设法仿造，以塞漏卮"②。

各省地方手工艺传习机构更突出实用性。例如，直隶工艺总局附设实习工场，就以"推广民间生计为主……使所学者得所用，庶几风气日开，民生日裕"③。四川通省劝工局所属工艺厂"乃欲加精四川已有之工艺，扩充四川未有之工艺，则其宗旨宜纯于为工艺，即以注意高等之工艺为界限"，"副厂乃欲收无业穷民游民，教之有业，使之不穷不游，则其宗旨宜纯乎为无业之穷民游民，即以教寻常易学而能活之工艺为界限"。④

（4）举办全国或地方性赛会，鼓励手工业商人积极参加国际赛会。晚清第一次全国性的商品赛会当推 1910 年举办的南洋劝业会，这次劝业会共设六馆、九大部类。为了开好这次劝业会，南洋辖治的苏、皖、赣三省各属先行举办了物产会，并专门制定了《各属物产会简章》，对物产会会址、组织、会场、费用、参展类别做出了规定，将物产分为四大类：天产、工艺、美术、教育。其中工艺品、美术品中的绝大多数是传统手工业产品，如陶瓷部的陶器、瓷器，髹漆部的雕填、彩绘，

---

① 《农工商部工艺局扩充试办简章》，见彭泽益编：《中国近代手工业史资料（1840—1949）》第 2 卷，513 页。

② 《北京工艺局创办章程》，见彭泽益编：《中国近代手工业史资料（1840—1949）》第 2 卷，519 页。

③ 《直隶工艺总局详呈实习工场试办章程并筹拨经费文》，1904 年 10 月，见天津市档案馆、天津社会科学院历史研究所、天津市工商业联合会编：《天津商会档案汇编（1903—1911）》上册，1141 页。

④ 清代抄档：《岑春煊奏成都创立劝工局酌拟试办章程折》，光绪二十九年（1903）正月二十四日，见彭泽益编：《中国近代手工业史资料（1840—1949）》第 2 卷，554 页。

琉璃珐琅部的琉璃、珐琅、景泰蓝，竹木部的木器、竹器、藤器、柳条器，玉石部的玉器、石器，绣织部的刺绣、织锦，雕塑部的雕镂、塑石、膏塑，陶烧部的紫砂器、宝烧，以及手工编织部的编织物，像生花果等产品。① 这不仅反映了清政府正视当时我国工业经济发展的现状，同时也是对手工制造业的一次全面检验。

在南洋劝业会举办前的 1905 年 11 月，清政府商部颁发了《出洋赛会通行简章》三十条，鼓励商人参加国际赛会，对参赛货物免去关税，并要求"赴会商人所陈列物品，应与各国所陈同类之品用心比赛，取彼之长补我之短，以图改良之计"②。1906 年 11 月，农工商部又札饬全国各商会，要求他们"广为劝谕，设法提倡，使商人争自濯磨"③。20世纪初年，清政府农工商部及各省劝业道都积极鼓励商人参加意大利密加诺、都朗赛会，英国爱尔兰德博林赛会，菲律宾运动欢迎赛会，澳大利亚女工赛会，俄国圣彼得堡赛会，日本东京博览会，比利时万国赛会，奥地利维也纳猎务会，德国卫生博览会等一系列国际赛会。④由于当时中国民族机器工业大大落后于西方工业，中国参赛物品多为手工业产品，赛会主办国也十分重视中国传统工艺产品，例如，奥地利维也纳猎务会陈列所提调曾对中国驻奥公使表示，"中国磁器、珐琅、茶叶、绣货为环球所艳称，奥国尤酷爱之。倘令华商携货来会，于贵国商业前途必有利益"⑤。尽管中国手工业产品早就闻名于世，但多为民间经济交往，而由政府出面加以组织，晚清还是第一次。这不

① 参见章开沅、刘望龄、叶万忠主编：《苏州商会档案丛编（第一辑）》，399～405 页。

② 《出洋赛会通行简章》，见章开沅、刘望龄、叶万忠主编：《苏州商会档案丛编（第一辑）》，463 页。

③ 《农工商部为劝谕工匠赴赛考查事札苏商总会文》，光绪三十二年（1906）九月二十九日，见章开沅、刘望龄、叶万忠主编：《苏州商会档案丛编（第一辑）》，467 页。

④ 参见章开沅、刘望龄、叶万忠主编：《苏州商会档案丛编（第一辑）》，471～519 页。

⑤ 《农工商部劝谕参赛札文》，宣统元年（1909）二月初四日，见章开沅、刘望龄、叶万忠主编：《苏州商会档案丛编（第一辑）》，504 页。

仅表明晚清政府参与国际经济信息交流的愿望，而且也是中国传统手工业实现国际化的重要举措。

（三）积极性与局限性

从鸦片战争前对手工业的严格限制到战后对手工业的积极改良和提倡，反映了晚清政府在近代手工业经济活动中实现了角色的转换，这是一种积极的转向。经验表明，后发外缘型工业化国家和地区，现代机器工业难以一下子摧毁和取代民族传统手工业，因为落后国家和地区有其特殊的经济国情（如人口与土地的失调、原有经济结构的稳固性、外资企业与民族企业的竞争等），同时也面临着既成的国际经济分工格局。以与中国国情相似的日本为例，明治维新后，日本近代工业与手工业长期并存，共同发展。19 世纪 80 年代前期，传统工业（主要是家庭工业）在工业总产值中所占的比重为 97％以上，到 90 年代初仍有 96％左右，1909 年依然占 54％，直到 1930 年还占 1/4 强。从绝对数量看，家庭手工业产值在 1884—1892 年翻了一番，在 1892—1914 年又几乎翻了一番，而在 1914—1920 年则增加近两倍。[①] 即便在较早实现工业化的法国，也存在着大机器工业与手工业共同发展的历史。法国在 19 世纪 30—40 年代以至 50—60 年代，大机器工业的产值由 16.1 亿法郎增至 34.1 亿法郎，同时期手工业产值由 47.7 亿法郎增至 58.8 亿法郎，可见，法国"1860～1865 年整个工业收入中接近 60％（精确数为 58.9％）是由手艺工人的劳动生产出来的。可是不论是手工业还是工业'本身'，其中有相当大数量的工作都是在家庭中干的"，这种现象被法国经济史学界称为"双重性"增长。[②] 中国的早期工业化也难以超越这一阶段。本书上一章的分析已经表明，民族工业内部两个层次之间既有竞争，也有合作与互补，互补大于竞争，因为它们不仅共同面临着外国资本主义较为残酷的竞争，而且彼此之间存在着结构性错位。在这种背景下，改良和提倡手工业，有利于从整体上增强民

---

① 参见万峰：《日本资本主义史研究》，261～262 页。

② 参见［法］弗朗索瓦·卡龙：《现代法国经济史》，吴良健、方廷钰译，120～121 页，北京，商务印书馆，1991。

族工业的实力。

晚清政府的手工业政策与措施产生了一些积极效应,具体体现在以下几方面:

首先,培养了一批手工艺技术人才,推动了手工业的发展。直隶是成效最为显著的一个省,仅北洋工艺局下设的实习工场从 1903 年至 1907 年,"织科毕业四百七十六名,染科毕业一百〇一名,木科毕业十名,肥皂科毕业三十六名,窑科毕业二十名,制燧科毕业十九名,图画科毕业四名,提花科毕业五名"①。这些尚不包括自费毕业生,据孙多森《直隶实业汇编》记载,"先后毕业者共计二千余人";此外,直隶各属传习工场艺徒人数达 2712 人,罪犯习艺所艺徒有 290 人。② 这些毕业生成为直隶以及邻近省份的手工业技术骨干,直隶"各属民办工厂,所用技师匠目,多属该场毕业工徒;东三省、山西、山东、河南、陕西诸省官立工厂,来场调工徒前往传习者,亦复不少"③。天津民立织布工厂开办时禀请天津商会"转请实习工场赏拨毕业工徒十名,以凭开办而资营业"④。"实习工场对于华北手工业最大之贡献,则为高阳土布之发展。盖当时由工艺局行文各县,提倡手工艺,经高阳李氏派人来实习工厂实习机织,并由劝业铁工厂供给织机。返乡之后,逐年推广,遂造成河北省高阳土布之巨大工业。"⑤其他省虽不及直隶成效显著,但也培养了几批数量不等的工艺学徒。

其次,有利于民族手工艺的保存和传播。各省工艺局的传习科目

---

① 周叔娴:《周止庵先生别传》,见彭泽益编:《中国近代手工业史资料(1840—1949)》第 2 卷,521 页。

② 参见彭泽益编:《中国近代手工业史资料(1840—1949)》第 2 卷,526、528～533 页。

③ 彭泽益编:《中国近代手工业史资料(1840—1949)》第 2 卷,526 页。

④ 《商民张际春为设立民立织布工厂请拨给工徒十名以便开办事禀津商会文》,1910 年 7 月 29 日,见天津市档案馆、天津社会科学院历史研究所、天津市工商业联合会编:《天津商会档案汇编(1903—1911)》上册,1252 页。

⑤ 周叔娴:《周止庵先生别传》,见彭泽益编:《中国近代手工业史资料(1840—1949)》第 2 卷,521 页。

大都为各地颇具特色的民族手工艺。例如，广东工艺局下设广绣房，专门传播广绣的织造工艺。广绣又称粤绣，唐代就已达到很高的艺术水平，在长期发展中，粤绣运用折绣、插绣、金银勾勒技法，使绣面达到"光、亮、平、密、净、活、凸"的艺术效果。广绣房设立后，这一传统手工艺发扬光大，产量大量增加，仅 1900 年经广州出关运往海外的粤绣制品的价值就达白银 50 万两。① 河南汴绣本来就很有名，但明清以后逐渐衰落，河南蚕桑总局专门聘请浙江艺人传艺，使不同艺术风格的刺绣艺术相互渗透，汴绣得以重放异彩。

最后，清政府鼓励传统手工业参加国际赛会，有利于中国手工业走向世界。通过国际赛会，人们看到了中国手工业产品的优劣。例如，1906 年参加意大利密加诺赛会后，清政府农工商部及时转发了驻意使馆随员李鸿宾的禀文。李鸿宾详细分析了我国手工业产品的得失，比如瓷器，"日本所制为值最廉，德、意、奥、荷兰、土耳其坭瓦器尤便宜之极。然其粗细地质，均不如我国景德镇所产之细腻而坚迹，以销场能过我者，或绘事见长，或著色干净，或样式崇新，均能趋人之好尚也"，因此，我国瓷器如何在绘画、着色、式样等方面进一步满足顾客消费心理，是扩大国际市场的关键所在；又如雕刻器，"我国金、玉、银、铜、铁、象牙、竹木各器，亦能与全欧媲美。今兹评员云，工作虽佳，工致处须求进步"；再如青田石器，"色体均属可观，外人顿增好尚。工作求精，亦属畅销之品"。② 这些对我国传统手工业优劣得失的评判只能从国际比较中才能得出。

国际赛会是对中国民族工业的全面检验。由于中国是一个后发外缘型的工业化国家，现代工业文明在国际市场上缺乏竞争力，在这种情况下，民族手工业品在国际博览会中屡屡获奖，有利于中国商人参与国际市场分工。例如，在 1911 年意大利都朗国际赛会的 16 大门类

---

① 参见上海市商业职业技术学校编：《中国工艺品知识》，134 页，上海，上海三联书店，1995。

② 《农工商部札苏商总会文·附李鸿宾原禀》，见章开沅、刘望龄、叶万忠主编：《苏州商会档案丛编（第一辑）》，476～482 页。

的参展品中，晚清送展的商品共获得了 13 门 40 类 257 枚各等奖牌，所涉具体门类及奖牌数如表 3-3 所示：

表 3-3　1911 年晚清参加意大利都朗国际赛会获奖情况简表

获奖门类	奖牌数	获奖门类	奖牌数
职业教育	25	采掘及化学工艺	23
移运业	2	纺织工业	85
房屋内外装饰	32	服饰	50
乐器	1	杂项工业	5
林业	2	报纸及印刷	4
农业及农学机器	3	社会理财	1
食物	24	总计	257

资料来源：《工商部准驻义代表申送义国都朗赛会获奖清单》，载《政府公报》，第 94 号，1912 年 8 月 2 日。

以民族机器工业最为发展，也是获奖牌数较多的纺织工业为例做一点具体分析，其送展类别、获奖商及获奖种类如表 3-4 所示。据考察，以下所列获奖商中，属于现代机器工业性质的有：通州大生纺织公司，开办经费699000元；通益公纺纱厂，开办经费 533000 元；湖北省城毡呢厂，开办经费 300000 元；北京浦利呢革公司，开办经费 840000 元；江苏通州阜生公司，开办经费 20000 元；湖北省城缫丝官局，开办经费60000元。① 其他绝大部分获奖商的创办人都是出身于手工工场、作坊、传习机构中的手工业者。这种情况既从反面说明了民族机器工业的落后，同时又证明了民族手工业在整个民族工业中所处的重要地位。这种格局的存在与清政府重视和振兴手工业的措施是分不开的。

---

① 参见杜恂诚：《民族资本主义与旧中国政府（1840—1937）》，286～287、306～307 页；皮明庥：《武汉近百年史》，63 页，武汉，华中工学院出版社，1985。

表 3-4　意大利都郎国际赛会中国纺织业获奖商家清单

送展类别	获奖商	获奖种类
第 127 类 棉花、棉纱、棉布	通州大生纺织公司	最优等
	上海老林大成布号	金牌
	织锦科王懋钦	银牌
	农工商部工艺局，北京首善第一、三、四、五、六、七、八、九工艺厂，通益公纺纱厂	优等
第 128 类 羊毛呢	北京工艺商局（地毯）、汉口劝工院（地毯）	最优等
	天津习艺所、湖北省城毡呢厂	金牌
	天津贸易公司（地毯）、北京浦利呢草公司、山西归化城工艺局（地毯）、山东济南工艺传习所	优等
第 129 类 大麻、小麻、葛布、假丝布	湖北应昌公司制麻局	最优等
	四川隆昌县麻布、四川荣昌县细麻布	金牌
	长沙久康布号、江西宜黄同顺润布庄、南昌礼昌夏布号	银牌
	江苏太仓冯又泰	铜牌
	长沙马大生布号	优等
第 131 类 茧丝、丝织	上海丝业会馆，汉口肇新公司，江苏通州阜生公司，盛泽汪永亨昌，杭州万源，湖北省城缫丝官局，盛泽张益源生绸庄，杭州袁震和，上海信之、纶华、信昌、瑞纶、统裕、杨、勤昌、大经	最优等
	苏州同盛缎庄、夏庆记源号、如皋蚕业讲习所，南昌礼昌号，苏州庞正裕、应谋公司、兴华公司，成都长发美，温州通兴公司，烟台同泰和、万顺恒	金牌
	汕头织造夏布抽纱局，苏州万兴、蒋万顺、许同和、陆万昌、汪和记、王义丰、曹万丰，泰兴林长庆记，织锦科王懋钦，成都心茂合，济南工艺传习所，浙江秀水春源升织物公司，湖北郧县永顺生	银牌
	烟台丰豫、恒兴得、和城侑，上海厚大、恒记、乾康、裕康、庆华、震详丝厂、宏兴、乾生、元宝牌、信昌恒、生记丝厂、黄绅记、延昌恒、源康、荣泰，苏州李宏兴星记，杭垣富禄记，广州胡永昌，四川省城有眉厂	优等

资料来源：《工商部准驻义代表申送义国都朗赛会获奖清单》，载《政府公报》，第 94 号，1912 年 8 月 2 日。

虽然如此，晚清手工业经济中的政府行为仍然存在十分明显的局限性。其一，晚清振兴手工业的措施是在外国商品侵入和国内战争冲击、手工业遭到破坏、农民与手工业者大量失业的背景下所采取的以消除"游民"，稳定社会秩序为主要目的的治标之策。晚清政府没有，也不可能认识到近代手工业作为传统与现代之间的中间经济的地位和功能，从而就手工业向现代工业的过渡转化这一关键问题采取治本之方。从根本上讲，振兴手工业只是发展社会经济的一个环节，只有全面振兴传统农业和现代工业并加以宏观调节，使农业产生足够的剩余，使机器工业与手工业形成良性互补，振兴手工业才有可能。很显然，清政府没有从这样的高度来采取措施。其二，缺乏操作性。比如说，针对国际赛会中所暴露的中国手工业产品的弊端以及国外手工业生产的先进经验，清政府没有就如何改良和学习制定进一步的更为积极主动的措施，只是充当了公文式信息传递者的角色。因此，晚清手工业经济中的政府行为虽然在客观上产生了一些积极效应，但也只是延缓了中国近代手工业的衰败，而不能从根本上振兴手工业经济。

二、北京政府对手工业的保护和倡导

（一）维护手工业的呼声

民国成立后，工商业资产阶级强烈呼吁发展实业，纷纷设立各种实业团体，国计民生成为他们关注的共同焦点。成立于1912年的中华实业团宣称："提倡实业，厚利民生，以普及全国为宗旨。"[1]定名为"民生团"的实业团体更加重视民生问题，他们认为"破坏告成，建设伊始。国所由立，立于国民；民所由存，存于生计"[2]。因此，发展经济是该团体的重要诉求。北京政府工商部基本上代表着要求发展工商实业的民族资产阶级的利益，把振兴实业放在首位，成立不久便积极筹备召开全国临时工商会议，专门就"利如何兴，弊如何革，制造如何改

---

[1] 汪敬虞编：《中国近代工业史资料第二辑(1895—1914)》下册，863页。
[2] 汪敬虞编：《中国近代工业史资料第二辑(1895—1914)》下册，863页。

良，贸易如何推广，情意如何联络，障碍如何捐除"等一系列兴利除弊事项"征集全国实业家及专门学者之意见，讨论方法，以备采择"①，并决定于 1912 年 10 月 15 日至 11 月 15 日在北京举行该会议。这一决定得到各省劝业道、商务总会及海外华侨商会的积极响应。会议因故推迟到 11 月 1 日举行，但将原定一个月的会期延长了五天。

全国临时工商会议代表的产生与构成如下：各省实业司、劝业道指派该机构行政官一人，并会同各省工商团体选派工商业人士二至四人，海外华侨每一商会推派一至二人，以及由工商总长指定代表若干名。许多商界著名人士，如上海商会王震、沈镛，汉口商会宋炜臣、盛炳纪，南京商会苏致厚，神户商会马席珍，小吕宋商会施光铭等都参加了这一商界盛会。可以说，这是一次由北京政府发起召集的，集实业家、商界名流、专门学者、工商行政人士于一体的，以发展民族工商业为目的并为政府提供决策咨询的大型会议，代表着政府和社会在发展工商业上的新认识。手工业经济成为讨论的热门话题之一，许多代表从不同角度提出了振兴手工业经济的提案，目标明确，操作性强，归纳起来主要有以下三个方面：

第一，广泛设立地方贫民工场，以解决贫民生计问题。神户商会代表马席珍针对民国初年提倡实业热潮中忽视贫民生计问题的倾向，提交了"设立地方义务工艺贫民授产场案"，主张以普及贫民授产场为振兴实业的第一步。他认为，"以中国之大，事业甚不易兴办，办者无不赔累，故提出此案，以期由小及大渐次进行"。旅居日本的马席珍对日本明治维新后发展工业的措施与经验自然十分熟悉，因此，他希望"由政府限以年间相当补助之，以期事易举而收效速，挽回利权或兆于此"。马席珍对贫民授产场的前景十分乐观，他估计，如果按在全国 500 县推广，每县筹 10 万元计算，可筹集资本 5000 万元，可养成有

① 《直隶都督张转发工商部召开全国临时工商会议通知并附会议章程》，1912 年 9 月 9 日、11 月 26 日，见天津市档案馆、天津社会科学院历史研究所、天津市工商业联合会编：《天津商会档案汇编(1912—1928)》第 3 册，2543 页，天津，天津人民出版社，1992。

职业人民 5714285 人，平均每人年得 70 元，按平均年利 1 分计算，资本主可收益 500 万元。与会代表热烈讨论了这个提案，大多数代表表示赞同，并建议对工场名称、性质、捐税、赢利分配等问题进一步修改完善。

修改后的提案共分十条，对工场名称、组织、地址、资金、制品、捐税、股息、赢利、监查等做出了专门规定，将贫民授产场改为地方贫民工场，分为甲、乙两种。甲种由地方实业行政机关以地方公共经费组织，乙种由本国人民按有限公司办法集资设立，资金规模从 5000 元起至 10000 元止，专门仿制日用输入品，或改良需要出口货，以扶持地方贫民生计为主，股金年息 6 厘，如决算不及 6 厘时，由地方实业行政机关酌提地方实业行政预备经费补足。该办法以施行之日至民国二十五年(1936)为有效期。

会议审查通过了这项提案，并决定："拟请工商部明定贫民工场办法，补助其资金，奖励其出口，使投资者咸知胜券可操，并以各地所设工场之多寡为各地方所有实业长吏之考成。"①这项提案及其审查决定引起了工商部的高度重视，1913 年 5 月 28 日，工商总长刘揆一发布了各地普设贫民工场事宜令，明确指出，"国民生计日蹙，由于无业者多，教养兼施端资工场。地方设立贫民工场一案，业经临时工商会议议决，自应实力提倡"，除议案第六条关于减免捐税的规定"勿庸遵行外"，令各地"商会一体遵照办理，一俟陆续设立，随时呈报本省实业司汇案报部，以凭稽核"。②

第二，推广贫民手工习艺教育，培养手工艺人才，改进传统手工业生产技术。金庆鸿代表提出"推广贫民手工简易习艺所以工代赈案"，指出："民国反正，失业尤多，为事变穷后之补苴，非得以工代赈，推

---

① 关于该项提案的具体内容，请参见赵秉钧：《工商会议报告录》第 2 编《议案》，489～504 页，北京，政府工商部，1913。

② 《工商部长刘揆一据临时工商会议决议发布各地普设贫民工场事宜令》，见天津市档案馆、天津社会科学院历史研究所、天津市工商业联合会编：《天津商会档案汇编(1912—1928)》第 3 册，2471 页。

广贫民手工兼资教育不可。今拟就各省之府厅州县广设简易习艺所，招集无业人民使之各习一业，本以工代赈之旨，为目前补救之方，似于民生主义一途收效较速。"①为此，金庆鸿提出了八条推广手工习艺的办法，例如：由官绅合办或官绅独立捐资创办公立、私立两种贫民手工习艺所；由各府厅州县先行设立手工讲习所，结合本境所产原料，从织布、织巾、织席等简易工艺入手，聘请本地匠师充任教员，招集地方失业者中手工稍精者入所学习，限以六个月毕业，分派各处习艺所充当教习；凡习艺学员，不限定年龄、资格条件，简易手工一年毕业，由各府厅州县设立总发行所，随时考核，以便改良。②

直隶代表李镇桐提议"提倡家庭工艺案"，建议由工商部通饬各省，在省城设立家庭工艺模范传习所，延聘热心工艺的士绅来经理，从各地实际情形出发，以手工为主课，以烹饪裁制为助课，教员由本地手艺高超的妇女充当。为真正做到家喻户晓，希望各地士绅支持家属带头入所学习，各社团组织互相劝导，讲习所每年组织评比，对能仿制外货挽回利权者或特别制品给予专利，优者酌予奖牌。③

还有些代表提交了《振兴浅近工艺意见书》，主张设立"技师养成所"和"工业传习所"以振兴小工业，"一就本国所特长而推广之，一就外国之新法而普之"。具体地讲，可以先从"铸金、板金、木细工、木工雕刻、漆工、织衣、织布提花、染色、竹工、磁工、玻璃工、制帽、纸制品、化学工艺如墨水油墨等、铁工"等着手普及浅近工艺。他们坚信，"苟先从此种入手，则养成之技师，能凑集数百元或数十元之资本，既能出品生利，成功易，收效捷，于工业发达不无影响"。④

山东工会代表刘镜轩则主张由工商部通令各省实业行政机关设立手工机械赁贷局，置备各种适合加工本地原料的手工机械，以低价供

① 赵秉钧：《工商会议报告录》第 2 编《议案》，495～496 页。
② 参见赵秉钧：《工商会议报告录》第 2 编《议案》，496～497 页。
③ 参见赵秉钧：《工商会议报告录》第 2 编《议案》，525～527 页。
④ 《振兴浅近工艺意见书》，见天津市档案馆、天津社会科学院历史研究所、天津市工商业联合会编：《天津商会档案汇编(1912—1928)》第 3 册，2564～2566 页。

赁贷者租用，赁贷局中设练习科，赁贷者一律免费入局学习。他认为这样便能"使人人知工艺之利益而徐为引导，尚易发生效力。如此局成立，家庭之间不过出少许之赁费即可学习工艺，既至手艺学成，确知其中有非常之利益，互相劝勉，家庭工艺必可日进发达"①。

第三，改定税则以振兴中国土布。徐善梅、田西浦、刘燮钧等代表对中国土布面临着日本激烈竞争的态势，提出降低关税的意见。原来，长江一带（主要是通海地区）自织的粗布，由于用轮船装运须缴纳的海关税、常关税比用沙船装运每百斤多出一两二钱五分，布商为避免高关税，便只在每年夏季用沙船运送，从而阻碍了通海地区土布业的进一步发展。代表们要求全国临时工商会议形成决议，"改除旧习，风船轮船一律可以装运，俾货无积滞，市面流通，而小民手工业不致以时废弛"②。会议经过讨论后通过的审查报告决定"由工商部汇案切实咨商税务处，迅照常关税例，特订海关土布税则专章，俾杜日货流入之源，而畅土布行销之路"③。

北京政府工商部非常重视全国临时工商会议上有关手工业经济的提案，工商总长刘揆一曾专门发表文章说明"对于旧工业保护改良之计划"，提出"定手工业者资格证明制度""定手工业者强制组合制度""发布职工条例及徒弟条例"，以及"择要改良旧工业"（包括对纺织业、染织业、陶器业、制靛业、木器业等工业进行技术改造），即"使工业巡回教师，教以化学应用之手艺，并奖励其他各种初步机械，以辅以人力之不足，凡改良制品商标，加以保护"。④ 事实上，北京政府的许多手工业政策及措施都是对全国临时工商会议有关提案的落实。全国临时工商会议的召开反映了民国成立后官商之间的密切合作关系，在官一方，希望能广泛采择工商界人士对发展实业的意见，在工商界，则对政府在工商经济发展中充当积极角色寄予厚望，尤其是有关手工业经济的提案，都希望政府能在财政补贴、税收减免、示范倡导等方面

---

① 赵秉钧：《工商会议报告录》第 2 编《议案》，527 页。
② 赵秉钧：《工商会议报告录》第 2 编《议案》，505 页。
③ 赵秉钧：《工商会议报告录》第 2 编《议案》，512 页。
④ 饶怀民编：《刘揆一集》，103～104 页，武汉，华中师范大学出版社，1991。

发挥作用。这次全国临时工商会议体现了官商各界对发展手工业的新认识。他们看到了以城乡家庭工业为主体的手工业经济在中国早期工业化进程中的重要地位，希望通过振兴手工业经济，在解决民生问题的同时，能由小到大、由弱到强、渐进式地实现工业化。同晚清时期相比，北京政府和工商界对手工业经济的认识更加清晰，会议所通过的提案操作性强，为政府采取保护和发展手工业经济的政策和措施提供了决策依据。

(二)对手工业的保护措施

北京政府对手工业经济的保护主要体现在以下几个方面：

(1)在海关及常关关税政策上加大对手工业制品的保护力度，其中受惠最多的是手工织布及手工棉织品。手工织布业是中国近代最大的手工行业，与民生关系最为密切。1915 年 11 月 2 日，北京政府农商部发布第 1052 号令，宣布"自本年十二月一日起，土布由上海装轮出口，其税率每百斤改征正税银一两，复进东三省各口，再征复进口半税银五钱，其他各口进口之土布亦应照此办理，以归一律"①。这道改税令把全国临时工商会议要求重订土布税则的提案付诸实施，迈开了北京政府保护手工织布业的第一步，轮运税率的降低提高了国产土布较日货的竞争力。1917 年 4 月，北京政府税务处重申"旧式土布，为织户生计攸关，并应量予维持，除仍照土布减税成案每百斤征收出口正税银一两及运往内地照纳沿途税厘外，其由此口运至彼口应即免征复进口半税"②。同年 12 月，财政部、税务处联合呈请总统核定"全国手工织布及手工棉织物品免纳五十里内常关税项"，指出："迩年天灾流行，失业者众，政府尤宜予以矜恤，所有一切手工棉织物品更未便重征税款，致加负担。现经部处咨商，意见相同，拟以后凡属手工所织之布，除仍照案由海关征收每百斤出口正税银一两外，其应纳五十里内常关税项，准予一体豁免，以三年为限，限满再行酌定办法。其

---

① 《农商部饬第一〇五二号》，载《政府公报》，第 1257 号，1915 年 11 月 7 日。
② 《税务处令》，载《政府公报》，第 463 号，1917 年 4 月 26 日。

他手工棉织物品亦拟一律照办。庶于奖励工业之中，即寓体恤民生之意。"①

此后，北京政府的常关税免税令到期后仍多次延期，"于民国十年、十一年一再展限免除，至民国十一年底期满分别照率征收五成，蠲免五成，以扣足三年为限……经国务会议议决，自民国十二年起，仍准免税一年"②。期满之后，北京政府农商部、财政部、税务处又两次宣布土布减征半税，1926 年知照各省，宣布将土布减征半税原案"一律再行展限二年，即自本年五月一日起截至十七年（1928 年——引者注）四月底为止"③。由此可见，农商部为土布贸易减轻海关正税、免征复进口半税及减免五十里内常关税等三项措施，贯穿着北京政府统治的始终，这无疑有利于手工织布业的发展。

北京政府为什么一再"展限"实施土布减税免税措施呢？缓解民初以后天灾人祸造成的社会贫困现象是其主要动机。农商部曾为此先后两次制定土布标准，把减免税的范围尽量控制在家庭手工织布业以内，其中 1917 年 4 月制定了关于土布的六条标准："一、其织法必须与向来之土布织法相同；二、须由旧式人工手机织出；三、宽不得过二十英寸；四、所用之纱，或土纱或洋纱均可，其粗细不得过二十号；五、经纬纱俱用单线，在未织成布匹之先，确系未经炼过；六、颜色或本色未染，或加以晒白，或先染后织，惟不得织成后加染。"④

但是，由于各地土布种类不同，长短不一，织法互异，在执行中常发生对土布标准的争议，一些新法纺织的机布混杂其间。为确保土

---

① 《财政总长王克敏、税务督办孙宝琦呈大总统会同核定全国手工织布及手工棉织物品免纳五十里内常关税项三年文》，载《政府公报》，第 701 号，1917 年 12 月 30 日。

② 《农商部咨各省长、都统为土布免税自十二年起再准予免除一年经国务会议议决文》，载《政府公报》，第 2443 号，1922 年 12 月 22 日。

③ 《全国商会转发财政部土布减征半税再展期二年文并津商会公布》，见天津市档案馆、天津社会科学院历史研究所、天津市工商业联合会编：《天津商会档案汇编（1912—1928）》第 3 册，3561 页。

④ 参见《税务处令》，载《政府公报》，第 463 号，1917 年 4 月 26 日。

布免税令不受干扰，1918 年 8 月农商部部长田文烈发布了《重定土布标准四条》，规定："一、经纱每英寸不能逾七十条之数，纬纱不能逾六十条之数；二、织布之法不能[用]斜纹织法，并不能用提花架织法；三、织布不能用丝光线；四、如经纬之内，或经或纬，一有用双线者，则每百斤征税一两二钱五分，如经纬俱用双线者，则每百斤征税一两五钱。"①《重定土布标准四条》对布幅宽度、织法、原料等做出了更加严格的限定。

次年，农商总长以新定四条土布标准为依据，公布了新的布匹贸易征税办法，规定在新定标准范围之内的土布，每百斤应完出口正税关平银一两，免征复进口半税；标准范围以外较细之布，不论手工、机器所织，均按估价征收出口正税，免完复进口半税；从外国进口的棉布，每百斤应完出口正税关平银一两五钱，复进口半税七钱五分。②新办法对国产棉布于减免征税之中寓有保护之意，使土布在中外布匹贸易中处于有利地位。

为鼓励手工业产品出口贸易，北京政府还推行减免出口税措施。1915 年 2 月，袁世凯批准了税务处督办梁士诒等关于将自制品择要酌量减免关税以兴实业的呈案。按旧税则规定，出口外销的草帽辫每提征银七钱，地席每捆征银二钱。新税则规定："运销外洋之草帽辫及地席均照出口税则减征一半，嗣后出口草帽辫每担实征银三钱五分，地席每捆实征银一钱。……又华人自制之各种通花边、抽通花绸巾、抽通花夏布、发织髻网、蜜汁果品五宗，无论运销何处，所有出口暨复进口各税一律暂行免征，概以三月一日为实行日期。"③出品税的降低有利于提高手工业产品在国际市场上的竞争力。

（2）扩大和深化手工工艺教育。北京政府继续举办晚清时期的各种

---

①　参见《重定土布四条标准》，见天津市档案馆、天津社会科学院历史研究所、天津市工商业联合会编：《天津商会档案汇编（1912—1928）》第 3 册，3555 页。

②　参见《农商部训令第 465 号》，见天津市档案馆、天津社会科学院历史研究所、天津市工商业联合会编：《天津商会档案汇编（1912—1928）》第 3 册，3556 页。

③　《税务处饬各关监督电》，载《政府公报》，第 1006 号，1915 年 2 月 26 日。

工艺传习机构，据《世界年鉴》记载，1913 年直隶、奉天、吉林等 22
个省共有各级工艺传习机构 523 处，如果加上具有工艺传习性质的各
种工艺局，总数多达 751 处。① 有些工艺传习机构还扩大了自身规模，
例如，内务部游民习艺所招收学徒名额从 400 名增至 800 名，并增开
木工、石工、刻字、制鞋、抄纸、煮染等科目，使传习门类达到了十
二科。② 此外，内务部还创办了其他 14 家具有传习性质的手工工场，
使招收艺徒人数达到了 1480 名。③ 更为重要的是，北京政府还开始尝
试让贫民工艺教育与学校教育相互渗透，即在贫民习艺机构中增加学
校教育科目，在学校教育中增添手工习艺课程。前述内务部游民习艺
所除传习工艺项目外，"其关于教育者，如国文、修身、算术、图画、
风琴、唱歌、体操之类，均饬添备，俾幼年游民具有普通知识，并附
设音乐一科，期以美感的教育，陶冶儿童之心性"④。同时，在大、
中、小学各级教育中开设手工工艺课程。1913 年 3 月 25 日，北京政
府教育部发布了《中学校课程标准》，规定中学阶段四个学年必须开设
十五门课程，其中第十一门为手工课，该课程由"竹工、木工、粘土细
工、粘土石膏细工、金工"组成，女子手工课则包含"编物、刺绣、摘
棉、造花"等内容。⑤ 同年 4 月 7 日，教育部制定了《高等师范学校课
程标准》，规定数学物理部和物理化学部三个学年共开设九门课程，其
中第八门即为"图画及手工"，学习内容为手工理论、竹木工、金工、
木金纸粘土石膏等细工，每周两学时。⑥ 很明显，高等师范学校开设

---

① 参见神州编译社编辑部编：《世界年鉴》，917～918 页，上海，神州编译
社，1913。

② 参见《内务部呈报扩充游民习艺所办理情形拟具章程请训示文并批令（附
单）》，载《政府公报》，第 1302 号，1915 年 12 月 22 日。

③ 参见阮湘、李希贤、吴秉均等编：《第一回中国年鉴》，1437 页。

④ 《内务部呈报扩充游民习艺所办理情形拟具章程请训示文并批令（附单）》，
载《政府公报》，第 1302 号，1915 年 12 月 22 日。

⑤ 参见《中学校课程标准》，载《政府公报》，第 315 号，1913 年 3 月 23 日。

⑥ 参见《教育部部令第二十七号 高等师范学校课程标准》，载《政府公报》，
第 330 号，1913 年 4 月 7 日。

手工课的目的就是为中小学培养手工课程师资。1913 年 8 月 4 日，教育部发布《实业学校规程》，为实业学校开设手工工艺课制定了具体规范。①

　　1915 年 8 月 1 日，北京政府同时发布了《高等小学校令》和《国民学校令》，以法令的形式在小学生中推行手工艺教育。次年教育部又制定了实施细则，对小学手工课的教学工作提出了具体要求。《国民学校令施行细则》规定："手工要旨在使儿童制作简易物品，养成勤劳之习惯、审美之趣味，宜授纸丝粘土麦杆〔秆〕竹工等简易制作，教授手工宜说明材料之品类性质及工具之用法，其材料取适用于本地者。"②《高等小学校令施行细则》揭示手工课教学旨在"渐进授以竹木金属等制作及简易之制图"③。

　　为确保各级各类学校手工课程的教学质量，北京政府教育部还十分重视手工课程的教材建设。据不完全统计，由教育部、内务部审定注册的有关手工课程的教材达十五种，简要情况如表 3-5 所示：

表 3-5　北京政府统治时期手工课程教材建设情况简表

教材名称	编者	出版发行商	注册时间
初等小学手工教授	徐傅霖	中华图书公司	1914 年 2 月
共和国教科书高等小学新手工	赵传璧	商务印书馆	1914 年 8 月
高等小学新手工教授法	赵传璧	商务印书馆	1914 年 8 月
新制初小手工	—	中华书局	—
师范学校新教科书手工	桂绍烈	商务印书馆	1914 年 12 月
师范学校新教科书手工	桂绍烈、蒋维乔	商务印书馆	1915 年 8 月
高等小学手工平面物标本	赵传璧	商务印书馆	1915 年 11 月
初等小学手工平面物标本	赵传璧	商务印书馆	1915 年 11 月
初等小学校秋季始业新手工	华襄治	文明书局	1915 年 11 月
中学实用教科书手工	蒋维乔、孙捷	商务印书馆	1916 年 7 月

---

① 参见《实业学校规程》，载《政府公报》，第 451 号，1913 年 8 月 7 日。

② 《国民学校令施行细则》，载《政府公报》，第 20 号，1916 年 1 月 25 日。

③ 《高等小学校令施行细则》，载《政府公报》，第 20 号，1916 年 1 月 25 日。

续表

教材名称	编者	出版发行商	注册时间
新式高等小学手工教科书	董兆麟、董屿	中华书局	1916 年 12 月
小学适用手工教材	李文	商务印书馆	1918 年 8 月
手工丛书：麦秆工图说	桂绍烈	商务印书馆	1918 年 8 月
最新手工教科书	胡玟	长沙中华书局	1924 年 5 月
女子刺绣教科书	张华琪	商务印书馆	1925 年 8 月

资料来源：根据有关注册年份的《政府公报》辑录而成。

上述十五种手工教材中，《初等小学手工平面物标本》《高等小学手工平面物标本》《小学适用手工教材》《手工丛书：麦秆工图说》等教科书分别于 1922 年 5 月和 1925 年 8 月两次被审定选用。①

北京政府教育部之所以如此不遗余力地在学校中推广手工工艺教育，是因为他们认识到了手工课程的作用。在他们看来，"手工一科，非但与美的陶冶至有关系，且能养成实用之能力"②。1919 年 4 月，教育部采纳全国教育会联合会议决案关于将中学校手工课增加为每周三小时的建议，通令各省区遵照办理。同年 11 月，又专门咨文各省区，转发该联合会通过的《中等以下教育宜注重工艺案》，直接将手工工艺教育与产业兴衰联系起来，提出"工艺与农业、商业有联带关系，无工艺则农业不能发达，商业不能振兴"，并强调"手工一门，在中学尤宜注意……宜授以天然物之模造及简易日用器具各种细工……为注重实用起见"。③ 1918 年 9 月，天津女子工艺传习所董事陈梁等人致函教育部，建议"先就京中女子师范校内附授花边、抽丝二项课目，并通令各省一律仿办"；教育总长傅增湘对此十分重视，专门通令各省，提出"手工

① 参见《教育部布告（续）》，载《政府公报》，第 2218 号，1922 年 5 月 6 日；《教育部布告（续）》，载《政府公报》，第 3354 号，1925 年 8 月 3 日。

② 《教育部咨各省都督兼民政长、民政长请饬师范及小学校注重国文手工图画音乐文》，载《政府公报》，第 605 号，1914 年 1 月 13 日。

③ 《中等以下教育宜注重工艺案》，载《政府公报》，第 1464 号，1920 年 3 月 12 日。

一科，原为应地方之需要，以资国民之生计，该董事所陈花边、抽丝二项，销路既广，运费亦省，拟请就各女校内列为附授课目，事属可行。现北京女子师范于上二项早经课授以外，各省区女校亦可斟酌情形，择要仿办"。① 这些认识都清楚地说明了北京政府在各级学校推广手工工艺教育，并非只注意手工课程陶冶学生审美之情趣的人文功能，而是更注重贯彻以培养学生劳动习惯、传授手工工艺技能为核心的教育方针和促进教学为经济发展服务的宗旨。因此，手工工艺教育与学校教育的结合不仅提高了劳动者的素质，而且为扩大和深化手工工艺教育开辟了新的途径，为北京政府时期城乡手工业的发展创造了技术条件。

（3）针对自然灾害带来的经济萧条，北京政府采取了一些旨在恢复手工业生产的对策，帮助手工业者渡过生产难关。1917 年，我国土布的重要产区河北发生水灾，据载，"冀省被灾县份共一百零三县"②，津埠织户 500 余家，织机 5000 余架损失惨重。为了缓解灾害造成的危机，北京政府成立了由著名慈善家熊希龄亲自担任督办的督办京畿一带水灾河工善后事宜处（下文简称"督办处"）。督办处采取了两项措施以帮助机户迅速恢复生产。一是发放贷纱，由"殷实布商取具保结，承领棉纱贷济织户"；据统计，仅 1918 年就发放了从 16 支纱至 42 支纱的多种规格、多种品牌的棉纱共 6175 包（内含 4100 小包）。③ 二是由督办处向天津布商提供保息业务，并专门制定了《布商借款保息章程十条》，明确宣布该项业务是"因灾区织户失业，故拟维持布商俾使照常收买，如资本不充借款时，特予补助保息六厘"，借款保息以一年为限，布商以外的行业，"如迁安县属之造纸业、安新县属织席业、安平县属之织马尾业以及其他各县有与机户相等之职业，关系全县人民生

---

① 《教育部咨各省区女校手工科附授花边、抽丝二项请转饬仿办文》，载《政府公报》，第 949 号，1918 年 9 月 15 日。

② 邓云特：《中国救荒史》，41 页。

③ 参见《全国商会直隶事务所转发督办处救济织户发放贷纱公函并附清单》，见天津市档案馆、天津社会科学院历史研究所、天津市工商业联合会编：《天津商会档案汇编（1912—1928）》第 3 册，2592 页。

计者，亦可呈由本会(指天津商会——引者注)转请督办加入此次保息一并维持"。① 据天津商会统计，享受借款保息的布商共计 51 家，金额超过 80 万元，从而大大缓解了市面金融紧迫的局面。尽管有少数虚报谎报借款、冒领保息的奸商，以至于督办处停止执行保息办法，但大部分布商的借款毕竟为灾区机户恢复生产助了一臂之力。

(4)设立专门机构，筹备参加国际赛会并筹办国货展览会。1915年，美国为纪念巴拿马运河通航而举办巴拿马国际赛会，北京政府对之高度重视，于 1913 年 6 月设立了巴拿马赛会事务局，该局"直隶于工商总长，筹备赴美赛会一切事务"，设局长一人，专、兼职委员十二人，事务委员十二人。② 在财政困难的情况下，北京政府拨出1902740元的专款作为筹备费用。巴拿马赛会事务局按照工商部部署分期筹备，1913 年下半年先后编订中国赴赛出品分类、出品改良办法，以及各省出品协会章程、各省协赞会章程、各省各埠出品展览办法，规定"各出品协会俟征集出品后，即择公共处所定期举行展览会，期间至多以一月为限，先期报告本事务局，派员评定等级，呈请给奖，并选定赴美各项合格出品"③。1914 年，按章程成立了各省物产会、各省协赞会，组织分科审查会、品评会，召开了各省各埠出品展览会。1915年，北京政府农商部发布第 1797 号咨文，公布了赴美赛会出品应得奖凭。据统计，全国四川、广东、云南等 18 个省应得奖凭为 2667 件，其中头等奖 101 件，二等奖 334 件，三等奖 884 件，四等奖 1348 件。④

与此同时，北京政府农商部也更加重视国货展览会的经济功能，

---

① 《全国商会直隶事务所刊发〈督办处修正布商借款保息章程十条〉并实施细则》，见天津市档案馆、天津社会科学院历史研究所、天津市工商业联合会编：《天津商会档案汇编(1912—1928)》第 3 册，2580~2581 页。

② 参见《筹备巴拿马赛会事务局章程》，载《政府公报》，第 587 号，1913 年12 月21 日。

③ 《筹备巴拿马赛会局致各省民政长边疆各长官检送各省出品协会则例请查照筹办见复函(附则例)》，载《政府公报》，第 579 号，1913 年 12 月 13 日。

④ 参见《农商部咨四川广东云南巡按使赴美赛会出品应得奖凭咨送转发文(附清单)》，载《政府公报》，第 1201—1247 号，1915 年 9 月 10 日—10 月 28 日。

决定于 1915 年 9 月 26 日至 10 月 16 日在北京商品陈列所举办国货展览会，并以函电通知各省都统、巡按使、商会等，希望其劝导商人踊跃与会。函电广泛宣传了在北京召开国货展览会的五大好处："首善之区，观光云集，一经传播，遐迩争销，其利一也；质有良楛，工有巧拙，舍短从长，观摩互益，其利二也；美术工艺，秘传绝技，发扬国粹，借广流传，其利三也；发明意匠，艺术日新，标本广陈，销路溥及，其利四也；开会品评，每岁一举，择尤奖借，声誉增高，其利五也。"① 为了组织好这次国货展览会，北京政府还成立了国货展览会事务所，"专掌关于展览会一切事务"，该所设正、副会长各一人，分总汇、经理、陈设三课，负责有关展览会出品之劝募、会场修缮与装潢、展品之分配与保管事务。② 展览会举办之前，该所组织物产品评会，分类审查各省区出品，共颁发特等、一等、二等、三等及褒奖共五种奖凭 2539 件，其中特等奖 173 件，以下依次为 541 件、658 件、750 件和 417 件。③ 在正式展览会上，有 96 位参展商人受到奖赏。④

　　国际、国内博览会上既展出了机器制造品，也展出了手工业制造品，甚至还陈列了北京政府时期学校教育中开展手工工艺教育的成绩及展品，在所有获奖产品中，绝大多数为手工业制造品。因此，各种形式的展览会对手工业的进一步发展、产品销售区域的进一步扩大都起了推动作用。有些地方甚至专门举办手工业品展览会，例如，1919 年 10 月 25 日至 11 月 13 日，河北省举办了为期二十天的"手工品展览会"，以观摩竞进、交换知识、广告社会、提倡销路为宗旨，展览会得到了天津商会的支持，天津商会专门派出杨晓林、张豪臣、王翰臣、

---

① 《农商部致各都统、各省巡按使、京兆尹、道尹、各省县知事、商会征集商品开设国货展览会希劝导各商出品函》，载《政府公报》，第 1133 号，1915 年 7 月 4 日。

② 参见《国货展览会事务所规则》，载《政府公报》，第 1143 号，1915 年 7 月 14 日。

③ 参见《政府公报》，第 28—96 号，1916 年 2 月 2 日—4 月 11 日。

④ 参见沅湘、李希贤、吴秉钧等编：《第一回中国年鉴》，1424～1426 页。

张品题四人前往协助。① 这次展览会扩大了河北手工业在全国的影响。

从总体上分析，北京政府的手工业政策及措施对推动手工业的向前发展产生了积极作用。北京政府时期的资本主义工业包括手工业的"黄金时代"的出现，有多方面的因素，而手工业经济中的政府行为往往被学术界有意无意地忽视，这是有悖于历史事实的。当然，北京政府的手工业措施也有很大的保守性，尤其是先后出台的土布标准，只是消极保护手工织布业中最落后的部分，因为适合这些标准的土布都是在个体劳动形式下，在旧式织布机上生产出来的。虽然这些标准有利于土布生产的商品化，但并不能从根本上去改造传统部分。不过，对北京政府而言，消除贫困是其面临的最大难题，因此，如何既发展民族工业又有效地消除贫困，成为其无法解决的难题。北京政府无力从根本上解决问题，因为它自身在很大程度上就是贫困的制造者，保护手工业也只能在一定程度上减轻贫困者的痛苦，仅此而已。

三、南京国民政府对手工业的改造

(一)发展手工业的新认识

1930 年 11 月 1 日至 8 日，南京国民政府工商部本着"厉行工商政策，促进生产事业，发展对外贸易，增益国民经济"的宗旨，在南京召开了全国工商会议。各省主管工商行政的厅长、隶属行政院的各市社会局局长、国内及华侨商界领袖、工商学界知名学者共 220 人参加了这次会议。1930 年正值 1929—1933 年世界经济危机的高潮，在世界经济危机的冲击下，中国民族工商业经济全面衰退，失业人数众多。因此，如何摆脱危机，振兴民族工商业成为会议的中心议题，其中保护、改造和奖励传统手工业成为许多代表的共同呼声。会议提案从不同视角强调了手工业经济的重要性，有的代表呼吁政府重视手工业在

---

① 参见《直隶省手工品展览会》，见天津市档案馆、天津社会科学院历史研究所、天津市工商业联合会编：《天津商会档案汇编（1912—1928）》第 3 册，3064～3065 页。

幼稚工业时代中的地位和功能，认为："当此科学幼稚、国库空虚之时……惟有竭全力提倡固有之手工业，使国货生产日趋发达，而工商两方并须互相研究，各从事于制造之改良，与夫销路之推广，将见由手工而渐进于机制，庶足以抵外货而挽利权，不惟总理之民生主义由兹实现，而帝国之资本主义亦不待打而自倒矣。"[1]有的代表强调了手工业对机器工业的补充性，指出"手工业为补助机器工业之良伴，不可忽视"[2]。有的代表看到了手工业与人民生活息息相关，认为在"青黄不接、金价陡涨、大规模之工厂兴办尤难之时期，宜迅速提倡与改良手工业，使一般人民各有自谋生活能力，为社会谋安宁之根本办法。而现在工厂尚未十分发达之先，一切供给市民应用之各种物品，亦可就其当地所产原料，使一般习手工业者制作发售，但政府于此项手工业小工业（非工厂制造者）必须有相当之保护"[3]。有的代表则从反面论证，"若不亟谋补救之方，则硕果仅存之手工业及方在萌芽之小工业均将一蹶不振，而人民之赖此营生者，势必至失所凭依，流为匪类"[4]，这对社会安全是一个极大的威胁。有的代表从救济失业的角度提倡手工业，认为"目下我国失业国民之众多，得业之难得未曾有，欲谋普遍救济国民生计，计莫善于提倡手工事业，本轻利薄，简便易行"[5]。有的提出标本并治之方，"为救济失业计，试拟治标治本二策，治标之策，提倡家庭职业类，如针织、化妆、烛皂、漂染、搪磁、珐琅等业，基

---

　　①　《为中国生产落后失业人多应请提倡固有手工业以资救济案》，见沈云龙主编：《近代中国史料丛刊（三编）》第20辑《全国工商会议汇编》第2编，453页，台北，文海出版社，1987。

　　②　《豁免手工业税则案》，见沈云龙主编：《近代中国史料丛刊（三编）》第20辑《全国工商会议汇编》第2编，251页。

　　③　《提倡手工业以救济各项失业者暨一般无业游民足以生活不致附乱案》，见沈云龙主编：《近代中国史料丛刊（三编）》第20辑《全国工商会议汇编》第2编，433页。

　　④　《应用科学方法改进旧有手工业及新式小工业以维民案》，见沈云龙主编：《近代中国史料丛刊（三编）》第20辑《全国工商会议汇编》第2编，389页。

　　⑤　《提议救济失业国民案》，见沈云龙主编：《近代中国史料丛刊（三编）》第20辑《全国工商会议汇编》第2编，441页。

〔资〕本并不过巨，推销当亦较易"①。

代表们在提案中还就如何保护手工业提出了许多具体建议：

第一，适度限制机器工业以保护手工业。有的代表指出了机器工业与手工业竞争的残酷性，主张"在未能设法改良此项手工业之前，必须设法妥为限制同类之机械制造工业，以免剥夺其利益，予以保护，俾安遂其生存，庶免发生畸形的工业发展"②。

第二，主张税收优惠政策，并提倡国货以抵制外货。在他们看来，"手工业所需之原料价值本不甚昂，惟苦于内地之捐税重迭及种种之留难，以致货本增重，售价自不得不随之加高，于此而欲抵销轻税之外货，决不可能，故欲维持手工业，非请减轻厘税，实行保护政策不可"，"请通令全国于一律购用国货外，并须限制专卖国货，以期实行抵制"。③

第三，建议政府和社会专门机构，在原料和技术上对手工业加以扶持。"先于各类旧小工业最繁盛之区，由各该管政府同各该商会、同业公会或工会设立各该同业训练处"，训练处分为三股，其中货品流通股旨在"使其每一工厂专门制造一种或数种货品，如有存储，可向本股抵押货以资金，以资周转并附设材料库以整批购料，而零星以廉价售与之，且有特种训练材料为独力所难办到者，亦可供其缺乏"；技术指导股"以专门技术就各该工厂专制之品代为计划，以资改良，并附设模范厂制造模范品，使仿制之，或将一种货品分为各部分，使各工厂分任之，而集其成"。④ 有的代表提议政府设立"农民副业工艺指导部"，

---

① 《关于国民失业救济事项拟具管见以备采择案》，见沈云龙主编：《近代中国史料丛刊(三编)》第 20 辑《全国工商会议汇编》第 2 编，447 页。

② 《请分别机械制造工业种类，规定其发展程序，凡有争夺人民家庭手工业之各种新式工业予以限制，俾为适当之发展，俾舒农困而保固有之手工业案》，见沈云龙主编：《近代中国史料丛刊(三编)》第 20 辑《全国工商会议汇编》第 2 编，388 页。

③ 《为中国生产落后失业人多应请提倡固有手工业以资救济案》，见沈云龙主编：《近代中国史料丛刊(三编)》第 20 辑《全国工商会议汇编》第 2 编，453 页。

④ 《应用科学方法改进旧有手工业及新式小工业以维民生案》，见沈云龙主编：《近代中国史料丛刊(三编)》第 20 辑《全国工商会议汇编》第 2 编，389～390 页。

"利用农民暇时授以各种简易之工艺(如制草帽、雨伞、藤竹器等)发展
农民生计，借以普及工艺教育"；设立"特产工艺改良部"，"改良各地
特产工艺(如宜兴陶器、北平地毡、江西磁器、江苏苏绣等)，以谋对
外输出之发展"。① 还有的代表提出设立"各省县市平民模范工厂"和
"县市游民习艺所"。前者"或由公家拨款兴办，或由自治团体负责，凡
关于社会之所需均可制造，延聘专门技师教导入厂学习之平民，是平
民既可得谋生之技，又可得衣食之资"；后者的吸纳对象为"无职业游
民均可收容入所习艺，视其有何种技能，令其作何种工艺，使人人皆
有工艺技能，均可生活"。②

　　第四，主张由银行提供信贷，保证小工业者的正常生产。他们认
为，手工业或小工业，"其经济能力与资本之不足或竟无资本之可言
者，实居多数，其应用原料即无法购得，倘又无消费者之多数订单，
纯恃零星售卖，则又不能在银行为抵押借款，是宜就其本人之能力与
技术为信用贷借之一法，现时国货银行已经成立，似可先行试办信用
贷借"③。有的明确主张，"对于手工事业资本之借贷，应由国货银行
订立优便条件，低利贷与，期限放长，以利手工业之发展"④。

　　保护和扶持手工业固然重要，但要使手工业经济真正具有竞争力
和生命力，真正成为传统工业向近代工业过渡转化的中间经济带，还
在于其自身的不断进步。因此，许多代表还发出了改造固有手工业的
呼吁，并就此提出了一些建议：

　　其一，改造手工业的经营和管理组织。他们主张，"各类旧小工业
宜各就同业工厂纠合数家或十数家成一组合经营、消费、生产等合作

---

　　① 《设立生产工艺指导机关案》，见沈云龙主编：《近代中国史料丛刊(三
编)》第 20 辑《全国工商会议汇编》第 2 编，422 页。

　　② 《训政时期各省急需举办工商要政建议书》，见沈云龙主编：《近代中国史
料丛刊(三编)》第 20 辑《全国工商会议汇编》第 2 编，415 页。

　　③ 《由国货银行试办信用贷款使小工业者可得原料制作物品案》，见沈云龙
主编：《近代中国史料丛刊(三编)》第 20 辑《全国工商会议汇编》第 2 编，222 页。

　　④ 《提议救济失业国民案》，见沈云龙主编：《近代中国史料丛刊(三编)》第
20 辑《全国工商会议汇编》第 2 编，441 页。

业务，以轻成本而资改良"，同时由政府成立组织改进股，改进手工业
的内部管理；"各类旧小工厂往往布置不宜，簿记不合，昼夜工作多至
十二小时以上，精力不足，出品不良，组织改进股专就以上各点为之
代筹改进之方，并随时派员巡行，实地指导，务使渐上轨道，成为有
统系之工厂"。① 对一些落后的传统手工业，代表们主张加大改造力
度，比如制茶业，"将小茶庄合而为一大茶庄，规定资本，严加限制，
务使化零为整，汰莠存良，于是资本即可稍丰，人才亦能略裕，而各
种费用复能节省，虽不能彻底澄清，然亦不无稍补也"②。又如缫丝
业，应"于一村或数村之间设立一所，招育蚕之农家入社，一方由县设
立农民银行，以供其资金，社员携茧来场，先取若干之代价俾资周转，
社中自行烘茧缫丝，以至出售，仿照小规模之丝厂办理，得有盈益，
分配社员，于是双方均利"③。有的代表针对家庭手工业的分散性，提
出设立家庭工业公共营业社，"无论男女老少均可施以相当工作，而所
作成之物品又可由公共营业社出售，不致受奸商所操纵，既可免除困
难，又能挽回利权"④。

其二，改造手工业生产设备，提高技术水平。"凡手工制品往往有
生产过迟、品质参差之弊，参用机器则此弊可免，至已参用机器之小
规模工厂，有工作机器不备者，有工作用机器而动力用人工者，亦宜
由各该同业公会或工会随时指导，使推广机器以代人工。"⑤对传统造
纸手工业中的"原有土法造纸厂家，应由部省予以技术上经济上之扶

---

① 《应用科学方法改进旧有手工业及新式小工业以维民生案》，见沈云龙主
编：《近代中国史料丛刊（三编）》第 20 辑《全国工商会议汇编》第 2 编，389～
390 页。

② 《改良茶叶扼要点案》，见沈云龙主编：《近代中国史料丛刊（三编）》第 20
辑《全国工商会议汇编》第 2 编，384 页。

③ 《改进中国蚕丝以维国本案》，见沈云龙主编：《近代中国史料丛刊（三
编）》第 20 辑《全国工商会议汇编》第 2 编，366 页。

④ 《训政时期各省急需举办工商要政建议书》，见沈云龙主编：《近代中国史
料丛刊（三编）》第 20 辑《全国工商会议汇编》第 2 编，416 页。

⑤ 《应用科学方法改进旧有手工业及新式小工业以维民生案》，见沈云龙主
编：《近代中国史料丛刊（三编）》第 20 辑《全国工商会议汇编》第 2 编，390 页。

助，责令讲求改良，务使合于实用"①。有的主张对传统制茶业采取治本之法，即"建设厂房，广置良器"②，并在"浙江、福建、安徽、江西、湖南、湖北各省产茶最盛之区，就相当之集散地点，借政府之力官商合资或官督商办，联合各大茶商，组织资力雄厚之制茶厂，复于四乡分设茶庄，向茶农随时收买，并采用外国最新制茶机器，聘用专门技师，以科学的方法，焙制茶叶茶砖"③。这些建议旨在借助政府的力量加速传统手工业向机器工业转化。有的代表在提议改造手工业时更加激进，例如，浙江省政府在《改进陶瓷工业案》中主张取缔旧式工厂，奖励新式工厂，他们认为："内地各处旧式陶业工厂对于制陶事业往往固守陋习，为发展陶业上之重要障碍，应从严取缔，一方奖励设立新式工厂，俾陶业以逐渐改进。"④云南省建设厅在《整顿茶叶案》中，主张"各省产茶区由各省设立制茶工厂一所，购办机械，聘用专门技师，认真收茶焙制（或代茶户焙制，酌取手续费），土法制茶一律取缔"⑤。

为了鼓励对传统手工业的改造，代表们呼吁政府实行奖励措施，"凡能制造新颖出品或有特别发明者，主管行政机关宜分别酌量奖励之。其法或用褒状，或许专利，或予徽章，或给奖金均可"⑥。有的还呼吁政府迅速颁布茶业奖励条例。

这些保护、改造和奖励手工业的意见受到高度重视，会议最后发

①　《改进造纸工业案》，见沈云龙主编：《近代中国史料丛刊（三编）》第20辑《全国工商会议汇编》第2编，359页。

②　《改良茶业扼要点案》，见沈云龙主编：《近代中国史料丛刊（三编）》第20辑《全国工商会议汇编》第2编，384页。

③　《拟请设立制茶厂，采用新式机器焙制茶叶茶砖并广为宣传以发展对外贸易案》，见沈云龙主编：《近代中国史料丛刊（三编）》第20辑《全国工商会议汇编》第2编，317页。

④　《改进陶瓷工业案》，见沈云龙主编：《近代中国史料丛刊（三编）》第20辑《全国工商会议汇编》第2编，357页。

⑤　《整顿茶叶案》，见沈云龙主编：《近代中国史料丛刊（三编）》第20辑《全国工商会议汇编》第2编，350页。

⑥　《应用科学方法改进旧有手工业及新式小工业以维民生案》，见沈云龙主编：《近代中国史料丛刊（三编）》第20辑《全国工商会议汇编》第2编，390页。

表了《全国工商会议宣言》，其中第七条是专门针对有关手工业提案的决议，宣布"关于固有工业者，近年以来我国固有工业日见衰退，而欧美人士所啧啧称道之手工制造品，又以产额有限，不能畅销海外，欲图挽救，自应利用科学方法改进技术，增加生产，此本会议所兢兢致意者"①。同北京政府时期的全国临时工商会议相比，这次时隔十八年的全国工商会议对手工业的认识，视野更加开阔，不仅看到了手工业经济在解决失业和缓解贫困问题方面的重要作用，而且对手工业与民族机器工业之间的互动关系有了更加深刻的认识，主张加速手工业生产中的技术替代，促使手工业更快地向机器工业转化。但是，欲速则不达，部分建议取缔传统手工业的提案与其说是抱着更加积极的态度以求摆脱工业化的落后状况，不如说有些矫枉过正，脱离了当时经济发展的实际情况，违背了社会经济发展的客观规律。

（二）发展手工业的具体措施

其实，早在全国工商会议之前，南京国民政府已经实施了若干发展手工业的措施，会议之后，进一步向纵深拓展，主要体现在以下三个方面：

（1）关于手工业的保护。1928 年南京国民政府实业部、财政部共同拟定了手工制品免税的四条原则，联合呈交第 47 次国务会议讨论通过，通令各省市政府遵照执行：①凡属人工手机织成之手工土布，供需双方皆系贫苦人民，为维护贫苦人民之生计起见，手工土布之制造业及贩卖业均应免征营业税，兼售他种物品之商店，向以贩卖手工土布为主要营业者，其主要部分亦应剔除免征；②制造或贩卖农具者，中央或各省市政府认为有提倡或维护之必要时，得酌量免征营业税；③民生必需品，及其他救急品之制造或贩卖业，在灾荒等特殊情势之下，含有救济性质者，中央或各省市政府指定区域及期限，临时免征营业税；④国内固有产品及其关系贫民生计之手工织品，在国际贸易情势特殊之下，有提倡维护之必要者，其制造业或贩卖者，中央或各

---

① 《全国工商会议宣言》，见沈云龙主编：《近代中国史料丛刊（三编）》第 20 辑《全国工商会议汇编》第 4 编，24 页。

省市政府得酌量减征或免征营业税。①

　　根据这四条原则，国民政府发布了一些手工业产品的免税令。1928 年 7 月，国民政府工商部颁布第 434 号令，宣布："手工土布为国产大宗，供需两方大抵均系贫苦人民，为提倡国货维持民生起见，自当酌免税厘，俾广行销。"具体办法为："凡属行销国内之土布，所有五十里内外常关税及其附征之内地税（即附税）并内地征收之税厘概予免征。"免税初期仍执行北京政府于 1918 年制定的六条土布标准，但是，"土布一项，为适合社会需要，技术上已有相当改进。与前北京政府所定民国七年土布免税标准，辄多抵触之处"，为因时制宜，统筹划一，南京国民政府改定为五条新标准：①须以人力用手投梭机或脚踏机所织成者；②以平纹或斜纹布为限，但条子格子之平纹布或斜纹布均包括在内；③不论手工纱、机制纱，其单纱不得逾 20 支，双股纱不得逾 16 支；④不限宽度长度；⑤不限原色或染色。②

　　新的标准大大放宽了土布的准入范围，克服了北京政府所定标准的保守性，适应了手工织布业新的发展趋势，尤其是若干新兴手工织布业经济区的进一步发展。为提倡国货，国民政府裁厘委员会于 1928 年 8 月初通过决议，规定："仿照洋式而非用机制之国货，应酌照机制洋式货物予以同一之待遇，以维手工业且补机器仿造之所不及。"具体做法是："行销国内时由经过第一关局征收出品税及内地税（即二五附税）各一道后概免重征，其运销外洋者并准免纳一切税厘以广推销。"③不久，财政部又发布第 711 号令，公布了对草帽及草帽辫的免税措施，要求"嗣后各厅各关局对于各种草帽及各色草帽辫所有应征一切税厘应

---

　　①　《抗战前国家建设史料·实业方面》，见秦孝仪主编：《革命文献》第 75 辑，142～143 页，台北，"中央"文物供应社，1978。

　　②　《抗战前国家建设史料·实业方面》，见秦孝仪主编：《革命文献》第 75 辑，143 页。

　　③　《内政部建议党、政府提倡国货案内关于本部主管部分确定办法案》，见天津市档案馆、天津社会科学院历史研究所、天津市工商业联合会编：《天津商会档案汇编（1928—1937）》下册，1786～1787 页。

自令到之日起概予免征，并先期广为布告，俾众周知"①。对于茶叶的出口，财政部规定："凡出洋花茶以及红茶、砖茶暨小京砖茶，由此口运彼口者，仍继续免征关税。"②

（2）关于手工业的奖励。1931 年 3 月 23 日，南京国民政府实业部公布了《特种工业奖励法》，其中将"应用机械或改良手工制造洋货之代用品"作为特种工业奖励范围之一。奖励措施包括："准在一定区域内有若干年之专利权"；"准减若干年国营交通事业运输费"，均以五年为限；"准免或准减若干年材料税"；"准免或准减若干年出品税"。③

同年 5 月，实业部又颁布了《小工业及手工艺奖励规则》，这是一部专门以手工业为奖励对象的法则。该规则规定，所谓小工业是"平日使用工人在 30 名以下者"，"凡本国人民经营之小工业及手工业，其制品合于左列各款之一者，得依本规则给予奖励：（一）对于各种制造品有特别改良者；（二）应用外国成果制造物品确属精巧者；（三）擅长特别技能制品优良者"；奖励方式分为奖金、奖章、褒状和匾额四种，凡符合奖励条件的"得择用或并用前条一至四条款之奖励"，核准奖励后，由实业部发给奖品，并在《实业公报》上予以公布，获奖的产品有权印登广告。④ 该规则公布后，大大激发了手工业者的积极性，据 1932 年的记载，"自上年由实业部订颁小工业及手工艺奖励规则后，各省市仿照该规则呈请奖励者甚多，就中成绩优良经核准发给褒章褒状匾额等

① 《津海关监督陆近礼通报草帽辫及草帽辫出口免税函》，见天津市档案馆、天津社会科学院历史研究所、天津市工商业联合会编：《天津商会档案汇编(1928—1937)》下册，1735 页。

② 《津海关兼秦王岛海关税务司关于茶叶出口免税的布告》，1928 年 12 月 10 日，见天津市档案馆、天津社会科学院历史研究所、天津市工商业联合会编：《天津商会档案汇编(1928—1937)》下册，1736 页。

③ 《特种工业奖励法》，见天津市档案馆、天津社会科学院历史研究所、天津市工商业联合会编：《天津商会档案汇编(1928—1937)》下册，1364～1365 页。

④ 参见《小工业及手工艺奖励规则》，见天津市档案馆、天津社会科学院历史研究所、天津市工商业联合会编：《天津商会档案汇编(1928—1937)》下册，1365～1366页。

奖励者，计有哈尔滨华北油漆厂、上海联华影片公司、天津隆记工厂、山西樊字华铜工厂、山东瑞兴和工厂、湖北叶正兴蚊香厂、汕头曹裕兴爱国纸伞厂等三十余起"①。

1934 年 5 月，实业部废止了《特种工业奖励法》，代之以《工业奖励法》，该法第一条第一款仍重申"应用机器或改良手工制造货物，在国内外市场有国际竞争者"，可依法获得奖励，奖励方式除沿用《特种工业奖励法》的规定外，还补充了"给予奖励金"条款。②

（3）关于手工业的改造。由于资料的限制，本书仅以传统缫丝业为例，说明南京国民政府对传统手工业的改造，以求管中窥豹。南京国民政府比较重视传统蚕丝手工业的改造工作，成立了专门的负责机构。1934 年 2 月，南京国民政府全国经济委员会设立了蚕丝改良委员会，该会的"使命即在以科学方法改进一切，期出口大宗生丝，以与日本争夺国际市场"。该会成立后，以江浙为重点，对植桑、制种、育蚕、烘茧以至制丝等环节加以改进。1934 年春，蚕丝改良委员会"选购优良桑苗一百三十万株，无偿分发江浙皖三省农民栽植……所得效果甚佳……因之二十四年（1935 年——引者注）春，仍续购优良桑苗一百六十万株"，无偿分配江、浙、皖、鄂、川、陕等省的蚕农栽种。在制丝工作中，旧式土灶有明显的缺陷，由于缺少换气作用的气窗，火力分布不匀，生茧的干燥程度参差不齐，质量下降，进而使缫制的生丝丝色降级，易生断头和糙丝，拉力不强。为了克服诸如此类的弊端，蚕丝改良委员会决定以新式烘茧机取代旧式土灶，"设法贷款一部分各重要蚕丝区，创立新式烘茧机，以力图改良，计已创设者，有江苏之金坛、无锡，共五台，浙江杭县一台，山东临朐一台"；蚕丝改良委员会希望这种做法能产生一定的示范效应，但"其余各地以旧式茧行积习太

---

① 《抗战前国家建设史料·实业方面》，见秦孝仪主编：《革命文献》第 75 辑，137 页。

② 参见《津商会为实业部颁布工业奖励法发出通告并附〈工业奖励法〉》，见天津市档案馆、天津社会科学院历史研究所、天津市工商业联合会编：《天津商会档案汇编（1928—1937）》下册，1366～1368 页。

深，多为地方封建势力所把持，一时不易转变"。① 由此可见，对传统手工业的改造是一项十分艰巨的工作。

重点产丝区的地方政府也积极配合蚕丝改良委员会的工作。江苏省设立了蚕业改进管理委员会，制定各项行政措施，确保改良进程的顺利展开，并在江苏省"主要产丝区域及富有改进希望之无锡、金坛二县，设蚕桑模范区，武进、溧阳、江阴、宜兴、丹阳、吴县、吴江、扬中、江都、句容、镇江等十一县，设置蚕丝改良区。实施茧行统制"②。为了推进统制工作的进行，该委员会制定了《江苏省茧行统制办法》，其中第三条规定，"模范区内茧行，应逐渐改用烘茧机……烘干机茧行成立后，其能力足烘模范区全部产茧时，旧式茧行即一律停止营业"；其余各县茧行的整理标准为："（一）有帖无灶者，吊销其茧帖。（二）有灶无帖者，勒令停闭。（三）茧灶数目与茧帖所载数目超过或不足者，其超过灶数勒令拆卸、其不足灶数于茧帖上注销之。"③

江苏省的茧行统制取得了一定的成绩，"实施以来，烘折已由三百斤减至二百七十八斤，缫折亦由四百五十斤减至四百斤以内，甚且有至三百六十斤者，烘茧及制丝费用，均以减低"④。1935年，无锡模范区拥有单灶四乘及四乘以下之茧行，"总计有二百五十家之谱，计灶三百数十乘，于是依法实行取缔，计业经吊销茧帖，并发还有效年限之帖费者，计六十家，灶一百十四乘，其余均经先后发封，并令缴还茧帖"⑤。这些都说明南京国民政府对传统缫丝业的改造取得了一些积

---

① 《曾养甫关于蚕丝改良委员会过去进行事业及将来发展计划致秦汾函》，见中国第二历史档案馆编：《中华民国史档案资料汇编》第5辑第1编《财政经济》（六），263～266页，南京，江苏古籍出版社，1994。

② 管义达：《江苏省二十三年蚕业统制报告》，见高景嶽、严学熙编：《近代无锡蚕丝业资料选辑》，251页。

③ 《江苏省茧行统制办法》，见高景嶽、严学熙编：《近代无锡蚕丝业资料选辑》，271～272页。

④ 管义达：《江苏省二十三年蚕业统制报告》，见高景嶽、严学熙编：《近代无锡蚕丝业资料选辑》，273页。

⑤ 《无锡概鉴》，1935年5月20日，见高景嶽、严学熙编：《近代无锡蚕丝业资料选辑》，276页。

极成果，但是，这种趋势并未继续下去，随着日本全面侵华战争的爆发和江浙地区的沦陷，缫丝业又回复到家庭手工业的落后局面。

总之，南京国民政府的手工业经济政策及措施基本上克服了北京政府的保守性，对手工业的保护不再着眼于家庭工业中最落后的部分。例如，在手工织布业中将改良机具即脚踏织布机所生产的布匹也列入保护范围，这在理论上符合手工业经济发展的客观规律，在实际中有利于新兴手工织布业经济区的扩大。南京国民政府对手工业的立法奖励，为北京政府时期所没有的新举措，在一定程度上激发了手工业者改进技术的积极性，对传统手工业的改造更具有振兴民族经济的战略意义。但是，由于南京国民政府坚持的内战路线，其发展手工业经济的正面效应在很大程度上被抵消，对传统手工业的改造进程也为不久后爆发的日本全面侵华战争所打断。因此，南京国民政府针对手工业的经济行为没有产生扭转手工业衰退的积极作用。

第四章　中间技术：手工业
生产力的变革取向

　　处在外国资本主义和民族机器工业夹缝中的中国近代手工业，要么在不变中走向衰落和破产，要么在变革中不断发展和壮大。因此，能够在夹缝中生存下来的手工业，不论主动还是被动，都或多或少地发生了一些变化。变化首先来自生产力领域，生产力是生产要素中最活跃的部分，手工业产品要在市场上占据一定的份额，除了凭借低廉的劳动成本，主要还依靠产品的技术含量，生产工具的改进则是提高劳动生产率和产品质量的关键。在早期工业化的驱动和刺激下，中国近代手工业生产发生了一些变革：一是旧式手工工具的缓慢趋新，二是手工业生产工艺的逐步改进，三是"石磨＋蒸汽机"技术模式的出现。这些变革带来了手工业生产力从传统向现代过渡的中间技术，这种中间技术出现的原因，既有来自大机器工业竞争的压力，也有手工业者自身的创新精神。同时，中间技术的出现也为手工业向大机器工业的过渡转化创造了一定的条件，第一次世界大战前后，中国近代手工业开始了向大机器工业的过渡。虽然这种过渡离民族机器工业的产生已经六十余年了，而且由于内外因素的作用没有继续进行下去，但它对于民族机器工业的发展仍然具有重要意义。它标志着传统手工业向工业化的发展，从而有利于民族机器工业基础的巩固。

一、手工工具的缓慢趋新

鸦片战争后，处在外国资本主义和民族机器工业夹缝中的中国近代手工业，唯有进行技术创新和制度变革，才能求得生存和发展。传统手工工具十分落后，劳动生产率低下，例如，手工棉织业长期使用一种全木结构的简陋工具。据考，这种织布工具各地名称互异。"广西的郁林称为'矮机'，河北定县称为'扔梭机'，高阳称为'投梭机'，而四川巴县则称为'丢梭机'，但其构造与生产能力，各地都相差无多。"①这种双手投梭织布机不仅需要两手同时投接，而且在做打纬、送经、卷布、伸子等工作时，不得不停止打梭，同时由于受到投梭时双手腕力的限制，布幅宽度多在一尺左右，最宽也无法超过一尺四寸，使用投梭机每人每天至多出布三十尺。丝织业的工具也长期停留在木制结构阶段，工作原理与旧式织布机完全相同，以脚踏开口，两手打纬，工作效率异常低下。以南京织缎业为例，"云锦每日每机仅能织数寸至尺余，漳绒、建绒均二尺左右，缎子四尺上下。织工出品微小，成本因亦增加"②。与此相关联的手工纺线车和手工缫丝车更加落后，成为棉织和丝织工具进一步改良的瓶颈。例如，在手纺纱和手织布的生产比例上，至少需要三个人纺纱才能满足一架织机的要求，因此，处于家庭工业形态的手工织布业者无须改进生产工具。旧式铜器、铁器、锡器制造业生产工具也十分粗陋，例如，冶铁业的设备中"最主要的是熔铁炉、风箱、模型等三种。熔铁炉是泥制的炉桶……相传从周朝起就用这种炉子，一直保持到现在，有二千多年的历史……风箱是用独木制成"③的。相关金属器皿的制作主要依靠各业匠人高超的手艺，

---

① 严中平：《手工棉纺织业问题》，载《中山文化教育馆季刊》，第 4 卷，第 3 期，1937。

② 国民经济建设委员会总会编：《南京缎锦业调查报告》，31 页，1937。

③ 郭叔鸣：《王源吉冶坊的起源和发展》，见中国社会科学院经济研究所、上海市工商行政管理局、上海市第一机电工业局编：《上海民族机器工业》上册，23 页。

凭借大锤、老虎钳、手摇钻、手锉等简陋工具。例如，锡器的制作要"从烊锡到浇版子，再根据产品要求的形状，将锡版子用手工拷成成品，中间经过焊接等工序，最后将制品用脚踏木车(我国原始木车床)车光，再用各种粗细锡锉锉平，刮刀刮光，末道工序，则用木贼草磨光，然后成为上市场的商品"①。这些从原料到成品的操作都是由一人完成的。

鸦片战争后，尤其是甲午战争后，手工业者的技术创新意识为手工工具的改良创造了良好的氛围。以天津为例，1915年3月，宋则久等工商界人士为了"开工智、联商情、疏商困，保工商业有益而无弊"②，决定发起成立工商研究所。这一倡议很快就得到了天津商会和天津县知县姚锡章的批准，同年5月26日召开了工商研究所成立大会。《工商研究所简章》规定，该所以"提倡国货，振兴工商业为宗旨"，由商会总理、协理担任主任，"凡工业、商业经理人均可为研究员"③，每月阴历初一、十五定期集会，共同研究工业。这是一个以手工业企业主为主体的实业研究团体。从发起人的经济背景看，除拥有资本100000元的北洋火柴公司和拥有200000元的天津造胰公司为使用原动力的工厂外，其余均为规模不等的手工工场甚至作坊，如表4-1所示：

表4-1　天津工商研究所发起人经济背景简表

发起人	所属企业名称	资本额/元	设备情况	工人数
孙恩吉	民立第四铁工厂	2000	—	55
李政庵	宜彰帆布工厂	3000	半铁半木人力帆布机器60架	200
宋则久	工业售品所	20000	内有织工场，设备不详	201

---

① 《前乐源昌铜锡号老工人江鲁文访问记录》，1961年4月20日，见中国社会科学院经济研究所、上海市工商行政管理局、上海市第一机电工业局编：《上海民族机器工业》上册，16～17页。

② 《工厂商董事宋则久等十三人请立工商研究所文并简章及直隶巡按使批》，见天津市档案馆、天津社会科学院历史研究所、天津市工商业联合会编：《天津商会档案汇编(1912—1928)》第3册，2626页。

③ 《工商研究所简章》，见天津市档案馆、天津社会科学院历史研究所、天津市工商业联合会编：《天津商会档案汇编(1912—1928)》第3册，2628页。

续表

发起人	所属企业名称	资本额/元	设备情况	工人数
伊长庚	北洋火柴公司	100000	44 马力，电力马达 2 座	866
韩锡章	实业织工厂	7500	铁机 33 架，织布木机 7 架	80
张豪臣	鸿兴汽水公司	8000	汽水机 1 架，木塞机 1 架，汽灌、汽筒各 1 个	2
傅子余	中利料器公司	10000	——	80 余
孙绍文	家庭工艺传习所	——		
高庆臣	公益造胰公司	2000	——	9
张仰周	顺昌造胰公司	1000	——	
苑士林	同升德竹器工场	2000	——	10
王瑞卿	天津造胰公司	200000	蒸汽发动机 1 座，卧式锅炉 1 只等	40
刘文仲	仁和义铁工厂			

资料来源：本表据《天津商会档案汇编（1912—1928）》第 3 册有关资料编制而成。

在成立大会上，有 36 家企业为新加入工商研究所的会员，其中处于工场手工业阶段的，织染业达 15 家，造胰业有 7 家。染织业中资本规模较大的瑞大织染工场拥有资金 5000 元，铁机 26 架，木机 4 架，工人 60 名。规模较小的德林漂染工场仅有资本 600 元，工人 15 名。造胰业中规模较大的合记造胰公司资本为 3000 元，拥有 9 名工人。[1] 工商研究所的活动还表明，这些手工业企业主具有较强的创新意识。首先，他们聘请了具有专门知识的技术人才张凤斋、孙仲英为该所顾问董事。[2] 其次，他们认真研究了中国工业落后的原因，提出了改进办法。

---

[1] 参见《天津各工厂创办成绩一览表（1915 年）》，见天津市档案馆、天津社会科学院历史研究所、天津市工商业联合会编：《天津商会档案汇编（1912—1928）》第 3 册，2514～2517 页。

[2] 参见《津商会聘请张凤斋孙仲英等为工商研究所顾问董事函》，见天津市档案馆、天津社会科学院历史研究所、天津市工商业联合会编：《天津商会档案汇编（1912—1928）》第 3 册，2638 页。

民立第四铁工厂经理孙恩吉认为中国工业的落后，"皆因无工学学校，又无专门造就之区。凡为工师、工匠不识字者十有八九，有资本者百无一人，只能工做一席而终老于糊口者居其多数"；同升德竹器工场业主苑士林更加深刻地阐释了工业界仿冒风气的消极影响，指出一些"不顾公益之徒，群起仿造，以膺物充卖以致买主眼光纷乱，至有鱼目混珠之叹，势必望而去之，不敢购此，诚为工业进步之一大障碍也。……此患不除，工商界永无振作之一日"；顺昌造胰工场业主张维翰分析了造胰业小规模经营的弊端，认为各厂家"均无巨数资本，所设之家至多数不过千元，少数者一二百元就可成立。……各家均未沾利亦未见亏损，均抱定敷衍从事，以延岁月而矣"。① 以上言论表明，手工业者已经注意到了科学技术教育、专利以及规模经营在工业发展中的重要性。

近代外国棉纱的大量进口和生丝出口量的增长以及民族机器纺纱业和机器缫丝业的产生，为手工织布业的充分发展和织机的改良创造了条件。1896 年，浙江宁波人王承淮"以旧机作新式东洋西洋等布，专用女工，不借汽力……自丙申（一八九六年）七月间，至今（一八九七年）一岁之中，约出新布二十余样"，这是对旧式投梭机的改良，踏脚增至五竿，可多层开口，王承淮因此获得清廷"五品顶戴之颁赏，并专利十五年"。② 1900 年以后，日本手拉机和铁轮机先后传入我国天津和江苏，据研究，1903 年秋，天津府知府凌福彭前往日本和歌山考察织布事宜，由和歌山购回"织布木机"140 架，其中 100 架拨给教养局，聘请一名日本男机匠负责教授，当时一位日本人参观教养局有关染织方面的工场后，认为"机台都是称为松田式的日本制自动脚踏机，织棉法兰绒的条子布及其他两三种布"③。此后，一些天津的日商洋行如田

① 《天津工商研究所各会员提案选录》，见天津市档案馆、天津社会科学院历史研究所、天津市工商业联合会编：《天津商会档案汇编（1912—1928）》第 3 册，2629～2635 页。

② 彭泽益编：《中国近代手工业史资料（1840—1949）》第 2 卷，261 页。

③ ［日］林原文子：《清末天津工商业者的觉醒及夺回国内洋布市场的斗争》，许慈惠译，见中国人民政治协商会议天津市委员会文史资料研究委员会编：《天津文史资料选辑（第四十一辑）》，转引自孟玲洲：《近代天津城市手工业研究（1860—1937）》，354 页，博士学位论文，南开大学，2014。

村、佐佐木、郡茂等开始贩卖日本铁轮机，天津的铸铁业也开始仿造日本铁轮机。20世纪初年偏处西南的四川内地也因为留日学生的回国而出现了改良的手拉机，例如，曾在日本学习织造宽布的大足秦某毕业回川时，"随购织布机多部，用时以手代足，敏捷异常"①。此后，改良与仿造的手拉机日益普遍，四川忠州"留学日本研究实业专科"的易某"回忠后即在周家场益智学堂内仿造纺花织布各机，灵巧异常，不亚东瀛"。② 重庆府城裕济布厂"自出心裁，创造木机，织成宽布，比洋布来者价廉质美；木机织布不用人力，梭机往来纯用滑车"，所织布匹分为三等，"头等细布长十丈有奇，宽二尺六寸，重十一斤；二等宽二尺五寸，重十斤；三等宽二尺四寸，重九斤"。③ 新津乡绅陈某"新造织布机一具……织工一日可得布十丈，宽尤倍之"④。1905年以后，又输入了日本铁轮织布机。手拉机在原有投梭机的织纬结构上安装滑车、梭盒、拉绳等件，"织布时，以脚踏脚板，则缯带线上下交错，同时一手向前推盛旺，一手下拉打梭之绳，则梭左右往返，如此两手两足，同时工作不止，则布自成矣。……笨机1人1日，约织布三十尺……拉机1人1日，约能织布四五十尺"⑤。在手拉机基础上加装放经、卷布设备，便成为改良机。但是，手工织布业中最进步的织机还是足踏铁轮机，该机工作时"以两足踏动织机下面的两块蹬木，借飞轮的旋转，再传动于各部分而行自动的开口、投梭、打纬、卷布、送经等工作，是一种铁木合制的平面机。这种足踏机，比起以双手投梭打纬并用人工卷布送经的旧式木机，动作要快若干倍，每分钟打纬数在一百二十以上，每日可织布八十尺至一百尺之多，且以无须用手来投

① 《成都日报》，第265号，光绪三十四年(1908)十一月初十日。

② 《实业日见发达》，载《广益丛报》，第173号，《纪闻》，1908。

③ 《四川官报》，第1册，《新闻》，2页，1904；《四川官报》，第24册，《新闻》，3页，1904。

④ 《四川官报》，第14册，《新闻》，1页，1908。

⑤ 李景汉编：《定县社会概况调查》，682页，北京，中国人民大学出版社，1986。

梭，因此布面可加宽至二尺二寸以上，而仿制进口的宽面洋布"①。除这种平面机外，还有斜纹铁轮机、提花铁轮机等改进品，用它们织布与机器的唯一区别就是前者缺乏非生物动力的使用。

手拉机和铁轮机究竟在多大程度上得到了应用，根据现有的材料还很难做出准确的判断，但可以肯定的是，手织机的改良不仅引起了手工织布业生产形态的进步，而且带动了一批新兴手工织布业经济区的出现。1897 年，王承准利用其新改造的"甬布机"设立了宁波纬成织布局，创办资本 10000 元，并获得了二十年专利。② 此后，上海、南京、天津、常熟等地都出现了织布工场。比如上海，"1907 年起上海郊区计有小型工场百余家，主要由安徽帮手工棉织业者自安徽安庆、芜湖等地迁来。当时生产工具仅有手拉机及脚踏机二种"，至 1925 年，上海手工棉织工场增至 1500 余家，产品有充线呢、洋麻条、大布、自由布等。③ 据同年对南京的调查，"全城厂数，约有三百五十余家，工人数目共约二千三百余人"，所用织布机有木机、铁机、花楼机，其中铁机、花楼机是从上海、日本引进的。④ 在天津，据 1929 年的调查，共有织布厂 328 家，织布机总数 4805 台，其中平面机 1665 架，提花机 3140 架。⑤ 远在西南腹地的重庆，也很快使用了改良织机。有关记载称，"扯梭木机，在前清末年，已自省外传入……其生产效率，则倍增于丢梭木机，且能仿制外洋宽布。由是织布之家，多弃丢梭而不用。……本市（重庆）铁轮机之应用，开始于光绪三十一年江北簸箕石之'复原'厂……'复原'开办时，有湖北机五十台；宣统元年改为'复新'，有机一百零五台"；1928—1929 年，重庆"三十里内（较今日范围

① 吴知：《乡村织布工业的一个研究》，11 页。

② 参见《宁波纬成织布局禀准专利开办各案卷》，见彭泽益编：《中国近代手工业史资料（1840—1949）》第 2 卷，263～264 页。

③ 参见《上海手工业调查报告》，1951 年 10 月，见彭泽益编：《中国近代手工业史资料（1840—1949）》第 3 卷，96 页。

④ 参见《南京织布厂之概况》，载《中外经济周刊》，第 109 号，1925 年 4 月25 日。

⑤ 参见方显廷编著：《天津织布工业》，28 页。

为广），铁木（机）合计，凡小厂三千，机数二万四千"。① 随后，四川盆地上的成都出现了规模较大的铁木机织布厂，例如：投资12000元的德光布厂铁轮机达 100 余部；新华布厂的资本额为 3000 元，铁轮机有 20 部；翕华织物工厂的资本额达 10000 元，铁轮机有 11 部，该厂购置了蒸汽机 1 台，但仅用于织造线毯。② 不过，与重庆相比，成都手工织布业的变革不仅在时间上出现较晚，而且铁木机的数量也较少，相反，旧式木机仍居主导地位。

改良织布机在一些中小城镇的织布工场中得到应用。例如，江苏常熟的织布工场"始于前清光绪二十九年（1903 年——引者注），厥后逐渐增多至三十一家，间有设立分厂者。厂之大者有织机二百数十部，少亦八九十部，合计三十一家之铁机、提花机、平布机总数当在三千部左右"③。创设于清末民初的浙江镇海公益、镇益织布场，均以30000 元开办，除了一些摇纱用的旧式纺车，公益织布场还有手摇木机 250 架，镇益织布场有 200 架。④ 1914 年成立的浙江硖石同盛永织布场，"系旧式独家经营之工厂，有改良木机百二十部，每机每日可出布十四五码……（纬通）有改良木机六七十张，所出货品种类及价值，多与同盛永相似"⑤。直隶饶阳钱业商人王万峰独立投资 5000 元购买北洋铁工厂铁轮机 40 架，创办益记工厂，专织花布和合股袍料。另一钱业商人李梦祥出资30000元创设协在元织布厂，购有铁轮机 60 张，木轮织机 540 张，出产"宽面土布，斜文褡裢两种"⑥。地处云贵高原

---

① 重庆中国银行编：《重庆之棉织工业》，见彭泽益编：《中国近代手工业史资料(1840—1949)》第 2 卷，368 页；彭泽益编：《中国近代手工业史资料(1840—1949)》第 3 卷，97 页。

② 参见《成都织布厂调查表》，载《中行月刊》，第 4 卷，第 5 期，1932；《成都市之工厂》，载《四川月报》，第 6 卷，第 2 期，1935。

③ 江苏省长公署第四科编：《江苏省实业视察报告书》(常熟县)，226 页，上海，商务印书馆，1919。

④ 参见彭泽益编：《中国近代手工业史资料(1840—1949)》第 2 卷，667 页。

⑤ 《硖石之经济状况》，载《中外经济周刊》，第 215 号，1927 年 6 月 11 日。

⑥ 《饶阳土布机织工厂创立情况》，见天津市档案馆、天津社会科学院历史研究所、天津市工商业联合会编：《天津商会档案汇编(1903—1911)》上册，1326~1330 页。

上的云南、贵州也于 20 世纪初年出现了手织工具的改良,据记载,云南乡民按外国机器设备仿制了一台"由多个齿轮连动的脚踏通绳机,据称能提高工效若干倍"①。云龙县实业员赵联攀"机织布匹,各户效之,已增至七八十户,所出之布,年约万余匹,尚能适用,销售本境"②。同时,滇西下关的织布业者还用进口足踏铁轮织布机取代了手工木机,"与其他各县织布所用之木机,仅能织幅宽一尺左右之窄土布者,则进步多矣"③。大理喜洲镇商人改良织布和工艺,改丢梭为拉盒,改粗布为细布,提高了生产效率和市场销量。"滇东各县均相服用,川、黔边县亦为畅销,初非意料及之者也。"④在贵州,20 世纪 20 年代,兴义县普遍以拉梭机代替了丢梭木机,并且出现了铁机厂,其中福生恒宽布厂"从云南买来的铁机二十台,自造木机二十几台,有不同工人五十余个",遵义县团溪镇的织布业改丢梭为"排梭",织户二三十家,"每户有织机三四架,几乎都雇工匠和学徒,使用洋纱生产"。⑤ 在安顺,1932 年王伯翰购潍县铁机六台,雇工徒四十余人,月均产量一百多匹。次年,又出现了使用十台人力铁机的利永兴织布厂。⑥ 不过,云南、贵州改良织机的应用不具有规模意义。

乡村手工织布业者通过对改良织机的应用,提高了土布质量,形成了若干专门的手工织布业经济区。例如,河北高阳手工织布业在 1908 年以前,"因为土布的拙劣(用最老式的木机),生产能力极低,出口往往只供家庭自用"。1909 年左右,高阳旅外人士从天津引进铁

① 云南省档案馆编:《清末民初的云南社会》,48 页,昆明,云南人民出版社,2005。

② 张世勋等:《云龙县造报地志书》(未刊稿),58 页,云南省图书馆藏,1921 年抄本。

③ 张肖梅:《云南经济》,(O)19 页,中国国民经济研究所,1942。

④ 张宽寿主编:《昭通旧志汇编》第 1 册,373 页,昆明,云南人民出版社,2006。

⑤ 林兴黔:《贵州工业发展史略》,21~22 页,成都,四川省社会科学院出版社,1988。

⑥ 参见李文海主编:《民国时期社会调查丛编·二编·少数民族卷》上,913 页,福州,福建教育出版社,2014。

轮机，到 1914 年，"高阳有织机 2500～3700 架之数，其中木机约十分之一二"，铁轮机已经开始占据绝对的优势。此后高阳织布区内的布机迅速增加，1915 年为 5726 台，1917 年突破 10000 台，1920 年超过20000 台，到 1928 年达到 29631 台，其中拥有技术水平较高的篓子提花机4056台。① 织机的改进迅速地提高了土布的质量，"最初制品仅有十六支纱织成之白粗布、粗斜纹布两种，宣统二三年（1910—1911年——引者注）间，添用二十支及三十二支纱织标布、市布、细斜纹布、提花条子布、被褥被面等。民国元年更添用四十二支纱织造爱国布及各种袍料，民国七八年间更添用人造丝造各色提花缎（俗名法麻缎，花色极繁）"②。高阳手工织布业者这种与时俱进的创新行为使高阳织布业达到了手工织布的最高成就。后起的山东潍县织布业经济区也离不开改良织布机的输入，民国初年潍县东乡有人从天津携机数架回乡推广传习技术，改良出品。该县东乡潍河沿岸各村庄的手工织布业者迅速接受了新式织机，1915—1916 年发展到 500 台左右，到 1923年左右又由东乡传入南乡、北乡、西乡，遍及全县，布机达 50000 台以上。潍县"织布所用织机，系铁轮木架之铁木机，通称铁轮机，亦名脚踏织布机，各种轮轴系以生熟铁制成，其架框以槐楸木制之，高一公尺七寸，长二公尺一寸，宽二公尺，计重 250 公斤，能织白粗布、蚊帐布、斜纹布、线呢、哔叽及各种提花布、白细布等"③。同样，定县在清朝末年，"于引用机纱之外，定人复将投梭机改良为拉梭式，生产力可增加一倍；民元以后，又输入铁轮机；纺织两方面之技术上的限制，得此解除，定县织业，方能迅速发展"④。

通海地区的手工织布业者在民国初年创办起了使用手拉机的手工工场，其中集成布厂成立于 1914 年，拥有江阴式手拉机 40 台，分别成立于 1917 年和 1918 年的民生布厂和达成布厂，各拥有手拉机 40 台

---

① 参见吴知：《乡村织布工业的一个研究》，9～18 页。

② 《高阳之布业》，载《中外经济周刊》，第 195 号，1927 年 1 月 8 日。

③ 《山东潍县之织布业》，载《工商半月刊》，第 6 卷，第 1 号，1934。

④ 严中平：《定县手工棉纺织业之生产制度》，载《社会科学杂志（北平）》，第 8 卷，第 3 期，1937。

和 10 余台。直到 20 世纪 20 年代末 30 年代初，通海境内才出现了使用铁木机的小型织布厂，例如，通华织布厂创办于 1930 年，拥有铁木机 30 架。这些手工工场虽然时作时辍，经营不振，并最终停歇，但对农村手工织布业者改良旧式织机起了推动作用。从 1914 年到 1932 年，通海手工织布业经济区的铁木机已近万架。① 20 世纪 30 年代的调查称南通农村有织机计阔幅机 3000 余台，脚踏机 10000 余台，小布机及其他织机 100000 台。② 与此同时，甚或稍早，使用手拉机的作坊或工场陆续出现，其简要情况如表 4-2 所示：

表 4-2　通海农村手工织布作坊改良机使用情况简表

名　称	使用改良机的年份	改良机种类及数量
吕盛布厂	1913	手拉机 26 台
集成布厂	1914	江阴式手拉机 40 台
达华布厂	1915	手拉机 50 台
民生布厂	1917	手拉机 40 台
达成布厂	1918	手拉机 10 余台
阜生织绸厂	1921	改织布匹，织机数量不详
宝兴织布厂	1929	手拉机 40 台
通华布厂	1930	铁木机 30 台
国华布厂	1932	铁木机与手拉机共约 30 台
利生布厂	1932	全部购用铁木机，数量不详

资料来源：本表据林举百著《近代南通土布史》和徐新吾著《江南土布史》的有关资料整理而成。

与通海地区一江之隔的江南，手工织机的改良步伐也很快。例如，江阴大约在清末民初兴起织布工场，"然所用机械仍为木制手拉者，故当时实为土布时代与机布时代之过渡时期"，1920 年后，"始改用铁

---

① 参见林举百：《近代南通土布史》，235~256 页。

② 参见童润夫：《南通土布业概况及其改革方案》，载《棉业月刊》，第 1 卷，第 2 期，1937。

机，然尚未采用引擎拖带机，仍逗留半手工业时代"。① 手拉机进入农民家庭是在 1924 年之后，据业内人回忆，"江阴改良土布的大量生产，是在 1924 年手拉机被城乡普遍采用之后，直到抗战前夕，改良土布曾风行一时。农民大多改织改良土布，除城内和近郊外，盛产于华市、周庄、云亭、峭岐等镇及其附近农村"②。1927 年江阴手工织布业最兴盛时的织机使用情况是，"有腰子机五万七千余台，手拉机三万余台，铁木机一万二千余台，合计约十万台。年产小布达二百余万匹，改良土布达三百五十万匹"③。在常州，"1911 年左右，农村里也逐步向手拉机发展，到 1920 年左右，已有二千台手拉机。1917 年左右并开始出现脚踏铁木机(简称脚踏机)，三十年代迅速发展，到抗战前夕，农村中共发展了一万多台脚踏机。但始终是一家一户，即使有二三台织机的少数织户，也仍是以家庭为单位"④。

手工织机的改良是从著名织绸产区杭州开始的。毕业于东京高等工业学校机织科的留学生许炳坤于 1909 年在杭州创办手艺传习所，教授新式丝织机的使用方法。1911 年杭州绸业公所董事金溶仲从日本输入新式丝织机，成为杭州"民间使用新式纹织机之嚆矢"。1912 年，另一留学生朱光焘用 2 万元创设杭州纬成公司，同时从日本引进仿法式手拉机 10 台。此后，杭州丝织业中改良机的使用越来越多。"迨民国元年末，约有四十台，二年末增至二百台，三年末竟达七百台，四年末乃越过 1000 台以上。"⑤ 到全面抗战前夕，杭州丝织业使用手拉机达 8000 台，木机仅 500 台。⑥ 其他主要手工丝织业区也开始推广应用改良丝织机。例如，嘉兴泰石乡历史上多习惯使用龙头木机，1921 年

---

① 段本洛、张圻福：《苏州手工业史》，400 页。

② 徐新吾主编：《江南土布史》，473 页，上海，上海社会科学院出版社，1992。

③ 段本洛、张圻福：《苏州手工业史》，401 页。

④ 徐新吾主编：《江南土布史》，548 页。

⑤ 《杭州之丝织业》，载《东方杂志》，第 14 卷，第 2 号，1917。

⑥ 参见朱新予主编：《浙江丝绸史》，186 页，杭州，浙江人民出版社，1985。

以后，陆续更换铁机，每架约值 80 元，多自杭州购买，1927—1928年，几乎全部更换铁机。[1] 到 20 世纪 20—30 年代，我国著名丝织区中手拉机及其他改良机的使用情况如表 4-3 所示：

表 4-3　近代主要丝织区改良织机使用情况简表

地区	设备使用情况	资料出处
杭州	1921 年时，杭垣共有熟货铁机三千数百张，木机千余张，艮山门外有生货铁机 2500 张。	《中外经济周刊》，第 186 号，1926 年 10 月 30 日。
吴兴	1925—1926 年为华丝葛盛行时期，有铁木机 6000 余架。	《中国实业志（浙江省）》第 7 编，48 页。
宁波	到全面抗战前夕，估计该地区有手拉机 700 台。	《近代江南丝织工业史》，158 页。
绍兴	华舍织绸区 1935 年时有手拉机 290 台，下方桥区有手拉机 2350 台。	《近代江南丝织工业史》，159～161 页。
丹阳	民初，渐将完全依赖人力之旧式机械淘汰，添备新式铁机，1924 年增至 4000 余台。	赵如珩：《江苏省鉴》下册，151 页，上海，上海大文印刷所，1935。
山东周村	20 世纪 20 年代，总计该镇之绸机数共约 4000 张，出品华丝葛二尺、二尺五寸两种。	《中外经济周刊》，第 190 号，1926 年 11 月 27 日。
苏州	1929 年有绸厂 49 家，织机共 3800 台，其中手拉机 1200 台。	《近代江南丝织工业史》，135 页。
盛泽	到全面抗战前夕，据盛泽工商联资料，使用手拉机约 8000 台。	《近代江南丝织工业史》，140 页。
湖州	到全面抗战前夕，共有电力机 900 余张，手拉机 580 余张，另有木机 3000 张。	《近代江南丝织工业史》，124 页。
双林镇	据双林镇绫绢厂提供的材料，该镇共有手拉机 1500 台。	《近代江南丝织工业史》，124 页。

---

[1]　参见郑厚博：《嘉兴泰石乡之织绸业》，载《浙江省建设月刊》，第 9 卷，第 8 期，1936。

其他手工业行业也出现了改良手工工具的使用情况。例如，在华南丝区，汽机未发明之前，主要使用手缫机。"只用手绩，其丝略粗，不过供土人纺织之用。"①在汽机缫丝的影响下，出现了改良足机，最初被蚕农在家庭缫丝业中使用，"厥后渐有商人创设足机多具，收购蚕茧，雇妇工缫之。更有集股公司，设置场所，购备足机百数十具，排列成行"②。到 1881 年，南海已有十一家缫丝厂，顺德也有五至六家，中法战争后，由于清政府对近代缫丝业态度的转变，蒸汽缫丝厂重点转向顺德，到甲午战争前，顺德的缫丝厂达五十余家，南海约二十家，三水等县也有一至二家，资本达 100 万两，釜位约 22000 处，"一般还都是蒸汽丝厂，尚未使用蒸汽动力"③。在四川，"为了使川丝适于外销，有些四川的制丝商已经很快地改变了缫车，这一点充分说明他们的企业精神"④。可惜，原材料并未说明他们是如何改变缫车的。据《三台县志》记载，"从前县人缫丝，皆用大车，其质甚粗。光绪中叶，邑人陈宛溪倡办小车缫细丝，初为脚踏，继为扬返，仿而行之者，相继不绝，现各乡小厂林立"⑤。1902 年，三台县设立了褆农丝厂，"先由直缫义大利式木机丝车十二部肇始，（光绪——引者注，下同）二十九年（1903）新修厂房，增添六十部，三十一年新建蚕室四间，并添新车四〇部，宣统元年（1909）添新修蚕库及缫丝工厂，添车一百四十部，至民国二年改木机为铁机"⑥。四川的木车（直缫）扬返丝厂，就是采用不用锅炉的木机缫丝技术，"以人力为动力，所以这等丝厂介乎土丝与

---

　　①　周之贞、冯葆熙修，周朝槐等纂：民国《顺德县志（全）》卷一《舆地略》，见《中国方志丛书》编委会编：《中国方志丛书·华南地方·第 4 号》，20 页，台北，成文出版社，1966。

　　②　彭泽益编：《中国近代手工业史资料（1840—1949）》第 2 卷，53 页。

　　③　徐新吾：《中国近代缫丝工业史》，116～117 页，上海，上海人民出版社，1990。

　　④　彭泽益编：《中国近代手工业史资料（1840—1949）》第 2 卷，90 页。

　　⑤　林志茂、谢勷等纂修：民国《三台县志》卷十三《食货志二·物产》，《本地物产输出表》，见《中国地方志集成》编委会编：《中国地方志集成·四川府县志辑（新编）·18》，247 页，成都，巴蜀书社，2017。

　　⑥　尹良莹：《四川蚕业改进史》，346 页，上海，商务印书馆，1947。

机械丝厂的中间,有可能改变为纯粹的机器缫丝厂。差不多全省各地都有这种丝厂,其丝车总数达 8000 部"①。另据《广益丛报》记载,1907 年左右,"合州张武卿孝廉招集民股开办四川蚕桑公社,改良蚕种,仿用日本人力坐缫丝车讲求新法后,历年制出之丝附商销沪者均比川丝高售一二百两,今岁(1907 年——引者注)公社更谋改良,爰仿意大利机器丝厂车式,造成人力联动缫丝利源新车,日出细丝十二两以上"②。1904 年,东北地区有人"仿照烟台的 Cannal 式制丝机做了一种脚踏机器,开始制造大粹丝,这种事业遂引起了许多人的注目",其结果是,东北地区的安东、西丰、海城、盖平、岫岩、凤凰城、开原等地,都建起了脚踏机的柞蚕工场。③ 山东也是一个产茧大省,尤以临朐、莱芜、博山等县为盛,1925 年年产茧合计达 62000 担。④ 20 世纪 20 年代,山东缫丝业进入足踏器械缫丝阶段,以临朐县为例,规模较大的足踏器械缫丝厂(场)达十三家,具体情况如表4-4所示:

表 4-4　山东临朐县足踏器械缫丝厂概况

厂名	成立年份	资本额/元	工人数	设备	年产丝量/斤
裕成福	1920	15000	80	人力缫丝机 40 台,转缫机 1 台	2000
裕泰兴	1922	25000	120	人力缫丝机 60 台,转缫机 1 台	3500
裕丰	1921	20000	120	人力缫丝机 60 台,转缫机 1 台	3000
裕记	1923	25000	130	足踏缫丝机 60 台,转缫机 1 台,均为本地制造	3000
义德	1923	15000	120	足踏缫丝机 60 台,转缫机 1 台,均为本地制造	3000
裕庆堂	1923	30000	160	足踏缫丝机 80 台,转缫机 1 台	4000

① 徐新吾:《中国近代缫丝工业史》,248 页。

② 《丝业改良》,载《广益丛报》,第 156 号,《纪闻》,1907。

③ 参见彭泽益编:《中国近代手工业史资料(1840—1949)》第 2 卷,362 页。

④ 参见蚕丝业同业组合中央会编:《支那蚕丝业大观》,689～690 页,東京,冈田日荣堂,1929。

续表

厂名	成立年份	资本额/元	工人数	设备	年产丝量/斤
裕春	1923	20000	160	足踏缫丝机 80 台，转缫机 2 台，均为本地木匠制造	4000
义记	1923	20000	120	人力缫丝机 40 台，转缫机 1 台	3000
裕成永	1925	16000	96	足踏缫丝机 48 台，转缫机 1 台，均为本地制造	2500
广记	1925	15000	96	足踏缫丝机 48 台，转缫机 1 台，均为本地制造	2500
裕庆源	1925	15000	96	足踏缫丝机 48 台，转缫机 1 台，均为本地制造	2000
义兴泰	1925	20000	120	足踏缫丝机 60 台，转缫机 1 台，均为本地木匠制造	3100
泉祥	1926	15000	120	足踏缫丝机 60 台，转缫机 1 台，均为本地制造	3000

资料来源：本表据山东省政府实业厅编印《山东工商报告》(1931)编制。

历史悠久的铜器、铁器、锡器作坊为了提高技术水平，也在原有手工工具的基础上通过引进或自制手摇车床、钻床，开始了机器生产。例如，创建于 1875 年的建昌铜铁机器厂，资本仅有 200 元，起初完全是打铁作坊，1880 年左右，购进五尺旧式老车床一台，雇工手摇。① 开办于 1880 年前后的远昌机器厂最初也是资本仅有 200 元的打铁店，几年后积累起一些资金，购进进口旧车床一台，钻床两台，雇工手摇。② 戴聚源铁工厂原为铁铺，甲午战争以后开始仿制轧花车。"1897

① 参见《前建昌机器厂老工人文发访问记录》，1960 年 8 月 10 日；《前建昌机器厂出身公利机器厂资本家陈育坤访问记录》，1960 年 9 月 5 日，见中国社会科学院经济研究所、上海市工商行政管理局、上海市第一机电工业局编：《上海民族机器工业》上册，88～89 页。

② 参见《前远昌机器厂老工人李崇宝子李思纪访问记录》，1960 年 7 月 15 日，见中国社会科学院经济研究所、上海市工商行政管理局、上海市第一机电工业局编：《上海民族机器工业》上册，90～91 页。

年始购进东洋货 8 尺新车床一台，价 200 元，当增雇车工一名，摇车床小工二人(时车床多系手摇，尚无动力)。"①武汉周恒顺机器厂的前身是历史悠久的周天顺炉坊，1866 年正式启用周恒顺牌名，当时只有一盘炉具和不到 20 平方米的厂房，1884 年增加到两盘炉具，1889 年开始制造轧花车，1896 年自制了第一台长五尺的木式土车床，人工摇动，1898 年又自制了两部钻床、一部刨床，并购进两部英国旧车床。②

印刷业生产工具的改良步幅较大。中国传统印刷业自雕版印刷术发明后，一直沿用到近代。随着石印、铅印工具的传入，传统印刷业开始引进石印机、铅印机等先进的印刷工具。以成都为例，先后创办于 1882 年的"涤雪斋"和 1903 年的文伦书局，分别从上海购回手摇石印机和铅印机各一台，开启了成都印刷业采用改良印刷工具的先河，到 1935 年，成都印刷业约有 200 家工厂(场)，其中资本额在 5000 元以上的厂家有 14 家，如表 4-5 所示：

表 4-5　1935 年成都印刷业概况

厂名	成立时间	资本额/元	设备使用情况
华英书局	光绪末年	—	对开铅印电机 1 部，月光机 5 部，机器全用引擎
武学官书局	1922	5000	铅印对开机 1 部，铸字炉 1 部
维新印刷局	1926	50000	对开铅印机 1 部，四开铅机 1 部，滚筒三开铅机 1 部，月光机 2 部，铸字脚踏炉 1 部，手摇 2 部，手扳石印机 6 部
美利利印刷公司	1926	60000	铅石印具备

---

① 《前张源祥机器厂资本家张廷桢访问记录》，1961 年 8 月 9 日，见中国社会科学院经济研究所、上海市工商行政管理局、上海市第一机电工业局编：《上海民族机器工业》上册，171 页。

② 参见陈林：《周恒顺机器厂发展史略》，见中国人民政治协商会议武汉市委员会文史资料研究委员会编：《武汉文史资料(总第十一辑)》，1983。

续表

厂名	成立时间	资本额/元	设备使用情况
诚信印刷社	1929	—	德国对开铅机 1 部，中国四开铅机 2 部，铸字手摇机 2 部，铸字足踏机 1 部，月光机 2 部
日新印刷工业社	—	20000	大铅印机 1 部，四开铅印机 2 部，月光机 3 部，铸字炉 2 部，手扳石印机 7 部
文华印字馆	1928	10000	脚踏平板机 1 部，月光机 3 部，石印手扳机 3 部
美学林	1929	—	脚踏机 1 部
大中印务局	1930	50000	脚踏月光机 3 部，四开铅机 1 部，石印手扳机 3 部，翻影镜 1 部，锯版机 1 部，锥版机 1 部，制版全用电光，另有锅炉
云雪印字馆	1930	8000	脚踏平板机 1 部，月光机 2 部，脚踏炉 1 部
民新大同印刷公司	1930	5000	对开铅机 2 部，四开机 2 部，月光机 1 部，石印手扳机 3 部
协美印刷公司	1929	10000	四开铅机 1 部，月光机 1 部，铸字炉 1 部
美信印刷局	1930	40000	大石印 1 部，手扳石部 2 部，六开铅机 1 部，四开铅机 1 部，铸字炉 2 部
诚达印书馆	1931	30000	足踏平版机 1 部，月光机 3 部，铸字炉 2 部

资料来源：本表编制以黄鸿铨《四川印刷事业之概况》（载《时事周报》，第 2 卷，第 2 期，1932）为主，辅以重庆中国银行调查组编的《成都市之工厂》（载《四川月报》，第 6 卷，第 2 期，1935）。

注：两次调查的印刷厂（场）家均为 14 家，其中 12 家完全相同，即华英书局、武学官书局、维新印刷局、美利利印刷公司、日新印刷工业社、文华印字馆、大中印务局、云雪印字馆、民新大同印刷公司、协美印刷公司、美信印刷局、诚达印书馆，设立年份和主要设备状况以黄鸿铨的调查为准，资本额以重庆中国银行调查组为准，其余两家即诚信印刷社和美学林则以黄鸿铨的调查数据为准。重庆

中国银行调查组调查的另两家印刷厂（场）分别为求新印刷厂（资本额 40000 元，主要设备为铅印机 8 部，石印机 10 部）和福氏印刷公司（资本额为 30000 元，机械全系新式）。

由表 4-5 所示，这些印刷厂（场）除华英书局、大中印务局使用机器动力或电力外，其余仍依靠人力，以手摇或脚踏带动印刷机械及相关设备，成都印刷业尚未发展到真正使用蒸汽动力或电力的阶段，调查者也认为成都"虽有不少工厂出现，但其中实具有工厂之规模者极少，大多数皆系由小手工业稍事扩大，易名而为工厂。故成都之工业，迄今犹在小手工业时期"①。另据今人考证，"四川引进的首台石印机是木质结构的平压式小型机，用人力扳动。20 世纪初，华英书局、精宏书局、成都图书局、广益书局等先后引进对开、全开大石印机，仍以人力转动……抗日战争前成都、重庆相继有电动石印机，但数量很少，专县印刷厂几乎全是手扳脚踏机"②。

其他手工业行业也出现了生产工具的改良。例如，浙江金华的制糖业中，全面抗战前夕在合作社糖厂的指导下，蔗农以三钢轴牛力拖动轧蔗机代替木制轧蔗工具（俗名糖车），生产效率大大提高，每日夜轧蔗 70～80 担，每担甘蔗可得蔗汁 58 斤左右，动力与土糖车一样，但产量翻倍，且以钢轴附有铲刀，蔗屑不易坠入，蔗汁纯净，操作简单，受到蔗农欢迎。③

当然，手工工具的改良并不意味着旧式工具的完全淘汰。在广大的农村内陆腹地，旧式手工工具依旧构成手工业者最主要的生产资料，"一般一户一台土制木织布机"④的现象还广泛存在，农民自给部分的

---

① 重庆中国银行调查组编：《成都市之工厂》，载《四川月报》，第 6 卷，第 2 期，1935。

② 四川省地方志编纂委员会编：《四川省志·出版志》上册，229 页，成都，四川人民出版社，2001。

③ 参见萧家点：《两年来之金区合作糖厂》，载《浙江省建设月刊》，第 10 卷，第 1 期，1936。

④ 湖北省乡镇企业管理局《乡镇企业志》编辑室编：《湖北近代农村副业资料选辑（1840—1949）》（未刊稿），143 页，1987。

生产尤其如此。即使在手工作坊或部分手工业经济区，也还存在着大量的旧式木机，例如，通海织布区的"布机完全是旧式的木机，手投梭和手拉梭同时存在着。络纱和牵经等工作自然也保存着较原始的方法"①。在东三省，"（东兴三染织布公司）奉垣织布机房大小不下三百余家，多半系用旧式木机，规模甚小，资本有限，殊乏进展之望"②。鄂西北地区广为流行的"古式木机即手掷梭窄布矮机……其织成之布，宽一尺二寸，谓之窄土布"③。据 1929 年对南京缎业的调查，"织机完全用旧式木机，手推足踏，提花并不用龙头（Jacquard），以一人在上用手提之，十分烦拙。制出之品，花样既不翻新，织工又欠匀整，所以不敌苏、杭品，处于劣败之地位"④。织机改革较快的苏杭地区也未完全淘汰旧式工具，直到 1929 年苏州还有手抛梭木机 1800 台，1936年时，杭州尚存旧式木机 500 台。⑤ 地处西南腹地的四川，20 世纪初年时统计约有手摇车 20000 部。⑥ 这一切不仅表明传统手工工具的改良十分缓慢，而且也反映了手工业进步的艰难性。

二、手工业生产工艺的逐步改进

手工工具的进步为手工业生产工艺的改进创造了条件。手拉机、铁轮机的使用不仅使棉布、绸缎门幅逐渐加宽，而且织物组织趋于灵活，从而有利于推出新品种，"由手拉机发展到脚踏机生产后，品种、规格随着织机的变革，有了进一步增加，已能织出斜纹、线呢和绒坯"⑦。楼

①　王子建：《中国土布业之前途》，见千家驹编：《中国农村经济论文集》，135 页。

②　《酝酿中之奉天工业》，见《经济半月刊》，第 2 卷，第 14 期，1928。

③　湖北省乡镇企业管理局《乡镇企业志》编辑室编：《湖北近代农村副业资料选辑（1840—1949）》（未刊稿），141 页。

④　李崇典：《南京缎业调查报告》，载《工商公报》，第 1 卷，第 12 期，1929。

⑤　参见徐新吾主编：《近代江南丝织工业史》，135、151 页，上海，上海人民出版社，1991。

⑥　参见彭泽益编：《中国近代手工业史资料（1840—1949）》第 3 卷，16 页。

⑦　徐新吾主编：《江南土布史》，557 页。

子提花机的使用，使土布的花色品种更加丰富。这种织机在机顶上装有提花楼框的提花机，而其特色即"凭借楼框内竖针刀片与吊线花筒板等密切动作，织成大而繁杂的花纹。……有 400 扣针、600 扣针和 900［扣针］、1200 扣针等等。针数愈多，织的花纹愈大"①。手工缫丝业的工艺改进不仅使丝织品花样翻新，而且让生丝的规格、标准更加趋向统一。

手工丝织品工艺的最大改进体现在织物组织的灵活运用。据考，中国古代丝织业擅长生产提花丝织物，一般采用三原组织，而变化组织较少，加上其他条件的限制，单层织物偏于柔软，多重织物偏于板硬。鸦片战争后，出口土丝难以满足欧美机械化丝织业的要求。为了增强市场竞争力，经营者创制"再缫丝"，以提高其工艺水平。例如，湖州周味六于 1874 年年初改进加工工艺，将原来辑里丝经从顺摇改为逆摇，将收购的土丝按丝身等级分发双扬村一带的农家加以复摇整理，粗细分档，除去乱丝，接好丝头，成为批量较大、规格较齐的"辑里丝经"和"辑里干经"，后来又增出方经、大经、花车经等名目，成为市场上的畅销货。② 江苏震泽也是一个以再缫丝闻名的乡镇，"以丝为经，假手摇工，而摇工并不住居本镇，系由各丝行将丝之分两秤准，交由各乡户携回摇成，俟交货时，再为按工付值。计沿镇四乡三十里之遥，摇户约共有一万数千户，男女人工，当在十万左右"③。20 世纪初，呢绒有取代丝绸之势，为了同呢绒竞争，丝织业通过改变织物组织和其他工艺条件，创制了诸如丝呢、丝哔叽、丝直贡等仿毛织物，以及华丝葛、明华葛、巴黎葛等葛类丝织物。④ 例如，绍兴丝织业由于"铁机兴起，出品花色亦繁，花绸、素缎及各种花缎，均层出不穷"⑤。在

---

① 河北大学地方史研究室、政协高阳县委员会编著：《高阳织布业简史》（《河北省文史资料（第十九辑）》），16 页，1987。

② 参见夏玉如、袁世君主编：《湖州蚕业史》（未刊稿），27 页。

③ 江苏省长公署第四科编：《江苏省实业视察报告书》（吴江县），135 页。

④ 参见中国近代纺织史编委会编著：《中国近代纺织史（上卷）》，39 页，北京，中国纺织出版社，1997。

⑤ 建设委员会经济调查所统计课编：《绍兴之丝绸》，18 页，杭州，建设委员会经济调查所，1937。

吴江盛泽镇丝织业，由于纺绸销路减少，丝织业者便改进工艺，"改织中山葛，用人造丝为经，腊线为纬，最盛之时，年产近一十五万匹，价值一千万元"①。该镇经成丝织厂用铁轮提花机织造华丝葛、香云纱、横罗、直罗、生丝熟纡纱，"均极花样翻新，精彩夺目"，并曾由北京政府农商部"准予照章给奖，以昭劝励"。②

成都丝织业虽然在生产工具的改进上较为保守，但在生产工艺上却吸收江浙丝织业的先进工艺，力求创新。清末时期，成都丝织品染色工艺引进国外染料，由传统的真青、藏青、靛蓝、元青、真朱红等发展到"各种颜色，应有尽有"③。"花样由平花而改为浮花，以至满花，而线花"，1921年以前，"其改良缎匹，有八丝珍珠缎、电光花缎、电力云霞缎、东坡缎、通海浮边缎、三闪花缎，上中下各色摹本缎"等。④

生产工艺的改进，不仅极大地提高了生产效率，迅速扩大了生产规模，而且增加了花色品种，改进了产品质量。在天津，提花业"萌芽于民八九年，盛于民十一二三四年，嗣因潮流所趋及爱美的观念，复由提花发明明华麻葛，殊为进步之新纪录"⑤。提花布的种类除明华葛外，还有双丝葛、三丝葛、仿绮霞缎、闪光缎、电光缎等。人造丝传入后，天津手工织布业又再次迎来复苏，据载，到1936年7月份，加入织染业公会的提花工厂已有500余家，各有织机二三十架至一百余架不等，此外，仅有二三架织机的小规模厂坊"尚有三数百家"。全市大小提花厂每日可消耗人造丝400余箱。⑥与此同时，天津土布的染色工艺也有了很大进步，一是使用国外进口的化学药品及染料，但仍沿用旧式染色方法，称为"半新法"，二是不仅采用西方染料，同时引

①　彭泽益编：《中国近代手工业史资料(1840—1949)》第3卷，430页。

②　江苏省长公署第四科编：《江苏省实业视察报告书》(吴江县)，137页。

③　《成都绸缎长机业调查》，载《四川善后督办公署土产改进委员会月刊》，第1卷，第2期，1934。

④　《成都绸缎长机业调查》，载《四川善后督办公署土产改进委员会月刊》，第1卷，第2期，1934。

⑤　《提花业破产》，载《益世报》(天津)，1932-09-18。

⑥　参见孟玲洲：《近代天津城市手工业研究(1860—1937)》，149～150页。

进新式染色方法，称为媒介染色法或汽染法，"用汽力染色较用火力为优，能使人造丝之光泽不减"。1926年的调查表明，天津染电光绒的染坊有四五十家，均在河北各小街道，每家均有加光机一架，缸灶均为旧式，另有压纱机一架，均使用人力，这些都表明天津在染色工艺上的进步。①

在高阳，铁轮机的使用使织户能够生产多种规格、标准的布匹，更好地满足了市场的多层次需求，"最初制品仅有十六支纱织成之白粗布、粗斜纹布两种，宣统二三年间，添用二十支及三十二支纱织标布、市布、细斜纹布、提花条子布、被褥被面等。民国元年添用四十二支纱织造爱国布及各种袍料，民国七八年更添用人造丝造各色提花缎（俗名法麻缎，花色极繁）"②。例如，条格布的制造工艺就较为复杂，须"将白纱染成各种颜色，互为经纬，交织配合，可以变换出无数种条格花纹"；法麻缎的生产工艺更为复杂，"如以硬麻中的 D120 或 D150 粗型号麻丝为经纬线，可织出明华葛等各种葛；以软麻为经纬线，则可以织出各类丝绸；以麻丝为经、棉纱（棉纱、电光线〔绒〕、蜡光线）为纬，可以织出各种绸、绨；利用硬麻、软麻交织，则织出缎"。③ 由此可见，花色品种的增加不仅是生产工艺改进的结果，更是它的主要体现。表 4-6 反映了高阳织布业布匹种类变迁的详细历程。

表 4-6 高阳织布业布匹种类变迁表

时间	白棉布	花色棉布	麻丝布	棉麻织品
清末	粗布	蓝缸靠粗布	—	—
1912	粗布 细布	各色染布	—	—

---

① 参见孟玲洲：《近代天津城市手工业研究(1860—1937)》，152～153 页。

② 《高阳之布业》，载《中外经济周刊》，第 195 号，1927 年 1 月 8 日。

③ 河北大学地方史研究室、政协高阳县委员会编著：《高阳织布业简史》，24、25 页。

续表

时间	白棉布	花色棉布	麻丝布	棉麻织品
1915	粗布 细布	爱国布 电光布 电光格 霞缎	—	—
1917	粗布 细布	小提花布 被面布 条格布 爱国布	—	—
1919	粗布 细布	条格布	—	罗纹布
1921	粗布 细布	条格布	—	罗纹布
1926	细布	条格布	明华葛 麻缎	国华绨 电丝葛
1930	细布	条格布 呢布 宽面床单布	春绸 纺绸 锦地绉	国华绨 电丝葛 雁翎绸
1933	—	—	亮绸 明华葛 麻缎	—

资料来源：吴知：《乡村织布工业的一个研究》，224 页，表 67。

创新工艺、推陈出新是高阳织布业的生命力之所在。每当市场竞争激烈时，布业中人总是在制造工艺上加以改进，推出新品。观表4-6，从清末直到 20 世纪 30 年代初，高阳织布业每隔三五年，就有一个至多个新品种推向市场，同时淘汰旧品种，推出新品的周期与高阳布业的波动周期基本吻合。正是 1912 年白细布和各色染布的推出，才打破了土线木机只能织造白粗布的格局，促进了 1915—1920 年的第一次兴盛。1921 年高阳布业面临着机制布匹和潍县布匹的双重夹击，也正是 1926 年浆经法的传入、麻丝布和棉麻织品的制造，以及条格布的创织，造就了 1926—1929 年的再次繁荣，"1926 年浆经法传入高阳，人造丝大量输入，提花机成倍增加，麻布织造盛行。提花麻布上市后，极受人们欢迎，出现了供不应求的情势"①。但是，受随之而来的世界性资本主义经济危机的冲击，高阳布业也陷入了困境之中。然而，"高阳布业不仅承受住了这一压力，而且积极在布匹的质量和花样品种方面开拓新路，使高阳布业得以获得繁荣的转机"②，其中的关键工艺就是李恩波于 1924 年从上海引入的印花工艺，1934—1937 年，"经过张虫、刘仓、葛大龙等人的步步革新，使印花麻布不仅花纹图案齐全，色泽华丽，而且保持色彩牢固不褪"③。

但是，改进工艺并非易事，不同行业、不同地区间存在着较大差异。一般来说，在开放较早的通商口岸及其附近农村地区，受到西方资本主义冲击和影响较大。一方面，西方商品和在华企业挤占了手工业产品市场，唯有求变方能生存和发展；另一方面，西方先进技术和民族机器工业产生了带动效应，客观上为手工业工艺技术变革创造了条件。相反，在内陆地区，机制品对手工业产品市场的冲击较小，手工业者观念落后，缺乏创新工艺的压力和动力。例如，宝坻织布业在工艺革新方面较为保守，不仅织户目光短浅，"织户多为小农，其中尤以佃户居多，眼光自属短浅。布商亦多为本地乡民，其中尤以出身本地商铺及旅店者为多，孤闻寡陋，专营目前小利，不思发展企业。即当欧战方酣大有发展机会之际，亦仅从事减低价格，以与他人竞争，不作提高质地，别立专业之图"④，因此，很快就被后起的高阳、潍县所取代。即使在城市，手工工艺的改进也并非顺理成章，而是受多方面因素的制约。其一，出于"保密"之需有意阻滞新技法的推广。创办于清末的成都制革厂，很早便开始运用"植物丹宁鞣革法"从事皮革制造，但官方有意封锁新法，不许民间仿用新法制革。直到 1919 年，该

① 河北大学地方史研究室、政协高阳县委员会编著：《高阳织布业简史》，5 页。

② 河北大学地方史研究室、政协高阳县委员会编著：《高阳织布业简史》，7 页。

③ 河北大学地方史研究室、政协高阳县委员会编著：《高阳织布业简史》，8 页。

④ 方显廷、毕相辉：《由宝坻手织工业观察工业制度之演变》，载《政治经济学报》，第 4 卷，第 2 期，1936。

厂倒闭，工人遣散，新式制革法才在四川民间传布开来。[①] 其二，受到资金短缺的限制，新式工艺难以扩大运用。例如，北京义和成铜烧瓷厂手工艺人张德明从 1926 年开始潜心研制"铜胎烧瓷"，于 1931 年始告成功，"销售甚畅"，产品供不应求，但由于资金缺乏，设备不周，不能及时扩大生产。抗战胜利后，才由北京社会局饬令义和成加入铜铁锡品业同业公会，并以挽救珐琅工业为由予以贷款。[②]

三、传统与现代的契合：
"石磨＋蒸汽机"的技术模式

手工工具的缓慢趋新、手工业生产工艺的逐步改进，是手工业者在机器工业竞争下求生存求发展的能动反映，提高了手工业者的生产力和产品质量，有利于手工业生产形态的更新及其向大机器工业的转化。因此，手工工具的缓慢趋新和生产工艺的逐步改进在一定程度上增强了手工业长期存在的内劲，并使手工业在生产形态上与旧式手工业区分开来，向着中间技术层次发展。如果说手工工具的趋新和生产工艺的改进从一个侧面反映了近代手工业者的创新精神，那么"石磨＋蒸汽机"的技术模式的出现则从另一个方面体现了近代手工业者的创新行为。

生产力是一定历史发展阶段的产物，具有时代性，正如马克思所说，"手推磨产生的是封建主的社会，蒸汽磨产生的是工业资本家的社会"[③]，近代中国处在由传统农业社会向现代工业社会转型的时期，与此相适应的是，在生产技术上也存在着一种非此非彼、传统与现代相融合的过渡技术，最为典型的就是手工业中以蒸汽机带动的石磨。本书之所以将"石磨＋蒸汽机"作为一种传统与现代相契合的技术模式，

---

① 参见《成都制革业史略》，载《四川月报》，第 4 卷，第 6 期，1934。

② 参见《北平市绒捐纸业花业公司关于挽救及发展北平市地毯珐琅及纸花等工业致社会局函及社会局批示》(1947 年 9 月 1—30 日)，北京市档案馆，档案号：J002-004-00571。

③ 马克思：《哲学的贫困》，见《马克思恩格斯选集》第 1 卷，142 页，北京，人民出版社，1995。

是因为，在我们看来，石磨是传统的象征，而蒸汽机则是现代的代名词。当然，传统的手工工具并非仅限于石磨，而蒸汽机也涵盖不了现代的完整意义。因此，作为一种技术模式，两者的结合泛指传统手工工具与现代技术的融合。

中国近代某些传统的手工业行业如磨粉、碾米、制糖、榨油等农产品加工业以及缫丝业中的部分工序，为现代动力机器的直接运用提供了技术基础。旧式磨粉业的主要工具是石磨，上下两片，大小不一，厚度不同。旧式磨粉工具较小，以人力即可推动，俗称手推磨。作坊里使用的石磨较大，必须以牛、驴、骡等牲口为动力，称畜力磨坊。机器面粉工业产生之前，畜力磨坊在中国主要产麦区的广大城镇普遍存在，加工对象为小麦、玉米、小米、高粱等粮食作物。加工能力的大小受到生物动力的限制，扩大规模只能依靠多喂养牲口，既不经济又不卫生。因此，如何打破生物动力的制约，成为磨坊手工业进一步发展的关键。制糖的主要原料是甘蔗，旧式糖坊的主要工具是石碾和熬糖铁锅。在广东，"压榨寮之设备极陋，草瓦茨墙，中据石辘二，名曰磨……榨时蔗夹磨隙，以两索挽旋转之，蔗汁出经溜槽，而入储桶，渣由磨背出，榨时务使汁净无遗"①。事实上，传统方法不仅难以将蔗汁榨尽，而且速度极慢，以牛为动力，"每磨每点钟，能榨出蔗汁三百五十斤至四百斤……每旋转石磨一次用牛四头，惟每半句钟须更换一次"②。这样便造成旧式制糖过程无法连续进行。因此，传统制糖业和磨粉业发展所面临的共同问题都是如何在现代技术基础上以非生物动力取代人力或畜力。

传统榨油业的生产工艺更为复杂，但关键工序是碾磨、蒸煮和压榨，将用于榨油的原料碾磨成碎粉之后，入蒸锅蒸煮，然后倒入"榨"内，以木楔式方法压榨。比如 19 世纪 70 年代一位西方旅行者所见汉口附近的榨棉籽油工序，"先用大石磨把棉籽碾细（这种石磨直径大约五英尺，在一圆槽上转动，磨槽的中心有一木桩，木桩上连着一旋转

---

① 沈云龙主编：《近代中国史料丛刊（三编）》第 24 辑《广东经济纪实》，319页，台北，文海出版社，1987。

② 《广东之蔗糖业》，载《中外经济周刊》，第 184 号，1926 年 10 月 16 日。

磨石的杠杆，把杠杆的另一端系在牛的身上，取得动力），再把碾细了的棉籽装入粗麻袋内，放在一个大沸水锅上蒸过之后，再倒入榨油机的圆形模子里，榨出油来"①。广东梅录博茂村的榨花生分为十二道工序，所用工具与汉口附近的榨油坊稍异其趣。将原料磨碎的石磨就是"普通磨麦之磨，惟磨齿略粗、孔略大，圆径五尺五，直径尺七，以漏斗堆花生于孔，使两工徐徐推挽之"，然后将磨细的"纯米"入桶蒸煮，取出后打入"笨箍"，放进木槽加以压榨。② 其他各地榨油业与上述两地大同小异，旧式油坊这种细致的分工，为现代技术的局部利用提供了广泛的余地，既可革新旧式压榨方法，也能用机器带动石磨，还可以用蒸汽机加热取代传统柴火蒸煮。这种蒸汽加热法对于手工缫丝业更为重要，手工缫丝的关键环节是煮茧，中国传统家庭缫丝业多在土灶中以炭火加温煮茧索绪，"缫丝之法，以大锅盛清水，候其沸，加入荞灰汁调匀，乃置茧于中。约煮半时，将茧翻转，再煮一二刻，视其茧软，壳外浮丝松散，则茧热可缫矣"③。这种煮茧方法的温度最难以控制，并容易造成生丝纤度不匀净的毛病。20 世纪 30 年代末，中国机器缫丝比较先进的无锡地区，受到抗日战争的影响，出现了旧式土灶煮茧技术的复活，当时兴起的小型丝厂，"煮茧是使用老虎灶（烧开水用的土灶），每座老虎灶一般能装上四只煮茧锅，老虎灶的烟道绕缫丝车上的缫丝锅，借以加温。这种缫丝车俗称'老虎灶缫丝车'"④。这种煮茧方法的落后性，就是土丝比厂丝质量低劣的最主要因素，可见，改造手工缫丝技术的关键之处就在于改造土灶煮茧技术。

鸦片战争以后，传统手工业受到外国商品的激烈竞争，同时外国先进工业技术也传入中国，尤其是民族资本主义工业的产生，客观上为手工业的技术更新提供了有利条件。于是，在缫丝、磨粉、榨油等

---

① 彭泽益：《中国近代手工业史资料(1840—1949)》第 2 卷，119 页。

② 参见沈云龙主编：《近代中国史料丛刊(三编)》第 24 辑《广东经济纪实》，323~326 页。

③ 常恩修，邹汉勋等纂：咸丰《安顺府志》卷四十六《艺文志》，见《中国地方志集成》编委会编：《中国地方志集成·贵州府县志辑·42》，24 页，成都，巴蜀书社，2016。

④ 高景嶽、严学熙编：《近代无锡蚕丝业资料选辑》，435 页。

传统手工业中纷纷出现了新技术的运用。最早对手工缫丝煮茧技术加以改进的是陈启沅，他在继昌隆缫丝厂安装了蒸汽炉，其主要作用是，"一、用来发动抽水器向外涌吸水入厂；二、煮沸水，并将沸水透蒸汽管输送到各缫丝工作位去。尚未有作过推动丝绠自动旋转的用途"①。继陈启沅之后，广东顺德、新会、南海等地也出现了技术改进的缫丝工场。顺德的缫丝工厂"由炭火蒸水改用蒸汽热水，俨如汽机缫丝厂焉。其所不同者，惟缺乏机械与转动车轮缫丝，此无疑系受汽机缫丝之影响所致"②。新会、南海等地涌现出了数百家手工缫丝厂，"其大厂有用八九百工人者，大率以四五百人为多"③，并由炭火煮茧改用蒸汽锅炉热水，称"汽喉踩缫"④。蒸汽锅炉供水能使热水保持恒温，进而提高土丝的质量。但是，还不能肯定这种技术是否在山东、东北、四川等地的手工缫丝厂中得到了运用。

1878 年，天津贻来牟机器磨坊的开办标志着旧式磨粉业技术变革的开端，"这家磨坊是用蒸汽机带动石磨，其他工作仍靠人力"⑤。1902 年的无锡保兴面粉厂也是以 60 马力的引擎带动四只法国链石磨子的。⑥ 据现有资料，1878 年至 1913 年开办的以蒸汽机带动石磨的机器磨坊约有 26 家。⑦ 1914 年以后，随着民族机器制造业仿制蒸汽机以及电动机技术的普及，机器磨坊也得到了进一步发展。例如，位于华

---

① 陈天杰、陈秋桐：《广东第一间蒸汽缫丝厂继昌隆及其创办人陈启沅》，见《中华文史资料文库（经济工商编）》第 12 卷，786 页，北京，中国文史出版社，1996。

② 彭泽益编：《中国近代手工业史资料（1840—1949）》第 2 卷，53 页。

③ 彭泽益编：《中国近代手工业史资料（1840—1949）》第 2 卷，356 页。

④ 许涤新、吴承明主编：《中国资本主义发展史》第 2 卷，927 页。

⑤ 《上海阜丰面粉厂厂长宁钰亭 1897 年调查所见》，见上海市粮食局、上海市工商行政管理局、上海市社会科学院经济研究所编：《中国近代面粉工业史》，8 页。

⑥ 参见荣漱仁：《我家经营面粉工业的回忆》，见中国人民政治协商会议全国委员会文史资料研究委员会编：《工商史料（二）》，42 页。

⑦ 参见上海市粮食局、上海市工商行政管理局、上海市社会科学院经济研究所编：《中国近代面粉工业史》，14～15 页。

北麦产区的工业重镇天津在"民国五年（1916 年——引者注）以前，仅
有旧式磨坊，役使牲畜（用骡最多），其时大小磨坊，不下四百余家，
所有石磨之总数，不下二千余部"[1]。随着电力工业的发展，旧式磨坊
采用电力作为动力的现象日趋普遍，电力磨坊中电力带动的石磨也越
来越多。据调查，到 1930 年，天津磨坊中采用电力者计 208 家，这
208 家使用动力的变迁状况如表 4-7 所示：

表 4-7　天津 208 家磨坊使用动力的变迁状况表

年份	磨数/盘			碾数/盘			总计/盘			畜力碾磨所占百分比
	畜力	电力	合计	畜力	电力	合计	畜力	电力	合计	
1925	108	132	240	40	57	97	148	189	337	43.9
1926	60	220	280	32	80	112	92	300	392	23.5
1927	31	283	314	20	112	132	51	395	446	11.4
1928	10	370	380	14	145	159	24	515	539	4.5
1929	8	422	430	14	166	180	22	588	610	3.6
1930	8	440	448	14	171	185	22	611	633	3.5

资料来源：方显廷：《天津之粮食业及磨房业》，载《经济统计季刊》，第 2 卷，
第 4 期，1933。其中，畜力碾磨所占百分比一栏中的数字，重新进行了核算，匡
正了原表中的计算错误。

表 4-7 显示，1925 年天津 208 家电力磨坊中畜力碾磨占所有使用
碾磨的 43.9％，到 1930 年，这一比例下降到 3.5％，使用畜力的碾磨
仅有 22 盘。当然，畜力磨坊的存在并非完全由于磨粉手工业者的保
守，"所以仍沿用骡力者，非对电力之功用有所怀疑，实因此种牲畜不
能得较好之利用也"[2]。正是由于电力磨坊的生产效率为从业者所普遍
接受，到 1925 年北京的旧式磨坊业中已经"装设电磨者闻有三十余家，
现（1926 年——引者注）已增为五十余家，且正在装设者亦有数家"[3]。

———————

[1]　《天津工业之现状》，载《中外经济周刊》，第 198 号，1927 年 1 月 29 日。

[2]　方显廷：《天津之粮食业及磨房业》，载《经济统计季刊》，第 2 卷，第 4
期，1933。

[3]　《北京电力磨面业之概况》，载《中外经济周刊》，第 193 号，1926 年 12 月
18 日。

在津、京两地的影响下，1926年有人在保定创办了福和火磨公司，该公司"资本二万元，工厂在保定南门外，动力亦用蒸汽石磨一具"①。根据现有材料的统计，从1878年到1936年，民族资本经营的机器磨坊和简易小型面粉厂共160家，加上天津以磨杂粮为主的208家电力磨坊，则总数为368家。其中，天津213家，为机器磨坊的集中之地，其余磨坊的分布地域极广，山东、广东、浙江、湖北、山西、河南、黑龙江、广西、湖南、江西、上海等地都出现了机器磨坊。这些机器磨坊绝大多数诞生于民族机器面粉工业产生之后，并有少数向机器面粉厂转化。②

城市旧式油坊在外国机器榨油方法的刺激下，也在一些环节上移植了现代技术，最早见于记载的是营口的豆油坊业。1896年，营口有旧式油坊30余家，不久，英商太古洋行设立了一家新式油坊，用蒸汽机将黄豆压碎，以手推螺旋式铁榨榨油。当时华商怡兴源（1899）、怡东生（1900）、东兴茂（1901）见新式榨油法之效率比旧式压榨法为大，亦相继改用新法。迄日俄战争时，营口已有新式机器油坊4家，旧式油坊则减为22家。③ 营口新式油坊的影响扩散到了大连，天兴福业主邵乾一参观了营口新式油坊之后，于1903年在大连设立了天兴福油房，"以人工汽锅，人工轧油，木油椿双马拉压坯，分昼夜两班生产"④。在大连，"1908年初计有厂坊8家，同年又陆续增设了10家。这10家厂坊所采用的是铁制螺旋式压榨机，而不是石碾；并用油力或蒸气〔汽〕发动机代替了驴和骡子"⑤。民国成立后，局部改用现代技术的旧式油坊进一步增多，例如，在辽宁安东，"华商旧式油房，亦皆改

---

① 《保定之经济状况》，载《中外经济周刊》，第180号，1926年9月18日。

② 参见上海市粮食局、上海市工商行政管理局、上海市社会科学院经济研究所编：《中国近代面粉工业史》，附录12，《民族资本经营的机器磨房和简易小型面粉厂一览表》，470～479页。

③ 参见《营口工业之现状》，载《经济半月刊》，第2卷，第4期，1928。

④ 邵越千：《天兴福的创立和发展》，见《中华文史资料文库（经济工商编）》第12卷，732页。

⑤ 汪敬虞编：《中国近代工业史资料第二辑（1895—1914）》下册，658～659页。

良用机碾新法，向习土法已属隐灭"①。山东周村在 1914 年以前，"均为旧式木榨，磨豆工作，完全使用牛力，自民国十三年（1924 年——引者注）振兴油坊改用机器磨豆后，周村原有油坊，遂相率换用机器"②。天津芝麻油作坊在 20 世纪 20—30 年代也基本上采用了电力驱动石磨，1934 年天津 26 家香油坊有磨 130 余盘，以电力磨制芝麻，"每担芝麻须用电力五码……每盘每日可磨两担芝麻，每担可出油六十斤"，每日全市产量在万斤左右。③ 北京以前使用骡马曳磨的油坊，到 1926 年，"渐改用电力，计已装设电机者，有同合公、涌利兴、万聚成、西恒聚、恒聚油坊、隆丰和、震泰兴、天聚成、恒聚永等家，其电力系购自京师电灯公司"④。河北"杨柳青之油磨房，其一切设备虽皆旧式，然间有用较小之煤气机，或用电灯公司之电力者"⑤。机器带动石磨的技术也被引进到其他手工行业，例如，江苏武进的豆腐制作业中，"自电厂兴，干作与腐作，有以电力磨豆者，如张宏兴及东小河沿之姚宏兴皆是。以五匹马力之马达，运转石磨一座，每日以一小时磨豆二石，供一日制品之用"⑥。又如，在武汉槽坊，开始都用以牲畜带动的石磨，后来逐渐改进为电磨，1927 年以前用的土灶，以后改进为锅炉。⑦

手工造纸业也尝试在生产工序中部分采用机器，出现了所谓半机械式造纸厂，传统手工造纸业"除了漉抄一部分可以全用手工，保持旧有国产纸张的特点以外，运料、打浆、压榨、烘干、包装各项手续，都应该充分利用机械力量来帮助人力"⑧。20 世纪 30 年代，各地手工

---

① 彭泽益编：《中国近代手工业史资料（1840—1949）》第 2 卷，387 页。

② 实业部国际贸易局编：《中国实业志（山东省）》第 8 编，156 页。

③ 参见朱一士：《津埠植物油类调查》，载《检验月刊》，1934 年 7、8 月号，1934。

④ 《北京之油业》，载《中外经济周刊》，第 159 号，1926 年 4 月 24 日。

⑤ 彭泽益编：《中国近代手工业史资料（1840—1949）》第 3 卷，172 页。

⑥ 于定一：《武进工业调查录》，16 页，武进，武进县商会，1929。

⑦ 参见湖北省乡镇企业管理局《乡镇企业志》编辑室编：《湖北近代农村副业资料选辑（1840—1949）》（未刊稿），189 页。

⑧ 《改进吾国制纸工业之商榷》，载《经济旬刊》，第 3 卷，第 9 期，1934。

造纸业中已经出现了利用机器打浆的为数不多的记载。例如，江西造纸业中，"新兴的改良纸厂很多，而以机器制浆，手工制纸的纸厂，也有数家"①。南昌附近的万家埠实验区组织了纸业运销合作社，"购买打浆机、蒸煮锅各一具，制成纸浆，供给社员抄制"，"各项机件均已置备就绪，已有少量出产"。② 四川也是手工造纸业较为集中的地区，全面抗战前，夹江县手工造纸厂开始采用当时流行的荷字打浆机改良手工造纸技术，梁山县有三十多家手工纸厂利用新式机械生产纸浆。③手工造纸业大多分布在原料产地附近的农村地区，延续着祖祖辈辈传承下来的造纸技艺，能够利用机器改良传统技术，已属难能可贵。这些都表明了传统手工业在"蒸汽机＋石磨"技术模式下的进步。

但是，技术模式在传统手工业中的发展极不平衡。一是地域的不平衡，城市及城市周围的郊乡对这一模式的接受较快，远离城市的偏僻农村由于客观条件及观念的制约，仍多保守祖宗旧制不放。二是行业的不平衡，在市场容量大的日常生活必需品的生产中，能够顺利地移植现代技术，以增加生产，提高质量，满足消费需求；市场容量小的非生活必需品行业变化较慢，技术滞后，例如，主要存在于农村蔗区的传统制糖业就是如此。于是形成了近代手工业在行业和空间分布上进步与落后、变与不变纵横交错的复杂局面。尽管如此，"石磨＋蒸汽机"技术模式的出现，还是开始打破传统手工业生产工具因循守旧的封闭性，对手工业向大机器工业的过渡起着诱导和刺激作用。这种能动性的变迁不仅有利于手工业的长期存在和发展，而且在一定程度上扩大了民族机器工业的经济实力。

---

① 田三贵：《赣省纸业与印刷业的现状》，载《出版界》，第 1 卷，第 6、7期，1944。

② 《改良造纸业技术》，载《农村服务通讯》，第 20 期，1937；《万家埠实验区改良造纸》，载《民间（北平）》，第 3 卷，第 21 期，1937。

③ 参见《夹江改良纸业》，载《四川经济月刊》，第 3 卷，第 1 期，1935；《梁山纸业概况》，载《四川经济月刊》，第 3 卷，第 3 期，1935。

四、向大机器工业的过渡

随着工具的改良、现代技术的嫁接以及生产形态的发展，近代手工业，尤其是城市手工业开始了向大机器工业的过渡。

城市手工业中，资本主义作坊和手工工场占有十分重要的地位。我们对北京政府统治时期天津国布、针织等 11 个手工业行业做过统计和推算，详细情况如表 4-8 所示：

表 4-8　天津 11 个手工业行业资本额及工人数统计表

业别	资本额				工人数			
	有资本统计厂家		无资本统计厂家		有工人统计厂家		无工人统计厂家	
	厂数	资本总额/元	厂数	推算资本额/元	厂数	工人数	厂数	推算工人数
国布业	165	214464	125	162473	160	2842	130	2309
针织业	71	85547	21	25303	68	1060	24	374
提花业	231	244790	15	15896	233	5384	13	300
毛巾业	19	24490	4	5156	18	204	5	57
织带业	126	31517	25	6253	132	849	19	122
漂染业	34	40690	29	34706	—	—	—	—
织染业	28	110372	109	429662	19	43	118	2676
地毯业	137	58859	300	128967	140	4240	297	8996
铜器业	51	12641	19	4709	51	395	19	147
竹木业	28	2803	4	400	27	181	5	34
制皮业	28	11665	0	0	28	638	0	0
总计	918	837838	651	813525	876	15836	630	15015

资料来源：本表据《天津商会档案汇编（1912—1928）》第 3 册所载各业统计表重新统计编表，其中推算的资本额和工人数是根据各行业工场及作坊资本额和工人数的平均数乘以资本额和工人数不详的厂数得出的。

表 4-8 所列的 11 个行业只是天津部分手工制造业，其中有资本统计的厂数为 918 家，企业投资额为 837838 元，无资本统计的厂家达 651 家，按各行业企业平均资本推算的资本额达 813525 元。据此，11 个行业的资本总额为 1651363 元，吸收的就业工人在 3 万人以上。直到 1933 年，天津市真正称得上是现代工业企业的大工厂只占企业总数的 8.3%，不过其所吸收的资本已占工业资本总额的 88.4%，小工厂及作坊占企业总数及资本额的比重分别为 91.7% 和 11.6%。[①] 另据上海市社会局 1933 年至 1935 年对上海市区手工业的调查，十五类手工业企业共有 5874 家，资本额达 2304740 元，工人总数为 28676 人。另外还有 26128 家商店兼有手工业性质，其实是一种亦工亦商性质的前店后坊式经济组织。[②] 作为中国近代南、北方工业中心的上海和天津尚且如此，其他城市的情况亦可想而知。例如，据实业部对长沙工厂的调查，20 世纪 30 年代的长沙，全市拥有机厂 8 家，手工厂 4516 家，机厂和手工厂中，除手工业及面粉、电灯、玻璃三类公司系商办，造纸厂系官商合办外，其余均属官办性质。以资本言，属于官办机厂的，计 260 万元，属于商办机厂的，计 96 万元，属于商办手工厂的，计 346 万元。以工人言，属于机厂者计 4724 人，属于手工厂者计 34000 人。[③] 无论从资本额还是所吸纳的工人数来看，手工业在长沙工业结构中均居主导地位。20 世纪 20 年代，杭州市著名的产品如杭箔、杭扇、杭线、杭剪、杭伞、杭粉的制造行业以及酱油业、织布业、针织业、油脂业等均用手工，全年贸易总额为 1020 万元～1072 万元。[④] 直到 1932

① 参见天津市社会局：《第二次天津市工业统计》，见彭泽益编：《中国近代手工业史资料(1840—1949)》第 3 卷，811 页。

② 参见上海市社会局：《上海市市区五八七四家手工业概况之分析》，见彭泽益编：《中国近代手工业史资料(1840—1949)》第 3 卷，658～659 页。

③ 参见刘厚：《长沙工厂调查》，载《中国实业》，第 1 卷，第 1 期，1935。

④ 参见《杭垣之重要手工》，载《中外经济周刊》，第 217 号，1927 年 6 月 25 日。

年，杭州手工业家数仍为 1632 家，投资额为 823766 元。① 如此众多的资本主义作坊和手工工场，为城市手工业向大机器工业过渡转化提供了广阔的余地。

城市手工业既面临着大机器工业的竞争，又深受现代工业的刺激，同时在信息、市场、动力能源等方面也有着乡村手工业难以获得的有利条件，从而为城市手工业的进步构筑起了有利的外部环境。据史料记载，早在 19 世纪末 20 世纪初就已出现了手工业向机器工业过渡的案例。例如，辽宁牛庄的榨油业在日商新式榨油厂的竞争下，"各旧式油坊亦渐次改用蒸气〔汽〕及煤油发动机，迄宣统年间，旧式油坊遂完全绝迹"②。又如武进的碾米业，"旧有砻碾、滚碾二法。……自清宣统间，邑人吴康、奚九如于西门外日晖桥，试购煤油引擎，及碾米铁机为代用，较之人工臼舂，其加量为一与二十之比例。于是西门外大来、溥利、公信、宝兴泰等，相继行之，其原动力分火油、柴油二种引擎。从前之砻碾、滚碾、臼舂，运以人力牛力的，尽入于淘汰之列"③。但是，从总体上看，这一时期从手工业向大机器工业的过渡现象还不多见。

20 世纪 20 年代前后，随着中国电力与机器制造工业的发展，资本主义作坊和手工工场向机器工业的过渡更趋普遍，行业更进一步拓宽。在机器制造业、丝织业、棉织业、针织业中，都出现了手工业向机器工业的转化。下面分行业加以简要考察。

一是机器制造业。中国手工机器制造业经历了一个以人力为动力的手摇车床时代，车床使用技术的积累为动力的采用奠定了基础。武汉周恒顺机器厂在原有手工车床的基础上，于 1905 年将全厂车床增至十余部，动力增至 30 马力。到 1936 年，车、钻、刨、铣等各种车床

① 参见实业部国际贸易局编：《中国实业志（浙江省）》第 3 编，6～7 页，上海，实业部国际贸易局，1933。

② 汪敬虞编：《中国近代工业史资料第二辑（1895—1914）》下册，659 页。

③ 于定一：《武进工业调查录》，1～2 页。

有六十余部，原有旧式车床已陆续更新，蒸汽机改为柴油机和煤油机，计有 50 马力的柴油机一部，100 马力的煤油机两部。① 像武汉周恒顺这样从手工作坊过渡到机器厂的手工机器制造企业在上海更为普遍。从 19 世纪 60 年代起开始设厂，到 1913 年，上海设立的民族机器制造工厂共 91 家。这些机器工业的企业主，大都是外商船厂、江南制造局以及其他早期机器工厂的头领或领班，也有很大一部分手工业小作坊主，共占到企业主来源的 80.1%。② 他们的企业在创办初期大部分是小规模的手工作坊，1914 年以后，逐步添用机器动力，向现代工业企业转化。例如，蒋锦昌机器厂"是在 1921 年从手工打铁铺的基础上发展成为使用蒸汽锤（俗称水汀榔头）的锻铁厂的"③。宝锠铜铁机器厂在从手工业向完全的机器工业转化中更具典型意义。"宝锠号创设之初，纯系小本经营家庭手工业，并无职工及机器，仅有老虎钳、手摇钻各一只，一切操作，均系手工。……1915 年为了提高修配质量，始以280 元购置全新日本货 8 尺车床一台，雇工手摇。……大战结束，即将历年盈余购置车床 2 台、钻床 2 台，并以1500元向泰来洋行定购德国货铣床 1 台，开始试制汽车飞轮、牙齿、地轴等。大战末期，开始使用电力，职工人数增至 10 余人。"④这样的例子还不少，据统计，到1920 年，上海的 114 户机器厂中使用动力及人力的情况如表 4-9 所示：

---

① 参见陈林：《周恒顺机器厂发展史略》，见中国人民政治协商会议武汉市委员会文史资料研究委员会编：《武汉文史资料（总第十一辑）》，1983；杜哲兴：《周恒顺机器厂的沿革变迁》，见湖北省地方志编纂委员会办公室编：《湖北省志资料选编》第 3 辑（未刊稿），98 页，1984。

② 参见中国社会科学院经济研究所、上海市工商行政管理局、上海市第一机电工业局编：《上海民族机器工业》上册，197 页。

③ 《前蒋锦昌铁厂出身裕兴铁工厂资本家韩子道访问记录》，1962 年 10 月14 日，见中国社会科学院经济研究所、上海市工商行政管理局、上海市第一机电工业局编：《上海民族机器工业》上册，247 页。

④ 《前宝锠铜铁机器厂资本家应宝兴及子应宏昌访问记录》，1962 年 10 月 9日，见中国社会科学院经济研究所、上海市工商行政管理局、上海市第一机电工业局编：《上海民族机器工业》上册，250～251 页。

表 4-9　1920 年上海 114 户机器厂使用动力及人力情况统计表

类别	户数	机床台数	每户平均台数	雇用人数	每户平均人数	使用人力户数	百分比	使用电力户数	百分比	使用引擎户数	百分比
修配专业	32	166	5.2	641	20	13	41	17	53	2	6
船舶修造	14	214	15.3	870	62	1	7	4	29	9	64
动力农机	38	147	3.9	680	18	9	24	18	47	11	29
针织机器	14	47	3.4	325	23	8	57	2	14	4	29
纺织印染	10	72	7.2	225	23	1	10	9	90	0	0
印刷机器	6	23	3.8	130	22	1	16	3	50	2	34
总计	114	669	5.9	2871	25	33	29	53	46	28	25

　　资料来源：本表据中国社会科学院经济研究所等编《上海民族机器工业》上册第 304 页表编制，原表据 1920 年 4 月 10 日的《新闻报》及《上海工运史料》相关数据综合而成。

　　表 4-9 表明，1920 年时上海 114 户机器厂中改用原动力（使用电力或引擎）的企业共 81 户，占总户数的 71%，其中绝大多数都是从手工业转化而来的。天津机器制造业也在 20 世纪 20 年代开始了这一进程，据 1929 年的调查，以制造织布机为主要业务的 15 家机器制造厂中，"计有八厂，已渐次利用电力，其马力约自三至八之间"[1]。近代著名的杭剪，"从前均系手工制造，近年（指 1927 年左右——引者注）亦用刨床、洗〔铣〕床等，装置马达，使用机械，出贷〔货〕迅速，盖一部分之工作，已由手工易为机械矣"[2]。

　　二是丝织业。丝织业是我国古老的手工制造业，20 世纪 20 年代前后伴随着向机器生产的过渡而重新焕发生机。在著名丝绸产区杭州，"清末民初，风气渐开，科学化之手织铁机，渐次输入，绸商以铁机出货速而工资省，出品又平滑匀净，极受社会之欢迎，均感绸业组织，有改革之必要，于是或合股，或独资，相率创设绸厂，尽弃从前之木

---

　　[1]　方显廷编著：《天津织布工业》，47 页。

　　[2]　《杭垣之重要手工业》，载《中外经济周刊》，第 217 号，1927 年 6 月 25 日。

机，而采用新式之手织铁机或电力电机"①。设立于1912年的杭州纬成公司，最初从日本引进仿法式手拉机10台，至1920年手拉机增至300台，1926年购置电力丝织机13台，开始向近代动力丝织厂转化。1913年成立的袁震和绸厂，初置手拉机12台，陆续扩展到180台，1923年已发展到拥有32台电力丝织机及相应的辅助机械。1914年创办的天章绸厂，初创时仅有手拉机8台，至1918年扩展至50台，后陆续购置日本重田式电力丝织机、美国制全铁电力丝织机以及瑞士制全铁电力花机等，在1925年至1926年，该厂已发展到有手拉机80台，电力丝织机114台。虎林公司于1914年开业时，仅有手拉机10台，至1920年发展到200台，1924年已添置电力丝织机24台。② 这些丝厂尚未完全过渡到机器工厂，大都是手拉机与电力丝织机并存。到1927年，杭州丝织业中共有木机1000余台、手拉机6000多台、电力机3000多台。到1936年，电力丝织机增长到6200台，手拉机增长到8000台，木机减至500台③，电力机在丝织设备中占据重要地位，但尚未完全取代人力机。这充分体现了杭州丝绸业处在由手工生产向机器生产的过渡时期。

吴兴是浙江著名的蚕丝区，历史上曾以"辑里丝"闻名，手工丝织业亦因此发达。辛亥革命后，手工丝织业加速向机器工业转化，出现了20余家丝织厂，资本额最大者达5万元，工人数最多者达140余人，织机为人力机和电力机并存，各厂具体情况如表4-10所示：

表4-10　吴兴丝织厂资本、工人和织机情况一览表

名　称	厂　址	成立时间	资本额/元	工人数	织机配置情况
陈龙云	城内前射桥	1916	1800	28	人力机12台
义成	天宁巷	1917	30000	114	人力机38台，电力机40台
又成	复星桥	1917	13000	96	—

① 实业部国际贸易局编：《中国实业志（浙江省）》第7编，47页。
② 参见徐新吾主编：《近代江南丝织工业史》，143～146页。
③ 参见朱新予主编：《浙江丝绸史》，186页。

续表

名　　称	厂　　址	成立时间	资本额/元	工人数	织机配置情况
裕盛	眠佛寺街	1918	4000	79	电力机 24 台
丽生	雀杆下	1918	50000	140	电力机 68 台
永昌	霸王门	1919	9000	94	人力机 44 台，电力机 35 台
祥华	三官桥	1919	3200	32	人力机 12 台，电力机 28 台
永伦昌	天盛寺前	1920	4000	44	人力机 20 台
陈锦成常记	城内后射桥	1920	2000	31	人力机 20 台，电力机 4 台
瑞翔	横塘上	1920	3500	31	人力机 24 台
丽和	东街	1920	11500	141	人力机 79 台，电力机 12 台
大丰	奉胜门	1920	10000	120	人力机 96 台，电力机 14 台
达昌	志成路	1921	40000	127	人力机 40 台，电力机 53 台
瑞和祥	荻港	1921	8000	42	人力机 16 台
陈锦成鳌记	城内后射桥	1922	2000	27	人力机 16 台，电力机 7 台
增华	通济弄	1923	6000	51	人力机 50 台，电力机 8 台
大丰新厂	大通桥西	1924	10000	40	电力机 22 台
华丰	北门外	1928	6500	22	人力机 8 台，电力机 10 台
七华	图书馆路	1929	9000	33	电力机 40 台
同昌合记	曲尺巷	1929	5000	30	电力机 17 台
信成	新仓前	1930	6000	31	人力机 12 台，电力机 10 台
成章	宁长巷	1930	3000	40	人力机 16 台

续表

名　称	厂　址	成立时间	资本额/元	工人数	织机配置情况
丽和协记	白墙湾	1930	15000	90	人力机 80 台
又成生记	东街	1931	20000	24	电力机 33 台
总计			272500	1507	人力机 583 台，电力机 425 台

　　资料来源：本表据杨大金《现代中国实业志》(上册，178～180 页，上海，商务印书馆，1932)中表格按成立时间先后重新编制。

　　由表 4-10 所示，吴兴 24 家丝织厂的资本总额达 272500 元，使用工人 1507 人，可以说，吴兴丝织厂行业已经形成。单纯从技术水平看，吴兴丝织厂业仍处于由手工丝织业向机器丝织业转化的过程中，除一家织机配置情况不明外，其余 23 家丝织厂共使用人力机 583 台，电力机 425 台。从单个丝织厂看，既有完全停留在人力机阶段的陈龙云、永伦昌、瑞翔、瑞和祥、成章、丽和协记 6 家，也有完全使用电力机的裕盛、丽生、大丰新厂、七华、同昌合记、又成生记 6 家，其余 11 家均为人力机、电力机并用，这说明吴兴丝织厂尚有相当一部分企业处在持续过渡阶段。

　　手工丝织业较为发达的其他城镇也出现了向机器生产过渡转化的现象，我们将有关情况列为表 4-11。

表 4-11　江苏盛泽等城镇手工丝织业向机器工业的转化情况

地区	使用机器情况	时间	资料出处
辽宁安东	汽机 3 台，电机 117 台	1923—1926 年	王介公修，于云峰纂：民国《安东县志》卷六，见《中国方志丛书》编委会编：《中国方志丛书·东北地方·第 18 号》，742～743 页，台北，成文出版社，1974。
浙江湖州	大小绸厂 60 多家，电机 200 台	1925 年	《浙江丝绸史》，197 页。
江苏盛泽	共有电力机 1100 台	全面抗战前夕	《近代江南丝织工业史》，140 页。
浙江宁波	拥有电力机约 80 台	全面抗战前夕	《近代江南丝织工业史》，158 页。

丝织产业链前端的缫丝业也出现了向机器缫丝业发展的趋势。在广东丝区，手工缫丝工场大量向机器缫丝厂转化出现在 20 世纪初，据1912 年《第一次农商统计表》"纺织专栏"记载，顺德 86 家丝厂大都使用 10 匹～15 匹的动力。① 据徐新吾估算，民国初年广东生丝总量中，机器丝厂产量约占 70%，蒸汽缫丝、炭炉缫丝的手工工场缫丝产量约占 20%，农家自缫土丝占比则不足 10%。②

三是棉织业。棉织业是近代中国最为普遍的传统手工业行业。鸦片战争后织机逐渐改良，农村中出现了新兴的手工织布区，城市多为集中的工场生产，这些都有利于手工棉织业向机器织布业的过渡。第一次世界大战期间，湖北沙市织布业中，"匹头号大商家合股先后投入工业生产的有西亚、协和及云锦等工厂。各有高布机五六十余乘，并有蒸气〔汽〕动力铁机廿八乘"③。营口织布工场 1928 年左右共计约 87家，其设备构成中，织机共 1200 架，使用电力者有 24 家，铁机共500 余架。④ 同年，调查无锡 17 家棉织工场，其中"一家规模较大，计有织机 160 架，投资额 500000 元，并使用电力运转织机"⑤。据《第一回无锡年鉴》的记载，这家棉织工场就是无锡丽华织布厂，该厂拥有小马达 4 座，共计 25 马力，能发动织机 42 座。⑥ 另外，无锡丽新染织厂拥有蒸汽织机 200 具，木机 200 具。⑦ 20 世纪 20 年代末，常州织布业中，"纯系铁机者，惟大纶、利源，广益则铁机与铁木混合机皆用。振兴、永成则专用铁木混合机，此皆专用电力汽力为原动力……余如定东乡之大文、定西乡之协源、政成乡之益勤，亦皆为铁木混合机，原动力均用电力，协源则兼理浆纱营业。大势所趋，原动力之用人力

① 参见徐新吾主编：《中国近代缫丝工业史》，127 页。
② 参见徐新吾主编：《中国近代缫丝工业史》，225～226 页。
③ 湖北省乡镇企业管理局《乡镇企业志》编辑室编：《湖北近代农村副业资料选辑(1840—1949)》(未刊稿)，136 页。
④ 参见《营口工业之现状》，载《经济半月刊》，第 2 卷，第 4 期，1928。
⑤ 方显廷：《中国之棉纺织业》，277 页。
⑥ 参见段本洛、张圻福：《苏州手工业史》，406～407 页。
⑦ 参见中国第二历史档案馆编：《中华民国史档案资料汇编》第 5 辑第 1 编《财政经济》(六)，191 页。

者，将尽改为电力汽力矣"①。广益布厂的创办人就是著名实业家刘国钧，该厂开设于 1918 年，初创时只有木机 80 台，广益二厂到 1927 年淘汰木机，并将铁木机改为电动布机，增加染整设备，成为一家较为完备的机器织布厂。② 1930 年以前，常熟城厢内外 100 余家棉织工场中，共有改良拉梭机和铁织机 4000 架，其中规模较大的沪兴布厂已部分使用电力拖动织机运转。③ 在江南其他地区，"机器之利用，亦日有进步。大抵自清至民国初年，江苏内地布厂如江阴，武进各地，皆系采用人工手拉木机，改良土布，加宽尺幅。当时实为土布时代与机布时代之过渡时期。直至民国五六年以后，内地各厂，始逐渐采用铁机，如武进于民国五年，由邑人蒋盘发发起铁机，以机器动力织布，江阴则至民国十余年始渐由屬用铁木合制机而改用铁机"④。在机器纺棉织业比较集中的上海，据 1931 年的调查，有"普通机制洋式布工厂计四十八家，以木架织机为主要设备，每家十余架至一百数十架不等，而以三十架至四十架为最普通，其中用人力者半，用电者亦半"⑤，这明显反映出上海手工棉织工场的过渡状况。

值得一提的是，一些著名的手工织布区也出现了向机器织布业过渡的现象，如河北高阳织布业经济区。1916 年，高阳县北沙窝村村民苏秉衡、苏秉凯合买一台楼子机运回高阳，安装在苏秉衡家，开始织造提花布，这是高阳县使用日式楼子机织提花布的第一家，"不仅销路快，而且获利厚，织了一年，就赚了三四张机子的钱(每张楼子机 100 多元)"，于是将"织机增加到七张，雇用 10 个工人，使产品销量大幅度上升，只 1919 年一年销布量就达 1000 多匹，纯盈利五千多元。又经过一年多的努力，苏家的资金就达 8000 多元了"。1921 年，苏家以

---

① 于定一：《1929 年的常州纺织业》，见常州市纺织工业局编史修志办公室编：《常州纺织史料》第 1 辑(未刊稿)，34 页，1982。

② 参见巢福偕：《实业家刘国钧》，见《中华文史资料文库(经济工商编)》第 12 卷，492～493 页。

③ 参见《常熟四家布厂歇业》，载《国际劳工通讯》，第 13 期，1935；《常熟布厂几全部倒闭》，载《劳动季报》，第 2 期，1934。

④ 实业部国际贸易局编：《中国实业志(江苏省)》第 8 编，36～37 页。

⑤ 叶量：《中国纺织品产销志》，94 页，上海，生活书店，1935。

8000 元之资，买地 15 亩，盖房 30 间，购买楼子机 32 张，招收工人 60 名，正式创办"同和"工厂。① "民国二十二及二十三两年（1933、1934 年——引者注）之间，同和工厂曾首先购置电力络经机三架，整经机两架，纬线机一架，电力提花铁木机一架（天津信昌机器厂制，每架约一百八十元），电力条纹铁木机二架（每架一百十元），都用柴油引擎拖动发电机再转动各机，试验成绩，已有可观。"② 鸿记工厂也在全面抗战前添置了"发动机、轧光机、喷布机、上浆机、干燥机、漂白机、染布机等，锅炉是全高阳最大的"③。高阳手工织布业向机器织布业方向的发展，已经引起了当时在华外商的注意，他们认为"有种种迹象表明，这些家庭手工业正在渐次成为工厂的组织"④。

　　一些附属于织布工业的染坊也开始了向机器生产的转化。例如，天津 39 家染坊多数使用新式设备，到 1929 年，"新式染坊凡二二家，设置汽炉及研光机器，一切工作，大率运用电力……其他一七家，皆为旧式染坊"⑤。在高阳，张明锡开办的"鹿泉厂"最早实行机器整理，此后，光丽、恩记、华北、光润、北洋等厂陆续仿效，至 1932 年，高阳已有规模较大的机器整理工厂，其机械设备情况如表 4-12 所示。处于棉织产业链上端的手工轧棉厂也出现了向机器轧花厂的转化，成书于 1930 年的《嘉定县续志》记载，该县棉花加工，"昔用土车，自日本车行，今皆改用日车。花衣黄者供絮，白者供纺"，到 20 世纪初年，"乡人杨荣遂倡设合兴义花厂；初用人力，今已改装机械。附表于后：名称：合兴义花厂。成立年月：清光绪三十三年。地址：本镇（真如镇——引者注）东港坂。倡办人：杨荣遂。资产数：五万元。机件数：十二匹马力柴油引擎一座，轧花机十五座。年产量：五千担"。⑥

---

① 参见河北大学地方史研究室、政协高阳县委员会编：《高阳织布业简史》，131～133 页。

② 吴知：《乡村织布工业的一个研究》，30 页。

③ 河北大学地方史研究室、政协高阳县委员会编：《高阳织布业简史》，7 页。

④ 彭泽益编：《中国近代手工业史资料（1840—1949）》第 2 卷，629 页。

⑤ 方显廷编著：《天津织布工业》，53 页。

⑥ 戴鞍钢、黄苇编：《中国地方志经济资料汇编》，303 页，上海，汉语大词典出版社，1999。

表 4-12　1932 年高阳织布业中使用机械设备示例表

类别	设备名称	数量	类别	设备名称	数量
发动部	卧式锅炉	12	染色部	煮锅	39
	立式锅炉	2		染缸	197
	蒸汽发动机	15		染槽	6
	发电机	1		蒸汽染缸	83
整理部	缝纫机	28		引染机	2
	喷布机	17		洗布机	2
	拉宽机	2		漂布池	6
	二轴轧光机	25		漂布洗布缸	10
	三轴轧光机	18		干燥机	3
	刷毛机	1		硫酸池	2
	折布机	1			
	挂码机	23			
	矴石	4			

资料来源：吴知：《乡村织布工业的一个研究》，147 页。

据国民政府棉业统制委员会 1934 年对上海、江苏、浙江、安徽、江西、山东、河北、山西七省一市小规模染织厂的调查结果可知，共有 415 家工场，使用电力织布机 11208 台，手织机 11886 台。[1]

四是针织业。新兴的手工针织业产生不久也开始了向机器针织工业的过渡。浙江宁波美球丰记针织厂成立于 1915 年，"初为家庭工业，嗣乃逐渐发展，迨民国十年，装置柴油引擎，十二年购办发电机，十五年装设锅炉，十八年添置马达，现（1932 年——引者注）已进入于完全工厂之境地矣"[2]。当然，20 世纪二三十年代还正处于手工针织向机器生产的转化过程之中，已经完成转化的还不多见。20 世纪 20 年代中后期，上海针织业"除织花色袜外，上海的手摇袜机市场逐渐被电动袜机所排挤"[3]，这一方面得益于电力工业的发展，另一方面也与民

---

[1]　参见严中平：《中国棉纺织史稿》，301 页。

[2]　实业部国际贸易局编：《中国实业志（浙江省）》第 7 编，56 页。

[3]　《前华胜机器厂资本家周关钦访问记录》，1962 年 4 月 7 日，见中国社会科学院经济研究所、上海市工商行政管理局、上海市第一机电工业局编：《上海民族机器工业》上册，337 页。

族机器制造业开始仿制电力袜机密不可分。除进口袜机外，上海华胜
厂于 1927 年开始仿制 B 字电力袜机，"1928 年起，产量增加至每月 8
台，每年 100 台左右。1930 年，复仿造 K 字电力织机成功……由于利
润高，仿制者踵起"①。因此，到 1935 年，上海电力袜机增至 2000 余
部，其中部分针织厂处于手摇袜机与电力袜机同时并存的"一厂两制"
模式之中，详细状况如表 4-13 所示：

表 4-13　上海部分针织企业转向机器生产的过渡状况

名称	时间	过渡状况
惠福厂	1929	手摇袜机 72 部，打纱车 3 部，打丝车 3 部，织布机 18 部，发电机 80 马力
鸿兴厂	1921	手摇袜机 180 部（专织丝袜），电力针机 48 部，袜头机 10 部以及摇丝车、倒线车等多部，电力马达 1 马力～7 马力不等
振艺厂	1914	初办时仅有手摇机，1925 年改用电力机，原有手摇机移至浦东南汇县并设分厂
莹荫厂	1929	发电机 30 马力，针织机 6 部，手摇织毛机 24 部，电力织棉机 6 部，电力丝织机 2 部
启华合记厂	1928	发电机 5 马力，手摇机 90 部，摇丝车 1 部
久益复记厂	1935	电力袜机 60 部，尚有手摇袜机织造丝袜，手摇袜机 300 余部
华洋厂	民国初年	初用手摇机针织，后改用电机
利华厂	1917	手摇机 100 余部，电力袜机 6 部，倒丝车 3 部，发电机 6 部，共计 20 马力
精华厂	1922	电机与手摇并用，罗口袜机 40 部，平口袜车 13 部，花袜车 6 部，罗纹车 13 部，手摇机 178 部，缝袜头车 8 部

① 《前华胜机器厂资本家周关钦访问记录》，1962 年 4 月 7 日，见中国社会
科学院经济研究所、上海市工商行政管理局、上海市第一机电工业局编：《上海民
族机器工业》上册，337～338 页。

续表

名称	时间	过渡状况
益华瑞记厂	1935	电力织袜车 24 部，罗纹车 7 部，缝头车 7 部，倒线车 1 部，手摇机数十部
上海厂	1934	电力袜机 18 部，手摇机 12 部

资料来源：上海市社会局编：《上海之商业》，见沈云龙主编：《近代中国史料丛刊(三编)》第 42 辑，156～163 页，台北，文海出版社，1988。

表 4-13 所列成立较晚的企业，多由原有针织工场的改组、扩大而来，例如，益华瑞记厂的前身为前轮华针织工场。它们在改组为针织厂的同时，引进了动力机器设备，但多数厂家并未完全更换掉手工设备。于是在一厂内部，出现了手摇袜机与电力袜机并用或"织袜全用人力，而其他工作则辅以电力发动"[1]的过渡现象。天津手工针织业也出现了向机器针织的转化，创设于 1922 年的华铭厂拥有资本 7000 元，人力织机之外，并添设电力织机，到 1932 年已经发展成拥有电力织袜机 10 余架，手工织袜机 20 余架，雇用男女工人 70 余名，在天津规模较大的一家针织企业。[2] 这种现象的存在也说明了手工业向机器生产的转化并非一蹴而就，而是一个渐进的发展过程。

手工业向机器生产的过渡转化发生于 20 世纪 20 年代前后，虽然这也是民族机器工业产生的一条途径，但却是一条迟到的道路，因为这时距离民族机器工业的产生已经六十年了。如果说近代手工业向机器工业的转化对民族机器工业的产生已无实际意义可言，那么其对民族机器工业发展的影响则不可等闲视之。它标志着传统手工业向工业化的发展，而不是原始工业化没落道路上的解体，从而有利于民族机器工业基础的巩固。虽然原始工业化发展的势头遭到当时世界性的资本主义经济危机和日本不久后发动的全面侵华战争的打击而被迫中断，但它揭示的中国近代二元工业化道路的经验与教训却值得我们深思。

----

[1] 《中国近代纺织史》编辑委员会编：《中国近代纺织史(1840—1949)》下册，139 页，北京，中国纺织出版社，1997。

[2] 参见王达：《天津之工业》，载《实业部月刊》，第 1 卷，第 1 期，1936。

第五章　手工业经营形式的近代性变迁

从手工业自身的能动机制看，生产力的变革，必然相应地促使生产形态的更新。从鸦片战争后近代手工业所面临的外部环境看，外国资本主义、民族机器工业对手工业生产形态的发展都形成一定的压力和推力。在这种内力和外力的共同作用下，手工业的经营、劳动和管理形式都发生了一些变化。经营形式的近代性变迁主要体现为包买主制下的依附经营、业主制下的自主经营以及合作制下的联合经营形式。包买主制下的依附经营形式在中国近代主要手工行业中广泛存在。从劳动形式上划分，依附经营可以区分为以个体劳动为主的家庭手工业和以分工协作为主的作坊/手工工场。从依附方式上看，有间接依附和直接依附之分。在依附"度"上，则有资本依附、原料依附、原料供应与产品销售的双重依附这三种类型。从包买主资本活动的主要范围上分析，包买主的存在形态有商人型包买主、商人兼工场主型包买主以及工场主型包买主等。包买主制下依附经营形式的复杂性说明了近代手工业近代性变迁的艰难性。在业主制下，自主经营的家庭手工业在面向市场即从事商品生产方面，是对封建社会中家庭手工业的否定，在逻辑上构成手工工场的起点。但中国近代的手工工场主要还是通过在股份或合伙制基础上组建、由商人或包买主直接创办以及行会手工业的转化等多元路径而形成的。合作制下联合经营形式的兴起原因，既有民间手工业者自发应对资金不足、技术落后、市场竞争等因素的挑战，也有来自政府层面上的倡导。在合作形式上，既有资金上的联合，也有销售上的联合。因此，与自然经济时代的传统手工业相比，近代手工业的经营形式更加灵活多样，进而增强了其韧劲，为其打下向工业化发展的基础。

一、包买主制下的依附经营

(一)依附经营形式的产生及广泛存在

在封建经济时代，城乡家庭手工业基本上属于独立的自主经营。虽然城乡家庭手工业处在被行会控制或从属于农业的家庭副业的地位，但它们的一个共同特征是：原料自备或自由购买，生产工具及产品归业主所有，产品在理论上可以自由出售。不过由于社会经济发展水平较低，市场狭小，农民家庭手工业产品一般只在家庭消费有余的前提下在地方集市上直接与消费者交换，商人作为生产者和消费者之间的交换媒介的角色并不十分突出。进入近代，传统手工业面临着外国资本主义和民族机器工业的残酷竞争，同时市场进一步扩大，廉价原料供应充足，因此，手工业存在着破产和扩大生产的双重可能。但是，单个手工业者既无足够的流动资金购买大批原料，同时也缺乏跨区域销售产品的能力和经验，于是，一些积累了一定资本的商人对生产和销售的介入逐步增多。起初他们还是单纯地销售原料，收买产品，后来为了在日益扩大的市场中满足客商对产品规格和数量的需求，部分商人开始向手工业者赊售原料，并规定以制品偿还赊欠，最后少数富商大贾直接向手工业者提供原料，然后收回成品，计件给以工资，于是，包买主制下的依附经营形式开始流行起来。在包买主制下，手工业者不得不遵从包买主的旨意，按包买主的要求加工，手工业者生产的目的，不再是售之于市，而在于获得工资，例如，手工织布业依附经营者"不能售其所欲售，仅织成商人雇主所愿织"①，就是这种经营形式的写照。包买主就这样不动声色地使手工业者失去了从前的独立性，转化为各个包买主控制下的依附劳动者。在河北高阳手工织布业中，包买主制下的依附经营形式的产生颇为典型。高阳是一个有手工织布传统的地区，但由于生产技术的极端落后和产量稀少，一直维持

① 方显廷：《华北乡村织布工业与商人雇主制度(一)》，载《政治经济学报》，第 3 卷，第 4 期，1935。

着一家一户的自主经营，除供家庭消费外，出品直接卖给商贩或消费者。1909—1914 年，机纱开始大量输入高阳，足踏机也被介绍进来。由于"洋纱和足踏机的革命，足踏机生产力大，消费原料数激增，极少数资力雄厚的，固然还可以自购原料，依自己的计算，织布出售。但一般的农民，为原料不致缺乏计，不得已只有仰商人的鼻息，替商人织布而赚取工资，俗称为'织手工'，从商人方面说，称之为'撒机子'，即商人撒原料与其机户而收取布匹"①。商人"撒机"制的出现多少有些出于偶然，在河北宝坻，"商贩在市集之中，偶见某织户出售布匹较之平日贩买〔卖〕者质地匀整，或所生产布匹为量较大，即愿长期与此家售户交易……少数大贾，继之以其他商贩，咸觉如此经营，不如由商人自行供给棉纱，交由织工纺织，然后按件予以工资，较为简单。同时使每一织工仅为一商人织布，布匹来源，亦较得集中"②。其实，所谓"偶然"乃是那些精打细算的商人重视市场那只"看不见的手"的必然产物。

当然，近代手工业中的依附经营形式的产生绝不是单线性的。有些行业中的包买主制是在外力的冲击及其他因素的制约下，从手工工场中演化而来的。例如地毯业，"各大地毯工厂于受外来打击之后，咸相继减少出品，或竟至完全停业，而将毛线发给工人，由工人在自设店铺中织造，既无机械，亦无其他劳工，仅由少数学徒帮助工作而已。织成地毯，按件计酬"③。从业主制下的自主经营转变为包买主制下的依附经营，是一种因应外国资本主义势力而起的劳动形式上的变化。浙江平湖织袜工业一开始也是以手工工场经营的，最早设立的针织工场是一位高姓商人设立的光华袜厂。该厂开业时有袜机数十架，女工40 余人，产品畅销，"惟女工人少，尽一日之工作，每机出货不过一

---

① 吴知：《乡村织布工业的一个研究》，13 页。

② 方显廷、毕相辉：《由宝坻手织工业观察工业制度之演变》，载《政治经济学报》，第 4 卷，第 2 期，1936。

③ 方显廷、毕相辉：《由宝坻手织工业观察工业制度之演变》，载《政治经济学报》，第 4 卷，第 2 期，1936。

打，而各地需过于供，乃改为女工到厂租机，领纱回家工作，缴袜时给与工资，于是有家庭职务之妇女不能到厂工作者，亦纷纷租机领纱，于家务闲暇时，在家工作。自此制一行，而平邑针工业遂日臻兴盛"①。江苏嘉定兴业草织公司也是由于当地女工不愿意整日到场工作，"无法招收工人，工场取消，于是公司性质由制造而改为贩买〔卖〕"②，成为向农家收购制品的包买商。以缝制瓜皮帽闻名的山东周村制帽业则是因为当地少女"足不出户"的旧俗，而不得不将缝纫工作分散到少女家中。该处帽庄总数有七八十家，制帽工作中的剪料、制纸坯、熨平、装配、整理等环节都由男工在帽庄中集中完成，帽庄"凡有男工六七人者，即必有女工二十七八人至三十一二人……周村镇之妇女凡中下级之户，无不作工。但该镇风俗，少年妇女皆不出门，无论何种工事，皆须在家工作，亦或全家同任一种工事，故每庄所需女工虽多至三四十人，并不在庄内"③。

包买主制下的依附经营形式在中国近代最大的手工行业即手工织布业中非常普遍。20 世纪 30 年代的经济学家在他们的著作和调查报告中将这种经营形式称为商人雇主制。据他们的调查，中国近代主要手工织布区内的绝大多数织户都处在商人雇主的控制之下，例如，高阳织布业在 1914 年以后，"织手工的布机就始终占多数，并且在比例上也有进步"④。以 1932 年为例，高阳 55 家布线庄共雇用机户 6375户，织机 7206 架，平均每家雇用机户 116 户，织机 131 架；25 家染线厂共雇用机户 1847 户，织机 3124 架，平均每家雇用机户 75 户，织机 125 架；两者合计，共雇用机户 8222 户，织机 10330 架。⑤ 同年高

---

① 《浙江平湖织袜工业之状况》，载《中外经济周刊》，第 147 号，1926 年 1月 23 日。

② 实业部国际贸易局编：《中国实业志(江苏省)》第 2 编，72~74 页。

③ 《山东历城长山等县经济情形之调查》，载《中外经济周刊》，第 190 号，1926 年 11 月 27 日。

④ 吴知：《从一般工业制度的演进观察高阳的织布工业》，载《政治经济学报》，第 3 卷，第 1 期，1934。

⑤ 参见吴知：《乡村织布工业的一个研究》，91~92 页。

阳织布区内共有织机 16961 架。① 如果这些织机全部开工，那么处于
高阳商人雇主控制下的依附经营机户的织机将占织机总数的 61%。相
对于其他年份来说，这个比例是偏低的，因为 1932 年是高阳织布业在
世界经济危机的冲击下急剧萎缩的低潮时期，精明的商人大多减少撒
机数，甚至有 5 家布线庄完全停止撒机。在宝坻织布区，1923 年共有
布业商号 93 家，其中 67 家为商人雇主组织，其余 26 家仅在市场上收
购棉布。全县 10649 户织工中，7650 户是依附于商人雇主的散工户，
占总户数的 71.8%。该年为 67 家商人雇主织订货的织工消费棉纱量
占全县产纱量的 67%，生产棉布占比则达 69%，商人雇主所付出的工
资亦达 1253000 元之巨。② 山东潍县的织户与布线庄之间，除普通商业
借贷外，还有两种方式的往来：一是"布庄或线庄放纱给织户，而换取
织成的布"；二是"织户代布庄织布，赚取工资"。③ 据记载，山东潍县
土布的销售中，以各省大资本布庄驻潍庄客采购最多，他们购买的方
法就是"自立商标厂名，招寻织户若干家，使依所定长阔数及布之稀
密，议定价值，终年交易"④。在这里，布庄、线庄及各省驻潍庄客就
是潍县织户的包买主。江苏通海织布区则流行一种"换纱制度"，即"纱
布兼营的商人，以棉纱代现金，用以购买织户布匹"，尤其是 1930 年
以后发展成一种普遍的办法，"布商是织户的土布买主，同时又必然地
是他棉纱的卖主"。⑤ 仔细分析起来，这种换纱制度其实就是一种低层
次的包买主制度，因为布商不仅堵塞了织户自由购买原料的渠道，而
且切断了织户与销售市场的联系。与土布商略有区别的南通绸布店对
使用手拉机生产中机布的织户直接采取了包买主制下的依附经营形式，

---

① 参见吴知：《乡村织布工业的一个研究》，18 页。

② 参见方显廷、毕相辉：《由宝坻手织工业观察工业制度之演变》，载《政治经济学报》，第 4 卷，第 2 期，1936。

③ 王子建：《中国土布业之前途》，见千家驹编：《中国农村经济论文集》，131 页。

④ 《山东潍县之经济近况》，载《中外经济周刊》，第 187 号，1926 年 11 月 6 日。

⑤ 严中平：《中国棉纺织史稿》，280 页。

由绸布店规定品种与质量，向织户增加定机生产，产品向苏北一带推销。在绸布店的带动下，资本规模较大的土布商也开始向织户定织。①但这种经营形式在通海织布区内究竟处于什么地位，据现有的材料还很难做出准确的判断。

城市织布业中也同样存在着依附经营形式。比如福州，早在 1900年前后，以福州为中心的机坊约有 500 家，分布在福州市内及邻近乡村，他们与棉布行庄的往来性质就属于包买主制下的依附关系。"行庄将原料棉纱分送各机坊织制，制成的布，再收回送到染坊，贴上本庄招牌发卖。这时，机坊不过是由行庄配给原料从事劳动而领取工资的织工而已。"②又如天津，据南开大学经济研究所 20 世纪 30 年代的调查，"主匠制与商人雇主制所需之资本既轻又能顺应因政局变化而生之经济情况，故得盛行于天津之织布业"③，被迫在商人雇主制下实行依附经营的是那些小型织布工场的场主，他们通常雇用 1～10 人，占天津织布业雇佣工人数的 25.1%，拥有织机 2～3 架。他们虽设场织造，但"所用原料，无论其为人造丝或为棉纱，皆为规模视本厂较大之厂所供给"④，其产品或售与商人雇主，以偿还贷纱，或交给商人雇主以领取工资。南昌土布店对产布地的织户往往"预贷以钱，令自买原料，织成后按匹送庄注账，照时值算价；或由庄客自买原料，交由织户绩织，按匹算给工价"⑤。此外，以生产土布闻名的其他地区也大多以依附经营形式为主，例如，畅销于北京的山东寨子布，便由北京各布店"前往昌邑直接采办，其办货之法，系派人往青岛、济南等处，购买棉纱，运至昌邑之石埠镇（距昌邑县城南三十里）、北孟（在石埠镇南四十里）

---

①　参见林举百：《近代南通土布史》，256 页。

②　彭泽益编：《中国近代手工业史资料(1840—1949)》第 2 卷，258 页。

③　方显廷编著：《天津织布工业》，22 页。

④　方显廷编著：《天津织布工业》，25 页。

⑤　《江西南昌县商业近况》，载《中外经济周刊》，第 168 号，1926 年 6 月26 日。

一带，招请乡民代为织布（俗名放机）"①。浙江硖石土布业"由附近各乡民向硖石布行领取洋纱，回家纺织，织成布匹，来硖缴行……在硖石共有布行九家……其放机区域，周围百余里，西至石门街及桐乡屠甸等处，东至海盐沈荡，北至嘉兴之王店镇附近。所放之机，约有二万张"②。山西平遥"概用包机办法，由布庄发给棉纱于机户，织布一匹，给工资一角乃至二角"③。浙江嘉兴布庄"所谓织花布者，即由农民向布庄领取洋纱，织成后仍交还布庄，而获得工资"④。江苏常熟织布厂中"有完全放机者……在工人领取布机时，一切原料均由布厂供给，并由厂家发给凭折一扣，借此可以取原料，计工资"⑤。江苏礼社的棉织业中，"原料之购买及出品之销售，全为一二商人所独占。农家妇女向纱庄领取棉纱，织成土布后交还纱庄，获得工资"⑥。一种质地较好的广东澄海土布就是由"除自有一架织机外不需另备资本的织户"生产的，这些织户靠当地的土布店分配任务和原料，"澄海全县共有手摇织布机约五千架，估计一个女工每月平均收入为八元至十元，一律是计件付酬"⑦。这些存在于各地手工织布业中的依附者，其依赖于包买主的程度和方法可能互有差异，但都属于包买主制下的依附经营。

　　丝织业中包买主制下的依附经营形式早在明末清初就已存在，苏州的"账房"和南京的"缎号"就是其典型。"不过那时候只是一种稀疏的经济现象，而且受到封建行会组织的束缚控制，尚未完全脱离行会手工业的范围，属于一种从行会手工业向资本主义工场手工业过渡的形

　　① 《山东寨子布在北京之销行状况》，载《中外经济周刊》，第 176 号，1926年 8 月 21 日。

　　② 《硖石之经济状况》，载《中外经济周刊》，第 215 号，1927 年 6 月 11 日。

　　③ 《平遥县之生计状况与织布业》，载《中外经济周刊》，第 185 号，1926 年10 月 23 日。

　　④ 冯紫岗：《嘉兴县农村调查》，137 页，浙江大学、嘉兴县政府印行，1936。

　　⑤ 《常熟之经济状况》，载《中外经济周刊》，第 214 号，1927 年 6 月 4 日。

　　⑥ 彭泽益编：《中国近代手工业史资料(1840—1949)》第 3 卷，175 页。

　　⑦ 彭泽益编：《中国近代手工业史资料(1840—1949)》第 2 卷，638 页。

态。"①丝织手工业中占主导地位的仍然是独立的家庭手工业生产。鸦片战争以后,随着国际丝织品需求量的增长,丝绸市场渐趋活跃,独立机户的资金不敷生产发展的需要,尤其是生产周期较长的熟货织品,一些独立机户不得不依靠商业资本而为绸庄代织。同时,由于经营丝绸有厚利可图,商业资本越来越多地介入丝绸生产。在丝绸主要产地的江浙一带,包买主制下的依附经营形式比较普遍。据1913年对苏州的调查,经营纱缎业的账房共计57所,其中46所系鸦片战争后所开设,依附于57家账房的男女工徒人数达7681人,其中雇佣工人最多的达600人,最少的也有25人,各账房"大都以经纬交与织工,各就织工居处,雇匠织造"。② 在南京,20世纪前十年,"多数系由资本家放料机户代织,计货论值。无力买丝者,不费一钱,而手工所入,足以自活"③,为资本家织缎的手工业者约有9500人,加上机户辅助工人在15500人以上④。直到20世纪20年代,南京市内还有缎号100余家,城郊机户共有3000余家,"号家供给材料,机户织之"⑤。同一时期,杭州绸庄中也"有发丝与料房、经绒作、机户等,代为各项工作,算给工资"⑥。其他中小城镇的丝织业也存在着依附经营形式。例如,江苏震泽丝经的制作,"系由各丝行将丝之分两秤准,交由各乡户携回摇成,俟交货时,再为按工付值。计沿镇四乡三十里之遥,摇户约共有一万数千户,男女人工当在十万左右"⑦。丹徒县的丝织业系"由资本家设立绸号,广收丝经,散交各机户,计货授值,与南京之缎

① 段本洛、张圻福:《苏州手工业史》,219页。

② 彭泽益编:《中国近代手工业史资料(1840—1949)》第2卷,428~430页。

③ 江苏省长公署第四科编:《江苏省实业视察报告书》(丹阳县),39页。

④ 参见实业部国际贸易局编:《中国实业志(江苏省)》第8编,172页。

⑤ 剑泉:《南京缎业之调查》,见彭泽益编:《中国近代手工业史资料(1840—1949)》第3卷,220页。

⑥ 《浙江桑蚕茧丝绸近况调查录(四续)》,载《中外经济周刊》,第186号,1926年10月30日。

⑦ 江苏省长公署第四科编:《江苏省实业视察报告书》(吴江县),135页。

业相同"①。浙江宁波以织造塔夫绸著名，除绸厂生产外，"又有绸庄十余家……每家有手织机十余台，或放料与机户，织成给价"②。无锡塘头镇"调丝户的小农，先向丝线手工工厂领取原绞蚕丝；信用好的是由'线纺'即丝线手工工厂发给调户。丝有一定的重量，调好了，调户须将调好的和'丝头'一并交到线坊里去。……这种工作，大半是妇女做的，工资很低，整天工作，只可得到二角左右。附近塘头镇二三里内的几个村庄，居民除种田外，差不多家家户户操此副业"③。调丝虽然形式上依然是塘头镇农民的家庭副业，但已被纳入资本主义经济体系了，从事调丝的农民也因此成为带有资本主义色彩的兼业劳动者。山东周村专纺华丝葛的大规模丝织场中，"络丝之事，悉由女工任之，各女工之络丝，皆令在家工作，络价为每两三十文……每女工之每日络丝数约十六七两，连同所得余丝计算，约每日得钱一吊二百文"④。

　　鸦片战争后的新兴手工业如地毯业、针织业、花边业等行业中，也广泛出现了包买主制下的依附经营形式。地毯业分布于我国的新疆、西藏、绥远、甘肃、陕西、山西、河北、山东等地，其中最为重要的为京、津两地。地毯的织造须经过纺毛线、染色及编织，除染色外，纺毛线和编织的生产环节中都存在着依附经营。例如，天津纺毛线业中，1927 年左右，纺线工场有 20 余家，集中在天津城西南角一带。"此等工厂名为纺毛，其实宝坻自办弹毛，弹出之熟毛，概发女工纺线，其发女工之办法，从前系令女工（此等女工多住西头李公楼一带，以静海宝坻令来津贫民为多）领毛回家，纺线送厂缴纳过秤付价，每纺一斤工资十余枚。"⑤据调查统计，1930 年时天津地毯制造场数共计303 家，其中雇用工人 30 人以上的有 105 家，30 人以下者为 198 家。

　　①　江苏省长公署第四科编：《江苏省实业视察报告书》（丹徒县），31～32 页。
　　②　《宁波之经济状况》，载《中外经济周刊》，第 193 号，1926 年 12 月 18 日。
　　③　彭泽益编：《中国近代手工业史资料（1840—1949）》第 3 卷，176～177 页。
　　④　《山东历城长山等县经济情形之调查》，载《中外经济周刊》，第 190 号，1926 年 11 月 27 日。
　　⑤　《天津工业之现状（四续）》，载《中外经济周刊》，第 205 号，1927 年 3 月26 日。

这些 30 人以下的地毯制造工场，"虽自具织机及作坊，但其原料及样式，完全依赖出口商号，且须从商号预支款项，以资周转"①。不仅 30 人以下的小型作坊如此，即便是 30 人以上的制造场家，"其组织亦有为商人雇主制者，与作坊无异……此等工厂之资本，亦如作坊，为数甚微。仅足供付流动开支，如工资与房租之用"②。北京的地毯工场在 1920 年时约有 354 家，其中拥有织机 8 架以上的约 18 家，按每架织机需 4 名工人计算，则每家雇佣工人数在 30 人以上。其余则为织机 9 架以下、织工不满 30 人的中小规模地毯工场，它们"只靠比较稍大之地毯工厂为之定购，其普通办法，一切地毯材料，均仰给于大厂，甚至米、盐、茶、面亦由大厂供给，其应收之价值则由织成地毯之价以扣除之"③。开办于 1921 年的北京信成织毯工厂，所用"笨线"，"系直隶、博野、蠡县、深泽等县农家妇女所纺，时下每斤价值六角上下，该厂系将棉花发给上述各县农家妇女纺线，纺成后用大车搬运来京"④。到 1924 年，北京"大地毯行利用货真价廉之小地毯行做定货者日见其多，例如某地毯行有三十余家小同行专为之做定货，另有一家亦有三十余家小同行承做定货，即天津厂家间有向北京小同行家定货者"⑤。近代天津著名的地毯出品商仁立公司，"除利用自己的工厂进行生产外，还在三四十家小工厂委托加工"⑥。控制中、小地毯工场的不仅有大工场，还有部分洋行，他们"将羊毛自己纺线染色后，发交小厂专承织工者，此等小厂，大抵皆满期工徒自营生计，不得已致为外

---

① 方显廷编：《天津地毯工业》，19 页。

② 方显廷编：《天津地毯工业》，23 页。

③ 彭泽益编：《中国近代手工业史资料(1840—1949)》第 2 卷，696 页。

④ 《北京信成织毯工厂之近况》，载《中外经济周刊》，第 218 号，1927 年 7 月 2 日。

⑤ 彭泽益编：《中国近代手工业史资料(1840—1949)》第 3 卷，181 页。

⑥ 朱继圣、凌其峻：《仁立公司的曲折道路》，见《工商史料(一)》，36 页，北京，文史资料出版社，1980。

商所利用"①。

　　针织业的出现较地毯业为晚，大约始于 20 世纪初年，存在于中国主要城市及其郊区，尤以江浙的城市和天津为盛。浙江织袜业中的依附经营以平湖织袜业最为典型，前已述及，该地织袜业概行"租机之制"，平湖城乡近万架织机都在这种"租机之制"下被组织起来。其中"以光华为最多，约有一千架之普，当湖有六百余架，启新、怡和各有四百余架，其余有二百余架者十余家，此外有五十架以上至百余架者六十余家，有五十架以下者亦有十余家"；"租机之制"的平湖模式为浙江其他城镇所仿效，在嘉兴、嘉善、石门、硖石等处袜场，"其织袜制度，亦均采包工方法，一切手续及工资等项，亦多仿平湖办法"。② 例如，浙西硖石镇 1927 年时的 30 余家袜场中，共有织机 4000 余架，"长年出租者约三千二三百部"③。在"租机之制"下，织户若自购织机，袜场往往不供原料，使织户生产受阻。江苏针织业略有不同，织机除租用外，也可由工人自备。例如，无锡 20 世纪 20 年代的 37 家袜场中，除豫泰、人余、三友等少数工场外，"袜机大多由工人自备，即非自备，亦必由工人出押金向厂主租用（押金数须与该机值相等），待织成打，即可交厂取值……织袜女工虽有三千人，然在厂工作之数，不过五百人，余均带机回家工作，仅就操持家政之余暇为之"④。沿沪杭甬路南至松江，有针织场坊数十家，约雇用男女工人10000人，"此数显系包括散处缝工及商人雇主制下之织工而言"⑤。长江北岸的扬州是小型针织场坊的集中之地，织袜之家数约三四百家，织工有 700 人，其中三分之一在商人雇主制下从事生产。规模较大的针织商店如华昌、

　　① 《中国地毯工业之沿革与制法及其销路》，载《中外经济周刊》，第 75 号，1924 年 8 月 16 日。

　　② 《浙江平湖织袜工业之状况》，载《中外经济周刊》，第 147 号，1926 年 1 月 23 日。

　　③ 《硖石之经济状况》，载《中外经济周刊》，第 215 号，1927 年 6 月 11 日。

　　④ 《无锡之袜厂》，见中国社会科学院经济研究所、上海市工商行政管理局、上海市第一机电工业局编：《上海民族机器工业》上册，235～236 页。

　　⑤ 彭泽益编：《中国近代手工业史资料(1840—1949)》第 3 卷，152 页。

大成、元昌，分别有机器 120、60、50 余架，这些针织商店购备机器和纱线，雇用散处工人，论件计资。上海领料织袜的依附经营中，"南汇袜子"较为著名，生产这些袜子的大多数场坊，"向不自备资本，购买原料；专向上海各商号领取原料，遵从商号的意志，从事织造，一些不能违误；制品成后，仍须交给商号。它的经营目的，在得商号所给之包价付给工资后所余的净利"①。上海附近的手工毛巾业中，一些不成厂的"散户"置机一二乘，织造毛巾，其制品多与商号"掉换洋纱"，这类散户在嘉定就拥有织机三百余乘。② 江西南昌 1926 年时有针织厂（场）坊 60 家，雇佣工人 3000 名，但"此类针织厂坊，大体皆甚狭小，率由散处工人领取机器及纱线，在家中缝织"③。1929 年左右，天津 154 家针织场坊有雇佣工人 1610 人，其中 577 人为散处工人，大多数作坊都把缝袜工作"委诸散处工人，以减轻坊内之设备费"。④

　　花边业起源于清末时期的烟台，民初传至江浙一带。花边的生产以包买主制下的依附经营为主，例如，山东烟台的花边业中，"向有经纪人自备原料，分布各地女工，然后依制品之优点，给予工值，从事花边工作之女工，每日所获工值自三角乃至五角不等"；据估计，1926年烟台附近村庄从事织花边者达 45000 人。⑤ 民初传至上海后，附近的川沙、宝山等县妇女多以此为业，川沙尤盛。1915 年后，花边业产值增至"五六十万以上。妇女所得工资达二十万元以上"，截至 1930年，该县从事织花边的场家约有 47 家，从业的女工人数达 23050 人，平均每家 490 人，多数场家系"收发花边"的商号。⑥ 江苏无锡的花边

　　① 彭泽益编：《中国近代手工业史资料（1840—1949）》第 3 卷，646 页。

　　② 参见黄苇、夏林根编：《近代上海地区方志经济史料选辑（1840—1949）》，82 页，上海，上海人民出版社，1984。

　　③ 彭泽益编：《中国近代手工业史资料（1840—1949）》第 3 卷，157 页。

　　④ 方显廷编：《天津针织工业》，23、32 页，天津，南开大学经济学院，1931。

　　⑤ 参见彭泽益编：《中国近代手工业史资料（1840—1949）》第 2 卷，703 页；彭泽益编：《中国近代手工业史资料（1840—1949）》第 3 卷，185 页。

　　⑥ 参见黄苇、夏林根编：《近代上海地区方志经济史料选辑（1840—1949）》，78～80 页。

商直接将设计的"花样及应用之纱线，交与请求工作之幼女……女童乃将纱线花样携家编织……织成后仍交与花边商"①。花边业鼎盛时期，无锡有花边商150家，最大规模者拥有资本达万元，普通商店为500～1000元；浙江的花边业经营者，"名虽为花边厂，实际上则为商号，所有织造女工，大都散居各乡，厂方将原料发给织户，到期或派人收货，或汇集送厂，至于工资，则论码计算"。② 与花边业类似的温州挑花工业，是由一个名为"倚纹女工社"的商业组织控制经营的。该社"以夏布丝线发给各女工，在家工作"，挑花工艺水平较高，工人按件取酬，"每挑花一朵，约需工钱五六角或一元上下，每一台毯，挑花普通工作工资约需四五元"。③

除此之外，据目前所见到的材料，在制茶业、制瓷业、锡箔业、制笔业、爆竹业、皮毛业、绉纱业、纸绢花业、梳篦业、发网业、毛绳衫业等手工制造业中，也都不同程度地存在着包买主制下的依附经营，其情况如表 5-1 所示：

表 5-1　近代手工制造业中的依附经营情况示例

行业名称	时间	依附经营情况	资料来源
武昌绉纱业	1926	武昌县属千余家绉纱机坊，汉口绉纱号 17 家，由绉纱号将黄丝发给乡间机户，织成收货。	《中外经济周刊》，第 163 号，1926 年 5 月 22 日。
邢台毛皮业	1926	皮袄作坊百余家，系向皮毛店借出资本或原料，制品通常送皮毛店代售。	《中外经济周刊》，第 191 号，1926 年 12 月 4 日。
南宁爆竹业	1911	由家庭作坊制作，原料由委托加工的店铺供给。	《中国近代手工业史资料（1840—1949）》第 2 卷，425～426 页。

① 彭泽益编：《中国近代手工业史资料（1840—1949）》第 3 卷，186 页。
② 实业部国际贸易局编：《中国实业志（浙江省）》第 7 编，77～78 页。
③ 《温州劳工近况》，载《中外经济周刊》，第 210 号，1927 年 5 月 7 日。

续表

行业名称	时间	依附经营情况	资料来源
广东抽纱业	20世纪20年代	由洋行从国外购进布料，雇请画师按外国流行花样设计，再发给城乡妇女抽纱，论件计资。	《广州文史资料选辑（第二十辑）》，广州，广东人民出版社，1980。
台湾制茶业	19世纪下半叶	茶的生产者向妈振馆借款，所制的茶，不得自由出卖，而必须卖给妈振馆。	《中国近代手工业史资料（1840—1949）》第2卷，108页。
北京纸绢花业	20世纪20年代	纸绢花业是北京家庭工业之一，约1600家，除130家花行外，其他均代各花行制造。	《中外经济周刊》，第156号，1926年4月3日。
河北磁县制瓷业	20世纪30年代	窑主资金来源仰给于贩瓷客商，偿还时以瓷货而不以现金。	《中国近代手工业史资料（1840—1949）》第3卷，120页。
上海毛绳衫业	1927年前后	织户和专卖毛织物的商店或百货公司订立契约，由商店发给毛绳交织户代织，照件给价。	《中国近代手工业史资料（1840—1949）》第3卷，180页。
山东发网业	1910—1920	初由洋行进口西洋头发，后用中国旧头发染成各种颜色，交华商发网场，由农村妇女编结。	《中国实业志（山东省）》第8编，117页。
福州制伞业	1927	由经营出口贸易的纸伞商自定一种商标及样式，向各小伞店定做，制成后交与纸伞商。	《中外经济周刊》，第217号，1927年6月25日。
湖州制笔业	1928	散工占制笔工人的大部分，由散工从场店领出毛笔原料，回到自己家内制造。	《中国近代手工业史资料（1840—1949）》第3卷，246页。

续表

行业名称	时间	依附经营情况	资料来源
武进梳篦业	20世纪20年代	梳篦制造的部分环节发交家庭分制，如削竹为条、抽丝、扣齿等工作，其余在工场中制造。	《中国近代手工业史资料（1840—1949）》第3卷，246页。
杭州锡箔业	1927	原料由箔庄发给箔作，箔作再分给打箔工人，打箔工人有领回锭子在家制造者。	《中外经济周刊》，第217号，1927年6月25日。

从劳动形式上划分，依附经营可以区别为以个体劳动为主的家庭手工业和以分工协作为主的作坊/手工工场。家庭手工业是依附经营最普遍的存在形态，相比之下，处在依附经营中的作坊或手工工场则少得多，在高阳织布区被称为"家庭工厂"的，只占织户的十分之二强，一般拥有织机2～5架。在天津被称为"中间人"的小织布工场主共82家，各自拥有织机2～3架，雇工1～10人，其中52家依靠大织布场供应原料和销售棉布，他们除织机外，缺乏生产所需的流动资本。包买主制是包买主和依附经营者都乐于接受的经营形式。对包买主来说，包买主制不仅为其节约了场房、工具设备等固定资本的投入，而且手工业者的分散性也为他们控制生产者并避免政府的苛捐杂税提供了便利。对依附经营者来说，包买主制顺应了他们的小私有观念和部分传统习俗，避免工场严格的纪律约束，他们拥有自己的生产工具，能够自由地支配劳动时间，在农业劳动之余附带从事手工业生产。虽然从理论上说，依附经营者很难上升为手工工场主，因为他们不过是从属于包买主的工资劳动者，但在实际中，由于他们拥有生产工具的所有权和劳动力的自由支配权，可以最大限度地增加产量，在稍有积蓄时便扩大规模，摆脱依附，自主经营。因此，依附经营下的手工业者也存在着上升为手工工场主的可能性（详见本章第二个问题的实证分析）。这既是依附经营者所孜孜以求的，也决定着小手工业者不到走投无路时是不会离开家庭而进入工场工作的，从而在很大程度上决定着包买主制下依附经营形式存在的广泛性。当然，依附经营形式广泛存在的

原因是多方面的，其中依附方式及其依附"度"的灵活性、包买主存在形态的多样性，既是这种经营形式普遍存在的具体体现，同时又是造成其广泛性的深层因素。

(二)依附方式及其依附"度"

在包买主制下的依附经营中，经营者对包买主的依附方式分为直接与间接两种。所谓直接依附，是由包买主雇用的职员直接向生产者放料收货，计发工资；间接依附则是由包买主聘用的中间人给生产者发料收货，生产者并不与包买主发生联系。包买主采取哪种方式控制生产者，主要依据市场的变化情况、生产者的地理分布等因素。一般来说，在市场旺销时，包买主往往借助于中间人的介入，相反则更愿意采取直接控制方式。在生产的地理分布范围较广时，包买主也不得不依靠中间人联系生产者，而当生产者集中分布在包买主附近地区时，包买主就更乐意与生产者保持直接接触，以便更好地监督产品的质量和规格。这两种经营方式并不是绝对对立的，它们在一定条件下可以相互转换，而且也可能被某个包买主同时采用。以高阳为中心的织布区域就是由于布商和手工织布业者灵活运用这两种依附方式尤其是间接依附的经营方式而形成的。高阳织布业由自然经济进入商品经济的初期(1909—1914)，生产者大多在纱布商人的直接控制下领纱缴布。1914年后，随着第一次世界大战的爆发，外国棉制品输入减少，国内棉布市场活跃起来，反应灵敏的高阳纱布商人"想多销棉纱，多收布匹，但又觉得远处撒机，大有鞭长莫及的困难，且机户过多，照管不易"，于是中人制应运而生。中间人代纱布商人分散原料并收集出品，这不仅解决了纱布商的困扰，而且也方便了织布农民就近取得原料并缴布，从而造就了高阳织布工业的初步繁荣。但是，好景不长，随着第一次世界大战的结束，外国棉布的冲击，机纱价格的暴落，高阳织布业开始萎缩，纱布商人减少撒机，以中间人为媒介的中人制趋于衰落。同时布商和织户为应付市场的挑战，还努力改进棉布的品种、规格和质量，于是直接撒机制逐步取代了中人制，即由布商直接雇用农民织布，很少再借重中间人。这是由于市场所需货品的种类和花色日益复杂，有许多货品在市场上是买不到现货的，只得自己拟定花色标准，雇织户代织，而且布商为适应大批的订货起见，货品力求标准化，若在市场上购买现货，就无从买到重量品质完全相同的大批货品，结果是不得不自己来撒机以监督农民的织造。[①] 由此可见，在包买主制下，无论是直接依附还是间接依附都是市场变化的产物。

如果说高阳织布业中依附方式的兴衰取决于市场的变化，那么天津针织业中的间接依附则是因应市场冲击的结果，因为"雇佣中间人之便利，在能以营业之盛衰为标准，随时解雇中间人及工人，不如作坊工人及职员之必有相当限制，无自由解雇之余地也。近年以来，战祸频仍，针织业之盛衰消长，变迁甚剧，随时解雇权之实行，实为采用中间人制度之主因"。据时人调查，1929 年天津针织业中约有中间人 150 人，"无论雇主为针织作坊，抑为广货店或帽铺，散处工人之工作，皆由中间人分散之"，绝大多数中间人直接将袜线原料送到缝工家中，少数由缝工至中间人家中领取。[②] 同一时期上海针织业中的"南汇袜子"也同时存在着两种方式，但间接依附方式占据优势，调查者称之为"间接散活"，"就是领原料和缴织品，都向散活工场或工场接洽的。直接的散活工场，全县仅两家，间接的散活工场，约十余家"[③]。烟台花边业中，有一种名为"包工人"的中间人介于花边商和散处工人之间，他们的主要职能，"一方由花边商处赊取纱线，一方将赊得纱线散给散处工人。……织成后则由包工人至工人处收取而卖与花边商"，据估计，1926 年，烟台附近的乡村妇女有 45000 人处在这种间接依附之下。[④]

不过，即使是对生产者的直接控制，包买主也往往聘请与织户有某种族缘、乡缘或地缘关系的人代行监督之责。这种人在各地的称呼不一，高阳称之为"领机者"或"机头者"，浙江硖石俗称"机领"，江苏吴江盛泽镇称作"绸领头"。充当领头的一般都是一乡或一村中经济上

---

① 参见吴知：《乡村织布工业的一个研究》，11～22 页。

② 参见方显廷编：《天津针织工业》，32 页。

③ 彭泽益编：《中国近代手工业史资料(1840—1949)》第 3 卷，647 页。

④ 参见彭泽益编：《中国近代手工业史资料(1840—1949)》第 3 卷，185 页。

比较富裕、从业经验丰富的机户。他们的主要职能，在硖石，"专司一村中之发料催货诸事……乡妇如愿织布，可请机领导至布庄，将姓名地址登录入簿，然后给以纸折，以作凭证，凡发料收货，皆以此折为凭"①。在高阳，领机者的职责分为："(1)遇有商号须添雇机户时，介绍新机户；(2)指导督察他所领的机户，努力工作，按时缴布；(3)如机户有领线后，不能缴布的，代商号追索原料或偿金。"领机者和中间人的不同之处在于：领机者与包买主之间没有经济契约关系，只为包买主承担介绍、督察机户的道德义务，即使机户无法按时缴布，领机者也不承担经济赔偿责任，这是由于"领机者并不受商号什么金钱上的报酬，因为他不是受商号的雇用，所以商号为表示酬谢起见，每逢节下，往往馈送鱼肉等食品与领机者。又领机者在乡里中较受人敬重，带领的机户，逢时过节，往往亦有馈送给他"②。仅此而已，领机者并不像中间人那样使生产者多受一层工资上的剥削，例如，高阳织布业中间人所赚的利润，"大概是织布工资上的差异……比高阳附近的每匹约低二角至三角，这就是中间人的好处"③。被称为"撒货的"的天津针织业中间人，则于"每打工资之中，可扣取铜元五六枚，以为酬劳"④。南京缎号与机户之间的中间人"谓之'承管'，承管之职务，专事介绍机户，机户若将原料卷逃或发生重大过失时，承管直接对缎号负责，每年缎号视营业大小，报以酬金若干"⑤。因此，间接依附方式下的中间人是不希望发生诸如机户将原料卷逃之类需要赔偿经济损失的事件的，但我们也没有理由相信直接依附方式下的"领机者"就希望此类事件发生，因为他们是受包买主信任和乡里"敬重"的人，每逢年节还能获得包买主和机户的双重馈送——一种变相的、更注重感情的酬谢。在这里，我们看到在不发生重大过失时，"中间人"和"领机者"的差别似乎

---

① 彭泽益编：《中国近代手工业史资料(1840—1949)》第 3 卷，716 页。

② 吴知：《乡村织布工业的一个研究》，22 页。

③ 吴知：《乡村织布工业的一个研究》，15～16 页。

④ 《天津工业之现状》，载《中外经济周刊》，第 198 号，1927 年 1 月 29 日。

⑤ 彭泽益编：《中国近代手工业史资料(1840—1949)》第 3 卷，652 页。

只是一个更重视经济契约的效力，一个更注重道义亲情的魅力，他们实质上的所获也许相差无几。由此可见，直接依附和间接依附的区别并不是绝对的，直接依附方式中往往夹杂着一定程度的间接控制，因此我们也很难就手工业的依附方式进行严格的划分和分析。

手工业者同包买主之间的依附经营除依附方式不同外，更重要的还在于依附内涵上的差异。在此，我们借用"度"这一概念。"度"是一个哲学的范畴，是事物的质与量的统一，是决定事物性质的数量界限。我们分析手工业者的依附"度"，旨在探讨近代手工业性质的变异。从包买主制下的依附经营形式存在的历史现象中，我们可以剥离出以下三种类型：

第一，资本依附，即由包买主贷给生产者以必要的生产资金，原料由其自购，产品品种与规格由其自定，但规定以制品偿付包买主本息。从理论上说，剩余部分可以自由出卖，所得即为生产者的劳动报酬。包买主的资金贷放与一般的商业高利贷性质不同，因为包买主不满足于从前高利贷商人所获得的高额利息，而在于控制一部分产品的销售权以谋取更大的利润，台湾制茶业、南昌织布业、四川造纸业、山东草帽辫业以及河北彭城镇瓷器制造业都属于这种类型的依附。甲午战争前的台湾制茶业中，制造乌龙茶的"番庄"和制造包种茶的"铺家"，一般都从妈振馆获得资金，然后向生产者收买粗茶加以精制，生产者所制的茶不得自由出卖，而必须卖给妈振馆。这样对于生产者来说，资金短缺的困难得以解决，对于包买主来说，不仅避免了向市场购买产品时在所需数量和质量上不确定的风险，还因此获得了价格控制权。江西南昌土布客庄中名为"放价"的收货方法，"系对于产布地之各织户，如宁都、上高、崇仁、李家渡等处预贷以钱，令自买原料，织成后，按匹送庄注账，照时值算价"[①]。这种现象发生在土布市场活跃的 20 世纪 20 年代前后，织户所受控制较少，不过，所谓"照时值算价"也只能按低于市场价格的收购价来算。同一时期的四川造纸业也大

---

① 《江西南昌县商业近况》，载《中外经济周刊》，第 168 号，1926 年 6 月 26 日。

同小异，"制纸者多无充足之资本，每预向纸商赊款若干，作为制纸之资本，赊者言明定购纸若干，约于某日以内交货，其购入之价格，甚为低廉"①。山东草帽辫业中，具有包买主角色的草帽行常给小耕作者预支贷款，从而取得他们的制造品。② 20 世纪 30 年代，河北彭城镇制瓷业中的资本依附是从商业高利贷演化而来的，这里的窑主原来所需的生产资金"多向当地富户如地主及彭城以西各油坊商等称贷，以田房等项为抵押品"，那里的贷主只谋求放贷的利率，并不涉及瓷货销售；到 1931 年左右，"资金之来源多仰给于贩瓷客商，由瓷货店居中介绍，由客商以现金接济窑主，将来偿还，以磁货而不以现金"。③ 很显然，这时的贷主不仅要获取放款利润，而且要截断生产者与销售市场的部分联系，以控制这部分产品的销售利润。

第二，原料依附。原料依附是包买主制下一种较为广泛的依附类型，其方法分为两种。一是由生产者向包买主赊购原料，以市价计值，待制品出售后再偿还，偿还后的余资即为生产者的报酬。虽然在理论上生产者可以在市场上随意出售自己的制品，实际上则通常由包买主代售。二是生产者以制品换原料，如织布业中的"以纱换布"制度。在这种制度下，包买主所付原料往往多于制成品所需，多余部分即为生产者的劳动报酬。高阳织布业中，"资力较厚织户，往往亦可向高阳各布商赊购棉纱，自行织布，但其织就之布匹，则须售与该赊纱之商号"；与布线庄不同的染线场，其主要业务之一就是"赊售色线与资力较大之织户，织户于布匹售出后，再行清付"。④ 天津织布业中的小工场，通常"按市价向其商人雇主即中厂或大厂赊买原料，待织成布匹后清偿……（布匹）须按市价售与商人雇主，但按诸事实，其价格恒远较

---

① 蔡受百：《中国制纸业概况》，见彭泽益编：《中国近代手工业史资料（1840—1949）》第 3 卷，228 页。

② 参见彭泽益编：《中国近代手工业史资料（1840—1949）》第 2 卷，62 页。

③ 《河北省之陶业》，载《工商半月刊》，第 3 卷，第 12 号，1931。

④ 方显廷：《华北乡村织布工业与商人雇主制度（一）》，载《政治经济学报》，第 3 卷，第 4 期，1935。

市价为低"①。潍县织布业中的棉纱商人为了扩大销售，往往"赊线给织户，以五天或十天为期，届时织户把布卖掉了来偿债，利率一分二厘"；但纱布兼营的布庄或线庄则更多地采取"以纱换布"制度，具体操作时，布匹都以市价为标准，如果在交布时的纱价与放纱时的纱价每大包涨落在五元以内，那么两不相找，否则，由双方分担。② 在河北宝坻，由布商供给织户定量的棉纱，织户按规定标准织好后交给散活商人。"设一切相合，则给以讲定之酬报，酬报物未必均为货币，有时亦酬以棉纱。"③在这种制度下，生产者在原料来源和产品销售上虽不能自主经营，但生产者和商人之间在形式上仍然存在着受市场价格调节的平等买卖关系，生产者的报酬仍在于布纱之间的差价。原料依附现象在其他手工业行业中也同样存在，例如，河北邢台皮毛业中的作坊，尤其是皮袄制造作坊大都由农民兼业者进行季节性经营，以 4 月至 7 月为生产期，8 月至 12 月为出售制品之期，通常向皮毛店借出制造皮袄所需的羊皮或鞣皮，等制品售出后再偿还，规模较小者"通常系将制品送交皮毛店代售，但资本较大之作坊，亦有派人将货物运往外埠，直接贩卖者"④。又如江苏丹阳的织绸业，晚清时期，机户原料均须自备，"民国以前，恒向丝行赊贷，售货之后，再行归偿"⑤。天津地毯作坊和地毯商之间也是一种原料依附关系，一般是由地毯作坊从地毯商那里赊购毛线，"俟地毯制成后，即将其所造之毯，售之于商号，商号将制造者之毛线欠款，从毯价中扣除，而找补其余数。此数等于商号付制造者之净利"⑥。

---

① 方显廷编著：《天津织布工业》，25 页。

② 参见王子建：《中国土布业之前途》，见千家驹编：《中国农村经济论文集》，131 页。

③ 苏征祥：《宝坻县土布》，见彭泽益编：《中国近代手工业史资料(1840—1949)》第 3 卷，708 页。

④ 《邢台县之经济状况》，载《中外经济周刊》，第 191 号，1926 年 12 月 4 日。

⑤ 江苏省长公署第四科编：《江苏省实业视察报告书》(丹阳县)，39 页。

⑥ 方显廷编：《天津地毯工业》，20 页。

第三，原料供应与产品销售的双重依附。双重依附是中国近代手工业中最为普遍的依附形式，在双重依附之下，生产者既被割断了与原料市场的联系，又被剥夺了销售市场上的自主权，变成了为包买主加工产品的工资劳动者，生产的目的仅仅是为了获取工资，因此被称为散处工人。他们与手工工场中集中劳动的手工工人相比，有若干不同之处。首先，他们拥有生产工具的所有权，并在各自家庭或作坊中从事生产，例如，处在依附状态下的手工织布业者，一般都拥有 1～2 架织布机，即使是无力购买织机的，也可先由布商垫款购机，然后从织布工资中扣还。当然也有例外，平湖织袜业中的"租机之制"便是由织户付押金领机回家，然后交纳一定的租机费用，由包买主负责织机的维修和保护。其次，除较大的手工作坊外，散处工人没有基于技术的分工合作。再次，没有统一规定的工作时间。最后，无须受到手工工场中有辱人格的残酷管制。这些不同之处也许正是双重依附普遍存在的重要因素，其原因如前所述，除了能为包买主节省固定资本的投入，最重要的还是生产者对劳动时间的自主支配，使他们能在处理家务劳动之余兼营手工业，并因此造成一种假象，即"散工们有时把这种收入，当做家庭经济上一种额外的进款，多少可以补助家计而忍受较低的工资，散工制的经营，就因为开支省工资低而能和工厂制挣扎着并存的"①。因此这种经营形式特别适合于经济落后国家和地区，尤其是那些人口与土地比例严重失调的地区。中国近代许多手工业（主要是那些生产工具简单、技术不太复杂的手工业），大多以个体劳动或家庭协作形式广泛存在于城乡家庭或作坊之中，例如，天津、高阳、宝坻、潍县、江苏通海、广西玉林等地的织布业，南京、苏州的织绸织缎业，北京、天津等地的地毯业，江浙一带的针织业，山东、江苏等地的花边业，等等，都以这种经营形式为主体，有关具体情况已如前述，在此不再重复。

上述三种类型的依附，其实质都是手工业生产对商业资本的依附，

---

① 吴知：《从一般工业制度的演进观察高阳的织布工业》，载《政治经济学报》，第 3 卷，第 1 期，1934。

依附"度"逐步加深，并因此造成商业资本及其所控制的手工业生产性质的变异。在资本依附中，资本借贷主不再仅仅为了获取商业高利贷而放款，手工业者为使生产过程不致中断而不得不以部分产品的销售权为代价赊欠资金，但手工业者仍有购买原料和销售剩余产品的自主权。这是一种最低程度的依附，商业资本既没有因此转化为工业资本，手工业者也没有因此而变为工资劳动者。原料依附是一种由资本依附向原料供应与产品销售的双重依附转化的过渡形式，在这里，手工业者或向商人赊购原料，或以制品换原料，再也无力自主地与原料市场取得联系。手工业者虽然在形式上保持了自主生产的继续，但已日益陷入为商人生产的边缘地位，因为他们的产品最终都不得不落入赊销原料的商人手中，当商人直接向生产者供应原料，并按产品的数量和质量计发报酬时，手工业者便不自觉地进入双重依附状态。在双重依附之下，商人为手工业者提供了除简单工具以外的绝大部分资本，手工业者变成了为商人加工生产的工资劳动者。从生产关系上分析，这时的商业资本已经接近或转化成工业资本，手工业也已经成为资本主义经济体系的一个有机组成部分。

（三）包买主的存在形态

要进一步分析商业资本究竟在多大程度上转化为工业资本，包买主制在何种意义上接近于近代工业制度，一个关键的切入点似乎应是对包买主的存在形态加以剖析，这也是正确评价中国近代广泛存在的包买主制下依附经营形式的重要视角。根据包买主资本活动的主要范围与能量，本书将包买主区别为商人型包买主、商人兼工场主型包买主和工场主型包买主。

商人型包买主是指那些自身并不开设工场，而是以发放原料、收回制品为主要业务活动的包买主。作为商人，他们必须买进原料，卖出制品，作为包买主，他们往往雇用大量散处工人为其加工成品，并按件计酬。这类包买主普遍存在于各种手工行业，例如，各地手工织布业中的布线庄或布行，天津针织业中的广货店和帽铺，浙江平湖、碳石等地的针织工场，福州制伞业中的纸伞商，上海毛绳衫业专卖毛织物的商店或百货公司，河北皮毛业中的皮毛店等都属于这种类型。

商人型包买主大多出身于商贩，有多年的经商历史，具有浓厚的商人投机性。例如，河北邢台皮毛店"多属邢台西部之人所开，其中由贩子出身者不少……资本较大之皮毛店，多兼营布行及洋广杂货"①。宝坻的布庄主"于其未营织布业之前，多为布商或兼营他业者，其中有业粮食与旅邸业者"②。截至1933年，高阳织布区专营发线收布的布线庄达60家，其中经营十年以上者有38家，设立最早的德和号经营年限长达56年。该地布线庄的前身并非专营该业生意，而是兼营他业的。例如，德和号是在德合线庄的基础上于1912年正式改称德和纱布号的；成立于1881年的庆丰义布庄，最初不过贩卖一些洋杂货，1914年才正式改为布线庄；高阳城内规模最大的蚨丰号，在1902年成立时也只买卖洋布绸缎兼营钱行，民国初年才开始专营纱布业务。③ 这些布线庄主之所以在民初不约而同地由兼营他业转为专营纱布，无疑是由于这一时期手工织布业的兴盛与有利可图唤起了他们的投资欲，专营纱布使他们获得了期待的利润，同时手工织布业也因为他们挟资加入而更趋活跃。

　　商人型包买主的资本虽然介入手工业生产，但其自身并不直接干预生产过程，除散发原料、收回制品外，其主要业务就是组织原料采购和产品销售，尤其以跨区域的产品销售为重点。山东寨子布的市场主要在北京，其包买主就是北京各大布庄，广西玉林高机布销往广西各县，山东潍县经常有"各省大资本布庄之办货客及驻潍庄客"，他们将潍县土布推销至全国各地，福州的纸伞商则重点向南洋一带出口产品。近代南北两大手工织布业经济区即通海和高阳的发展很大程度上离不开包买主所组织的跨区域销售。例如，通海地区的关庄重点向东北地区推销大尺布，这些关庄大多自立布牌，定机生产，电码为"世"

----

① 《邢台县之经济状况》，载《中外经济周刊》，第191号，1926年12月4日。

② 方显廷、毕相辉：《由宝坻手织工业观察工业制度之演变》，载《政治经济学报》，第4卷，第2期，1936。

③ 参见吴知：《乡村织布工业的一个研究》，40页。

"得""宏""章"的大尺布牌，分别为魏公和、得记、恒记、章源大四布庄所创，以上海为成交和结算点，然后销往东北。据纱业公所的调查记录，1922 年抵沪的关庄布达 109415 件，其中运销营口 94643件，占总数的 86.50%，运销安东 9725 件，占总数的 8.89%，其余的 4.61%就地售与上海本地的土布业。20 世纪 20 年代末，安东地位有所上升，例如，1929 年运销安东的关庄布占比达 15.4%，1931 年增至 40.6%；但随着"九一八"事变的爆发，东北市场急剧萎缩，通海织布业也随之衰落，后起的京庄布业乃开辟南京，芜湖，浙江金、衢、严一带等新贸易区域。① 高阳土布的绝大部分销往高阳以外的区域，清末除河北本省外，主要销往河南、山西两省，民国初年，又开拓了山东、绥远、察哈尔、外蒙古、新疆、东三省、湖北等地市场。截至 1933 年，高阳布线庄及布庄共设立外庄 167 处，分布于 14 省 68 个城市，其中属于商人型包买主性质的布线庄开设的外庄约有 130 处。从布匹销量看，1932 年高阳土布集中于高阳、北京、洛阳、西安、开封、南宫、汉口、重庆等 15 个城市，所销布匹总数为 851022 匹，占销售布匹总量的 70.9%，其余城市共销 349339 匹，占 29.1%。② 这些商人型包买主除撒机收布外，还常常从地方集市上购买现成的制品，上述高阳布线庄就是逢阴历四、九集期的白布市和逢三、八集期的色线市上的最大买主。1932 年，60 家布线庄除 5 家暂停撒机外，其余 55 家虽然获取不同品种布匹的方法存在着差异，但都采取定机收布与购买现货相结合的方式。其中，定机收布中以白布为最多，52 家布线庄共收布421107匹；条格布次之，22 家布线庄约收布 120931.5 匹；再次为麻布，17 家布线庄收布76136.5 匹。购买现货中，53 家布线庄购买的条格布达198009.5匹，39 家布线庄购买白布 119945.5 匹，12 家布线庄共买布7549匹。60 家布线庄该年收购布匹总数为943679匹，其中定机收布618175匹，占总数的 65.5%，市收布 325504 匹，占 34.5%。③

———————————

①　参见林举百：《近代南通土布史》，38～39、84、165～210 页。
②　参见吴知：《乡村织布工业的一个研究》，49～50、234～239 页。
③　参见吴知：《乡村织布工业的一个研究》，74 页。

宝坻布庄"除散活外，更去布市上收布，此种布市，皆设于县城及织布区附近之乡镇，贸易皆在集市时举行，县城内每两日一集市，乡镇每五日一集市"①。潍县习俗也是每五日一集，各布庄每集所收布匹在两三万匹左右。② 这种现象的存在说明了商人与包买主社会身份的二位一体化，也是商人型包买主精于算计的本性所致，因为在包买主制下的依附经营中，"一为散工所织布匹未能供应需要；二为散工所织布匹，种类较少，不得不自市集添购；三为因各地市场价格不定，与其预为定织，再为运销，以冒损失危险，不若临时采购，较能适应时间性"③。商人型包买主的大量存在反映了商业资本向工业资本、商人向工业资本家转化过程的艰难性。

商人兼工场主型包买主是指那些既向分散的手工业者发放原料，回收成品，按件计酬，同时又自己经营手工工场的包买主。一般说来，他们开设的手工工场有两种类型。

第一种类型是从事某种产品中某道工序生产的手工工场，在这里，大量工作依靠分散的手工业者，但关键环节则在自设场坊中完成。例如，甲午战争前后上海浦东一带的棉纱行庄将收来的籽棉在自设作坊里轧花，并委托专业弹花人弹棉，把它卷成棉卷，发给工价。④ 山东周村瓜皮帽的制作中，剪料、制纸坯、熨平、装配、整理等工作都是在帽庄里集中完成的，男工多者达50人。⑤ 苏州著名的顾绣的生产，"经过号内工人剪裁整理，缀成各种品件之后，再分送于各种女工"，这些顾绣商店不仅雇店员，而且还雇账房、设计师、画工、剪裁工，

---

① 彭泽益编：《中国近代手工业史资料(1840—1949)》第3卷，708页。

② 参见彭泽益编：《中国近代手工业史资料(1840—1949)》第3卷，713页。

③ 方显廷、毕相辉：《由宝坻手织工业观察工业制度之演变》，载《政治经济学报》，第4卷，第2期，1936。

④ 参见彭泽益编：《中国近代手工业史资料(1840—1949)》第2卷，236～237页。

⑤ 参见《山东历城长山等县经济情形之调查》，载《中外经济周刊》，第190号，1926年11月27日。

有的设有颇具规模的手工工场。① 天津镀金业中的各镀金店，对物贵价重的真金首饰，"皆在店中自行督工制造，所售银质首饰及各种器具之镀金者，皆发给作坊代镀"②。湖南鞭爆（即鞭炮）的制造，"除腰筒、上盘、钻引孔、轧引颈、结鞭等工作"在作坊内完成外，其他工序则"分发各民家，备价包作"。③ 高阳织布业中后起的"染线工厂"更是这种类型包买主的典型。染线工场是随着色线布的流行而兴起的，最早的染线工场是经营颜料的商人李叔良于1916年开办的，其余工场都创办于1923年后，资本规模较布线庄小，主要生产工具有煮锅和染缸，规模较大者有煮锅4只及染缸14只，同时雇用染线工人20人，染布工人17人。④ 它们的主要业务分为五项：(1)只在高阳本地线市购买棉纱，不从外埠直接采购；(2)由工人在场内染成各种色线；(3)将色线散给四乡织户，收回成品，按件计酬，其出品只限于条格布；(4)赊售色线给较大织户，织户于布匹售出后付清欠款，一般由染线场代售；(5)将织成的条格布就地在高阳市集上售给布商。⑤ 因此，染线工场的利润不仅有销售色线和布匹的商业利润，而且有染线染布及撒机收布的工业利润。

第二种类型是除了向分散的手工业者分发原料、收取制品，还自设生产同类产品的手工工场。在这里，包买主的大部分货源依靠散工，自设工场只生产一小部分，或平时主要依靠散工，自设工场只从事季节性生产。例如，苏州织缎业的"各账房除自行设机督织外，大都以经纬交与织工，各就织工居处，雇匠织造"⑥。浙江名为"许大茂"的布庄，"资本十万元，除发纱给农民织布外，自己另设大规模的手工工场

---

① 参见方显廷编：《天津地毯工业》，16页；并参见段本洛、张圻福：《苏州手工业史》，502页。

② 《天津工业之现状》，载《中外经济周刊》，第198号，1927年1月29日。

③ 彭泽益编：《中国近代手工业史资料(1840—1949)》第3卷，247页。

④ 参见吴知：《乡村织布工业的一个研究》，41～52页。

⑤ 参见方显廷：《华北乡村织布工业与商人雇主制度(一)》，载《政治经济学报》，第3卷，第4期，1935。

⑥ 彭泽益编：《中国近代手工业史资料(1840—1949)》第2卷，428页。

织造"①。浙江丝绸业中规模较大、专营外埠大宗贸易的绸庄,"出品有自设工场者,有发丝与料房、经绒作、机户等,代为各项工作,算给工资者"②,这里的绸庄主就是所谓商人兼工场主型包买主。浙江湖州善琏镇制笔业中,场内工作的工人,"男工约三百余人,女工约一千余人,其余均为散工,系由厂店领出毛笔原料回至自己家内制造,此类散工约占制笔业之大部分"③。北京纸绸花业中的所谓"花行",也是这种类型的包买主,他们除自己"制造物品发行营业外",还以"造发活"的形式控制该业中的小户人家,使之"代各花行制造"。④ 杭州、南昌的针织场坊则更接近于季节性工场,在杭州针织场坊,平常由女工在家中工作,仅在忙季内雇用工人 400 人从事生产⑤;南昌针织场坊系"将机器及线发交女工,令女工各在己家自织,每日送袜至厂,厂中东伙考察袜重符合,登入账簿后,按打给价。……各厂添收学徒之期,大率为秋冬二季,此时为生意旺期,厂中对工头之收徒,不必限以名额,且可加增袜机也"⑥。

所谓工场主型包买主是指那些以手工工场生产为主,仅借助散工从事辅助劳动,或利用散工补充工场生产不足的包买主。这种类型的包买主都设有大规模的手工工场,但为了减少场内设备费,便将生产中的简单工序转让于场外工人,或由于资本不足,无法扩充工场,而不得不雇用部分场外工人以增加生产。在织布业、针织业、地毯业等行业中,存在着大量的工场主型包买主。以天津为例,天津手工业中较大规模的织布、针织工场,就是小工场或作坊的包买主。在织布业中,"规模较大之厂,不仅须购办原料,供本厂织造之用,且须多购原

---

① 冯紫岗:《嘉兴县农村调查》,137 页。

② 《浙江桑蚕茧丝绸近况调查录(四续)》,载《中外经济周刊》,第 186 号,1926 年 10 月 30 日。

③ 彭泽益编:《中国近代手工业史资料(1840—1949)》第 3 卷,246 页。

④ 《北京纸绸等花工业》,载《中外经济周刊》,第 165 号,1926 年 6 月 5 日。

⑤ 参见彭泽益编:《中国近代手工业史资料(1840—1949)》第 3 卷,155 页。

⑥ 《南昌织袜工厂之近况》,载《中外经济周刊》,第 161 号,1926 年 5 月 8 日。

料，分发较小之厂"①。天津针织业 1929 年时共有场坊 154 家，场坊内工人总数达 1610 人，散处工人达 577 人，主要从事缝袜工作。② 又如，北京的小规模地毯工场往往依靠较大规模地毯工场的定购，大工场为他们提供织毯原料，并回收成品。③ 以织造线毯为主要业务的北京信成织毯厂，更是典型的工场主型包买主，业主除所需棉线由附近农家妇女纺成外，线毯结穗工作，"系由各住家妇女来厂，将线毯领回其自己之家内从事结穗，亦按工作给资，结成一打，给以铜元二十枚"④。北京雕漆业中，各局场内工人数为 10～30 人，除了在局工人，还将原料包与局外工人在家制造。上海针织厂家就是给附近南汇 26 家袜子工场供应纱线并收购成品的包买主，而处于依附经营地位的南汇袜场，有些"限于资力，工场不便扩充，为增加生产力，应付大量的需要计，一方面雇工来厂织造，另一方面散料给工人在家织造"⑤。这些南汇袜场似乎又变成了工场主型的二级包买主。

新兴的火柴业大多以手工工场经营，绝大部分工作由场内工人合作完成，但有些辅助工序则由场外工人承担。据《中国劳动年鉴》记载，糊火柴盒、装盒等工作"概为附近家庭之妇女及其儿女承做。儿童之年龄，约自五岁至十岁，糊火柴盒之材料与工资，皆由中人经手，向工厂领取，转交工人……工作报酬，概按件给值"⑥。例如，九江裕生火柴厂"将糊盒之料，发交在家女工代制，其数约为在厂人数三分之一"⑦。宁波火柴厂的"一部分糊盒之工作，均包与民间为之，每糊盒万只，给工资一元二角，承包是项工作者，在该厂附近约有数百家之

① 方显廷编著：《天津织布工业》，37 页。

② 参见方显廷编：《天津针织工业》，23 页。

③ 参见彭泽益编：《中国近代手工业史资料(1840—1949)》第 3 卷，181 页。

④ 《北京信成织毯工厂之近况》，载《中外经济周刊》，第 218 号，1927 年 7 月 2 日。

⑤ 彭泽益：《中国近代手工业史资料(1840—1949)》第 3 卷，646～648 页。

⑥ 王清彬、王树勋、林颂河等编：《第一次中国劳动年鉴》第 1 编，568～569 页，北平，北平社会调查部，1928。

⑦ 《九江工厂之近况》，载《中外经济周刊》，第 157 号，1926 年 4 月 10 日。

谱，每年至少有七千万盒之工作，约有工资八千余元"①。

包买主的上述三种存在形态，体现了由商人到工场主的转型以及这一转型过程中包买主身份的复杂性。商人型包买主处于这种过渡转化的初始阶段，其商业资本只是部分地转化为工业资本。他们不仅具有浓厚的商人投机性，而且主要采取控制利用分散的手工业者的个体劳动这种落后的劳动形式，不关心生产过程和生产技术的进一步提高。只有当他们兼营手工工场或作坊，将产品的某道工序集中起来，或利用自设工场生产小部分产品时，他们才真正开始向工场主转化，商业资本才基本上转化为工业资本。这时的包买主不仅利用分散的个体劳动，而且重视集中的分工合作，他们的工场不是控制某道关键工序，就是生产质量与规格更高的产品。随着工场在包买主经济活动中越来越占据主导地位，商人才越来越接近于完全意义上的工场主。在工场主型包买主的经营中，分工协作的劳动形式居主导地位，分散的个体劳动形式降至辅助地位。因此，从商人型包买主到商人兼工场主型包买主再到工场主型包买主，是包买主制下依附经营形式中手工工场形成的典型途径。商人每向前跨越一步，就意味着与旧营垒的进一步分离。这一过程是艰难的，但唯其如此，商人、包买主、工场主等社会身份的多位一体现象才相伴而生。如果说这种现象的存在正是早期资产阶级产生阶段分野模糊、分化未周的具体体现，那么在近代中国，商人向工场主的转化则更为缓慢和曲折，包买主兼商人、工场主身份于一体的时期更长，甚至已经实行工场化经营的工场主退而转为商人型包买主、商人型包买主退而为纯粹商人的例子也屡见不鲜。包买主活跃于大机器工业已经产生并获得初步发展的 20 世纪初年的中国，颇为意味深长，从根本上说，它是在外国资本主义压迫和打击下近代中国大机器工业得不到进一步发展、商业畸形繁荣的产物。一方面，民族机器工业吸纳城乡剩余劳动力的能力不足，另一方面，农民家庭的贫困化，使他们无力维持自然经济状态下自主经营的手工业生产，必

---

① 《浙省机械工业之调查》，见彭泽益编：《中国近代手工业史资料（1840—1949）》第 3 卷，244 页。

须寻找新的方式应付生存挑战，而包买主制在劳动、经营、管理上适应了中国近代汪洋大海般存在着的小私有者，因而具有较强的生命力。当然，对包买主制下依附经营者所受到的剥削不能轻视，依附经营者所得到的收入比业主制下的自主经营者低得多。但同样不可忽视的是，包买主比业主制下的商人所投入的资本也要多得多。有人做过估算，"商人每一镖期内经售2500匹布共需7040元，而商人雇主则需8878元或8883元"。这样，每一镖期即三个月中，按较低标准，包买主就需多投入1838元，一年中需多投入7352元，这笔投入使得依附经营者能够在无须付出购买原料及销售产品费用的条件下继续生产并可能扩大营业规模，所以，尽管收入较自主经营者为低，但"如计入在主匠制下主匠自任销售布匹所需之时间在内，则此项损失亦未必尽然"。[①] 通海织布区内"勤劳贫苦的农民，为了多卖几分钱，不惜十里、二十里路，熬上一个通宵，直笔笔的站在柜台边，听凭风吹雨打"[②]，这些时间如被依附经营者用在生产上，也能得到一定的工资收入。因此，我们不能忽视织卖货的手工业者在销售时间上的大量投入，弄清这一点对我们全面评价包买主制下的依附经营形式也许不无助益。

二、业主制下的自主经营

（一）自主经营的存在方式

如果说包买主制下的依附经营在家庭手工业中是一种十分盛行的经营形式，那么业主制下的自主经营则在工场手工业中占据主导地位。即使是家庭手工业，也不能说是包买主制的一统天下，在资本充足和市场有利的条件下，业主也可能自购原料，自由销售。这样便造成业主制下自主经营的两种存在方式，即家庭手工业和工场手工业。

同依附经营比较起来，业主制下自主经营的家庭手工业明显处于

---

①　方显廷、毕相辉：《由宝坻手织工业观察工业制度之演变》，载《政治经济学报》，第4卷，第2期，1936。

②　林举百：《近代南通土布史》，42页。

劣势。例如，潍县织布业中，"织户自己出资买原料，织成了自己去求售的自然也不能说没有，但在比例上为数极少"①。少到什么程度，高阳和宝坻有一个较为确切的比例。在高阳，1932年按经营形式分类的织户数及比例如表5-2所示：

表 5-2 1932 年高阳织布区的织户经营形式分类统计表

经营类别	织平面布		织提花布		总计	
	织户数	百分比	织户数	百分比	织户数	百分比
织定货户	42954	90.5	1473	43.9	44427	87.5
织卖货户	4485	9.5	1881	56.1	6366	12.5
总　数	47439	100.0	3354	100.0	50793	100.0

资料来源：方显廷：《华北乡村织布工业与商人雇主制度（一）》，载《政治经济学报》，第3卷，第4期，1935。

按此分类，属于业主制下自主经营的织卖货户，在技术要求较为简单的平面布生产中仅占9.5%，相反，在技术较为复杂的提花布织造中，比例则达到了56.1%，但从总体上看，两种土布生产中织卖货户只占总织户的12.5%。在宝坻，"民国十二年，宝坻全县农户之从事织布者，共10649户，其中2999户为主匠织工，开织机3207具"②。主匠织工就是本书所界定的自主经营户，占10649户的28.2%。这种情况的存在，一方面说明华北农村织布工业中包买主制的发达，另一方面也反映了华北农民在小农经济下的贫困化现象，他们绝大多数资本微小，小到连做一个小业主的资格都没有。

当然，也有一些以业主制经营为主的手工业，例如，苏州、常州一带的螺钿纽扣制造业就是一种自主经营的家庭手工业，业者"购机一二架，赁屋数椽，又为居室又为制造场，原料亦不趸批，随时零购，随时

---

① 王子建：《中国土布业之前途》，见千家驹编：《中国农村经济论文集》，131页。

② 方显廷、毕相辉：《由宝坻手织工业观察工业制度之演变》，载《政治经济学报》，第4卷，第2期，1936。

制造，制竣即行出售"①。又如扬州的针织业，"为完全家庭工业性质，以自置一二机，自织自卖者为多，约居全数三分之二"②。北京珐琅制造业"大多数规模甚小，多系满期出厂之工徒，在家招收学徒数名，自行制造，门外亦不标明字号，与住家无异……所制珐琅器皿，多半供给各大工厂之售品所"③。这种经营形式的家庭手工业产品，其销售大多数限于地方性集市，由生产者"自赴市场或沿街出售，或售于批发商人"，他们在名义上虽与商人是平等买卖的双方，但实际上往往难以逃脱商人的操纵，买卖中难免受商人的欺诈。例如，土布商人收购布匹使用的钱码，就是"一种黑幕，可以表明布商的严重剥削。在各项物价一律应用洋码时，可是花布陆陈（农产品）行家收买农民的物资，还是沿用钱码。这是一项最不合理的陋规恶习"。土布商人甚至将应纳的营业捐税转嫁到手工业者身上。在通海，每匹要扣十文，以 1905 年关庄布的总数 15 万件计算，多扣税银达 16500 元，1928 年土布免除税收，而土布商照常扣除"匹余"，共向织布业者浮收大洋近万元。④ 由此可知，从所受剥削程度而言，业主制下的小生产者与包买主制下的依附经营者只在伯仲之间，相差无几。作为独立的小手工业者，对付商人的唯一办法就是以欺诈反欺诈。例如，在浆纱时加重浆水，以节省纱线；将织成的布匹竖立在喷过热水的地上一夜，吸收潮气，以加重布匹重量；在草帽辫中掺杂作伪，减少长度；等等。这些作弊手段与包买主制下的依附经营者如出一辙，同样带来手工业产品质量的下降。因此，尽管近代业主制下的家庭手工业在面向市场生产即从事商品生产方面，是对封建社会中家庭手工业的否定，尽管在逻辑上自主经营的家庭手工业一定比依附经营下的家庭手工业进步，但是，从依附经营者与包买主的关系看，包买主制下的依附经营形式同样属于资本主义生产方式的范畴。

　　手工业中自主经营的最高形式是手工工场。中国近代手工工场是

---

① 《苏常之螺钿纽扣业》，载《中外经济周刊》，第 198 号，1927 年 1 月 29 日。

② 《扬州针织业近况》，载《中外经济周刊》，第 198 号，1927 年 1 月 29 日。

③ 彭泽益编：《中国近代手工业史资料(1840—1949)》第 3 卷，167 页。

④ 参见林举百：《近代南通土布史》，43～44 页。

在清末民初尤其是第一次世界大战以后获得发展的，彭泽益曾在其所编《中国近代手工业史资料》中以示例形式列举了缫丝业、织布业以及针织业中手工工场的发展情况。1892—1913 年，缫丝业大作坊及手工工场共有 415 家，不完整记载的手工业工人达 15 万余人，其中 1910 年广州附近有 180 家缫丝局，每家约用工人 500 人，属于大规模的手工工场。1889—1913 年，各省开办的织布手工工场达 142 家，有资本记载的 67 家资本总和为 673820 元，平均每家约为 10057 元。1900—1913 年新兴的针织手工工场有 24 家，工人数最多的江苏华亭履和厂达 268 人，一般在 20 人左右，亦具工场规模。① 关于工场手工业的整体发展情况，本书第二章分析民族工业两个层次的发展时已经涉及，在此不赘。需要做些补充论述的是为什么中国近代手工工场在清末民初时期获得较大发展，原因是多方面的，如第一次世界大战给中国留下的一个较为宽松的市场环境，晚清及北京政府的长期提倡和扶持，民族机器工业与手工业的良性互动，等等。不过，依笔者之见，除了这些外部因素，更为重要的还是被人所忽视的手工工场形成的多元途径。

第一，独立的小手工业上升为手工工场。这是小手工业摆脱封建羁绊以后一条正常的产生发展途径。在封建社会中，独立的小手工业或因城市行会的限制，或由于封建政府的钳制政策，始终难以扩大规模，发展为工场手工业的道路基本上被堵塞。鸦片战争以后，受太平天国运动打击，各地手工业行会（主要是长江流域及华南地区的手工业行会）有不同程度的削弱。行会手工业的封闭性、排他性逐步向开放性、兼容性发展，尤其是清末商会的建立、行会向同业公会的转变，为小手工业者增加积累、扩大规模创造了较为有利的条件。行会势力不及的乡村手工业在农民家庭经济中的地位越来越重要，一部分地主、富裕农民以多年经营所得加大向手工业生产的投入，雇工生产，为手工工场的发展增辟了新的路径。从中国传统的锻、铸手工业看，在向制造业发展中一般都经历了由家庭作坊到手工工场的过程。例如，上

① 参见彭泽益编：《中国近代手工业史资料（1840—1949）》第 2 卷，365～366、369～376、379 页。

海戴聚源铁工厂 1896 年时还是仅有三座打铁炉的铁铺，铁铺主戴金福掌握打铁技术兼任师傅，次年购进日本新车床一台，铺主仍司打铁，1902 年工人、学徒增至 20 人，资本近 2000 元，"铺主戴金福逐渐脱离打铁工作，仅于忙档时偶然参加而已"[①]。张源祥机器厂也是从 80 元资产的小铁店起家的，逐年盈余积累，1901 年时购进八尺车床一台，开始仿制轧花车。这时业主张廷桢"已不经常参加炉灶生产，往往在上午跑铁行搞原料，有空闲时偶然参加冷作工作"，几年后，张源祥机器厂发展成为拥有资本 1000 元、工人 12 人的小工场，业主"再不参加生产了"。[②] 业主不亲自参加生产，是小手工业脱离家庭聚作形式而发展为工场式经营的主要标志。又如织布业，在宝坻县，"民国四、五年顷，少数小康农家，自行开厂织布，首置五机，以后增为十机，雇工织布，最盛之际，达十余人之多，每年生产约自一千匹至三千匹，各有特殊商标，以别于邻家生产"[③]。在湖北黄冈回龙山，1926—1927 年，兴起了少数"为地主所垄断"的织布大户，"如马家岭的王旺兴、白羊山的林庆甫和涂仁和、马龙庵的蒋洪兴、树林湾的饶页记，他们都是大机户，拥有铁木混合机 30 台至 60 台，雇工百余人，生产各种花色条、格布"[④]。这已是规模可观的织布工场，业主不是"小康农家"，就是地主，都不再亲自参加生产。不过，从小手工业发展到工场手工业毕竟是一条充满荆棘的羊肠小道，能够通过这种途径跻身于手工工场主行列的业主微乎其微，加上外国资本主义对中国民族手工业的残酷竞争，这条所谓手工工场产生发展的正途，只不过具有象征意义而已。

① 《前张源祥机器厂资本家张廷桢访问记录》，1961 年 8 月 19 日，见中国社会科学院经济研究所、上海市工商行政管理局、上海市第一机电工业局编：《上海民族机器工业》上册，172 页。

② 中国社会科学院经济研究所、上海市工商行政管理局、上海市第一机电工业局编：《上海民族机器工业》上册，174～175 页。

③ 方显廷、毕相辉：《由宝坻手织工业观察工业制度之演变》，载《政治经济学报》，第 4 卷，第 2 期，1936。

④ 湖北省乡镇企业管理局《乡镇企业志》编辑室编：《湖北近代农村副业资料选辑(1840—1949)》(未刊稿)，146 页。

第二，在股份制或合伙制的基础上组建手工工场。这是中国近代手工工场产生的一条重要途径。股份制是欧风东渐的产物，是利用社会资金兴建大规模企业并化解风险的有效方式，它与中国民间原有的合伙制结合起来，有力地推动了手工工场的创建。例如，成立于1899年的湖北宜昌茂大公司就是一家股份制的手工工场，该公司创办资本金为10000两，分作100股，每股100两，职工有48名，其主要认股者为广东江、陈、梁三姓。① 其实像这样冠以公司之名的手工工场并不少见，不过这些所谓公司与完全股份制意义上的公司相去甚远，入股者不超出创办人的戚友、乡亲、行帮等封建关系网，公司内部缺乏资本营运、监控的正常机制。这是西方股份制在近代中国普遍缺乏社会信用条件下的一种变异。相比之下，合伙制更为流行，例如，1932年高阳60家布线庄中合伙经营的有25家，25家染线工场中，合伙经营者达20家。入伙方式多种多样，钱、财、力都是入伙对象，利润按股均派，亏损共同负责，合伙中的任何一方都有代表企业的权力，如要撤伙，须得到其他伙友的允许。有关合伙各方的权利和义务，事先在合同中载明。② 股份制或合伙制为部分商人和小手工业者在市场兴旺时期创办手工业企业提供了便利，它们在一定程度上弥补了中国近代资本分散的弊病，有利于入股者或入伙者实现钱、财、力的互补。

第三，商人或包买主独资创办手工工场。这是中国近代手工工场产生的一条主要道路。这类创办者或由于较长时间的经商，或因为控制分散的手工业者，积累了一定数量的资本，随着社会经济的发展，在追求利润的动机驱动下，他们把部分资本投入生产领域，直接经营和监督全部或部分手工业生产工序，以满足不断扩大的市场需求。有关材料见本章关于手工业经营形式的分析，在此不赘。

第四，行会手工业向工场手工业转化。随着外国资本主义的侵入，民族机器工业的产生，城市行会手工业面临着前所未有的激烈竞争，行会的功能逐步变化。清末商会建立以后，这一势头更趋明显，"在组

---

① 参见彭泽益编：《中国近代手工业史资料(1840—1949)》第2卷，339页。
② 参见吴知：《乡村织布工业的一个研究》，42~44页。

织功能上，由封闭性向开放性转化"，"在管理功能上，由封建垄断化向着开拓化的方向发展，对所属行号经营业务的限制渐趋放松"，"在导向功能上，逐渐由守旧型向进取型的方向转化"。[①] 这些变化有利于行会手工业转向工场手工业，例如，开办于1924年的福州金银箔叶有限公司，就是由福州金银箔行转化而来。该公司由城内南召数十家金银箔叶店所组织，资本20000元，每日可出箔叶价值在300元以上，工人有130人，凡属原金银箔叶行工人均入该公司做工。[②] 这是改变近代行会手工业分散落后局面的有效方式，但它并不构成手工工场产生的主要路径。更多的行会手工业则是在摆脱行会的控制后扩大经营规模，发展成为手工工场的，中国近代一些主要城市，尤其是通商大埠中的部分手工工场就是如此。此外，一些国外传入的新兴行业如针织业、火柴业等，从一开始就采取工场经营形式。手工工场产生的多元途径与其他因素结合起来，促成了清末民初时期手工工场的发展。

（二）自主经营与依附经营之间的转化

虽然我们在逻辑上将依附经营与自主经营区别开来，但实际上两种形式并非泾渭分明、互不相容的。商人总是力图控制手工业者，手工业者则总是希望摆脱对商人的依附，实现自主经营，但他们都无法回避市场的变化，两种经营形式都是在市场条件下经营者和生产者的一种选择。在市场疲软时，生产者为避免商人杀价，往往采取依附经营形式以赚取工资，在市场活跃时，生产者则可能以其历年积累所得，摆脱依附，自主经营。例如，在华北乡村手工织布业中，第一次世界大战期间兴起了一种"独立经营之主匠织户"，即自主经营者。他们大多从依附经营者发展而来，"主匠乃昔日之'织定货'工人，今既以历年积聚之资本而加以扩充，自购棉纱，织成布匹，在市集上售诸布商，至'雇工'之雇用较之'织定货'织户，更为普遍，而主匠之业务，则俨

---

① 虞和平：《商会与中国早期现代化》，45~48页，上海，上海人民出版社，1993。

② 参见《福州设立金银箔叶有限公司及其内容》，载《中外经济周刊》，第99号，1925年2月14日。

然与'小厂主'无异矣"①。很明显,这些所谓主匠织户,已从过去为包买主织订货的依附经营者发展成为拥有雇工的雇主。在高阳,1926 年至 1931 年,"兴起了一种主匠制的家庭工厂和增加了许多织卖货的织户。……工厂的厂主,大都就是织布工人出身,见到麻布的获利,以他历年的经验和积蓄,自己或合伙开办小规模的织布工厂,购织机自数架到数十架不等,普通不过十架,招收工人学徒,代他做准备及织布等工程,一切由自己监督指导,但很少再亲自动手了"②。在浙江平湖,"各处家庭工厂,则其始均以一家之资力,购机数架,尽一家男妇之力,从事于工作,一二年后稍有余资,即添购袜机,转租于人"③,便从一个依附于包买主的经营者跃升为控制别人的包买主。北京地毯业中,"营业发达,技艺较精之工人,有起而开设此项地毯行者"的现象屡见不鲜。④ 这些都是依附经营者在其自身发展过程中的一种向上的转化。同样地,在市场萎缩、产品销售受阻、经营亏本时,则出现自主经营向依附经营的逆向转换。例如,在天津地毯业中,"作坊主人在某时为一主匠,而在他时又为一散处工人之事,并不罕见"⑤。其实,这种现象并非只发生在天津地毯业。在北京的同行,"营业衰颓,行主亏本降而为造毯工人,亦屡见不鲜"⑥。无须更多论证,在其他地区、其他行业中两种经营形式之间的这种向上或向下的转化也是广泛存在的。但并不为人注意、史料上很少反映却经常存在的现象则是平行性的转换,学者们对高阳的调查为我们提供了一个很好的缩影。在这里,"同一织户,一年之中,有时织卖货,有时又织手工,时常可以

---

① 方显廷:《华北乡村织布工业与商人雇主制度(一)》,载《政治经济学报》,第 3 卷,第 4 期,1935。

② 吴知:《从一般工业制度的演进观察高阳的织布工业》,载《政治经济学报》,第 3 卷,第 1 期,1934。

③ 《浙江平湖织袜工业之状况》,载《中外经济周刊》,第 147 号,1926 年 1 月 23 日。

④ 参见彭泽益编:《中国近代手工业史资料(1840—1949)》第 3 卷,132 页。

⑤ 方显廷编:《天津地毯工业》,19 页。

⑥ 彭泽益编:《中国近代手工业史资料(1840—1949)》第 3 卷,132 页。

伸缩变换的，并且变的很快，特别是附城的农民。非但如此，织手工的农民，除应得工资之外，实际上每布一匹，还可以赚棉纱四两到半斤不等……赚下的线，就把它织布出售或换线，这时候他在市上俨然又是自织自卖的工匠了"①。这些适合于家庭生产的小手工业，有谁能肯定它们究竟是依附经营还是自主经营呢？

　既然经营形式是手工业者在市场条件下的一种选择，而对中国近代手工业而言，市场始终是不宽松的，那么必然造成手工业中包买主制下依附经营形式的支配地位。即使在市场兴盛时期，商人也总是千方百计控制手工业者，手工业者则尽其所能摆脱包买主的控制，在原料和产品销售上建立起与市场的直接联系，这样便造成了自主经营与依附经营的相互转化。如何正确评价中国近代手工业经济中占统治地位的依附经营形式呢？我们认为，首先，商人控制手工业是为了追求更大的利润，其主要方法是压低产品价格来加大对手工业者的剥削，这在道义上是应该受到谴责的。同时由于手工业者往往采取偷工减料等消极方法反抗包买主的剥削，在产品畅销时隐伏着质量下降的危机，从而造成手工业的衰落，这是包买主制的弊端。其次，人们在充分剖析包买主制的弊端时，却不自觉地忽视了其进步的一面。由于部分资本进入生产领域，满足了市场日益增长的需求，从社会经济发展趋势的角度看是值得肯定的。包买主为了保持并扩大市场，也直接或间接地参与手工业生产的管理，并制订统一的产品质量及规格标准，尽量防止依附经营者的粗制滥造，在市场疲软时尤其如此。从这个角度上看，包买主制下的依附经营与集中的手工工场经营的唯一区别就是个体劳动与分工协作的差异。吴承明在估算中国近代工场手工业产值时将散工制也包括在手工工场之中是恰如其分的。最后，在包买主制下，一方面，包买主为了适应日益扩大的市场需求，常常将手工业生产中的某些关键工序集中起来，实行工场化经营；另一方面，小手工业者在贫困化的压力下，起初总是不得不依附于商人，以保证生产过程的

---

　① 吴知：《从一般工业制度的演进观察高阳的织布工业》，载《政治经济学报》，第3卷，第1期，1934。

继续，并因此造成其社会地位的变化，即由传统社会中的自主经营者变为包买主制下的工资劳动者。但由于拥有生产工具的所有权、劳动力的自主支配权，他们又不同于工场中的手工工人，往往在依附经营下通过对劳动力最大限度的利用来实现一定的积累，进而开展作坊甚至工场化经营，完成了由依附经营者向自主经营者的向上转化。虽然通过这种途径产生的手工工场数量很少，但它扩大了手工工场主的社会基础，进而增强了工业资产阶级的社会力量，这同样是值得肯定的。

三、合作制下的联合经营

（一）自发兴起的合伙经营

中国民间有着深厚的、具有宗法血缘色彩的互助传统，合伙制就是其中一种。在古代工商业经营中有着悠久历史的合伙制，入伙方式灵活，钱、财、物、力均可成为入伙对象，利润按股均派，亏损共同负责，合伙中的任何一方都有代表企业的权力，如要撤伙，需要得到其他伙友的允许，有关合伙的权利和义务，事先在合同中载明。这种传统在一定程度上弥补了小生产者资本分散的弊病，有利于入伙者实现钱、财、物方面的互补，为部分小手工业者联合起来应对市场的挑战、扩大生产规模提供了制度保障。在近代，乡村手工业者面临着剧烈的排斥和打击，市场行情变化难测，单个生产者生存与发展的能力非常有限。在这种背景下，合伙制中蕴含的历史智慧再一次迸发出其应有的活力。农村手工业者之间自发兴起了不同形式与内容的合作。加入合作经营的，既有农村中的富裕户，也不乏贫困户，对于农村中的富裕户来说，合伙经营是在短期内扩大生产规模、获取更多利益的主要途径。合作形式可以多种多样，如资金合作、劳动合作、场屋合作等。在高阳于留佐村，小染坊"多是数家合股经营，除一家出1人外，还需雇用染色工人，置一两口大锅，十几个染缸"，主要为织户加工染线，发展到后来，直接撒机收布。其中德庆号染坊由该村赵姓的五家合资开设，"每家入股500元（大洋），设有一个大煮锅，十几个大染缸，每家各出1人，又招雇6人，共11个人"。这是一种资金与劳动的合作，合伙者以三年为一个决算期，可以自由退出或继续合股，一年分一次红，据调查，每年每户能分红利 300～500 元。① 在织布业中，"较富之农民，自行购置厂所及织机，并自行购置或向商人雇主处赊购棉纱，而织布之工作，则全由雇佣之职工任之。织工无工资，但依契约可分取红利"②。据 1931 年调查，定县木工作坊有 614 家，其中"合伙者约占百分之九十，独办者只占百分之十而已"；合伙的方式也非常灵活，"有人股者，有人兼钱股者，有车兼钱股者，车兼人股者"。③

对于大多数贫困农户来说，简单的合作亦不失为解决资本短缺的一种方式。在北方，地窖因为潮湿，冬暖夏凉，用作织布场屋能克服纱线时常断头的问题，既改善了工作条件，又有利于提高生产效率，但贫困农户依靠单个家庭力量难竟其功。于是在定县，织户"常几家合伙建筑织布地窖。有的家庭出木料，有的家庭出土坯，有的家庭出地方，建筑完了，大家公用……普通每个地窖可放五六架布机"④。高阳称之为"机房"，"合四五人摊款，建筑一公用的机户，专为安置织机及织布之用"，建筑费用四五十元即可，参与合作的织户多为"密切亲友"，除在机房摆放织机外，生产完全自主。⑤ 高阳布业"极盛之时，此种地窖〔窨〕作坊，为数达三十家之多"⑥。织布业之外的其他乡村作坊，自发的合伙经营者也不鲜见，合伙形式多样。在定县，有技术而没有资本的工匠，"就找有钱的人合伙经营一个买卖，有钱的那个人出钱，他出人力，得利双方分批。……这种合伙多半是因为该种工匠与出品好坏有密切关系的。比如说，近年来定县砖窑的掌柜，因恐看火

---

① 参见河北大学地方史研究室、政协高阳县委员会编著：《高阳织布业简史》，41 页。

② 方显廷：《华北乡村织布工业与商人雇主制度（一）》，载《政治经济学报》，第 3 卷，第 4 期，1935。

③ 张世文：《定县农村工业调查》，319～320 页。

④ 张世文：《定县农村工业调查》，73～74 页。

⑤ 参见吴知：《乡村织布工业的一个研究》，98 页。

⑥ 方显廷：《华北乡村织布工业与商人雇主制度（一）》，载《政治经济学报》，第 3 卷，第 4 期，1935。

匠不好好看火，致影响烧出来的砖的品质，所以有与看火匠合伙经营烧窑者"①。在通海织布区，随着手拉机的出现，农户中自发兴起了一种类似劳资合作的模式，他们"合伙投资，组成机户，或有旧机者，先行改装，有资者买纱，有技术者织造和染色，临时集合，劳资互助"②。

同时也有合作经营较大规模的作坊或手工工场的。在高阳，合作经营的织布工场约兴起于 1926 年，那时织户见织麻布盈利多，"便合伙摊股，租房购机招雇工人，组成小型织布工厂"，据 1931 年统计，这种合作经营的织布工厂有 40 余家，分布在城关的有 20 家，其余则集中分布在高阳城东南乡的小王果庄、南圈头、延福、凌杨、周家荐庄、于留佐、赵官佐等村③，地域上的集中化趋势较为明显。合作经营者以本地农民为主，但亦有外乡农民，"一些原先在高阳当过雇工的织布工人，他们或在本地无法谋生，或是见高阳织布赚钱，从本县本乡召集人员搭好班子，集资到高阳织布比较发达的乡村，或染线厂集中的地方（如于留佐、赵官佐），租赁房子，置买织机。他们一般是十几个人，不再招雇外人"④，既是出资者，也是劳动者，进行生产合作。

酿酒业是农村中较为普遍的一种工业，所需资本较大，由五六千元至一两万元不等，一般均系合伙。在定县，"有两种不同的办法。有一种办法是由几人发起，组织烧锅，开始集股。刊印章程若干份，每股规定若干元，发起人每人认股若干，并担任集募若干股。至将集到预定的股款数时，即开股东会议。由此会议的股东里，公举某某人等为董事。……再由董事选聘经理。董事聘请的经理，多系发起人中对于经营烧锅有经验者。……还有一种办法，是几人要想开烧锅，大家就共同议定资本若干元；分为若干股，每股若干元，各人认股若干，聘请某人为经理，请经理顶人力几股等等。议妥以后，从事营业；不

---

① 张世文：《定县农村工业调查》，27 页。

② 林举百：《近代南通土布史》，252 页。

③ 参见河北大学地方史研究室、政协高阳县委员会编著：《高阳织布业简史》，30～31 页。

④ 河北大学地方史研究室、政协高阳县委员会编著：《高阳织布业简史》，31 页。

论赢利多寡，也即按股均分"①。

糖房与榨房性质类似，投资较大，"大糖房约需资金三四千元，小者则仅千余元"②，一般农家亦难以独力经营。在云南农村，"系由蔗农十家或二十家集资购置工具，合设一糖房制造。其榨制之分配，以蔗之生熟为先后，或抽签分配。制糖工人由同伙中人担任，每百斤糖扣五斤，以为酬劳，工具公用，惟拖榨辗之牛则由各糖主自备"③。在闽浙皖赣产糖区，"系由糖户若干合组一厂，每户出工人一，牛一，厂内一切器具均为各户所公有，颇具利用合作之意"④。广西宾阳瓷器业分布在该县"芦墟之南十余里一带山中，北起吴村，南至老窑，东迄渌旺，西及渌黄，东西八里南北十里之区域以内，包括渌思、新塘、吴村、天塘、老窑、林村、渌旺、渌来、渌廖、渌韦、佛龙、渌黄、卡墨、渌丁等村"；至于生产形态，多为窑户合营，"数家合组，规模狭小，是以雇工甚少，多系家庭父子兄弟，尚不脱农家副业之形式。间有雇用者，工资计算，亦采用合作制，即将成品数目内扣除材料及燃料费外，东伙均分"。⑤

除了生产合作，在高阳，还有一种自发的类似销售合作的经营形式，可以称为合作组。为了对付商人剥削并应对市场的大规模需求，农村织户中"平时熟悉并较称投合的数家，联合一起，公推有才干者一人，兼任对外事务接洽"，根据市场对产品尺寸、重量、颜色、花样及原料种类的要求，与布线庄订约，此后无论原料或产品如何变动，双方必须如约履行。高阳城南的西田果庄，1929 年有 3 家织户联合起

---

①　张世文：《定县农村工业调查》，312 页。

②　张肖梅：《四川经济参考资料》，"出口业"，117 页，上海，中国国民经济研究所，1939。在云南，糖房投资较少一些，"其资本约五百元至一千元之间，工具为榨辗铁锅盆钵等物"。

③　彭泽益编：《中国近代手工业史资料(1840—1949)》第 4 卷，262 页。

④　赵棣华：《发展东南农村工业刍议》，载《东南经济》，第 1 卷，第 11、12 期合刊，1941。

⑤　千家驹、韩德章、吴半农编：《广西省经济概况》，146、151 页，上海，商务出版社，1936。

来，共有织机 7 架，代同和工厂织四斤半平面麻布。此后加入的逐年增多，1930 年有 7 家织户，织机 21 架；1931 年增至 8 户，织机 23 架；1932 年达到 9 户，织机 25 架。承接订单后，按照布匹种类，依各织户的技术特色分配生产任务，或织麻布，或织条格布，所需原料及产品交货，由合作组统一采购和出售，没有订单时，各织户自主生产，合作组不加干涉。[1] 合作组没有成文的规约，成员之间完全靠信用维系，是一种建立在熟人社会中的具有互助性质的联合经营。

以合伙方式组成的作坊与手工工场在城市手工业中也较为普遍。例如，在天津提花业中，中小规模的提花工场，资本"一二万元不等，或数百数千元"，合伙人中甲出房子为场址，乙出织机，再兼管理及指导工作，原料则由纱线庄赊购而来。[2] 这种情况在天津其他手工业行业中也不鲜见，如表 5-3 所示：

表 5-3　20 世纪 30 年代初天津手工业经营形式示例

名称	反映年份	总户数	合伙经营户数	合伙经营所占百分比
磨房业	1930	504	146	29
织布业	1930	322	47	15
门市鞋店	1934	145	27	19
鞋铺	1934	53	9	17
绱鞋作坊	1934	98	27	28
绱鞋铺	1934	364	57	16
机器修造	1929	62	23	37
制革业	1930	15	4	27

资料来源：方显廷：《天津之粮食业及磨房业》，《经济统计季刊》，第 2 卷，第 4 期，1933；方显廷编著：《天津织布工业》；谷源田：《天津鞋业之组织》，载《政治经济学报》，第 3 卷，第 2 期，1935；《中国经济年鉴》(1934)，(K)626～627 页；《天津制革业调查》，载《工商半月刊》，第 2 卷，第 18 号，1930；等等。

---

[1]　参见吴知：《乡村织布工业的一个研究》，97～98 页。
[2]　参见王达：《天津之工业》，载《实业部月刊》，第 1 卷，第 1 期，1936。

虽然中国历史上有着合伙、互助的传统，但从总体上看，近代乡村手工业中的合作化经营形式为数并不多，其中缘由，一方面与农村手工业者的保守性有关。"农民只知为己，不知合作，习于保守，且互相猜忌之烈，甚于对客商及商人雇主，是以不易赈资合营较大工厂。"①另一方面，农民对于合作缺乏足够认知，"社员知识幼稚，多未了解合作真谛，且能力薄弱，不能处理社务，故组织上，多不健全，社务亦未进行"②。因此，完全依靠手工业者自发地走向合作经营，的确有些勉为其难。

(二)政府倡导下的合作经营

20世纪30年代，南京国民政府掀起的工业合作运动，推动了手工业生产中有组织的、自上而下的合作经营。由政府自上而下地组织起来的合作制下的联合经营，是一种正式制度安排的产物。20世纪30年代，鉴于农民家庭手工业的衰变，一些地方能人掀起了一股创办合作社的热潮。1935年2月，浙江嘉兴县泰石乡在乡长的倡导下，成立绸业生产合作社，共有社员73人，规定社员每人至少认购一股，每股10元，截至调查时的八月初旬，已收股金及入社费284元，并向嘉兴县地方农村银行申请贷款2000元，"购入蚕丝，发放与社员织造，社员织成绸匹，即携至社中，以绸之重量抵所取丝之重量，然后再发给应得工资之一部分。……将来出售后，按售价之高低，与纯利之多寡，再按比例分配盈余"③。泰石乡绸业生产合作社的成立不仅由于民间有着悠久的互助合作精神，"更加以地方领袖，其家庭经济状况与一般农民相仿，无阶级之划分；然彼等知识程度均高；尤可钦佩者，彼等均能以地方事业为己任，不惜个人之牺牲，努力从公"④。江苏吴江大谢乡在乡人陆荣光的倡导下，于20世纪30年代初设立了大谢乡绸业合作社，以集股结社为基本形式，规定全乡丝织业从业人员均为合作社

---

① 方显廷、毕相辉：《由宝坻手织工业观察工业制度之演变》，载《政治经济学报》，第4卷，第2期，1936。

② 《湖属六县自治状况》，载《湖社十周纪念特刊》，1934年6月17日。

③ 冯紫岗：《嘉兴县农村调查》，134～135页。

④ 冯紫岗：《嘉兴县农村调查》，135页。

业务员工，社员每人一股，共收取股金 1550 元，全部存放于江苏省农民银行盛泽办事处作贷款抵押。合作社社员可以从该办事处获得优惠贷款，产品由合作社负责销售，并以低于绸领业的收费标准，对每匹绸销售收取手续费作为业务收益。可惜，合作社尚未在农村手工业中普遍推广，盛泽丝业便在日本全面侵华战争的打击下全面停滞。① 相比之下，常州湖塘桥棉布产销合作社规模较大。据调查，该社总社及南夏分社共有织布机 800 台，社员分布在附近湖塘桥镇、蒋湾桥乡、何留乡、游塘乡、惠政乡、鸣凤乡、万年乡、茶山乡 8 个乡镇中的 49 个村庄，社员按合作社制定的统一规格织造标准土布，织成后由社员向合作社交换纱线，合作社统一向厂商销售。不完全统计显示，1947 年生产的标准布为 103982 匹，1948 年为 85808 匹，较上年有所减少。② "新兴纸业之组织，大抵采行合作方式，赣之宁都且有造纸合作社联合社之成立，附设分社七所。"③

20 世纪 30 年代初，在南京国民政府推广工合运动的背景下，合作制下的联合经营在手工业生产中逐年增加。吴兴县设立养蚕合作社 6 所，社员有 531 人，资金总数为 611 元；长兴县有蚕业生产合作社 2 所；德清县第一区有秋蚕生产合作社 8 所；武康县有无限责任蚕业生产合作社 5 所，社员有 216 人，股本总额为 354 元；孝丰县有无限责任蚕茧贩卖合作社 1 所，有限责任蚕茧运销合作社 1 所，无限责任养蚕合作社 2 所。④ 地方政府还设立专门机构，指导手工业合作社事业的发展。例如，浙江省海盐县成立改良蚕桑指导所，内设合作事业室，该所周主任暨合作室李指导员亲赴沈荡镇，宣传改良养蚕，于 1935 年 3 月，先后成立了 9 个养蚕合作社，共发放 3400 张改良蚕种，派出 8

---

① 参见姚天吟：《绸乡的合作经营方式》，见中国人民政治协商会议江苏省吴江县委员会文史资料研究委员会编：《吴江文史资料（第七辑）》，1988。

② 参见张千里：《湖塘桥农村织布工业》，载《纺织建设月刊》，第 2 卷，第 4 期，1949。

③ 赵棣华：《发展东南农村工业刍议》，载《东南经济》，第 1 卷，第 11、12 期合刊，1941。

④ 参见《湖属六县自治状况》，载《湖社十周纪念特刊》，1934 年 6 月 17 日。

位女指导员，指导各社设立共同催青室、共育稚蚕室。[①] 平湖合作社
跨越多个领域，包括"蚕业生产兼营合作社一所，运销兼营合作社一
所，消费合作社一所，信用兼营合作社五所"[②]。在地方政府的努力
下，到1936年底，浙江全省"计已核准登记之蚕业生产合作社有223
社，社员5734人，股金11956元"，此外，"桐油生产合作社有56社，
社员1265人，股金15487元"。[③] 从单个合作社看，社员多则数十人，
少则数人，以全面抗战前夕的萧山县蚕业合作社为例，其社员数及烘
茧量如表5-4所示：

表 5-4 1936 年春萧山县蚕业合作社社员数及合作烘茧量示例

合作社名称		社员数	烘茧量/斤	合作社名称		社员数	烘茧量/斤
头蓬	第一社	17	1048.0	义盛	第四社	10	1402.0
	第二社	11	1294.0		第五社	2	446.0
	第三社	11	1560.0		第六社	12	2064.5
	第四社	1	60.5		第七社	25	2677.5
	第六社	9	2055.5		第八社	7	545.0
新湾	第一社	12	1272.0		第九社	57	2228.5
	第二社	16	2110.0		第十社	20	2127.5
义盛	第一社	9	1646.5		第十一社	15	2028.5
	第二社	6	351.0		第十二社	13	1920.0
	第三社	5	512.5				

资料来源：求良儒：《合作烘茧论》，载《浙江省建设月刊》，第10卷，第6
期，1936年12月。

---

① 参见屈冠春：《海盐县沈荡镇西养蚕生产合作社的回顾与前瞻》，载《浙江
合作》，第37期，1935。

② 地政学院编：《平湖之土地经济》，182页，南京，正中书局，1937。

③ 伍廷飏：《浙江省经济建设之进展》，载《实业部月刊》，第2卷，第2期，
1937。

南京国民政府将成立合作社视为救济手工造纸业的重要手段。例如，浙江缙云县 1935 年选派专门人员开展宣传，"由李树仪等，发起组织八都坑保证责任纸业生产合作社，事前拟具计划等件呈奉县政府核准许可设立"①。浙江省建设厅对核准成立的手工业生产合作社给予资金上的扶持，在寿昌县"先行指导该纸槽户等组织该项纸业运销合作社，再行声请借款"②。在福建长汀手工纸业，"经闽省合委会及本行福州分行依照合作社贷款办法，供给资金十万"③，缓解了当地手工纸业所面临的资金困境。在湖北，全面抗战前省农合办就在咸宁开展了纸业调查，为拟定手工造纸业合作办法做准备。"考察该县手工造纸业情况，以作拟具利用合作方式，改良该县纸业生产计划之根据。"④1935 年前后，阳新县以组织产销合作社挽救手工造纸业。"呈准湖北省政府，在救灾备荒委员会拨款一万元，由阳新县府兼办，现经遴派合作技术指导员陈毅、李开物等赴乡村工作，计在第十区组织湖田村、束庄村、檀院村、月朗村等四纸业产销合作社，于十月三十日发放贷款三千八百一十九元六角三分。"⑤

城市手工业合作社也蓬勃兴起。偏于西南一隅的成都在 20 世纪 30 年代初出现了手工业合作社的萌芽，例如，在 1932 年，成都砖瓦业彭明山、郑楫舟发起组织工人生产合作社，由砖瓦工人凑合大洋 500 元，以期改良工业，增进会员利益。⑥ 不过，成都手工业合作社是在全面抗战开始后随着西南大后方战时经济的兴起而得以推广的。

其实，在南京国民政府开展工合运动前，社会有识之士已认识到

---

① 《缙云县组织八都坑纸业生产兼营合作社》，载《合作月刊》，第 7 卷，第 4、5 期合刊，1935。

② 《指示救济寿昌纸业》，载《浙江省建设月刊》，第 7 卷，第 9 期，1934。

③ 《救济长汀纸业》，载《农友》，第 4 卷，第 4 期，1936。

④ 《鄂农合会拟用合作方式改良咸宁手工纸业，先从实际考察入手》，载《农村合作月报》，第 1 卷，第 10 期，1936。

⑤ 《鄂阳新成立纸业产销合作社》，载《合作月刊》，第 7 卷，第 12 期，1935。

⑥ 参见《砖瓦工会组生产合作社》，载《新新新闻》，1932 年 6 月 22 日。

传统手工业的危机，并积极探讨救济手工业的方式方法，其中试办合作社，开展合作制下的联合经营成为一项重要举措。开弦弓生丝精制运销合作社就是以社会力量从事蚕桑实验的产物。1923 年江苏省立女子蚕业学校负责太湖流域一带蚕桑改良，费达生等蚕桑专家选择开弦弓村作为试点，起初仅限于育蚕指导，在育蚕方法上个别指导各户蚕农。1926 年，为了更方便指导，实行蚕农小单位的稚蚕公育。"稚蚕公育就是在幼蚕时代，各家所饲育的蚕放在一起，大家轮流负责。这样一则可以省事，二则便于监督。这是由技术上确立合作制度的最初试验。"①合作社成立后，入社的 21 户社员"育蚕成绩极佳"，1926 年，"出改良丝八担，经郑紫卿先生介绍，售于上海纬成公司。……丝价特高，最高者每百两得净洋八十一元。全村蚕户，为之轰动"。② 这种改良丝是由一种改良的木制机器所制，"用脚踏转动轮子，每个人可分别在自己家中工作。……1924 年的时候，村里只有 10 台这样的机器。到了 1927 年，机器总数增加到 100 多台"③。然而，改良丝的质量仍然达不到出口标准的要求，加之世界市场萧条，1928 年改良丝的价格跌落到每百两六十元。在这种严峻的形势下，改革者认识到唯有进行技术革新，才能振兴乡村蚕丝业，于是 1929 年开弦弓生丝精制运销有限合作社正式成立，本着"一切生产器具俱由参加工作的农民所有，一切管理及行政的权力，由合作员掌握，一切利益由合作员公平分配"④的原则，成立合作工厂。"招收社员中善制改良丝者六十余人，由县立蚕桑场派指导员耿乃英先生训练二个月，授以制丝之智识……全村蚕户，自动组织蚕室八处，由蚕桑场指导员巡回视察……原料施行干燥，装置机械，计日本式缫丝车三十二座，复摇车十六座。"⑤据费孝通调

---

①　费达生：《复兴丝业的先声》，载《纺织周刊》，第 4 卷，第 20 期，1934。

②　吴根荣、徐友春主编：《吴江蚕丝业档案资料汇编》，206～207 页，南京，河海大学出版社，1989。

③　费孝通：《江村经济》，见《费孝通文集》第 2 卷，155 页，北京，群言出版社，1999。

④　费达生：《复兴丝业的先声》，载《纺织周刊》，第 4 卷，第 20 期，1934。

⑤　吴根荣、徐友春主编：《吴江蚕丝业档案资料汇编》，207 页。

查，工厂"所有权属于这个合作社的社员。他们对工厂的责任限于他们
所贡献的股份。入社以自愿为原则，并不限于本村的人。凡愿遵守社
员义务者便可被吸收为社员。社员的义务是在工厂里有一份股金，每
年供给工厂一定数量的蚕茧作原料。这一合作社共有 429 名社员，基
本上包括了村里所有的住户及邻村的 50 多户"①。该厂开办所需经费
总共为 49848 元，社员入股金额实际上仅为 2848 元，省农民银行与震
泽地方银行分别提供 15000 元的长期贷款和 3000 元的短期贷款，技师
由蚕业学校推荐，会计由当地银行推荐。由此可见，如果没有知识精
英的技术支持，没有金融机构的资金支持，完全依靠农民自身的力量，
开弦弓生丝精制运销有限合作社不仅难以创办起来，更难以由手工缫
丝向机器缫丝方向发展。

在乡村手工业得到较快发展的农村中，已经出现了向合作制下的
联合经营发展的端倪。20 世纪 30 年代的调查者曾断定高阳手工织布
区内，"主匠与雇工之间，曾有类似合作形式之组织，以共同经营之方
法，满足普通之经济需要者……合作之第二种方式为生产合作……第
三种合作方式，为合作运销"，尽管这种合作经营"或可对最近将来之
织布工业，开辟一新兴之社会的及经济的局面"。② 可惜，在它尚未得
到充分的发展时，日本帝国主义就相继发动了"九一八"事变和"七七"
事变，这种因应市场而兴起的经营机制也随着乡村手工业发展进程的
中断而昙花一现。

手工业者采取何种形式经营，取决于多种因素，就手工业自身言，
与其规模大小密切相关。一般来说，规模越大，采取业主制下自主经
营的可能性越大，分散的、小规模的家庭手工业或手工作坊，则更可
能采取包买主制下的依附经营形式，但为应对市场的挑战，这种家庭
手工业或手工作坊也可能依循合伙制或合作制，开展联合经营。因此，
手工业经营形式是随着市场变化而变动的。业主制下的家庭手工业时

---

① 费孝通：《江村经济》，见《费孝通文集》第 2 卷，156 页。

② 方显廷：《华北乡村织布工业与商人雇主制（一）》，载《政治经济学报》，
第 3 卷，第 4 期，1935。

而采用包买主制下的依附经营形，时而自主经营，时而以某种形式联合经营。即便是具有一定规模的手工工场，也不是一以贯之、一成不变的自主经营，为了减少销售成本，它们也可能采取包买主制下的依附经营形式。如果部分手工业者联合起来，组建手工工场，其情形又另当别论，在这里，合作制下的联合经营既表现为一种经营形式，也构成较大规模的作坊和手工工场形成的途径。合作的动机是为了摆脱商人的控制，实现自主经营，但有时却显得力不从心，只能部分地变为现实，于是便出现了生产合作、销售依然依赖于商人或销售合作、原料仍仰赖商人的状况。农村地区距离中心市场的远近也成为制约经营形式的重要因素，在交通便利、信息较为灵通的城郊型乡村，农民手工业者自主经营的可能性较之偏僻乡村大得多，城市手工业中的独资经营也占主要地位。所有这些，都更增加了中国近代手工业的复杂性。

第六章 同业组织：近代手工业行业治理的趋新

除了宏观上的法律制度、政策措施，手工业生产经营活动的管理主要还体现在两个层面，一是行业管理，二是作坊内部的劳动管理。手工业生产大多资本少，规模小，单个手工业作坊内部结构单一，在家庭手工业或较小的手工业作坊中，"父子班""夫妻店"是常见形态，劳动关系较为简单。在较大的作坊或手工工场中，分工较为细密，内部构成较为复杂，除了作坊主或手工工场主，一般还包括师傅、伙计或帮工、学徒。在手工业集中的城镇，同一行业的从业者设立行业组织，制订共同遵守的规则，对内排解纠纷，维持行业秩序，对外团结一致，维护行业整体利益。行业组织，包括行会以及由行会衍生而来的同业公会、职业工会等，既是手工业行业治理的制度主体，其本身也是管理形式的重要内容。本章将围绕行业组织的制度变迁及其功能变化展开论述。

一、行会制度下的主客共治制

（一）主客共治制的产生

晚清处在剧烈的社会震荡和急剧的经济变动时期，太平天国运动对传统手工业造成了强烈的冲击，同时，在外国资本主义工业和本国民族机器工业的双重竞争下，旧式手工业面临着前所未有的打击。除极少数手工业行业衰退甚至消失外，绝大多数手工业能够生存下来，有些还能有所发展。但是，城乡手工业面临的生存环境更为险恶，它们既要应对来自中外机器工业的排挤和打击，又要排除行业内部的倾轧。这种内部矛盾既有来自业主（作坊主、铺主、店主）之间的恶性竞争，又有主（东）、客（伙）之间的斗争。因此，太平天国运动失败后，各地手工业不约而同地开始了重建行会、重整行规，试图恢复生产经营秩序的行动。在行会制度下，为了缓和主、客矛盾，团结对外，维护行业整体利益，主客共治制延续下来了。

行会主要存在于城市和手工业经济比较发达的市镇，是某一行业形成并发展到一定阶段的产物，其使命乃在于维护该行业生产经营中的传统秩序。西方文献中，行会称 Gild，有商人行会（Gild Merchant），也有手工业行会（Craft Gild）。不过，在中国古代文献中并无相同的名称。中国传统的工商业行会组织，一般称为"行"或"帮"，全汉昇认为，"手工业行会普通叫做手工帮……手工帮的会员偏重商品的生产，资本较少，商业行会的会员则偏重商品的分配，资本较大。不过这只是大概言之而已。往往有好些行会是二者兼而得之，即一面制造，一面买卖的。故有时若要严格的把工商业行会分开，也不见得有多大的道理"①。比如，清代四川巴县的"打线行""点锡行"，前者为纺丝手工业者的组织，后者为锡匠组织。称帮者，如清代四川巴县"草纸帮""雕匠帮"等，分别为手工制纸、雕匠铺户组织。② 会馆、公所则为行、帮公共议事、祭祀神祇的场所，因此，也成为手工业行业的名称。"会馆、公所者，为商帮所设立，即为该商帮之机关也。夫所谓帮者，由同业联络而成，举董事数人，立定规则，以执行其商务。"③除了同业结成商帮，还有以同乡为帮者，例如，在清末的湖南，"以同籍为帮者，如盐帮有南帮（江南盐商曰南帮）、西帮（江西盐商曰西帮）、北帮（湖北盐商曰北帮）、本帮（本省盐商曰本帮）。茶帮有西帮（山西茶商曰西帮）、广帮（广西茶商曰广帮）、本帮（本省茶商曰本帮）。本帮又分湘乡帮、

　　① 　全汉昇：《中国行会制度史》，116 页，天津，百花文艺出版社，2007。

　　② 　参见陈亚平：《寻求规则与秩序：18—19 世纪重庆商人组织的研究》，157、160 页，北京，科学出版社，2014。

　　③ 　彭泽益主编：《中国工商行会史料集》上册，91 页，北京，中华书局，1995。

浏阳帮。匹头帮有苏帮(江苏商人)、本帮(本省商人)。竹木帮有西帮(江西商人)、本帮(本省商人)"①。在会馆、公所名称外,更为普遍的是以带有宗教色彩的建筑作为同业组织的名称,同样在清末的湖南长沙,以籍贯分,"江西曰万寿宫,福建曰天后宫",按营业性质分,"钱铺及杂货、绸缎则财神殿,药材则神农殿,屠户则桓侯庙,酒馆则詹王庙"。② 也有称之为"作"者,如"泥木两作""油漆作""竹木作"等。还有称之为"会"者,如鲁班会、雷祖会、老君会等,不一而足。一般来说,"各个行业都有祭祀自己的行业神,建设自己的神会,有些神会与行业组织完全重合,成为行业组织实行内部管理、强化行业规范、沟通组织成员之间的精神和感情联系的工具"③。因此,加入会馆或公所,又称为入帮。在天津清末民初的文献中,鞋行切排工人、打磨工人等曾拟将设立的行业组织称为"公地"④。尽管名称上五花八门,但实际职能并无太大差异。马士在《中国行会考》中比较分析了中西方手工业行会后指出,"中国的行业公会制订自己的章程并强制其成员服从;它们制订价格并强制奉行;它们决定或修改营业税并立即获得认可;它们强加它们的意志于行会内外的经营者,甚至通过被称为是'停业'的办法,促使政府修改或撤消其命令;最后,通过上述的一些办法,实现了对其行业的绝对控制"⑤。

行会制度下的主客共治制,是指主、客双方协商制订行业规则,共同应对、协同解决手工业生产与经营管理过程中出现的矛盾纠纷,协调双方的利益,形成一致对外的行业治理机制。主客中的"主",一

---

① 《湖南商事习惯报告书·会馆》,见彭泽益主编:《中国工商行会史料集》上册,115 页。

② 《湖南商事习惯报告书·会馆》,见彭泽益主编:《中国工商行会史料集》上册,112 页。

③ 陈亚平:《寻求规则与秩序:18—19 世纪重庆商人组织的研究》,170 页。

④ 《鞋行切排工人要求设立公地案》《打磨石工重立工地案》,见天津市档案馆、天津社会科学院历史研究所、天津市工商业联合会编:《天津商会档案汇编(1903—1911)》上册,1334、1340 页。

⑤ 彭泽益主编:《中国工商行会史料集》上册,73 页。

般是指作坊主或店主，即东家，属于雇主方；"客"，指客师、帮工、工匠、伙计等，属于雇工方。在现代经济学意义上，主、客分属于利益冲突的劳资双方。但在中国传统手工业中，十分强调主客和谐，"店主与客师，店主不可以微嫌辄起辞退，客师亦不可因细故渐生异心。宾主两得，自觉相安"①。南京丝织业中，"丝织工人最鲜龃龉，从无罢工之事。……各伙友习见店主之共同劳动，饮食与同，其脑筋间从无劳资之感想"②。在北京，"其工人多系工徒所提升，类与工厂发生久远之关系，而所谓厂主者，其衣食住三项，往往与工人无甚轩轾，彼此相处尚觉融洽"③。美国社会学家甘博在 20 世纪初年对北京行会的调查表明，"各个行业的全体从业人员都有加入行会的资格。店主、商店经理和劳工都是同一组织的成员"，行业的整体利益其实也是三方的共同利益。④ 也正因为如此，主、客双方能够共存于一个行业组织内。在西方学者的笔下，甚至不乏溢美之词称颂中国的工商业行会。"在中国的行会制度下，雇主和雇工之间的关系是紧密的，有大量的行规，商品有固定的价格，工人有固定的工资，实行垄断控制等。这一制度的形成和发展……是由于它适合中国人生活的现状。在这个国家里，氏族家庭是社会单元，因此这种体系出现在经济活动中是很自然的。在这个国家里……各个行业的管理是民主的，尽管有些中央政府的官员控制着一些重要环节与中心。"⑤

当然，主客共治制的形成有其深厚的经济、政治基础与社会土壤，并与中国社会传统文化观念相适应。

首先，传统手工业大多规模小，资本少，店家合一，家企不分。作坊主并不像大工业时代的资本家那样，需要足够的资本积累，彼此

---

① 《靴鞋店条规（浏阳）》，见彭泽益主编：《中国工商行会史料集》上册，280～281 页。

② 《南京丝织业之近况》，载《经济半月刊》，第 1 卷，第 4 期，1927。

③ 《去年北京经济之回顾》，载《经济半月刊》，第 2 卷，第 3 期，1928。

④ 参见[美]西德尼·D. 甘博：《北京的社会调查》，陈愉秉、袁熹、齐大芝等译，171 页，北京，中国书店，2010。

⑤ [美]西德尼·D. 甘博：《北京的社会调查》，205 页。

之间的分化尚未达到十分尖锐的程度，师傅、帮工等手工工匠与业主在生产经营中拥有大致相同的地位，师傅时常与帮工、伙计同桌吃饭，形同家人。在多数手工作坊里，师傅即老板，不仅亲自参加劳动，而且也是手工技艺的掌控者和传承人，除雇佣关系外，师傅与帮工、伙计还有一层师承关系，甚至伙计、帮工就是未来的师傅或老板。"手工业方面固然有老板、伙计和徒弟的分别，但伙计与老板同样的是手工帮内的会员，徒弟满师后可进而为伙计，更可进而为老板，其地位不是绝对的，而是相对的，所谓师傅（即老板）与徒弟的对立，只是时间问题而已。"[1]学徒—伙计—师傅—老板是手工业者向上升迁的路径。发展上的需要使得招不招学徒以及招多少学徒并不完全取决于雇主，还必须征得伙计与帮工的同意，例如，福建三都澳的制陶业中，清末时"窑主人只取得全体陶工一致同意之后才招收学徒。他们是不许雇用外人的"[2]。由于传统手工业工艺技术要求很高，甚至被视为家族独有的技艺，因此，能够进入作坊为徒者，即便与老板或师傅没有血缘关系，也得由与老板或师傅关系极为亲近的人为之介绍，从而形成世代相传的职业，师傅与工匠也能够共存于同一个手工业行会内。

相对平等是主客共治制形成的基础。手工业从业者的发展机会大体均等，"行会包括店主、艺师、学徒三种，行业中人，必须经此三阶段。……人人均可循此阶段而为'店主'，发展机会均相同"[3]。作为行会成员的地位也大体相同，"在多数之同业公会内，业主、匠师及工人皆可加入，并无何等分别"[4]。"在手工业行会中，师傅和工匠平等地被承认为行会成员；他们自由联合起来面对社会，而不是站在敌对的立场上彼此对待。雇工或许偶尔地有他们自己的组织，但是，通常地，当他们感到有必要联合起来反抗师傅的时候，他们临时地作一些他们

---

① 全汉昇：《中国行会制度史》，180 页。

② 彭泽益编：《中国近代手工业史资料（1840—1949）》第 2 卷，487 页。

③ 杨志：《昆明市十二个公会调查》，见李文海主编：《民国时期社会调查丛编·二编·社会组织卷》，578 页，福州，福建教育出版社，2009。

④ [俄]阿维那里乌斯：《中国工商同业公会》，见彭泽益主编：《中国工商行会史料集》上册，121 页。

的西方兄弟以前所作的永久性的工作——他们在寺院里召集一次会议并组成一个机构，当他们的目的达到时，这个机构就立即解散。"①中国传统手工业经营中的合伙制，使得师傅与工匠之间能够在一定程度上实现利益共享，这一点与西方不同，"中国于工商营业内之所有权，实行（合议制度）多数之营业，非属于一主人。而属于多数股东，在营业组合内，非仅限出资人为股东，即参加服务之人，亦可为股东，不过以人工代资本而已"②。主、客利益一致性尤其体现在当本行利益遭到外行侵犯时，所有同行，无论师傅、帮工或伙计会联合起来共同抗争，在政府侵犯了行业利益时，也会采取"齐行"行动，迫使政府让步。"罢工有时也被用作向政府抗议的一种方式，有时只是一个行会，有时是各个行业。如果他们认为官方侵犯了全体成员的权利，就会采用这种方式来维护自身的权益。行会或商会，在采取这种方式向政府抗议时，全体雇主和雇员是完全一致的。"③

其次，主客共治制得到了官方的认可与支持。一方面，地方政府禁止伙计、帮工、机匠、客师等以维护自身权益为由，脱离行会独立组织团体，如果客方谋求在主客共治制之外另立团体，一般会被官方严禁，甚至被处以重罚。例如，1867 年针对苏城烟匠设立烟业公所的行为，官府曾"给示永禁……自示之后，毋许再行私立公所，擅设行头、店总名目，巧为苛派勒索扰累，把持垄断情事。如敢故违，定即从严惩办，决不宽贷"④。又如，苏州府宋锦机业从 1871 年曹阿传等开始谋求创立行头，到 1878 年王沛等仍谋设立公所，均先后被严禁，并由元和、长洲、吴县同时"合行给示勒石永禁"，"自示之后，如果王沛等敢再违禁，设立行头行规。以及另改名目，仍立公所，借以祀神

①　彭泽益主编：《中国工商行会史料集》上册，74 页。

②　［俄］阿维那里乌斯：《中国工商同业公会》，见彭泽益主编：《中国工商行会史料集》上册，119 页。

③　［美］西德尼·D. 甘博：《北京的社会调查》，202 页。

④　《江苏善后总局永禁烟业私立公所擅设行头把持垄断碑》，见苏州博物馆、江苏师范学院历史系、南京大学明清史研究室合编：《明清苏州工商业碑刻集》，293 页，南京，江苏人民出版社，1981。

为名,妄行派费,诈扰同业,许该机业人等指实禀县,以凭提案究办。决不宽贷,其各凛遵毋违"。① 官府的禁令并非一纸具文,如果客方一再藐视,则后果严重。例如,1867年苏州烛铺绍成、春阳等十八家联名禀告同业陈老七、邵阿二等十二人"借称行头名目,扰索店铺做工,聚众勒诈",官府"讯明属实。当查无业游民,巧立行头名目,把持勒诈,最为可恶,节经禁革。……亟应严行究革,以安贸易。当将陈老七枷责,同邵阿二递籍管束"。② 其实,陈老七、邵阿二等十二人并不是什么无业游民,而是禀告人也承认的"同行",只不过他们在"节经禁革"后,仍然谋求建立独立的团体,结果,为首者不仅遭受"枷责",而且还被除名,"递籍管束"。

另一方面,主、客之间有时为了产品价格、工钱、招收学徒等产生利益纠纷并诉至官府者并不鲜见,但官府断案时,一般以调解为主,力促达成妥协,并不明显偏袒一方。1845年杭州府出示严禁九条,不准"私立行首名目"或"自称行首",严禁从事"敛钱演戏""串通散伙停工、勒加工价,并工伙纠众勒揸机东""遇有东伙口角、插身评理、聚众扛帮,勒诈勒罚""勒索收徒规费"等。③ 1872年,杭州烟业刨匠陈士奇等"私立行头名目,勒索挂号等费,并串党沈八锦等,喝众停刨",杭州府暨仁和县、钱塘县等迅即"提讯究办",并出示晓谕。"示仰烟业刨匠人等遵照。须知私立行头,有干例禁,嗣后务各照常开刨,安分营生,永不准再立行头名目。倘有玩法之徒,故违禁令,复蹈前辙,许该烟铺指名禀县,以凭严办,决不姑宽。"④ 一般来说,同行公议通过后的条规,报请官府出示晓谕,既是为了俾众周知,也是为了增强

---

① 彭泽益选编:《清代工商行业碑文集粹》,112页,郑州,中州古籍出版社,1997。

② 《元长吴三县禁革借称行头名目聚众勒诈烛铺做手碑》,见苏州博物馆、江苏师范学院历史系、南京大学明清史研究室合编:《明清苏州工商业碑刻集》,276页。

③ 参见彭泽益选编:《清代工商行业碑文集粹》,192页。

④ 《勒石永禁烟业刨匠私立行头告示》,见彭泽益主编:《中国工商行会史料集》下册,686页。

条规的权威性，主客共同议定行规或业规，并取得官方认可，"移请上宪发给印示，以便泐石遵守，俾垂久远不坠"①。例如，长沙窑货业于1856年重整条规，由"长善公同合议，禀恳县主示禁定规，蒙恩垂怜会印，出示严禁各处晓谕在案"②；益阳手工制烟业所订条规，"蒙吕宪断明，并出示泐石，永垂遵守"③。

最后，中国传统社会为主客共治制的形成及其实施提供了深厚的社会文化土壤。行业内部基于家族制的各种血缘关系和伦理关系根深蒂固，例如，在长沙手工石印业，"所雇的工人，不是至亲，便是好友。这些人由于私人情感关系，每每不斤斤较量工资的多少。到现在为止（1925年——引者注），这类工人中还没有有组织的要求增加工资的运动。已经答应增加的工资都是雇主自愿的"④。即便是入行习艺的学徒，也来自家族制之上的各种伦理关系。"必经人介绍，此人或为雇主之戚友，或为其乡党，或为其邻里，或为其师兄弟，凡与雇主有关系者均可。"⑤血缘之外，"和为贵"乃中华传统文化的重要基因之一，也是传统的治国治家要略。在国家层面上，古代君王遵循"礼之用，和为贵，先王之道，斯为美"，在家庭层面上，倡导"家和万事兴"。商人虽以追逐利润为目的，但与西方强调竞争不同，中国商人特别重视"和"，以"和气生财"为亘古不变的信条，以和衷共济为共度时艰的传统。行规中有大量反映和谐的条规，例如，清末长沙梳篦业要求同行严格遵守行规，强调"同行人众须一团和气，永远遵守，遇有滥规事件，当共出头，如有暗怀异见，不同心协力，以及借口生端，欲假公报

---

① 《红白纸店条规（省城）》，见彭泽益主编：《中国工商行会史料集》上册，327页。

② 《窑货店条规（省城）》，见彭泽益主编：《中国工商行会史料集》上册，330页。

③ 《烟匠条规（益阳）》，见彭泽益主编：《中国工商行会史料集》上册，434页。

④ 彭泽益编：《中国近代手工业史资料（1840—1949）》第3卷，323页。

⑤ 方显廷编：《天津针织工业》，80～81页。

私者，经鸣值年，罚钱二串四百文入公，如强不服理者，即同禀究"①。

总体上看，主客共治制的形成是传统手工业经济发展不充分、阶级分野不明晰的表现。在传统手工业内部，主、客之间具有多重关系，除了雇佣关系，主、客之间还有师承关系、血缘亲情关系，双方之间本不清晰的阶级分野，现在又被蒙上了一层"温情脉脉"的色彩。更进一步说，这种复杂的关系是中国传统政治、文化等外部因素在手工业经营管理中的内化，这些外部因素是主客共治制稳定存在的适宜土壤；反过来说，主客共治制也在一定程度上满足了官府管理手工业经济活动的需要。

（二）主客共治制的运行方式

年度大会是主、客双方共同行使权力的制度安排，共同的业祖祭祀是维系主、客共治的文化根基。

主、客共治的最高体现形式是年度会议。在行会制度下，主、客共同加入公所、会馆，同为会员，所有会员均须出席年度会议，有关本行业的重大决定均须经年度会议讨论决定。年度会议常设董事会，所有董事，均经选举产生，董事中不仅包括东家，也有帮工、伙计。例如，东省文物研究会对中国工商行会的调查表明，"化妆品商同业公会内，有董事二十八人，其内应由柜伙及工人中，举出十二人"②。湖南长沙点翠业规定，"每年值年八人，铺户客师各四人，公事听其办理，凡遇扞交，必择朴实老成，具柬相邀，既举毋得推诿"③。董事会实行总管-值年制，总管亦称总首、总理，较大的行会同时设副首、副理，由董事相互协商推举，也有以投票法选举产生者，例如，湖南桃源书肆业规定，"用投票法择立总首、副首各一人"④，一般三年一任，

---

① 《梳篦店条规（省城）》，见彭泽益主编：《中国工商行会史料集》上册，397 页。

② ［俄］阿维那里乌斯：《中国工商同业公会》，见彭泽益主编：《中国工商行会史料集》上册，123 页。

③ 《点翠条规（省城）》，见彭泽益主编：《中国工商行会史料集》上册，391 页。

④ 《书肆简章（桃源）》，见彭泽益主编：《中国工商行会史料集》上册，287 页。

担任总管者多为"深孚众望"的殷实东家。董事会定期开会，"必须众董到有过半方可开议"，决定特别事项时，采用"秘密投筒法，亦视赞成反对之多寡数而取决"。① 临时性的重大事项，可召集特别会议。据美国传教士玛高温对中国行会的调查，温州铁匠行会就是"一个包括师傅和帮工的社会等级"，由于银圆贬值，铁匠要求提高铁器产品的价格，于是他们在城隍庙召开了一个会议，在社戏和酒宴之间，共同议决了关于他们的手工业产品价格以及工资的新价格表等问题，包括"铁器的价值以及每件铁器所耗劳动力工资等"。② 日常性事务如经费开支、会产管理、祀神等，则由值年负责，值年一年一任，也有两年一任的，由同行轮流充当，到届更替时，值年保留半数，更换半数，以保证行会工作的延续性。

为了确保主客共治制的有效运行，行会巧妙地将祭祀业祖与年度会议，或行会的其他重要活动融为一体，借此提升从业者对行会的认同度，增强活动的庄严性，以及行规、业规的有效性与权威性，甚至还给行会平添了一份神秘色彩，借助神祇的权威，祈求神灵保佑，达到强化从业者的职业荣誉感，增强同行间凝聚力的目的。因此，行会用筹集来的巨资修建公所，以供奉业祖神像，既追念行业祖师创业的荣光，永世不忘，更在于激励后人，将行业发扬光大。例如，晚清时期，北京木瓦作行多次修复鲁班殿，"虔修圣会，愿世世供奉于无穷"，并且勒石于殿前，铭记业祖，"承上古未有之奇，启后人无穷之术"，"工艺神机，皆出于我公输先圣，声名世重，更在乎众工等至诚。启迪后人，咸蒙默佑，经营寰宇，共沐灵光。名振古今，乃心精而术巧，艺传永久，既飨祀之香烟"。③ 湖南长沙生药店于 1871 年"创造师祖公屋，值年收租经管，岁修不敢朽坏，当思创造之艰"④。追述行业祖师创业的故事，往

---

① 《上海振华堂洋布公所规则》，见彭泽益主编：《中国工商行会史料集》上册，614～615 页。

② ［美］玛高温：《中国的行会》，见彭泽益主编：《中国工商行会史料集》上册，37～38 页。

③ 彭泽益选编：《清代工商行业碑文集粹》，10～11 页。

④ 《生药店条规(省城)》，见彭泽益主编：《中国工商行会史料集》上册，445 页。

往能够增强从业者的自豪感，例如，湖南武冈花炮业追踪其行业起源，"稽自唐朝造浑天仪之李公真人，居深山中，见邻家为山邪所害，公令焚竹于庭，炮之有声而山邪悉隐遁焉，是以后世效其遗意，以作花炮。凡诸吉士，莫不用之"①。行会往往借修葺公所或庙宇之机，将行业文化或职业精神融入其中，上海制靛业于1877年重修公所，"奉祀天上圣母于其中，颜其额曰'协恭共济'，取同寅和衷之义也。又曰'留照堂'，盖楼中祀协天上帝，用'留取丹青照汗青'之义。岁时祭享，同人毕集。笙簧以乐之，酒醴以宴之，济济跄跄，恪恭倍著"②。公所也是行会议事之所，一些较小的行会为资力所限，常将城隍庙或其他庙宇作为供奉业祖之地。

慎终追远、崇宗敬祖是中华传统文化的美德。"国家有崇德报功之典，士庶有返本穷源之志。所以古圣先贤，凡有功于天下而惠及黎民者，皆得庙食，崇祀春秋，而士庶亦借以伸瞻仰之诚，望其护佑者也。"③商人也不例外，"每行都崇奉一个祖师。严格地说，这个祖师或者与这一业没有关系，但是该业人员总要附会穿凿，找出一个英雄或历史伟人做他们职业上想象的创造者"④。正如武冈木行在重整条规中所言："百工居肆，以成其事，百工有师，以成其艺。夫业之传，皆有考而传之，岂由忘本哉？历代以来，士农工商，莫不有师，各授一业。惟我公输仙师，乃一代正直之聪明，垂万世方圆之流传。继承仙师之遗训，当尽竭报于虔诚。虽知木本水源，必当同心协力，聚资成集，大则公举福地，小则神诞祀典。"⑤共同的行业神崇拜是业缘亲近的表征，也是维系同行内主、客双方平和关系的基础。

因此，在中国传统工商业中，各行各业都有各自崇拜的神祇，有

---

① 《炮店条规(武冈)》，见彭泽益主编：《中国工商行会史料集》上册，364页。

② 彭泽益选编：《清代工商行业碑文集粹》，78～79页。

③ 《重建苏城机神庙碑记》(1792年)，见苏州市档案馆：《苏州丝绸档案资料汇编》上，15页，南京，江苏古籍出版社，1995。

④ 全汉昇：《中国行会制度史》，118页。

⑤ 《大木众师条规系建屋宇造寿材者(武冈)》，见彭泽益主编：《中国工商行会史料集》上册，344页。

的甚至崇拜多神，"各业多奉祖师，如木匠崇拜鲁班、乐工崇拜孔明、鞋匠崇拜鬼谷子、笔匠崇拜蒙恬、纸业崇拜蔡伦、墨工崇拜吕祖、瓦工崇拜女娲、药工崇拜药王菩萨、裁缝匠崇拜黄帝、织物工崇拜机神等。此外普通多拜关帝和财神，关帝是公允的象征，财神是运气亨通的象征，二者都是各业所极希望的"①。民间商人信仰多神，同一个行业祭拜多神的现象并不鲜见，例如，湖南长沙的锡店业在每年二月十五日"师祖瑞诞"、三月十五日"财神瑞诞"、三月二十七日"炉神先师瑞诞"，"值年先期传知同行，将应出香钱如期收齐，演戏敬神"。② 更有甚者，北京银炉业祭祀的神祇多达十八个，如表6-1所示：

表 6-1　清代北京银炉业祭祀神祇简表

祭拜神祇	祭祀日期	祭拜神祇	祭祀日期
五显财神	正月初五日	单刀圣会	五月十三日
天官大帝	正月十五日	火德真君	六月二十三日
文昌帝君	二月初三日	关帝圣君	六月二十四日
观音大士	二月十九日	地官大帝	七月十五日
天王大库	三月初五日	增福财神	七月二十二日
玄坛财神	三月十五日	灶君会	八月初三日
吕祖神君	四月十四日	文昌字纸会	八月二十四日
天仙圣母	四月十九日	金龙四大王	九月十七日
药王会	四月二十八日	水官大帝	十月十五日

资料来源：彭泽益选编：《清代工商行业碑文集粹》，43～44页。

当然，更多的情况是一业祀一祖，在固定的时间、固定的场所，主、客双方参加共同的祭拜仪式，见表6-2。祭祀活动是行会的年度重大事项，祖师瑞诞日，主、客齐聚庙堂，"肃整衣冠，以昭诚敬"。为体现共同业祖原则，祭祀活动费用一般由主、客双方按比例共担，通常情况下是主多客少，也有主客平摊的。例如，湖南长沙成衣店条规

---

① 全汉昇：《中国行会制度史》，118～119页。
② 《锡店条规（省城）》，见彭泽益主编：《中国工商行会史料集》上册，457页。

规定，"铺户客师，岁租香资每逢圣诞之期，各归各班，演戏庆祝。至
铺户，每岁出香资钱一百二十文，交铺户值年人收取，客师每人出香
钱八十文，交客师值年人收取，不得混交"①。靴帽店业规定"铺户琢
坊每年各出香资银一二钱，众客师各出香资银五分，每逢瑞诞之期，
公同演戏敬神"②。有些行业连学徒也要交纳香资钱，例如，在长沙理
发业，"师祖圣诞之期，店主须出香钱六十四文，客师须出香钱三十二
文，徒弟须出香钱二十四文"③。在北京，"毛皮行会规定，每个店主
付1元会费，每个工人付50分。纸裱糊行会的店主负担86个铜板的
会费，工人是56个铜板。肥料行会的雇主付1元会费，出席会议的工
人每人付50分。裁缝行会收店主80分会费，店经理付40美分，而工
人付20分"④。有些行业的主、客并无区别，按人收取，例如，湖南
新宁成衣店规定"轩辕黄帝圣诞之期，凡我同人，务须停针歇剪，各出
钱六十四文，交首事备办香烛，同赴祠内，随班庆祝"⑤。

表6-2 《湖南商事习惯报告书》所见晚清湖南手工业神祇祭祀略况

名称	行业祖师	瑞诞日期	《中国工商行会史料集》上册页码
丝线店业（长沙）	西陵圣母	三月初三日	254、255页
靴鞋业（长沙、新宁等地）、皮箱业（长沙）	孙祖	十月初一日	266、273、281页
书业（长沙）、笔业（长沙）、刻字（长沙）	文昌帝君	二月初三日	282、289、294页

---

① 《成衣店条规（省城）》，见彭泽益主编：《中国工商行会史料集》上册，
374页。

② 《靴帽店条规（省城）》，见彭泽益主编：《中国工商行会史料集》上册，
388页。

③ 《整容店条规（省城）》，见彭泽益主编：《中国工商行会史料集》上册，
401页。

④ ［美］西德尼·D. 甘博：《北京的社会调查》，187页。

⑤ 《成衣店条规（新宁）》，见彭泽益主编：《中国工商行会史料集》上册，
381页。

续表

名称	行业祖师	瑞诞日期	《中国工商行会史料集》上册页码
篾业（武冈）	九天玄女娘娘	二月初六日、九月初六日	305 页
香业（长沙）	葛祖真人	不详	309 页
纸业（长沙、益阳）	福禄财神	三月十五日	318、321 页
红白纸店	文、武财神，蔡、葛真人，文昌，雷祖	不详	327 页
缸坛（益阳）	财神	三月十五日	332 页
裱店（长沙）	文昌、雷祖	二月初三日、六月二十四日	335 页
木行（安化、长沙）	鲁班	五月初七日	341、343 页
玻璃（长沙）	财神	不详	351 页
白铁帮（长沙）	太上老君	十月十五日	352 页
棕绳铺（长沙）	伏羲圣帝	八月二十五日	359 页
鞭爆（长沙）、烟匠（益阳）	祝融大帝	不详	361、434 页
鞭爆（武冈）	乾元、李公、司命	不详	364 页
纸扎店（长沙）	诸葛武侯、火神、雷祖	七月二十三日（诸葛武侯）	365 页
纸扎店（武陵）	陈抟老祖	九月十六日	367 页
角盒花簪店（长沙）	财神	三月十五日	369 页
纸盒店（长沙）、衬铺（长沙）、饭店（长沙）、面粉馆（长沙）	雷祖	六月二十四日	370、406、413、416 页
成衣店（长沙、邵阳、新宁）	轩辕	九月十六日	374、380、381 页
整容店（安化）	吕祖、罗祖	四月十四日、七月十三日	404 页
槽坊（益阳）	杜康	八月十八日	408 页

续表

名称	行业祖师	瑞诞日期	《中国工商行会史料集》上册页码
酒席店（巴陵）	詹王	八月初三日	410 页
染坊（长沙、安化、新宁）	梅葛二仙	九月初九日	438、442、444 页
生药店（长沙）	药王	四月二十八日	445 页
铜业（长沙）、铁店（武冈）、锡店（长沙）	老君	二月十五日	456、457、465 页
糖坊（长沙）	雷祖、杜康仙娘	六月二十四日、十二月二十六日	480 页
漆业（长沙）	天师	五月二十日	482 页
漆店（益阳）	天师老君	三月十八日	486 页

资料来源：彭泽益主编：《中国工商行会史料集》上册。

祖师瑞诞之祭祀十分庄重，既在缅怀业祖，同时也是制订、修改或重申行规、业规的时机，"固所以集同人而崇圣诞，亦所以申约禁而重行规"①。长沙书业亦以业祖瑞诞之日为修规履约之期，"同人以本年三月十五日庆祝财神瑞诞为始，所订新章，亦于此日通行"②。当然，每年业祖瑞诞之期，也是行会财务清算之期，必须交接清楚。例如，长沙篾业规定，"祖师瑞诞，总管值年经理祭祀。总管三年一换，值年一年一更，所有用费多少，出入银钱账目，交卸之日，凭众算清，器皿字约，照数交出，方可上交辞责，下接经管。如有亏欠公项恋管等弊，轻则议罚，重则禀究"③。参与财务清算的包括主、客双方，例如，长沙靴帽业规定，"每逢轩辕瑞诞之期，后十日签派首士铺户四

---

① 《帽庄条规（浏阳）》，见彭泽益主编：《中国工商行会史料集》上册，389 页。

② 《书业条规（省城）》，见彭泽益主编：《中国工商行会史料集》上册，282 页。

③ 《篾店条规（省城）》，见彭泽益主编：《中国工商行会史料集》上册，301～302 页。

人、琢坊一人、客师三人，先期具柬通知，齐集核算，每年所收香资
入帮银两，以及用费若干，逐一算清，登载簿据，应将余存银两分厘，
一概交出，毋得以私抵公"①。至于董事会换届，新、旧董事交接，既
是年度大会的题中应有之义，更是祭祀大典的重要仪程。

由此可见，行会在加强制度建设的同时，将业祖崇拜与祭祀等宗
教文化活动融入其中，形成你中有我、我中有你的交融局面。通过制
度强制性地使主、客双方共同加入同一个行业组织，又借由宗教文化
活动将行业精神内化为各成员的共同信仰与习惯，从而达到强化行会
制度、固化行业文化的宗旨，实现了主、客共治的目的。

（三）主客共治的主要领域及其成效

共治是建立在共同利益基础上的行业治理，因此，共治领域必须能
涵盖双方的共同诉求。比如，行业准入条件，产品价格与工钱标准，
主、客关系，学徒的招收及养成，行业声誉，等等，都牵涉主、客双方
的共同利益，是主客共治制的着力点。当共同的利益基础遭到破坏时，
需要及时调整修复，而当修复无效，且其中一方的利益受损过大而无
法忍受时，共治必将向分治转化。

第一，共同制定行业准入条件。传统手工业与传统农业社会相适
应，行业规模受到严格限制，规模过大，必然造成同行间的恶性竞争，
因此，为了保持行业的适度规模，行会对新开业者设置了较高的门槛，
实行开业准入制。一是收取一定数额的开办费。1889 年，长沙篾店条
规规定，"城厢内外，嗣后新开铺店，备牌费钱一串入公，并议定上三
下四，方可开贸"②。武陵篾箱业规定"新开店面，无论城乡人，上会
钱拾串，戏一台，酒四桌"③。一般情况下，同行开店缴费较少，外行
开店须缴纳更高费用。例如，1907 年，长沙纸店规定"同行人开店，

① 《靴帽店条规（省城）》，见彭泽益主编：《中国工商行会史料集》上册，
389 页。
② 《篾店条规（省城）》，见彭泽益主编：《中国工商行会史料集》上册，
302 页。
③ 《篾箱店条规（武陵）》，见彭泽益主编：《中国工商行会史料集》上册，
304 页。

代续捐牌费钱八串文","外行人与我行人合伙开店者,代续捐钱十串文,以作牌费之资","外行人开设我行生理者,代续捐牌费钱二十串文"。① 湖南武冈染纸业规定,"新开琢坊,在祀之人出招牌钱一千六百文正,如外来同行,公议招牌钱二千四百文。如外行新开,公议招牌钱四千八百文,如内行邀同外行合伙原牌,出钱八百文,另牌出钱二千四百文,如有不遵,公同酌商"②。二是实行"公议"制,同行铺户,新开店坊,须经公议。例如,巴陵篾业规定,"同行铺户,可开设不可开设,均凭公议,如有不遵者,商议酌罚"③。

同时,对新入伙客师实行准入制。例如,长沙篾店业的外来客师入行从业,"应先出规钱二串四百文,方准做艺,如自做沿门者,小试帮差费钱六百文,大科帮差费钱一串二百文。日后开店再备酒席四桌,演戏一部敬神,俾得通晓,以便承差"④。长沙弹花店业规定"外来客师及机匠,准其入行,出帮费钱一千二百文,长善公派值年八人轮流稽查,同行不得隐匿,值年亦不得徇情,如恃强不入,即是滥规,公议罚钱一串文,报信者谢钱四百,以后不许城乡内外做艺"⑤。

第二,共同确定产品价格与工钱标准。为防止同业随意涨落价格,行会往往不厌其烦地规定各种产品的售价,例如,湖南武陵香店业详细规定了四十种不同品牌、不同规格产品的价目,如表 6-3 所示,同时还规定了批发与零售之间的差价,"发价每串以上者,概归九折,零货不准短价折扣"⑥。

---

① 《纸店条规(省城)》,见彭泽益主编:《中国工商行会史料集》上册,320 页。

② 《梅葛祀条规系染纸作坊(武冈)》,见彭泽益主编:《中国工商行会史料集》上册,329 页。

③ 《篾业条规(巴陵)》,见彭泽益主编:《中国工商行会史料集》上册,304 页。

④ 《篾店条规(省城)》,见彭泽益主编:《中国工商行会史料集》上册,302 页。

⑤ 《弹花店条规(省城)》,见彭泽益主编:《中国工商行会史料集》上册,333 页。

⑥ 《香店条规(武陵)》,见彭泽益主编:《中国工商行会史料集》上册,314 页。

表 6-3　湖南武陵香店业议定各香价目表

产品名称	单位	价格/文	产品名称	单位	价格/文
金字头品	支	120	红寿香	束	120
玉兰香	同	90	吉名香	包	15
大一品	支	60	上寿香	束	70
吉檀香	同	70	小名香	包	12
红一品	束	120	双贡檀	束	70
加料香	同	50	上白魁	束	10
黄一品	束	48	单贡檀	束	50
四百中吉檀	把	40	中寿香	束	40
红金香	束	320	红如兰	束	30
二百小吉檀	把	30	中白魁	束	7
黄京香	束	280	檀线香	束	20
二百次玉兰	把	20	珠兰香	束	6
红如檀	束	160	上福寿	百	80
檀条香	把	40	次寿	束	30
黄如檀	束	140	中福寿	百	60
三星香	包	150	安息香	盒	120
红沉速	束	180	大木箱	加	400
白和香	包	80	中玉兰香	捆	80
白沉速	束	150	小木箱	加	300
集福香	包	18	中上吉檀	捆	60

资料来源：《香店条规（武陵）》，见彭泽益主编：《中国工商行会史料集》上册，312～314 页。

为防止作坊主任意降低工价或帮工随意抬价，手工业行会对工钱标准做了严格规定，有以工计价者，也有以件计价者。湘乡香业规定"司务身俸，每天六十文，工夫拾箍三二足，余香每箍十二文"[1]。长

---

[1] 《香业条规（湘乡）》，见彭泽益主编：《中国工商行会史料集》上册，311 页。

沙制伞业曾于 1905 年因为工价纠纷而停工，为杜绝此类事件，在行会的主持下，双方达成一致，"自此次定议之后，永不准恃众停工，挟制店主，店主亦不得挟制客师"，"嗣后客主遵守，不涨不跌，如有私加工价，败坏行规者，传众禀究"。① 长沙成衣业规定"做主雇无论衣庄典店，每工制钱八十四文，正帮做主雇者，工钱七十六文，店内帮做者，工钱七十文"②。按件计价者如长沙袜业，"长夹袜每双裁里子工钱九文，不裁里子工钱八文，短夹袜每双裁里子七文，不裁里子者六文。裁洋布帮子，不论长短，每匹七十文。裁大布，不论长短，每匹五十文。如有私少工价者，同人查出，罚钱二千文"③。此外，业主不得拖欠客师工钱，例如，长沙梳篦业规定，"店主不准拖欠客师工价，客师亦不准长支代账，如有违者，不得招请，不遵议罚"④。还有按件配工计价者，即按不同工序配置不同的工人数量，规定不同的工价。例如，长沙烟店业规定，"刨金兰烟，每归正工一个，议工资钱八十四文，例如，用琢工刨刀，每工加刀资钱十二文，听东随时赶工，每日七点钟起手，至傍晚收工"，"撕烟叶，无论何地头烟及秋伏脚叶，头尾每正工一个，供做烟工两个半，议工资钱六十文"，"金兰头二号并皮绳五十八斤成捆，除皮绳三斤角边三斤，净烟五十二斤，作六工一捆"，"三四五号，并皮绳重五十八斤，除头角边三斤，归净烟五十二斤，作五工一捆"，"细干丝仍照旧章，净叶三十六斤成捆，撕叶刨工各一工"，"切细仍照旧章，每工净烟二十五斤，切工、齐叶各一工"。⑤

---

① 《伞店条规（省城）》，见彭泽益主编：《中国工商行会史料集》上册，315 页。

② 《成衣店条规（省城）》，见彭泽益主编：《中国工商行会史料集》上册，375 页。

③ 《袜店条规（省城）》，见彭泽益主编：《中国工商行会史料集》上册，387 页。

④ 《梳篦店条规（省城）》，见彭泽益主编：《中国工商行会史料集》上册，397 页。

⑤ 《烟店条规（省城）》，见彭泽益主编：《中国工商行会史料集》上册，428 页。

　　第三，共同维护主、客间雇佣关系的相对稳定性。主、客关系的相对稳定是维护行业生产经营秩序的基础，为此，行会制定了特别条规，规定主、客双方不得无故或借故辞退对方。行规对主、客双方均有约束，防止随意辞退现象发生，"必须有故，方可东辞伙，伙辞东，无故均不得任意自便，庶免刁唆而维商务"①。长沙靴帽店规定，"店内长年客师，春夏季店主无故不得辞师，秋冬季客师无故不得辞东，倘间有口角争论，必须请凭值年人剖断是非，客师不得借此停工，另帮别店，店主亦不得因故辞师，倘有不遵，罚银二两"②。桃源首饰店则规定，"各店主雇，如不相投，主不准荒月辞帮司，帮司不准旺月辞主，违者公罚"③。桃源书业亦有类似的规定，"雇请帮友，均有成约，主人不得于荒月辞帮友，帮友不得于旺月辞主人"④。为防止类似事件发生，有些行业制定了严格的惩罚措施。例如，在长沙裱店业，如果店主"无故生风借端，中途辞退客师者，应遵老例，向取一年辛俸，如若不清，众客师不准入彼店帮贸。倘客师无故辞退东家者，鸣行理谕，按照情节轻重，公同议罚，如有不辞而去者，加倍议罚"⑤。湖南湘潭烟业禁止业主之间相互挖角和主、客间无故辞退，"工经请定，他店不得暗相雇夺，该工亦不得背旧投新，如违均当处罚"，店主对工人"除有滋生事端，旷工废事等情可以随时开退外，平时无故不得开退，纵生意滞钝，减人必须逢五八节期方可，若节后辞退，陷下家莫找，失业抛工，累害匪浅。在工人亦不得乘工夫紧急，故意退避，欺卡店东，

　　① 《药材店条规（巴陵）》，见彭泽益主编：《中国工商行会史料集》上册，450 页。

　　② 《靴帽店条规（省城）》，见彭泽益主编：《中国工商行会史料集》上册，388 页。

　　③ 《首饰店条规（桃源）》，见彭泽益主编：《中国工商行会史料集》上册，390 页。

　　④ 《书肆简章（桃源）》，见彭泽益主编：《中国工商行会史料集》上册，288 页。

　　⑤ 《裱店条规（省城）》，见彭泽益主编：《中国工商行会史料集》上册，338 页。

如有此情，醴城不准雇请"。① 湖南长沙烟店"雇请琢工，如无事故，去留均以三节面议，一经留定，琢工不得借故告退，另投别店，而各店亦不得暗行抢请，违者议罚"②。长沙药店业要求"长年客师，务宜尽心竭力，终局赶忙时月，不得希图他处多出薪俸，捏故辞东。闲月生意淡薄，非有别故，店东亦不得希图短少薪俸，任意辞退"③。上述规定也没有完全剥夺业主辞退雇工或客师选择雇主的自主权利，只是要求双方谨慎行事，同时在解除雇佣关系之前，应处理好主、客之间的债务纠纷。"工匠有自由选择雇主之权，但应将欠前一位师傅之款偿清。若其未结清欠账而执意他去，工会应替其偿付短欠，而且不允许任何其他作坊雇佣此人。"④所有这些规定都旨在保障业主在生意淡季时不能任意解雇工人，工人亦不得在生意旺季时随意辞职。

第四，多措并举，共同维护行业声誉。行业声誉是一种无形的信誉担保，影响业内每一商家的经营业绩，良好的声誉有助于赢得市场，否则就意味着市场的丧失。玛高温的调查表明，中国传统手工业者非常爱惜行业的声誉，例如，温州纸伞匠工会认为市场萧条的原因在于纸伞的质量不佳，于是"公众议决，从今以后，纸伞应有一致的质量标准和固定的价格。现在，那些将有毛病的产品投放市场的业主们就如同那些以低于行会既定之价格表出售商品的奸商一样，受到同等程度的惩罚"⑤。锡蜡器皿工匠行会规定，"任何工匠若在产品中掺入铅，一旦被查出，将予重罚，其产品售价亦应低于同行业其他人。他们企

　　① 《烟业商工两般合编条规（湘潭）》，见彭泽益主编：《中国工商行会史料集》上册，431页。

　　② 《烟店条规（省城）》，见彭泽益主编：《中国工商行会史料集》上册，429页。

　　③ 《药店条规（省城）》，见彭泽益主编：《中国工商行会史料集》上册，447页。

　　④ ［美］玛高温：《中国的行会》，见彭泽益主编：《中国工商行会史料集》上册，39～40页。

　　⑤ ［美］玛高温：《中国的行会》，见彭泽益主编：《中国工商行会史料集》上册，44～45页。

图以此来提高自己的名誉，并博得公众的信任"①。为此，行会采取了多种措施，维护行业的整体形象。一是制订严格的质量标准。例如，长沙龙须草席业于1903年公议行业产品标准，规定"作坊做货，必须工精详细，接草仍照旧章。四六长五尺八寸，三八长五尺六寸，三六长五尺四寸，三四五五二四均五尺三寸以上。宽不准减扣分寸，倘有货不精，尺不足，将货入公"②。湘乡制纸业于1909年重申产品标准，"纸模照旧帐帘，每块三十八刀，正底刀两个，板长一尺六寸，阔九寸二分。古帘每块三十七刀，正底刀三个，板长一尺四寸，宽八寸，如有弄弊及用好盖丑，查出重罚不贷"③。安化药材业规定，"单内药料，不得代替，药件不得遗失，分两不得短少，亦不得贵者减少，贱者加多，并暗换庄口，以图减少价钱，假装门面。此等情弊，坏规矩而误性命，贻害诚非浅鲜，查出罚经手钱二千四百文"④。二是提倡严谨的工作态度，维护产品质量。例如，温州丝织匠工会规定，"本会所有成员均应勤谨作工，发挥出最佳技巧，凡因粗制滥造而损坏蚕丝者，均应赔偿"⑤；湖南长沙生药店规定，"开设生药店及医症卖药，总要以真药发给，毋得以假药哄骗射利，倘有哄骗，一经查明，公同逐革，如违禀请惩究"⑥。三是规范用工秩序，确保工作时间。关于工作时间的规定，湖南湘潭烟业条规有详细记载，"春分后，每日八点钟起作，六点钟休息，秋分后每日九点钟起作，五点钟休息，以示整齐。如钟

---

① ［美］玛高温：《中国的行会》，见彭泽益主编：《中国工商行会史料集》上册，45页。

② 《龙须草席店条规（省城）》，见彭泽益主编：《中国工商行会史料集》上册，307页。

③ 《纸业条规（湘乡）》，见彭泽益主编：《中国工商行会史料集》上册，322页。

④ 《药材店条规（安化）》，见彭泽益主编：《中国工商行会史料集》上册，449页。

⑤ ［美］玛高温：《中国的行会》，见彭泽益主编：《中国工商行会史料集》上册，39页。

⑥ 《生药店条规（省城）》，见彭泽益主编：《中国工商行会史料集》上册，446页。

点到时，偶有因事因病未曾起作者不拘，倘故意延搁，任东记过"①。湖南湘潭烟业规定，"早晚工作，视阴阳长短，天气炎凉为变通，故夏不作晚工，冬不作早工，三时只作早工。倘店东急需货售，照常息工后，另加工夫三小时，以备缓急，每月以四次为率"②。四是严明职业操守，严惩不端行为，"从雇主处偷窃生丝者，须从本行业中驱逐出去；收买所窃之丝者受罚同上"③。

第五，共同处理主、客之间的利益纠纷。总体上看，中国传统手工业中的主、客关系是平和的，这一点，西方观察者给予了十分正面的评价。"中国的手工业工人是通情达理的，从不为较高级和较低级层次的技巧寻求一律的工资；并且雇主们也算开明，法律并不偏袒对挣钱吃饭的手工业工人的侵暴行为；所以，劳资双方之间很少发生冲突。"④当然，这也并不是说主、客之间毫无利益冲突，但当各自的利益诉求明显对立时，行会会及时出面予以调解，例如，北京鲁班工业联合会成立的重要职责之一，就是调和主、客矛盾。"资方虐待劳方，或者劳方以罢工相威胁向资方提出不合理要求。在这些争端的初期就解决是极其重要的。因此本会将负责制定规划，例如，一旦资方降低工资，本会将采取措施，迫使资方正确对待工人；另一方面，如果工人向资方提出无理要求，本会也将给他们以应有的惩罚。"⑤行会调解主、客矛盾的方式是采取协商制，"通常的解决办法是人们聚集在一起，草拟一个提高工资的要求书，呈递给他们的雇主。随后问题就提交给行会，或行会的委员会去处理。委员会听取了双方的事实情况和

---

① 《烟业商工两般合编条规（湘潭）》，见彭泽益主编：《中国工商行会史料集》上册，430～431 页。

② 《烟业商工两般合编条规（湘潭）》，见彭泽益主编：《中国工商行会史料集》上册，431 页。

③ ［美］玛高温：《中国的行会》，见彭泽益主编：《中国工商行会史料集》上册，39 页。

④ ［美］玛高温：《中国的行会》，见彭泽益主编：《中国工商行会史料集》上册，43 页。

⑤ ［美］西德尼·D. 甘博：《北京的社会调查》，522 页。

意见后，再决定他们应该怎么做。一般情况下，委员会的决定都是折衷的、促进和解的"①。因此，人们很少把不满付诸行动，对提出的问题、要求或发生的争端往往采取互相妥协的折中办法加以解决。但是，这种办法并非总能奏效，事实上，雇工总是弱势的一方，当他们的利益受损时，有时也会采取激烈的抗争手段，但结果却常常不尽如其意。在北京，19 世纪 80 年代中期，"玉器工人要求在一块管状的玉上打一个洞（制成一个烟袋嘴）给 6 个铜板，而雇主只给 4 个。这个要求被雇主拒绝后，拿到行会来解决。因为大多数评判员是商店的老板，他们听完情况后，做出了不利于工人的判决。于是，工人们举行罢工，但是却不能把罢工坚持下去，因为他们没钱养家"②。这种激烈抗争的代价是共治的基础受到破坏，在这种情况下，要么双方妥协，要么一方让步，从而建立起新的共治基础。

总之，行会制度下的主客共治制是与传统社会经济发展水平相适应的行业自治制度，其形成、运行及效果，有着非常深厚的内在经济因素在起着决定性作用，社会与文化则提供了肥沃的历史土壤，它在维系手工业生产经营的既有秩序方面，发挥了积极作用。

二、同业公会制度下行业治理功能的趋新

(一)同业公会的制度安排

行会是旧式工商业管理的行业组织，主要通过提高同行或外行开业条件、限制招收学徒、规定统一的产品价格与工价，达到控制行业规模、减少和限制行业竞争、维护行业垄断利益的目的。虽然也发挥了一定的积极作用，但是，随着手工业自身的发展以及外国资本主义、本国民族资本主义工业的排斥和打击，手工业受到空前严峻的挑战。行会的权威性日益下降，破坏行规的行为屡有发生，到 20 世纪初年，尤其是第一次世界大战以后，各地出现了设立同业公会的热潮，形成

---

① ［美］西德尼·D. 甘博：《北京的社会调查》，189 页。
② ［美］西德尼·D. 甘博：《北京的社会调查》，201 页。

手工业行业组织新旧并存的格局。

同业公会的出现，既是资本主义经济发展的产物，也得益于政府自上而下的推动。民国成立后，北京政府和南京国民政府出台或修订了多个有关同业公会的法规，确立了同业公会的法人地位，使同业公会成为官方认可的正式工商业团体。

1918 年 4 月，北京政府颁布了《工商同业公会规则》及《工商同业公会规则施行办法》。这是民国政治与法律体系中第一个关于同业公会的正式法规。该规则明确规定"凡属手工劳动及设场屋以集客之营业，不得依照本规则设立工商同业公会"，同时又允许"原有关于工商业之团体，无论用公所行会或会馆等名称均得照旧办理"①，只需将现行章程由地方行政官厅转报农商部备案即可。其实，该规则颁布之前成立的会馆、公所等行业组织已经发生了若干变化，尤其是 19 世纪后期行会的重建或行规的重申，虽未产生革命性的质变，但也并非旧式行会的"复活"，而多多少少具有量变意义。因此，《工商同业公会规则》虽将此前已经存在的会馆、公所等手工业行业组织排除在同业公会制度之外，但允许备案的规定如同承认了会馆、公所等组织继续存在及变革的合法性，它的出台，标志着工商同业组织进入了一个新旧并存的过渡时期。

1923 年 4 月，北京政府又发布了《修正工商同业公会规则》，删除了关于手工业不得设立同业公会的条文，完善了"同区同业一会"原则。针对《工商同业公会规则》颁布后新出现的同一行业在公馆、公所之外新建同业公会等"一行二会"现象，规定原有"公所、行会或会馆存在时，于该区域内不得另设该项同业公会"②。这次修订使得新兴的手工业行业可以依法设立同业公会，但仍然承认已经存在的会馆、公所等手工业团体的唯一合法性。虽然这次修订并未从根本上强制会馆、公

---

① 《工商同业公会规则》，见彭泽益主编：《中国工商行会史料集》下册，985～986 页。

② 《修正工商同业公会规则》，见彭泽益主编：《中国工商行会史料集》下册，988 页。

所等团体向同业公会转化，但却满足了新兴手工业行业成立同业公会的需求。19世纪70年代以后，尤其是清末民初时期，随着资本主义工商业的发展，手工业中出现了针织业、手帕业、火柴业、制皂业、油漆业、搪瓷业、电池业、机器修造业、电机业、地毯业、花边业、草帽业、发网业、制蛋业、猪鬃业、肠衣业等新式行业，它们不仅冲击了旧的行业，导致了结构性的利益冲突，而且在对外贸易中也面临着新的国际商业惯例，迫切需要新式行业团体维护自身利益。

南京国民政府成立后，即着手同业公会规则的修订。1927年11月，农工部"为保护工业团体，及促进技艺发达起见"，颁布了《工艺同业公会规则》，规定"凡属机械及手工之工厂、作坊、局所等，操同一职业者，得依本规则之规定，呈请设立工艺同业公会"；同时，确定了同业公会的独立法人团体地位，"各种同业公会，均为法人"；尤其是强调了对旧式行会组织的改组，规定自该规则施行之日起，"从前原有之工艺团体，如行会、公所、会馆等，应依照本规则改组，呈由该地主管官厅，转报农工部核准立案"。①《工艺同业公会规则》将工业类公会从原来的商业类公会组织系统中分离出来，作为一种单行法规，它的出台，标志着关于手工业同业公会的正式制度安排从柔性向刚性的转变，有利于加速旧有行会组织向同业公会转化。

为了进一步规范同业公会的建设过程，南京国民政府于1929年颁布了《工商同业公会法》，次年又公布了与之配套的《工商同业公会法施行细则》。与前几次立法相比，此次出台的法规及施行细则，突出了三个方面的变化：第一，强制同行加入同业公会，"同业之公司行号，均得为同业公会之会员，推派代表，出席于公会"；第二，强制改组旧有行会组织，规定"原有之工商各业同业团体，不问其用公所、行会、会馆或其他名称，其宗旨合于本法第三条所规定者，均视为依本法而设立之同业公会，并应于本法施行后一年内，依照本法改组"②；第三，

---

① 《工艺同业公会规则》，见彭泽益主编：《中国工商行会史料集》下册，990、995页。

② 《工商同业公会法》，载《商业月报》，第9卷，第7号，1929。

对同业公会的组织构架做了统一规范。该法的出台，加快了同业公会取代会馆、公所等旧式行会组织的步伐。

基于此，各地方政府立即布告当地工商业行业限期落实，北京市政府通告各行各商家，"自布告之日起，限三个月内，一律加入其本业公会，倘逾期仍不加入，即行依法罚办，切勿延误"①。成都市政府也于1929年年底向市内工商各业发出布告，限期改组成立同业公会。各地商会也积极敦促各同业组织依法改组。例如，天津总商会在收到《工商同业公会法》后，立即行文各业团体会员，"统限文到一个月内一律宣告成立办理完竣"，"如果各业再为因循，延不组织，逾限之后，本会即当按照法定程序进行办理，不能长此久延，敬希各业特别注意，切莫自误"②，并推派若干组织，对各业进行咨询指导。苏州总商会"当经议决，将《工商同业公会法》全文印发各业公所，依法改组"③。南京国民政府在各大商埠设立了商人团体整理委员会，对现存工商同业团体依法进行登记，并依据《工商同业公会法》及其施行细则加以整理，这一工作于1931年大体完成，标志着同业公会制度的正式确立。

从规则到法令，从粗糙到完善，有关同业公会的立法经历了十余年时间。这十余年也是中国经济、政治剧烈变动的时期，伴随着立法进程，旧式同业组织不断变革，新式同业公会相继成立，据不完全统计，到1931年4月，成都组建起来的同业公会达82个④，截至1934年，武汉依照同业公会法组建或改组的同业公会达159个⑤。从全国范围看，截至1933年6月底，21个省市向南京国民政府实业部备案

---

① 仁井田陞：《北京工商ギルド资料集（三）》，369页，東京，東京大學東洋文化研究所，1978。
② 天津市档案馆、天津社会科学院历史研究所、天津市工商业联合会编：《天津商会档案汇编（1928—1937）》上册，200～201页。
③ 马敏、肖芃主编：《苏州商会档案丛编（第四辑）》上册，164页，武汉，华中师范大学出版社，2009。
④ 参见成都市政府秘书处：《成都市市政公报》，第31期，1931。
⑤ 《农工商业团体之立案及监督》，见汉口市政府编：《汉口市政概要》，31页，武汉，汉口市政府，1934。

的工商同业公会达 4185 个。① 从行业治理上看，同业公会已经取代公所、会馆、行帮等旧式行会，成为重要角色。

(二)同业公会的形成路径

事实上，为应对激烈的市场竞争，保护同行利益，各地会馆、公所等行会组织向同业公会转化，或直接设立新的同业公会的实践走在了法规的前面。虽然无法可依，但是，中国商业的传统习惯所具有的惰性及其对行业形成的阻力、西方新式同业公会的示范与带动，从正、反两面形成了强大的文化驱动力。天津棉织业同业公会在述其成立缘起时毫不讳言地指出："远瞻英美有世界棉业会，其眼光四瞩，实注视全球。近观东邻有纱业公会，其指导翼助卒执东亚棉业之牛耳。近视吾国棉业界，平时则各自为谋，难阻则束手无策，无远大之眼光，乏共同之辅助，矧吾国棉业正幼稚之际，关于根本之设施如改良种植，推广纺织，求国内运输之便利，谋海外贸易之扩张，调查市况，剂世界之供求，体察商艰，吁政府之保护，凡此种种计划，非有统一机关，难收折冲明效。美日成法是我良师，同人等……创设斯会……安见将来……不与英美棉业会，日之纱业会互相颉顽〔颃〕耶!"②这表达了大多数同业组织寻求变革或创建新式同业公会的共识。始于 19 世纪 70 年代，伴随着重建行会、重整行规活动而出现的行业团体管理功能的趋新，相应地出现了新式同业组织的创建或由旧式组织向新式团体的转化，到清末民初，同业公会已经通过多种途径逐步增多，民国成立后的北京政府和南京国民政府先后颁布的有关同业公会的法规只是顺应并加快了这一进程。

首先是从公所、会馆等旧式同业组织转化而来的手工业同业公会。北京米面业是集粮食、面粉加工销售于一体的行业，其同业组织是成

---

① 参见黄逸峰、姜铎、唐传泗等编著：《旧中国民族资产阶级》，272 页，南京，江苏古籍出版社，1990。

② 天津档案馆、天津社会科学院历史研究所、天津市工商业联合会编：《天津商会档案汇编(1912—1928)》第 1 册，292～293 页。

立于乾隆年间的马王会，1913 年，"铺捐议起。群感于同业团结之必要，兼喻此会之组织不合法程，遂就前会员为基础，改称为米面商会"①。北京玉行同业公会源于 1789 年(乾隆五十四年)创办的长春会馆，"迨后玉行商众集议，组成公会。初名玉行商会，民国二十年改称玉器业同业公会焉"②。苏州云锦公所最早可以追溯到宋代机神殿，经多次重建，从 1792 年"专诚酬答，建庙尊神"发展到 1875 年"为同业会议、办公、设立义塾，并办一切善举之所"。③ 此时，同业组织的性质也发生了很大变化，"晚清时期云锦公所已经开始由旧式行会向资产阶级同业组织转化"④，行业治理也进入了新阶段，促进了纱缎业的进一步发展。因此，到甲午战争前，苏州的手工纱缎业发展到鼎盛时期，除四乡散处机工外，苏州城内"机额总数约达有一万五千座，而苏府属工商各业，附带救造织业以安生者，何止数十万人"⑤。1921 年，云锦公所制定了新的章程，"以研究出品、改良丝织、整齐货盘、推广营业为宗旨"⑥。1930 年，遵照南京国民政府公布的《工商同业公会法》，云锦公所改组定名为苏州云锦纱缎业同业公会，"以集合同业，研究改良出品，整顿市价，矫正弊害及谋工商互利，维持公益为宗旨"，将会员人选限定在庄号经理的范围内，"公会以全体会员大会为主体，各项

---

① 《北平米面同业公会成立暨公廨告成始末记碑》，见李华编：《明清以来北京工商会馆碑刻选编》，179 页，北京，文物出版社，1980。

② 《白云观玉器业公会善缘碑》，见仁井田陞：《北京工商ギルド资料集(一)》，33 頁，東京，東京大学東洋文化研究所，1975。

③ 《重建苏城机神庙碑记》(1792 年)、《长洲县为云锦公所集资重修严禁无知聚众滋扰示》(1875 年)，见苏州市档案馆编：《苏州丝绸档案资料汇编》上，15～17 页。

④ 王翔：《从云锦公所到铁机公会——近代苏州丝织业同业组织的嬗变》，载《近代史研究》，2001(3)。

⑤ 《云锦公所沿革纪要》(1943 年 8 月)，见苏州市档案馆编：《苏州丝绸档案资料汇编》上，32 页。

⑥ 《云锦公所为遵报组织章程致苏总商会函(附：苏州纱缎业云锦公所章程)》(1921 年 6 月)，见苏州市档案馆编：《苏州丝绸档案资料汇编》上，19 页。

委员均由大会投票选举产生"。① 这样，云锦公所从形式到性质上都完成了向同业公会的转化。

其次是从反抗旧式行会垄断的斗争中蜕变而来的同业公会。旧式行会具有强烈的排他性，竭力维护封建行商的垄断利益，这与早期资本家强调自由竞争水火不容，于是他们联合起来，展开了反抗行会的斗争。北京芝麻油业同业公会就是一例，民国初年，北京芝麻油行业中贾海山等"设置专行，垄断渔利，激起公愤"，于是，同业轩毓书、马瑞斋、王益亭等诉至法庭，"卒至公理胜强权，推倒专行，芝麻油业商会因之成立"。②

再次是从反对封建苛捐杂税的斗争中孕育出来的新式同业公会。清末民初，"财政日窘，苛税如林"，新兴手工业在出现之初就面临着苛政搜刮，例如，在北京五金业，"彼时崇关主者，无暇顾念商艰，又复就重移轻，摧残剥削。或苞苴未至，即指斥扣留，难获蝇头，动成雀角。以致业斯业者，同感如虎之苛"，于是，同业推举代表邸占江、马汇田、孟玉兴等"上书主管机关，据理以争，几至声嘶力竭"，迫使当局"卒将例外苛罚一律剔除，并予修正合法税率"，从此，"运税既得其平，售价因而大减"，促进了五金业的发展。在此基础上，五金业于1923年9月成立了京师五金行同业公会。③

最后是随着新式行业的产生而创建的手工业同业公会，苏州铁机丝织业同业公会是其典型。民国初年，苏州丝织生产工具由旧式木织机发展到铁机，虽然仍以人力驱动，但生产效率大大提高，出现了一股创设铁机绸厂的热潮，到1920年前后，"苏州城厢内外华商所设各铁机厂逐渐增多，共计机台已有一千余座。进行之神速，出品之精良，

---

① 《苏总商会为修订章程事致云锦纱缎业等函稿（附：苏州云锦纱缎同业公会修订章程）》（1930年3月），见苏州市档案馆编：《苏州丝绸档案资料汇编》上，27页。

② 《芝麻油同业公会成立始末暨购置公廨记》，见李华编：《明清以来北京工商会馆碑刻选编》，185~186页。

③ 参见《五金行公会碑》，见李华编：《明清以来北京工商会馆碑刻选编》，188页。

实有一日千里之势"，于是，创办苏经绸厂、振亚绸厂，开铁机丝织业风气之先的谢守祥、陆是福等以"求一业之发达，不有团体以联络之不足以奏功；出品之精良，不有多人以研究不足以见效"为由，联名呈请苏州总商会，发起组织铁机丝织业同业公会。① 为减少阻力，谢守祥特别将铁机丝织厂与旧式纱缎业区分开来，指出"就苏埠一隅而论，在固有丝织业，仅土法纱缎有云锦公所，然其性质与铁机丝织厂完全不同，故拟定公会名称不仅曰丝织业公会，而特声明之曰铁机丝织业公会，即所拟章程亦仅以铁机范围以内为归宿，无非欲区别铁机范围"②。次年，苏州铁机丝织业同业公会正式成立，1930 年更名为吴县铁机丝织业同业公会。从其章程看，铁机丝织业同业公会的构成与旧式行会截然不同，"凡在吴县全境范围以内华商所设之各铁机厂，得以厂东或经理代表之"③，可见，它完全是一个由手工业资本家或代表资方利益的经理人组成的新式手工业同业组织。

同业公会形成路径的多元化，既是行会制度下行业治理功能难以满足行业发展的现实反映，也是新兴工商力量成长和发展的表征。它的出现，改变了行会制度下的主、客共治传统，开始以资本家的阶级意志制订新的章程、业规，从此，行业治理进入了一个新的时期。

（三）同业公会的行业治理

新式同业公会的性质发生了根本变化，从过去维护封建行帮垄断利益的行业组织发展到维护手工业业主利益的同业组织，在行业治理中发挥了重要作用。这既受益于官方对同业公会的赋权和规范，也得益于同业公会依法行权基础上治理能力的提升。

1918 年北京政府农商部颁布的《工商同业公会规则》十条及《工商同业公会规则施行办法》六条，明确了同业公会兴利除弊、一业一会、

---

① 参见《谢守祥等为筹组苏州铁机丝织公会致苏总商会节略》（1920 年 6 月），见苏州市档案馆编：《苏州丝绸档案资料汇编》上，116 页。

② 《谢守祥等为陈述设立铁机公会缘由致苏总商会节略》（1920 年 9 月），见苏州市档案馆编：《苏州丝绸档案资料汇编》上，123 页。

③ 《苏州铁机丝织业同业公会暂行章程》（1920 年 7 月），见苏州市档案馆编：《苏州丝绸档案资料汇编》上，119～121 页。

非营利性等基本原则，所有同业公会均须"以维持同业公共利益，矫正营业上之弊害为宗旨"，"同一区域内之工商同业者设立公会，以一会为限"，同时，同业公会自身必须遵守非营利性规则，即"不得以同业公会名义，而为营利事业"；此外，还规定了同业公会设立的程序性条件，例如，"工商同业公会之设立，须由同业中三人以上之资望素孚者发起"；并妥订规章，规章的主要内容包括名称及所在地、宗旨及办法、职员之选举办法及权限、会议规程、同业入会及出会之规程、费用筹集及收支方法、违背规章者处分之方法等，"经同一区域内四分之三以上之同业者议决"。① 1918 年的《工商同业公会规则》虽较为简略，但却是中国近代经济史上第一个关于同业公会的法规，奠定了此后工商同业团体发展的基础。

1923 年颁布的《修正工商同业公会规则》十一条，只对 1918 年的规则做了小幅度的修订，即删去了原有第二条"凡属手工劳动及设场屋以集客之营业，不得依照本规则设立工商同业公会"的规定，同时第九条增加了"前项公所行会或会馆存在时，于该区域内不得另设该项同业公会"的内容，增加的条文强调了"本规则除有法令特别规定外，于工商同业公会均适用之"。② 由此可见，1923 年的《修正工商同业公会规则》并无实质性的改变。

1927 年出台的《工艺同业公会规则》共十一章三十七条，除总纲、附则外，内容涉及宗旨与种类、组织、职务、会员、选举及任期、会议、解职及处分、经费、解散及清算九个方面，是一个专门为从事工业和手工业的商人制定的单行法规，其立法初衷乃在于"保护工业团体，及促进技艺发达"，因此，在兴利除弊、非营业性、一业一会等基本原则上完全继承了《工商同业公会规则》的有关规定，不同之处体现在两个方面。一是界定了工艺同业公会的行业治理权限，包括筹议同业之改良，调和同业之竞争，检查同业之输出制品及半制品，职业学徒之保护奖励，内外市场调查，答复行政官厅之调查咨询，组织经农

---

① 彭泽益主编：《中国工商行会史料集》下册，985～986 页。
② 彭泽益主编：《中国工商行会史料集》下册，985～988 页。

工部核准的展览会、共进会及其他关于工艺之公共事业等。二是增加了工艺同业公会的组织治理职能的内容，例如，成为会员的基本条件是，"以在本区域内之同业品行端正，年满二十五岁者为限"；会董、会长、副会长的产生及任期是，"会董由会员投票选举。会长副会长，由会董投票互选"，一般为二年一任，可连任一次；议事机构规程规定，同业公会"得开定期会议及特别会议"，其中，定期会议"分年会职员会，年会每年一次，职员会每月二次以上"；关于同业公会解散，一方面是有关官厅给予解散的处理，"如有违背法令，逾越权限，或妨害公益时，该地主管官厅"需要"解散该会，另行组织"，另一方面是自行解散，"工艺同业公会自行解散，须经会员四分之三以上到会，得到会者三分之二以上议决，并经农工部核准，方得发生效力"。①《工艺同业公会规则》的单独出台不仅反映了南京国民政府对发展现代工业及促进传统工艺改造的重视，也使得工业、手工业业主能够依法设立更具有现代性的行业团体，加强行业治理，更好地维护同业利益。

虽然如此，上述规则在施行的过程中却遭到了部分手工业者的冷遇甚至抵制，部分手工业者游离于同业公会之外，还有些加入者相继退出，致使同业公会的权威性及行业治理成效大打折扣。例如，北京地毯业曾于1914年发起组织地毯业公会，"公决划一价目，90线地毯每方尺价洋4元5角。此项价目，同业中遵守者约1年余。嗣后因营业竞争，暗中折减，不守会规，致已入公会354家毯行会员，只有40家仍继续加入公会，余者陆续退出，公会因此遂无形解散矣"②。天津地毯业公会情形与此相似，1923年年底天津地毯业公会成立，会员达450人，此后逐年减少，到1929年在会会员仅有220人。会员人数之减少，部分是"近年来之小规模毯厂发展之结果。因此项规模较小之毯厂，不明了合作之利益，绝不愿在公会内有所活动，且其对于公会之要旨，茫然无所知，于是宁愿退会，借省会费。延至今日，公会之名

---

① 彭泽益主编：《中国工商行会史料集》下册，990～995页。

② 包立德、朱积权：《北京地毯业调查记》，见李文海主编：《民国时期社会调查丛编·二编·近代工业卷》中，216页，福州，福建教育出版社，2010。

义虽存，实际上之工作，甚形稀少矣"①。其实，这种现象在当时并不鲜见，由于同业公会业规仅适用于已加入公会的会员，"对于未入会之同业，不能强其遵守，是故业规之实施，殊感困难"，"各业公会以同业之不能一体遵守，组织渐见松弛，力量渐形涣散，亦颇有崩溃瓦解之虞"。②

为解决实施过程中同业不愿入会或退会的问题，南京国民政府再次对同业公会规则进行了调整。1929 年 8 月，南京国民政府颁布了《工商同业公会法》十五条，首次直接以"法"命名，且增加了该法的强制性。例如，第一条规定，"凡在同一区域内经营各种正当之工业或商业者，均得依本法设立同业公会"；第七条规定，"同业之公司行号，均得为同业公会之会员，推派代表，出席于公会"。与 1918 年和 1923 年先后出台的工商同业公会规则相比，将同业中三人发起即可设立同业公会改为"须有同业公司、行号七家以上之发起"，将董事会制改为委员会制，"同业公会置委员七人至十五人，由委员互选常务委员三人或五人，就常务委员中选任一人为主席"，增添了出席公会的会员代表应具备的政治要求，明确了"有反革命行为者"不得为同业公会会员之代表。③ 一年后，南京国民政府于 1930 年 10 月发布的《工商同业公会章程标准》共七章三十一条，规定依法改组或新设的同业公会均须依照统一的标准制订新的章程，按此标准赋予的行业治理权限包括本业改良及发展、市面恐慌时同业之救济及维持、协调同业间关于商事之争议、同业各种统计之调查与编纂、办理符合同业公会宗旨的其他事项。此外，该标准对会员代表的规定明确了同业公会作为资本家同业团体的性质，第八条规定"会员代表为公司、行号，得派一人至二人，以经理或主体人为限"，只有人数超过十五人以上者，才可"增派代表一人，由该公司行号之店员互推之"。④

---

① 方显廷编：《天津地毯工业》，79 页。

② 薛光前：《同业业规问题》，载《商业月报》，第 11 卷，第 9 号，1931。

③ 参见《工商同业公会法》，载《商业月报》，第 9 卷，第 7 号，1929。

④ 马敏、肖芃主编：《苏州商会档案丛编（第四辑）》上册，170～174 页。

为进一步增进同业公会及其业规的严肃性、权威性,工商业者纷纷向政府建言。在 1930 年的全国工商会议上,上海市社会局在上海市商会原有提案的基础上,提出"各业业规呈请主管官署核准者同业应一体遵守案",但未获通过。于是,包括商会和同业公会在内的商人团体的呈文在会后从上海、汉口、杭州、宁波等地纷纷寄达南京国民政府工商部,要求其同意"同业业规无论是否入会均应一体遵守"的条文。在商人团体的一再呼吁与坚持下,工商部于 1930 年 12 月初呈文行政院,在说明为何迟迟不予批复该提案的理由后,行政院倾向于批准该条文,称"以少数服从多数之原理,复由官厅审核以防其流弊,似属可行"。1930 年 12 月中旬,行政院发训令至上海市政府,同意上海市社会局提案中的三项条文,即"各业行规应呈请主管官厅核准备案""同业业规无论是否入会均应一体遵守""业规实施事实上有窒碍时得呈请官厅修改",并对行规的制定、审查、执行做出了明确规定,"各业所订之行规务必一秉至公,而官厅对于审查之标准应以有无妨碍社会、人民生计为去留,如有抬高价格、限制出产及妄定处罚条款,或涉及劳工问题情事,务须严格取缔。又如定有处罚条款,仍须逐案呈请核断,不得擅自执行,庶于商法情理,双方兼顾"。①

上述有关工商同业公会或工艺同业公会的法规及有关规定与施行细则,为手工业行会向同业公会的转化提供了标准,也为手工业同业公会的行业治理提供了依据。在行业治理实践中,同业公会围绕"维持同业公共利益,矫正营业上之弊害"的宗旨发挥作用,一方面加强制度建设,规范行业经营秩序,一方面加大实施力度,切实维护同行利益。

除政府制定、颁布同业公会法外,手工业同业公会也纷纷修订章程、业规,删除、修改传统行规中限制竞争的条款,把改进技术、提升质量、提高产品竞争力作为同业公会的主要职责。苏州铁机丝织业同业公会的章程规定其职责如下:"一、研究铁机所制丝织办法,借供

---

① 《未入公会之同业应遵守行规一案应请上海市社会局所提议案之三项办法外取缔有抬高价格限制出产情事请核转施行》(1930 年 12 月 5 日),中国第二历史档案馆,档案号:六一三-1229。

同业各厂参考。二、受同业各厂委托，调查机械之事项。三、关于同业兴利除弊诸举，经众议决，随时施行。四、因赛会得征集同业各厂之出品，以资比较。五、同业各厂艺徒学成毕业后，由本公会发给盖有会章凭证，由各该厂自行填给报，由本公会备查。"①改组为吴县铁机丝织业同业公会后，主要围绕技术改进、质量提升、价格管理、调解纠纷开展工作："(甲)集合同业研究改良织品；(乙)联合同业改进织造技术；(丙)整理市价，增进公共利益；(丁)调解纠纷，固结团结精神；(戊)发展业务，改良运输事务。"②

依据章程规定的主要职责，同业公会将制订业规作为行业治理与制度建设的一项重要内容。1931 年上海市政府发布了《上海市同业公会业规纲要》，规定"各同业公会于必要时，得拟订各该业业规(根据习惯及事实)"，业规一般由总纲、定价、营业、职工、处罚、附则等部分构成，条款多少不等，侧重点亦各有不同，但均"以维持增进同业之公共福利并矫正营业之弊害为宗旨"，无论会员、非会员均"须一律遵守"。该纲要赋予同业公会以定价、拟订营业规则、有条件的处罚等权力，同时也限定了同业公会的权力边界，例如，"不得有强制同业入会之规定"，"不得有绝对限制同业生产之规定"，"不得有丈尺限制，或类似丈尺限制等规定"，"业规内得规定同业雇用伙友之办法，但不得与各项劳工法规有所抵触"，"业规内得规定同业违背业规时之处罚方法，惟仍需逐案呈请社会局核断，不得擅行执行"。③ 以上海为例，各手工业同业公会制定的业规主要从如下几个方面规范行业生产经营秩序：

第一，商议产品价格，送请政府主管机关核准，并报商会备案。

① 《苏州铁机丝织业同业公会暂行章程》(1920 年 7 月)，见苏州市档案馆编：《苏州丝绸档案资料汇编》上，119～121 页。

② 《吴县铁机丝织业同业公会章程》(1930 年)，转引自王翔：《从云锦公所到铁机公会——近代苏州丝织业同业组织的嬗变》，载《近代史研究》，2001(3)。

③ 《上海市同业公会业规纲要》，载《工商半月刊》，第 3 卷，第 18 号，《法令规章》，1931。

定价是同业公会行使行业治理权力的重要举措，为此，有的同业公会组织执监联席会议，有的成立评价委员会。例如，打铁业同业公会规定，"本业出品，由公会执监联席会议议订价目单，呈请上海市社会局核准，并送请上海市商会备案后，通告各同业遵照"，价目变动亦如此，"如遇原料成本增减变更价目时，亦照上列手续办理"。① 阳伞业则"组织评价委员会，视原料成本之涨落，评定最低价目，呈请社会局备案，函送市商会查照后，印发同业一体遵照"②。搪瓷业稍有不同，"同业两家以上如遇有同样出品时，其品名及售价，应由本会议定，呈请社会局核准，并送请市商会备案后，通告同业遵守之"③。一般来说，以降价为手段扩大销量是不被允许的，例如，丝线业规定，同业"如有推广或扩充营业时，不得有私自减价及类似减价之事项，但有存货过多不及销售，以致色损霉坏之特殊情形，而不得削价出售者，须将事实情由呈报社会局查明属实允许变通办理者，不在此限"④。有的行业有条件地允许举办降价促销活动，履业规定，"同业中如宿货过多，一年中得举行春冬大廉价两次，各以三星期为限，凡遇新张及周年纪念举行放盘者，亦以三星期为限。如关店拍卖，以底货撤清为止，不准添置新货"⑤。降价销售须经政府主管机关核准，例如，木业规定，"呆货过多，须放盘减价者，应于五日前径呈社会局核准，并通知本会"⑥。搪瓷业也规定，"同业中如有滞销货品，不得不放盘折售者，

① 《上海市打铁业同业公会业规》，载《工商半月刊》，第 4 卷，第 21 号，《法令规章》，1932。

② 《上海市阳伞业同业公会业规》，载《工商半月刊》，第 5 卷，第 5 号，《工商法规》，1933。

③ 《上海市搪瓷业同业公会业规》，载《工商半月刊》，第 4 卷，第 10 号，《法令规章》，1932。

④ 《上海市丝线业同业公会业规》，载《工商半月刊》，第 4 卷，第 10 号，《法令规章》，1932。

⑤ 《上海市履业同业公会业规》，载《工商半月刊》，第 4 卷，第 21 号，《法令规章》，1932。

⑥ 《上海市木业同业公会业规》，载《工商半月刊》，第 4 卷，第 11 号，《法令规章》，1932。

应将数目折价及放盘期限，先以书面报告本会，经议决通过后，始得举行，或径呈社会局核夺"①。

第二，同行开业依据有关规定登记报备。同业公会业规都有专门条款规定同业营业时"依照本市工商业登记规则之规定，径呈社会局登记"，并"将股东或董事与经理姓名及厂址牌号资本额通知本会"。② 有些行业制定了铺保条件，"须觅具殷实铺保两家送交本会对保后，转呈社会局核夺"③，这可视为信誉担保，但多数行业没有这项要求。有的行业提出保证金要求，例如，木业同业公会规定，"凡在本市区域内经营同业者，须征国币银四百元，作为保证金，如歇业时，如数发还"④，这可视为木业营业的资金保障。但从总体上看，旧式行会业规中有关限制开业的条款已不复存在。

第三，防止以次充好。阳伞业规定："同业不得搀用劣货原料，粗制滥造，危害国货销路。"⑤草呢帽业同业公会要求同业"各厂号不得代客制造窜易冒牌及混充国货等出品，设有违反者，经本公会查明属实后，得呈请市社会局核断执行之"⑥。眼镜业规定"同业制造镜片，其原料应采取有益目光之品质，不得混用劣料，妨害戴者目力"⑦。竹业

①　《上海市搪瓷业同业公会业规》，载《工商半月刊》，第 4 卷，第 10 号，《法令规章》，1932。

②　《上海市搪瓷业同业公会业规》，载《工商半月刊》，第 4 卷，第 10 号，《法令规章》，1932。

③　《上海市成衣业同业公会业规》，载《工商半月刊》，第 4 卷，第 17 号，《法令规章》，1932。

④　《上海市木业同业公会业规》，载《工商半月刊》，第 4 卷，第 11 号，《法令规章》，1932。

⑤　《上海市阳伞业同业公会业规》，载《工商半月刊》，第 5 卷，第 5 号，《工商法规》，1933。

⑥　《上海市草呢帽业同业公会修正业规》，载《工商半月刊》，第 5 卷，第 5 号，《工商法规》，1933。

⑦　《上海市眼镜业同业公会业规》，载《工商半月刊》，第 5 卷，第 13 号，《工商法规》，1933。

要求"同业不得私进及私造劣货，充折市价，破坏同业信誉"①。有些行业制定了详细的生产标准，例如，木业规定，"木杆围篾。同行批发双连丈五同，均以市尺六尺以下篾。桶木长木广木，均以市尺五尺下篾。单段以市尺四尺下篾。围篾咸以市尺为准"②。上海制药业同业公会制定了同业信条八条，其中前七条都涉及生产规范与标准，防止假冒伪劣现象的发生，例如，"制品要精，不可粗制滥造，药物含量应准确，须适合中华乐〔药〕典或规定之标准；原料应纯净，非乐〔药〕用原料，决不可搀用作伪，工场保持清洁，消毒更应慎重"，同业公会会员必须宣誓遵守制药信条，"如有违背政府法令、公会章程及制药信条，愿受国家及公会严厉制裁及惩罚"。③

第四，拟订符合本行业经营习惯的营业规则。在长期的生产经营活动中，各行业形成了不同的商业习惯，通常涉及商标、订货、次货、往来、出租出盘、国外贸易、公记、退货、银期、保险等，构成业规的重要内容。竹业规定，同行营业应遵守："（甲）租用作场，以六个月为一期，续租者依原价照加。（乙）账款及原料如有过期不归手续不清等情，得报告本会，查明属实后，通知全体同业暂停交易，一俟清楚即行复交。（丙）如同业承接交易确有各种证据者，他人不得侵占其营业。（丁）各项租用物件如料房凉棚之类，原有架子，除出租人外，他人不得修理或拆除之。"④打铁业规定："主顾拖欠货款满三个月后仍不清归，并发生交涉受不幸之损失时，得报由本会查实后，转知各同业

---

① 《上海市竹业同业公会业规》，载《工商半月刊》，第 4 卷，第 20 号，《法令规章》，1932。

② 《上海市木业同业公会业规》，载《工商半月刊》，第 4 卷，第 11 号，《法令规章》，1932。

③ 《上海特别市制药厂业同业公会业规》，《上海市制药工业同业公会有关筹备成立改组以及更改名称等问题呈请主管机关报批的文书》，1934 年 5 月，上海市档案馆藏上海市制药业同业公会档案，档案号：S65-1-8。

④ 《上海市竹业同业公会业规》，载《工商半月刊》，第 4 卷，第 20 号，《法令规章》，1932。

在款项未清前暂停交易。"①各行业的营业规则，或依据多数同行的意见，或基于约定俗成，有时引起客户质疑与阻碍，在这种情况下，同业公会特别强调行动一致性原则，搪瓷业规定："同业遇有客户留难收款不易者，得以书面报告本会处理之，凡客户经本会议决拒绝交易时，同业各厂非接有本会复交之通告后，不得再与交易。"②丝线业规定："凡顾客拖欠同业账款发生纠葛，在未清讫前，经本会决议拒绝交易者，全体同业应一致遵守，不得违背。"③

第五，规范雇工秩序，防止同行无序竞争。打铁业要求"同业不得挖夺前雇主及业师之生意，及含有欺骗行为等情事"④。履业规定"同业不得私挖伙友学徒，同业不得录用未毕业之学徒"⑤。阳伞业对雇用工友有严格限定，"同业雇用之职员工友，会员与非会员均不得互相挖用"⑥。苏州铁机丝织业同业公会专门制订织工章程，规定了织工的招工条件、工作待遇、劳动纪律等内容。织工分甲、乙等，"曾在各厂学业得有本公会毕业证书者为甲等，有机织程度而无本公会毕业证书者为乙等"，织工进厂"须有殷实商号保证，随缴保证金五元，并邀同保证人带具店号图章填写保证书、志愿书"；关于工作待遇，甲等织工"进厂时缴存毕业证书并试织样货壹匹，给与工资五成，如织品合格即予收用，以后随将所织尺寸录折记数，至给付工资之日核明发给"，乙等织工进厂时，"试织样货三匹，亦给工资五成，其余悉照上条（第三

---

① 《上海市打铁业同业公会业规》，载《工商半月刊》，第 4 卷，第 21 号，《法令规章》，1932。

② 《上海市搪瓷业同业公会业规》，载《工商半月刊》，第 4 卷，第 10 号，《法令规章》，1932。

③ 《上海市丝线业同业公会业规》，载《工商半月刊》，第 4 卷，第 10 号，《法令规章》，1932。

④ 《上海市打铁业同业公会业规》，载《工商半月刊》，第 4 卷，第 21 号，《法令规章》，1932。

⑤ 《上海市履业同业公会业规》，载《工商半月刊》，第 4 卷，第 21 号，《法令规章》，1932。

⑥ 《上海市阳伞业同业公会业规》，载《工商半月刊》，第 5 卷，第 5 号，《工商法规》，1933。

条)甲等织工同样办理";织工必须遵守劳动纪律,"无论在试织期间或已经收用后,倘有织坏货匹、损毁机械时,除随时辞退外,并须计算损失,在保证金内照扣","均应遵守本章程及各本厂之规则,暨技师或管理员之指挥,如有违犯,得酌量轻重分别记过或辞退"。①

第六,对违犯业规者进行处罚。同业公会通常不能直接行使处罚权,但可对违犯业规者开展调查,提出惩处意见,由主管官署核准。草呢帽业规定,同业中违犯业规者,"经调查属实,得由本公会议具处罚制裁办法,呈请市社会局核断后执行之"②。漆业规定"同业中雇伙曾营私舞弊,经公会认为情节重大者,通告全体予以注意"③。也有的行业在罚则中直接标明罚款数额,例如,搪瓷业拟订罚金标准,请社会局"核断":"一、违犯第九第十第十七条者,处十元以上五十元以下之罚金。二、违犯第四第五第六第七条者,处五十元以上一百元以下之罚金。三、违犯第八第十二第十四第十五条者,处一百元以上五百元以下之罚金。四、违犯至两次以上者,加倍处罚之。"④虽然最终的惩处权力在主管官署,但有关惩处的规定依然维护了业规的权威性。

不仅如此,在实际运作中,同业公会还加大执行力度,在对外交涉中将维护同业整体利益作为优先目标,对内则以章程赋予的权限,努力维护业规的权威性。具体而言,同业公会协助同业处理官商关系,切实维护同业利益。当同行遭到官方税卡勒索时,手工业同业公会积极呼吁,维护同业合法利益。例如,天津锦昌地毯厂雇用家庭手工业者将羊毛弹纺成线,当伙友前往收线或纺工"取毛送线"时,"所过关卡

① 《吴县知事公署为请核复铁机公会修订艺徒织工章程致苏总商会函(附:苏州铁机丝织公会织工暂行章程)》(1926年1月),见苏州市档案馆编:《苏州丝绸档案资料汇编》上,127页。

② 《上海市草呢帽业同业公会修正业规》,载《工商半月刊》,第5卷,第5号,《工商法规》,1933。

③ 《上海市漆业同业公会业规》,载《工商半月刊》,第5卷,第5号,《工商法规》,1933。

④ 《上海市搪瓷业同业公会业规》,载《工商半月刊》,第4卷,第10号,《法令规章》,1932。

仍行勒税，甚至带局逼令纳税，给铜元三二十枚即可放行"，鉴于此，天津地毯同业公会致函天津总商会，请其"转函津海关监督及常海两关税务司饬令所属局卡，遇有取毛送线者，经过局卡时准其随便出入，勿得稍事留难，以维实业，而惠贫民"。① 当同行扩大生产规模，需要官方出面提供保护时，同业公会出面积极协调。1919年，苏州石恒茂纱缎庄店主石湘帆扩充营业，自设工场，"召集男女工人织造纱缎货匹，深恐良莠不齐，发生阻挠工作，妨害营业事情，请求官厅保护"，于是呈请云锦公所转函苏州总商会，"准予转请县署、警厅迅予发给布告，俾安营业"。② 云锦公所立即转函苏州总商会，苏州总商会一面分函吴县公署"发给布告，禁约保护"，一面分函警厅"饬区知照保护"。③ 在苏州总商会的协调下，苏州警察厅"除令行该管警署谕令附近岗警随时弹压外，兹将布告一纸，缮就盖印，相应备函附送"，同时，吴县公署准其所请，"合缮布告一道函送"。④

同业公会对工人和学徒实行分类管理。天津地毯业中，"往往有未学满之工徒，无故请假或私逃，潜往他县工厂充当工师"，由于所学不精，对地毯质量造成严重破坏，于是，天津地毯同业公会董事会讨论决定，"嗣后各号凡雇用无证书工师，经公会查实者，罚洋二十元，此款由公会代收，然后送交妥实银行存放，俟年终有存款若干，提出再议办理慈善事业。当经公众表决一致赞成"。⑤ 学徒的招收、习艺、待

---

① 《锦昌地毯厂诉陈于郊外农村散放羊毛收线织毯税卡勒索情形文》，见天津市档案馆、天津市社会科学研究院历史研究所、天津市工商业联合会编：《天津商会档案汇编（1912—1928）》第3册，2775页。

② 《云锦公所为石恒茂纱缎庄添设丝织工场请保护事致苏总商会函》（1919年8月），见苏州市档案馆编：《苏州丝绸档案资料汇编》上，581页。

③ 《苏总商会为石恒茂纱缎庄添设工场请保护事致吴县知事等函》（1919年8月），见苏州市档案馆编：《苏州丝绸档案资料汇编》上，581页。

④ 《苏州警察厅为准石恒茂纱缎庄添设丝织工场发给布告事致苏总商会函》（1919年9月）、《吴县知事公署为石恒茂纱缎庄新设工场缮给布告事复苏总商会函》（1919年10月），见苏州市档案馆编：《苏州丝绸档案资料汇编》上，582页。

⑤ 《地毯同业公会为该业新厂遍设杜绝学徒冒充工师特拟定本业录用工徒规则文》，见天津市档案馆、天津市社会科学研究院历史研究所、天津市工商业联合会编：《天津商会档案汇编（1912—1928）》第3册，2776～2777页。

遇、出师等方面的制度规定是手工业劳动管理的重要内容，下章再详细展开讨论，此处不赘。

此外，在商会的统筹下，手工业同业公会还积极调解同行之间的利益冲突，积极参与有关行业市场行情、商事习惯的调查，促进同业改良技术，提高产品质量，在行业治理中发挥了应有的作用。

三、从帮会到工会：
手工业工人自组织管理的变化

（一）帮会制下的劳动管理与手工业工人谋求筹组独立团体的努力

工会兴起之前，中国传统手工业中并无独立的劳动者团体，而是作坊主、师傅、帮工等不同阶层混合在一起的行帮，据近人研究，手工帮会具有如下几个特点，"一、以师傅为团体之单位，与徒弟全然无关，故可谓为师傅之结合。二、以顾客为团结之对方。三、团结之分子为职工而兼企业者。四、目的在对内谋同业中同人之亲睦。此种帮之份子乃一从事手工之小企业家。各种职业均有一职业帮。同一职业而有许多分业者，则每一分业，各有一帮。……手工业中均有师傅、伙计、学徒三阶段，师傅、伙计皆有入帮之资格，学徒独无入帮之权利"；散处城市中的匠人，如"木匠、瓦匠、鞋匠、铁匠等，其团结亦非常坚固，规约非常严格。彼等之组织因有基金及经常费，故极为稳固。且时常召集会议，参酌一般社会之状态，而规定公定之工资。会员必须遵守之，不许多取亦不许少取。不遵者，由会之头目召集会议，决定惩罚办法"。[①] 五四运动是一个转折点，"民国八年时，工会运动即已应运而生，尔后乃日盛一日，由南而北，由都会而内地，于是工会遍全国矣"[②]。五四运动中，上海等地的手工业工人积极参加罢工，认识到没有团体的危害，团体观念增强，团结意识提高。"现在中国工界事事落人后，吃人亏，有冤莫伸，有苦难诉，几令国人不知有我同

① 王清彬、王树勋、林颂河等编：《第一次中国劳动年鉴》第2编，1、3页。
② 彭泽益编：《中国近代手工业史资料(1840—1949)》第3卷，254页。

胞者，皆因中国工界无一公共机关也。试观东西各国工界之势力如何，反顾诸己，无声无臭〔息〕，如痴如死，似此如何不受人愚弄欺侮？"①于是，手工业工人积极筹组工界团体。因此，大致可以五四运动为界，将近代手工业工人的自组织历程分为两个阶段。

如前所述，行会制度下的主客共治制，通常将东家与伙计混合在一起，"是从事同一行业工作的人结成的组织，这种联合体在中国已经有两千多年的历史了，每一个行业都有自己的行会，这些行会的成员中既有资本家（雇主），也有工人（雇工）"②。它的存在，是早期资本家阶级与工人阶级分化未周的体现。传统手工业中主、客一体的帮会的大量存在，与社会经济发展水平较低、变动缓慢是相适应的。行业条规中关于产品质量、售价、工价、学徒人数等的规定，牵涉到作坊主与手工业工人双方，利益一致性使得他们能够在一个帮会里共存，正如甘博所言，"雇主与雇工能够在同一组织中和平共处，因为从整体上说，行会中出现的矛盾，绝大多数涉及了行业的利益，只有少数矛盾起源于雇工与雇主的利益冲突"③。据全汉昇研究，手工帮行会的主要作用，体现在对原料与产品的统制上，包括关于工资、工作时间的劳动条件的约定，宗教活动的组织，以及徒弟制度的执行等。④ 由于主、客双方同在一个团体内，因此，有关条规可视为全体协商、共同认定的结果。

但是，条规不适应经济变化的情况常常发生，尤其是随着社会经济变动的加剧，手工业工人的待遇也处于不断的波动之中。但手工业工人很难有自己独立的固定团体，通常是当他们的共同利益受到业主侵犯时，临时组织起来抗争，达到目的或部分实现愿望时，临时组织亦随即解散，具有一事一聚，事毕即散的特点。"在某些行业，工人为

---

① 上海社会科学院历史研究所编：《五四运动在上海史料选辑》，375 页，上海，上海人民出版社，1960。

② ［美］西德尼·D. 甘博：《北京的社会调查》，165 页。

③ ［美］西德尼·D. 甘博：《北京的社会调查》，173 页。

④ 参见全汉昇：《中国行会制度史》，116～138 页。

数甚众，而窜街工匠另有自己的组织。然一般而言，当有了联合起来以与雇主作对的理由时（这样的例子很少见），他们往往群聚于神庙，开始'叫歇'，平心静气地达到他们的目的，也心平气和地解散。"① 有时临时组织则是在官方的弹压下被迫解散的。1903 年，苏州机匠"齐行索加工资"，纱缎主"以聚众停工，攸关市面"，"值此民食艰难，亟宜量为加工"，双方共同议定，"花累（纱缎）每尺加工洋七厘，素累（纱缎）每尺加工洋五厘外，并禀请六门捐局立案，复由田绍白太守照会长、元、吴三县出示晓谕，押令各匠一律开工"。② 1906 年，杭州机户工匠近万人，"因向绸庄索加工价，一律停工"，经仁和、钱塘两县官方调解，每工价增加一百二十文，但机工认为该增加数目由于铜圆贬值，"实属加如不加"，于是"议定聚集数千人，至某大绸庄为难"，见此情形，仁和、钱塘两县署"始改谕，概照前价加添二成，而各工犹复聚集数千人，在观成堂绸业会馆门前，要求每户工折上加盖增价若干字样，以昭信守"。③ 在这个案例中，机工数次聚集，没有一个强有力的组织在暗中发挥作用，难竟其功，增加工价并不是在绸业会馆的调解下达成的，预示机工独立筹组团体已指日可待。

　　无论是维护自身权益的自然反应，还是维护自身利益的自主意识，抑或是受启蒙后的外来意识，手工业工人日渐认识到建立工会组织、制定统一的劳动规范以维护工人利益的必要性，并开始谋求建立独立的组织，即便在同一个手工业行会内部，双方也互别苗头，雇主与雇工各自开展活动。在 20 世纪初年的北京，"香烛和化妆品业行会的雇主与雇工就是属于同一个行会的，但是他们却在不同的时间和不同的地点分别举行会议。制鞋行业有一个全体雇工的组织，是同雇主完全分开的"④。不过，当手工业工人谋求建立一个完全独立于雇主的团体时，一开始就遭到商会的驳斥、雇主的反对或来自官方的压制。例如，

①　彭泽益编：《中国工商行会史料集》上册，36 页。
②　《传谕开工》，载《大公报》（天津版），光绪二十九年（1903）三月初五日。
③　彭泽益编：《中国近代手工业史资料（1840—1949）》第 2 卷，599 页。
④　[美]西德尼·D. 甘博：《北京的社会调查》，173 页。

天津鞋业切排两工四百余人早在 1906 年就提出设立"公地"，并拟定鞋工条规六条，规定"切、排、圈、上、缝五项工人，各应举头目一二人，每月初一日皆到公地，讲求作法，和衷取益"，厘定工价，由于"切、排两项，数十年来向无增涨，殊不足以昭公允"，因此，条规规定"各项手工宜定妥章"，"经此次厘定之后，而切、排两工均须和平增定。在工人即不准私向铺中争扰，而铺中亦不许故意勒穷，从此和平交接，以期两有裨益"。鞋行工人代表刘国珍、张元庆等禀请天津总商会批示立案，结果，商会以"窒碍难行，应勿庸议"予以否决。① 无独有偶，天津打磨石工孙凤祖等二十余人，于 1909 年向天津总商会重提成立"公地"，并订立九条规章，规定了用工秩序与工价，例如，"匠人在铺户作工，须以自己相识主顾，不准私投"，"匠人倘被铺户辞退，须其另觅外乡匠人作工，不准本会师徒等违章投揽"，"匠人按米面铺约期做活，不准延期误事，草率塞责。做活时宜刻刻留心，以免伤损。如有误事等情，被铺户来会声明，即时议罚"，"作工价目，现由本会同人与米面行三津公地董事长会商议定，每盘磨工价合铜元十枚，俟后两造不准增减"，"米面行铺家各以省价，不用在会工匠，另觅工匠打磨，本会人等概不干预。倘铺家之磨，被会外工匠伤损，再投本会人改修之磨，须听匠人另议工价"；此外还规定，无论是手工艺人还是铺家，均不得私自议价，否则，如被查出，手工艺人将被"逐出会外"，铺家"按两造议罚"，但是，天津总商会认为他们"拟设公地，迹近把持，应不准行"。② 1912 年，上海金银首饰业匠首张鸿尧不满加薪标准，成立事务所，并派葛济显、王耀郎两人为调查员，"向各同业吵闹，要求加足十成，并欲管理手工人进出，不许各店经理干预"，遭到

---

① 参见《津邑鞋行工人刘国珍等禀陈切排两工四百名因行内涣散无序要求设立公地文及津商会批语》，1906 年 9 月 10 日，见天津市档案馆、天津社会科学院历史研究所、天津市工商业联合会编：《天津商会档案汇编（1903—1911）》上册，1334～1336 页。

② 《天津县为河北大街打磨工人郭庆余等请立打磨公会事照会津商会》，1909 年 6 月 8 日，见天津市档案馆、天津社会科学院历史研究所、天津市工商业联合会编：《天津商会档案汇编（1903—1911）》上册，1340～1341 页。

业主方强烈反对，庆元银楼经理邵锦章一纸诉状告至公堂，请求"饬令将事务所取消，按律究罚，以恤商艰，而保治安"，最后，公堂宣判，"葛济显等应着各罚洋七十五元，或各押一个月，并具结以后，不得再有扰乱情事，所立之事务所，应即日取消。惟被告所称手工穷苦，亦系实情，其加薪一节，应谕令该业董事妥商办理"。① 1913 年天津猪鬃业摘鬃工人组织"鬃业实行会"，以"维持工人自由权利，固结团体，共相挽救，共守信用，亟谋进行为宗旨"，"俾各行做鬃行生意者，即向本会招致工人做活，断无贻误之处，该工人信守本会所订价目行单向各行佣工，亦不准私行增减，扰累各行"。在他们看来，"设立鬃会，有便于各行，有利于工人，洵属两有裨益，似于地方行政绝无阻碍"，但是，该会遭到行商公所的强烈反对，直隶民政长冯国璋以"未便照准"予以驳回。② 同年，天津缝纫工人"以组织同志联络情谊，遇工互相维持，同谋实业进行为宗旨"，请求设立"缝纫研究会"，"本会缝纫工人，凡在军衣庄工作，价资总宜与军衣庄互相公议，不许任意增减"，天津总商会收到呈请书后，认为"工人愿入会与否听其自便，决不勒派，调查改正简章亦尚妥协，并无把持妨碍情事"，因此，"呈复民政长查核立案"。③ 然而，天津警察厅"以李家鸿等所立缝纫公所，巧立名目任意勒捐"，"即日取销，以免滋扰"。④ 清末民初，手工业工人争取设立独立团体的事例不胜枚举，但大多胎死腹中。

然而，随着资本主义的进一步发展，包括手工业工人在内的劳动

---

① 彭泽益编：《中国近代手工业史资料（1840—1949）》，第 2 卷，613～614 页。

② 参见天津市档案馆、天津社会科学院历史研究所、天津市工商业联合会编：《天津商会档案汇编（1912—1928）》第 3 册，3119、3120、3124 页。

③ 《缝纫工李家鸿等草拟章程请立缝纫研究会函并津商会遵令查复函》，见天津市档案馆、天津社会科学院历史研究所、天津市工商业联合会编：《天津商会档案汇编（1912—1928）》第 3 册，3125、3127 页。

④ 《民政长命津商会查明缝纫研究会性质予以取缔令并王志清等辩诉书》，见天津市档案馆、天津社会科学院历史研究所、天津市工商业联合会编：《天津商会档案汇编（1912—1928）》第 3 册，3131 页。

者的阶级观念萌生，建立以维护工人利益为宗旨而与资本家利益对立的手工业工人组织终究势不可挡。民国初年，天津出现了一批以维护手工业工人权益为目的的"研究所"。例如，成立于 1914 年的天津绒毛毡毯研究所，附设试验织工厂，"以便工人实地练习"；附设养工院，"凡工人在津赋闲而无工作者，准其来院寄宿不取房资"；附设施医处，工人患病后，"皆准入内诊治，不取分文，并可到养工院调养"；负责调处工商关系，"工人如有意见须到本所声明，经评议员议决照行，不许同议罢工而免两败俱伤。商家亦不许苛待工人，以期联络彼此之感情"；另外，为维护工人利益，该所规定"四行工人须有入所执据，方能到各号作工，本所一体保护"。① 成立于 1912 年的天津切排工研究分会（以下简称"切排分会"）在 1913—1914 年多次出面与资方交涉，维护工人的合法利益。1913 年 6 月间，义兴隆鞋店铺长于雅泉勒令降低工价，切作工人徐广有等诉至切排分会，切排分会派员前往与义兴隆交涉，双方"按照工人全体代表与各商店之约则原议工价行单实行核算，倘以后如再勒令工人落价者，按约则认罚"。然而到 1914 年 5 月间，义兴隆鞋店又发生勒令工人落价事件，切排分会公推"徐鹤年、李筱山等前往该商店质问，该铺长于雅泉无法措词，已承认强迫落工价是实，当面承认将工价补足外，以后仍按公议之工价核算"。但纠纷并未就此了结，10 月中旬，义兴隆鞋店工人姚振庆、李永庆再到切排分会控告义兴隆，于雅泉的承诺"至今并无效力"，于是，切排分会一纸诉状将义兴隆告到警察厅，警察厅以"嗣后令于雅泉不准落价，所欠工人价值，分文不补"结案。② 切排分会虽未完全胜诉，但其维护工人利益的初衷十分强烈，进而引起了天津总商会、天津鞋商研究所等的忌惮，他们认为切排分会"专与鞋店作难，鞋店每向工人挑剔工作或有辞却工人，该分会即于

---

① 《地毯商庆丰合等指控绒毛毡毯研究所所长陈元龄主唆罢工请予严究文并附该所章程》，见天津市档案馆、天津社会科学院历史研究所、天津市工商业联合会编：《天津商会档案汇编（1912—1928）》第 3 册，3136～3137 页。

② 参见《天津切排工研究分会禀控义兴隆鞋店破坏约则勒令工人落价并请退回工人储金函》，见天津市档案馆、天津社会科学院历史研究所、天津市工商业联合会编：《天津商会档案汇编（1912—1928）》第 3 册，3144～3145 页。

鞋店出以抵制，或怂恿工人罢工手段相对待"①，此后，双方日益走向对立。

苏州丝织业长期以来没有手工业者独立的组织。清末民初，随着市场波动、物价上涨，机户与纱缎商之间的矛盾激化，出现了歇业、停工现象，机户们"众情允洽"，"皆自愿将前陋习悉行改革，顾全大局，振兴工作，以图安宁"，筹议单独组建霞章公所，制订规章，禀请长、元、吴三县立案同意。三县要求苏州总商会查核是否"众情允洽"，经查，苏州总商会认为霞章公所"皆出自愿，并无强派，并约束各机户永无暴动，如有等情，惟发起之二十六人是问"。不过，所谓"约束各机户永无暴动，如有等情，惟发起之二十六人是问"等语，并不为机户所认可，机户要求注销"如有暴动惟发起之人是问"一语。从 1907 年筹议设立，到 1911 年清廷灭亡，霞章公所并未得到官方的正式备案，民国成立后，1915 年苏州警察厅才正式准予成立并予以备案。②

不过，在北京政府的政治与法律体系中，工会的地位也未得到认可。京汉铁路工人大罢工后，北京政府农商部奉黎元洪总统之命，起草并向国会送审《工人协会法草案》十五条，允许组织工人协会，但同时规定，若工会通过或实行的议案有扰乱政体、妨害治安、危及公众生活、阻碍交通及加害政府或社会等情形，皆可由政府解散，当然，这些情形都是由政府来界定的。即便如此，这个对工人组织限制极其严苛的法案亦因北京政变的发生而不了了之。1925 年五卅惨案后，社会各界要求出台工会法的呼声再起，农商部重拟《工会条例草案》二十五条，由法制院会同内务、司法、农商、交通等部修改，改订为三十四条，又因直奉战争及随后的北伐战争爆发，无果而终。

总之，在新式工会建立之前，手工业工人仍置身于帮会之中，帮会借助主客共治制，一定程度上维系着手工业生产经营秩序。同时，

---

① 《商会调查员赵文卿并津商会报告切排工会敛钱肥己搅扰店规请予解散函并巡按使立予解散饬》，见天津市档案馆、天津社会科学院历史研究所、天津市工商业联合会编：《天津商会档案汇编(1912—1928)》第 3 册，3151 页。

② 参见《苏商总会为机工程兆滦等请立霞章公所致吴县移》(1907 年 6 月 14 日)，见苏州市档案馆编：《苏州丝绸档案资料汇编》上，40～52 页。

他们为了更好地维护自身的劳动权益，为谋求建立独立于雇主的团体进行了不懈的努力，虽然多数未能如愿，但为此后新式工会的建立积累了经验，奠定了基础，并使北京政府认识到了工会立法的历史必然性。虽然动荡中的北京政府难以完成这一使命，但立法实践的挫折为后来的工会立法留下了可供吸取的教训。

（二）新式工会的建立与维护劳动权益的斗争

五四运动前后，手工业工人罢工斗争不断增多，罢工时间不断延长，调解难度不断加大，种种迹象表明，主、客双方之间的矛盾愈演愈烈，手工业工人需要建立一个旨在维护自身利益的团体。据不完全统计，1918 年上海、苏州、杭州等地的手工业工人罢工 10 次，1919年，在上海、苏州、汉口、杭州等地，手工业工人举行的罢工达 20次，其中除 3 次为五四运动中同情学潮，要求罢免曹、章、陆而举行同盟罢工外，其余均为要求增加工资、改善待遇的罢工。五四运动打开了手工业工人罢工的闸门，1920—1929 年，见诸部分文献的手工业工人罢工达 368 起，有起止日期记载的罢工，时间最长者达 67 天，最短的有 2 天，一般在 7 天左右，参加罢工的人数最多的一次是 1927 年2 月上海各业手工业工人共计 50 万人参加的全市声援北伐战争的总同盟罢工，单纯以经济诉求为目的的罢工人数多则万余人，少则百余人。① 从罢工结果看，工方增加工资的要求或多或少地能够得到满足，但过程与调解方式却较为复杂，有主、客召集联合会议协商的，有主、客两边各自开会妥协的，也有经官方调解或中间人居间调停的。例如，1917 年 7 月，上海轧花刀冷作业店伙，因物价飞涨，要求增加工资，罢工数日，东、伙僵持，该业领袖顾寿生等召集店主、工人在邑庙公所开会筹商，最后在工人让步后达成妥协，原本工人要求每把加工钱五厘，"各店东再三磋商，决定每把加工［钱］二厘。各工人仍多未满意。复经顾领袖竭力劝导，一致签字承认，克日上工。该业罢工风潮，至此乃宣

① 参见《各地手工业工人罢工统计示例》(1918—1920)，见彭泽益编：《中国近代手工业史资料(1840—1949)》第 2 卷，737～738 页；《各地手工业工人罢工统计示例》(1921—1929)，见彭泽益编：《中国近代手工业史资料(1840—1949)》第 3卷，350～387 页。

告终止矣"①。又如，1920 年 1 月，上海南市藤工要求增加工资，店主置之不理，于是南市、北市藤工联合起来罢工，并推举代表向店主一致要求增加工钱。这个推举代表、与资方谈判的过程，就是工方谋求筹组独立团体的过程，手工业工人通过实践懂得了组织团体与店主、作主斗争的重要性。

广东是国民革命的起源地，工会运动受到国民党广州政府的高度重视。孙中山首先意识到了工人团体的重要性，"(甲)因中国今日机械工业尚属幼稚，大部分的手工业工人不明组织团体之必要，因此本条例即首在确认劳工团体在社会上之地位。(乙)允许劳工团体以较大之权利及自由。(丙)打破妨碍劳工运动组织及进行中之障碍，使劳工团体得渐有自由之发展"②。1924 年 11 月，孙中山以大元帅名义发布了《工会条例》二十一条，主要内容包括：同一职业或产业之脑力或体力劳动者有五十人以上者，得适用本法组织工会；工会与雇主团体立于对等之地位；工会有言论、出版及办理教育事业之自由；工会有权与雇主缔结团体契约；工会与雇主发生争议，有要求雇主开联席会议仲裁之权，并请求主管行政官厅派员调查及仲裁；工会在必要时，得根据会员之多数决议宣告罢工；工会享有参与雇主方面规定工作时间、改良工作状况及工场卫生之权。③ 广州政府时期的国民党虽偏居一隅，但作为一个意图取得全国政权的政党，它认可工人团体并颁布《工会条例》，仍然有力地推动了工人运动的发展，新式工会乃应运而兴。据载，到 1925 年，广东约有 180 种工会，会员约有 8 万名，他们联合起来成立广东工界代表团，"代表团之宗旨，在于缩短工作时间，实行代表团所定工资比率，坚持星期日作工加价办法"，湖南 16 个工会联合

---

① 《民国日报》，1917 年 7 月 27 日，见中国社会科学院经济研究所、上海市工商行政管理局、上海市第一机电工业局编：《上海民族机器工业》下册，840 页。

② 郑竞毅：《比较工会法》，59 页，上海，法政学社，1932。

③ 参见胡振良、李中印编：《社会团体》上册，123～126 页，北京，华夏出版社，1994。

湖南全省工团联合会，会员达 4 万名以上。① 武汉三镇的手工业工人
在国民革命的热潮中也纷纷组织工会，其中汉口有 58 处，会员 42300
余人，武昌有 11 处，会员 21700 余人，汉阳有工会 5 处，会员 5550
余人，此外，尚有未经登记的会员，"查武汉工人迄今已入工会者……
在十万以上"②。1927 年之前，工会的政治热情高涨，广东工会"要求
工人之曾受教育者有参与政治权"③，湖北总工会鉴于工人"多未受教
育，缺少训练"，"拟创办工人运动讲习所，于工人休息之暇，教以工
人应具之知识"。④ 南京以手工丝织业闻名，随着各业工会的成立，
"丝织业自须有各种工会之组织，就与绒业有关之工人种类细分之，不
下二十余种，最关重要者为绒业织工、花素缎织工、玄色杂色染坊及
纺纬业、打线业。各种工会之会址，以北部各街为多。……直〔其〕不
入会者，不得在工会所在地范围以内自由作工，其入会者，皆得享增
加工资权利，并得将拟加工资数目及待遇条件如津贴群众运动参加费
等，缮呈总工会或市政府请求察阅，于批准后据以向资方要求，此入
会之利益也"⑤。天津地毯业在 1928 年下半年先后成立 6 处工会，会
员达 1692 人，主要目的"在联络会员之感情，提高工人在社会上之地
位、改善工人生活之状况，及实现合作精神，以谋社会之福利等"⑥。
其他各地工会的出现亦莫不如此。南京国民政府曾对 1928 年 12 月至
1929 年 12 月的全国各地工会举行过一次调查，结果显示，在国民党
对全国工会清理整顿，部分省市工会解散后，全国各特别市、县市工
会总数仍达 1003 个，会员总数为 520579 人。⑦ 国际劳工局中国分局

---

① 参见《湖南广东工会情形》，载《中外经济周刊》，第 111 号，1925 年 5 月
9 日。

② 《湖北工会之勃兴》，载《中外经济周刊》，第 194 号，1926 年 12 月 25 日。

③ 《湖南广东工会情形》，载《中外经济周刊》，第 111 号，1925 年 5 月 9 日。

④ 《湖北工会之勃兴》，载《中外经济周刊》，第 194 号，1926 年 12 月 25 日。

⑤ 《南京丝织业之近况》，载《经济半月刊》，第 1 卷，第 4 期，1927。

⑥ 方显廷编：《天津地毯工业》，83 页。

⑦ 参见工商部劳工司：《十七年各地工会调查报告》，见李文海主编：《民国
时期社会调查丛编·二编·社会组织卷》，244 页。

又对 1932—1937 年的工会(分别为职业工会、产业工会、特种工会三类)进行了调查。按工会法规定,职业工会乃"同一职业之工人所组织之团体",而据调查者分析,"凡手工业尚普遍之区域,职业工会之地位则较显重要"。据此,我们认为,职业工会大体可视为手工业工人团体,其基本情况如表 6-4 所示:

表 6-4 1932—1937 年中国各地手工业工会数及会员数

类别	年份					
	1932	1933	1934	1935	1936	1937
工会数	536	579	636	719	746	777
会员数	288100	289551	332367	350967	501281	539314
每会平均会员数	538	500	523	488	672	694

资料来源:吴至信:《最近四年之中国工会调查》(见李文海主编:《民国时期社会调查丛编·二编·社会组织卷》,498 页);《一九三六年之中国工会调查》(同上,504 页);《一九三七年中国工会组织调查》(同上,514 页)。据调查者介绍,1936 年的调查范围较此前有所扩大,且"所得之答复,大都为主管机关所供给,其可靠性极高"(同上,499 页)。

工会在成立后,积极以工人代表身份与资方展开谈判,一般来说,工人的利益诉求更能实现。例如,长沙印刷业有"两个不同的组织,一为湖南铅字印刷工会,一为湖南石印工会,差不多所有长沙的铅字工人,除了少数守旧的老工人以外,都是新工会的会员。自从有了工会组织,印刷工人常常宣布罢工,争取增加工资及其他权利,这些罢工为罢工者赢得工资比率的一般提高"[①]。又如,杭州织绸业工会成立于 1926 年,当时"该业大部分之工人,靡不感生活之困难,遂于去春(1926 年——引者注)有机司等大罢工,要求加薪之举,嗣后杭垣织工之一部分,曾设有丝业公会,纯为劳动者之团体";织绸业工会成立后,与资方达成的协议包括协约、公约两部分,其中协约共 28 条,公约共 13 条,即便南京国民政府成立后对工运团体进行整理,双方形成的协约中,资

---

① 彭泽益主编:《中国近代手工业史资料(1840—1949)》第 3 卷,322 页。

方也依然承认工会有代表工人之权。① 例如，吴县香业工会与吴县香业同业公会签订的《劳资修订协约》，第一条便明确"资方承认劳方之工会有代表工人之权"②。从工会角度看，协议既有对资方责任、义务的规定，也有对工方的约束，主要内容如下：

首先，确立了工会的合法性并赋予其相应的权力。工会"有代表工人之权"，"厂方应指定工会之所，其电灯费及房租，由厂方负担"，"厂方每月应贴工会常费，每会员大洋一角，凡会员在五十人以内者，由厂方每月津贴大洋十元"。工会可参与新品定价，"新出花品，工价不得低减，应由厂方及工会代表酌量订定之"。工会拥有对违犯规则的工人的处罚权，"违反工场规则者，由工会执行委员负责处理"，"擅自出厂逾时不归者，通知工会处置"。另外规定，"营业有盛衰时，得通知工会，人数增减，由工会支配"，"如用工人，须由工会介绍之"。

其次，保障工人的工作权及其他相应权益。"无故不得开除工人，如开除工人，须得工人同意。"对于工人的休假权，"每逢星期日、六七、三一二、三一八、五一、五九、五卅、九七、双十节、清明、立夏、端午、中秋、冬至、阳历年等，一律放假一天，并须由厂方津贴工膳洋四角"。对于女工权益，"女工生产时期，每人由厂方津贴大洋六元，并给假六星期，照原薪发给半数"。关于日工时制，"每日作工时间，男女工会一律规定九小时，男女童工规定七小时"。另外规定，"男女工人来往信札，厂方不得扣留检查。"

再次，确保工人的合法待遇。增加手织机工、小工、缫丝工、剥茧工、拈丝工、捍线工、扯丝工、接头工、扬翻工等十类工人幅度不等的薪金；每年红利，除应给厂方股东官利一分外，所有盈余，由股东职员工人均分之，男女工人，至年终发给工资，须照全月计算；厂方应设清洁的工人寄宿舍；保障会客自由，须备清洁会客室；保障工人及其子弟

---

① 参见《杭州最近劳资间之交涉情形》，载《中外经济周刊》，第 218 号，1927年 7 月 2 日。

② 《吴县香业同业公会为修订该业劳资协约事致吴县县商会函（附草约）》，见马敏、肖芃主编：《苏州商会档案丛编（第四辑）》上册，781 页。

教育，由织物公会及绸业会馆分区设立学校，教员由总工会派人担任，经费由织物会馆等承担。

最后，规定了工人应当遵守的工作规则。"工人应遵守工场内规则"：工友须遵守纪律；工友须准时上工，未闻放工汽笛，不得先行停止工作；工人无故缺席两星期以上未经至会者，作为自行告退论；工人因事出厂，必须向主管者请假；凡制品不良尚可出售者，应依指导员指示加以改善，其不服指导且屡犯者，应相应赔偿或解雇；工友制品生产力不及最多数之半者，厂中得征求工会同意解约。①

国民革命时期，在高涨的工人运动的带动下，新式工会强势地登上了历史舞台，混合在旧式行会、帮会内部的手工业工人不仅建立了自己的独立团体，而且为实现有利于工方的劳资协议进行了不懈的斗争。"凡厂主店主或经理等，有不允许者，则罢工以挟持之，挟持无效，甚或为暴动之举，拘禁经理，捣毁器械之事，时有所闻，故（1927 年——引者注）三月间，因要求未遂，纷纷歇业者甚多，其有不得已而磋订协约者，大半皆利于劳工方面。"②结果不是迫使资本家阶级签订了协约，就是使得业主关闭了自己的工场或作坊。在杭州，"凡经团体结合之后，多向资本家提出两项要求，一为增加薪资，一为改良待遇，条件虽各业不同，目的固原无歧异，遇资本家稍有争执，不能完全应允条件，常引起全数罢业，作坚持之抵制，在二月下旬至四月初旬，杭州工商界，殆陷于混乱之状态，各业或因要求不遂而罢工，或因待遇不佳而歇业，或今日复业明日复又罢工，小商店无法维持，大工厂亦难于应付，各业无不人人自危"③。

当然，不同地区的工会存在着差异，正如时人所论，"现时我国手艺工人的工会有的只披上新式工会的外衣，内部依然为旧式的行会，有

---

① 参见《杭州最近劳资间之交涉情形》，载《中外经济周刊》，第 218 号，1927 年 7 月 2 日。

② 《杭州最近劳资间之交涉情形（续）》，载《中外经济周刊》，第 222 号，1927 年 7 月 30 日。

③ 《杭州最近劳资间之交涉情形》，载《中外经济周刊》，第 218 号，1927 年 7 月 2 日。

的只改变了一部分，成为一种半新半旧式的组合，有的已经完全成为新的工会组织。比较起来说，有通海的大都市里，完全蜕变的手艺工人工会占用着多数，而在内地的都市，行会的势力依旧潜伏着"①。例如，长沙编席工会不啻为旧式行会的翻版，"长沙编席匠最近组织了长沙编席工会，非会员不许在城内受雇。外县的编席匠须向工会缴纳入会费八元，始许厂方雇用。每一学徒须缴纳会费四元始能学习本业手艺。长沙的编席匠，垄断了当地市场。席商不准贩卖非本地席厂的出品"②。即便同为沿海城市的工会，也不能等量齐观，例如，沪甬两地工会的差异就很大，"宁波虽为通商口岸，而工界不安状况，尚未有如上海之剧烈，而工团之组织，亦未有如上海之活动，即有一二工会成立，亦不过为同业集议之所。惟近一年来，米价过昂，本年（1926 年——引者注）春夏间，亦偶有罢工增薪之举，然不久即经妥协，劳资间初无暗潮也"③。在温州永嘉县，"店东与店伙间之争议工资，亦均能双方体恤，酌量增加，尚少罢工要挟之举"④。

南京国民政府成立之后，强化了对工人运动的压制，加强了对劳资纠纷的介入与调解，工人运动虽转入低潮，但因劳资对立而产生的罢工并未大幅减少。例如，在重庆，"民十五年以迄去年（1934 年——引者注）春初，几于岁必数次。考其原因，多由厂方开除工人，以及工人要求减少工时，增加工资，改良待遇而起，中间经过，少则数日，多至四五十日"⑤。尤其是受 1929—1933 年世界经济危机的影响，包括手工业在内的中国民族工业遭受沉重打击，市场疲软，经济停滞，企业倒闭。手工工场主、作坊主等采取了减薪、减员等手段，以转嫁危机，或减少

①　郭子勖：《中国手艺工人的行会和工会》，载《民族（上海）》，第 2 卷，第 11 期，1934。

②　彭泽益编：《中国近代手工业史资料（1840—1949）》第 3 卷，321 页。

③　《宁波之经济状况》，载《中外经济周刊》，第 193 号，1926 年 12 月 18 日。

④　《温州劳工近况》，载《中外经济周刊》，第 210 号，1927 年 5 月 7 日。

⑤　重庆中国银行编：《重庆市之棉织工业》，116～117 页，重庆，中国银行总管理处经济研究室，1935。

成本，降低损失，工方也毫不妥协，双方零和博弈，冲突愈演愈烈，和解难度极大。例如，广东新会葵扇行在 1934 年 1 月因资方减薪引起罢工，双方"决不退让，仍无结果"；江苏吴县烛业公会决定各店工友一律减薪两成，工方代表开会，"一致公决，对于资方减薪条件，坚决否认"，而资方也十分强硬，决议"为节省开支起见，薪金非减不可"；在广东惠阳木艺业中，东家决定将工人工价减支七折，工方认为资方"只顾东家利益，不管工人死活，遂实行贯彻罢工计划"，并暗中组织侦查队，"监视工人，不准入店工作，情势异常紧张"。① 这类事件不胜枚举，充分体现了 20 世纪 30 年代劳资之间的对立态势。

从行会制度下的主、客共治到同业公会、工会的并立分治，反映了手工业经济发展到了一定阶段，也是阶级意识萌发与发展的结果。作为业主的团体，同业公会存在的基础是维护包括作坊主、手工工场主在内的企业主的利益，但这种利益建立在行业与企业发展的前提下。作为工人的组织，工会捍卫手工业工人的合法权益，也是题中应有之义，同样，工人权益的达成度也有赖于行业与企业的繁荣。两者之间既有对立性，也有统一性。一方面，业主为保证利益最大化，通常会采取延长工作时间，压低工资待遇等手法，以降低人工成本；另一方面，工人则会坚持执行八小时工作制，提高工资待遇等合理诉求。因此，两者的利益是对立的，双方常常陷于博弈之中，其中一方的利益无法满足时，往往会诉诸极端，业主以解雇工人相威胁，工人以怠工、罢工予以回应。这也就是民初，尤其是五四运动后，手工业工人罢工不断增多的根本原因。但是，多数情况下，怠工、罢工总是以双方的妥协收场，一般来说，也是达到新的平衡，因为，双方利益的实现是建立在行业与企业共同发展的基础上。在达到新的平衡或基本平衡的前提下，同业公会、工会在维护各自利益的同时，在法规条款约定的范围内，共同承担着维护行业整体利益的责任，因此，同业公会与工会的并立分治，应该是更高水平上的行业治理。遗憾的是，中国近代手工业始终处于较低发展水

---

① 彭泽益编：《中国近代手工业史资料(1840—1949)》第 3 卷，602～610 页。

平，企业规模小，资本少，技术落后，因此，业主维持企业生存的普遍办法总是尽可能压低手工业工人的待遇。在"温情脉脉"的主客共治制下，工人自发地进行了一些抵制，矛盾尚能得到有效化解，而一旦工人的阶级意识增强，同业公会与工会并立分治后，主、客两方容易走向对立，以怠工、罢工为手段的斗争形式也更为常见。少则数日，多则数十日甚至数月的罢工，无疑影响了企业和所在行业的正常生产经营秩序，导致企业利润降低，业主受损，工人利益也得不到保障，主、客陷入维护各自利益而不断博弈的恶性循环之中。

第七章　学徒制度：近代手工业
劳动管理的微变

　　传统学徒制度在确保传授职业技能的同时，承担着劳动管理功能，其间发挥重要作用的是师徒关系，师傅、帮工、学徒构成手工业生产中的三个等级。以口头约定或行业惯例形式存在的师徒契约是师徒关系的重要保障，契约规定学徒必须服从和忠实于师傅，学徒满师后主要在行会内部从业，协助师傅进行生产。从某种意义上说，师徒关系代表了旧式工商业组织中的全部劳动关系，师傅之下，除了徒弟，就是徒弟之徒弟。师傅在行会经济活动中居于主导地位，既是业界技术权威，又是一家作坊之主，通常情况下，与学徒之间还有亲如父子般的伦理关系。因此，行会制度下的手工业生产单位具有浓厚的"家庭"色彩。

　　师徒关系在近代手工业中依然存在，但情形较为复杂，一部分旧式作坊，规模不大，基本上沿袭着传统，严格限制学徒数量及习艺年限，一部分新式作坊和手工工场，突破了行会的限制，大量招收学徒。在劳动分工中，习艺期内的学徒充当着十分重要的角色，成为手工业劳动力的主要来源和生产劳动的主体，学徒的招收、训练、满师、从业等方面成为维系生产的重要环节，学徒管理成为劳动管理的重要内容。同时，随着手工作坊和工场规模的扩大，师傅与业主日益分离，业主与学徒之间不再有着直接的师徒关系，而是一种雇佣关系。学徒制度还与手工业生产规模和产品质量息息相关。本章主要以学徒制度为例，分析近代手工业的劳动管理制度。

一、晚清时期行会手工业学徒制度的重建

(一)传统学徒制度的特点

19 世纪五六十年代的太平天国运动沉重打击了旧式行会组织，服从并服务于行会的学徒制度也因此受到破坏。尤其是 19 世纪 70 年代以来，随着民族资本主义工业的产生，行会手工业遭遇空前激烈的竞争，手工业内部破坏行规的事件屡屡发生，其中关于学徒制度的一些规定受到竞争者的严重挑战。在这种情况下，传统手工业行会在 19 世纪下半叶至 20 世纪初开展了重整行规的活动，其中重申学徒制度是重点，包括对学徒的条件、费用、数量、年限及培养的规定，以及对违反学徒制度惩罚的规定。这次重整行规的活动是鸦片战争后手工业经济竞争日趋加剧的反映，具有排他性的封建行会组织希望通过对学徒制度的强化，达到既降低熟练劳动者队伍的增长速度，又抑制新的业主开业，以减轻行业压力的目的。但是，这次重整行规的活动从本质上说，违背了经济发展的趋势，它只不过是垂死者所做的一次回光返照式的挣扎。

学徒制度是行会制度的重要内容。虽然学徒制度早于行会制度而产生，并促成了传统工商业中"行"的形成，但行会制度一经确定，学徒制度就必须服从和服务于行会的规定或惯例。从这个意义上说，学徒制度是一种附属于行会制度的子制度。行会制度的实质是为了防止同业的分化而严格限制竞争的发生，使传统工商业保持与农业社会经济相适应的规模。而行会控制下的学徒制度便是为了防止行业规模扩大，堵塞竞争的源头，因为限制了学徒数量，也就限制了师傅、帮工，即未来可能成为业主的人员队伍的扩大，从而抑制了少数师傅扩大生产经营规模的企图。与此相适应，前近代学徒制度形成了如下一些特点：

首先是师徒制下的利益关联性。在传统的农业社会里，一个十二三岁的什么都不懂的小孩，不是因为家庭经济所迫，便是由于举业前

景暗淡，不得不到手艺店或商店里去做学徒。学徒与师傅之间通常有着这样或那样的"缘"分，使得师傅乐于招收他们为学徒。一旦正式确立师徒关系，师傅就得负担学徒的膳宿，并负责传授本行业的知识与技能。当然这一切并不是没有代价的，学徒制度包含了师傅与学徒之间的利益分配，学徒必须为此付出一定的无偿劳动，那就是学徒在学成期满后须按行会的规定或惯例再帮师一年，以报答师傅的培养之恩。事实上，一个聪明的学徒，在规定的期限未满之前，早已经能做帮工甚至师傅的手艺活，但他却必须留下来为师傅无偿劳动。这种制度使师傅以仅能糊口的生活支出雇到一个事实上的工人，降低生产中的交易成本，成为师傅乐于收徒的原因之一。精于算计的师傅们总是不愿意招收年龄太小的学徒，以免白花一份生活支出。学徒年龄的大小不仅与所学技艺的难易程度有关，同时还要依师傅和学徒的供给而定。这种师徒双方紧密的利益关联性是传统社会学徒制度广泛存在的主要原因，也是学徒制度的特点之一。

其次是学徒制度的封闭性。在行会制度下，没有学徒经历的人，便没有经商营工的资格，即使是本业子弟，也难以子承父业或兄终弟及，1787 年湖南长沙衬铺条规就有这样的规定，"店家带徒弟，三年为满，设席出师，倘年限未满，同行不得雇请，如有请者，罚戏一台"①，可见学徒经历不全者不能当帮工。1831 年长沙明瓦店业规定，"外行入帮，均要学习三载，香钱酒席诸照旧章。如未学习手艺者，均不许入帮"②。"不许入帮"当然就无法在该行从业，从而也不能担任客师或师傅。满师的学徒经过一定的仪式就能当师傅，并在行会制度规定的条件下（通常是在行会有缺额的情况下）还可以开店，这就决定了任何一个想当师傅的人都必须经过学徒制度的培训，正如恩格斯所说："行会的学徒和帮工与其说是为了吃饭和挣钱而劳动，不如说是为了自

---

① 《衬铺条规（省城）》，见彭泽益主编：《中国工商行会史料集》上册，406 页。

② 《明瓦店条规（省城）》，见彭泽益主编：《中国工商行会史料集》上册，350 页。

己学成手艺当师傅而劳动。"①由此可见，学徒制度的封闭性服从于行会制度的垄断性。

很显然，行会制度的封闭性体现在两个方面：一是严格限制学徒数量，二是严格规定习艺年限。招收学徒的原则一般是出一进一，例如，1796年重庆胰染绸绫布匹头绳红坊业众艺师公议，"每家铺户以三年兑期招学徒一个，出师之时，方才□接速覆招学徒一个。如果重招，罚戏一台，治酒□席，务要将重招之徒开销出铺"②，因此违反"出一进一"原则的师傅必然面临着罚银逐徒的后果。这是前近代手工业学徒制度的重要约束力量，这种约束力量无疑也是师傅之间长期博弈的结果。1832年长沙角盒花簪店业条规规定，"带徒弟铺户，三年两个，琢坊一年一个，出一进一，毋得借为弟兄亲戚，一人搭琢，不能擅带"③。"铺户"实际上是自产自销、前店后坊式的经营者，而"琢坊"则完全是替"铺户"加工产品的生产者。学徒期限普遍为三年或四年，少数行业也有多达六年或少至两年的情况。这种差异显示了各种技艺的难易程度，但学徒期限普遍超过了手工技艺培训所需的时间，如近人举例所说，"以炼金之技术而论，通常学徒必须学习四年，但除去义务奔走，服侍师傅之外，真正能令学徒潜心学习者，所余有限。是以倘师傅方面，不剥削徒弟之劳动，令其专心致志以学习，则需时二年，即可毕业"④。由此可见，习艺年限的严格规定不完全是技术训练的需要，它同时使我们看到了师徒关系的另一面，即师傅对学徒习艺过程之外的权威与支配，从而实现行会制度限制竞争的目的——通过限制学徒数量，延长习艺年限，降低帮工和师傅出现的频率。这种规定严重束缚了工商业的发展，它使经营者年复一年地在小规模的生产

① 恩格斯：《社会主义从空想到科学的发展》，见《马克思恩格斯选集》第3卷，744页。

② 《渝城胰染绸绫布匹头绳红坊众艺师友等公议章程》，见彭泽益主编：《中国工商行会史料集》上册，536页。

③ 《角盒花簪店条规（省城）》，见彭泽益主编：《中国工商行会史料集》上册，369页。

④ 《香港之童工问题》，载《国际劳工通讯》，第21期，1936。

上徘徊。但它在传统社会里长期延续下来，必有其存在的合理性，它保证了学徒出师后的就业前景。在这种制度下不可能出现学徒人满为患的现象，这对农村中人多地少的贫家子弟具有相当的吸引力，虽然暂时付出一些学艺费用（传统手工业中有些行业收压柜钱），但却保证了终生的职业稳定，加之学徒存在着有朝一日上升为师傅的预期值，所以，明知要受师傅的剥削和额外支配，他们却依然投入了师傅的门下。

最后是师徒关系的宗法性。学徒制度作为一种非正式的制度安排，不仅以师徒契约关系存在，而且具有浓厚的宗法色彩。徒弟投入师傅门下，首要的目的是学习手艺，训练技巧，以便在旧制度的保证下获得帮工的地位或独立营业的权利。因此，师徒关系在知识和技能的授受之外，还被蒙上了一层浓厚的宗法色彩，体现在以下三个方面：

其一，学徒投入师门之后，事实上成为师傅家里的一员，他不仅和师傅同桌吃饭，而且在同一所房子里睡觉。学徒的任务并不限于他所学习的手艺，师傅可以指示他做种种手艺之外的事情，师母也有权支配学徒做家务。山西商人保存下来的炳记《贸易须知》详细规定了学徒业务学习之外的其他工作，"学小官，清晨起来，即扫地、掸柜、□椅、添砚池水、润笔、擦戥子、拎水与人洗脸、烧香、冲茶，俱系初学之"①。这虽是对商铺学徒而言，实际上却具有普遍性。"小官"是学徒的别称，所承担的其他不成文规定的杂役更多，如早拆铺、晚搭铺、洗碗、买夜宵等。在师傅家里，学徒完全失去了支配人身的自由，如同师傅或业主的家奴，"湘谚云：三年徒弟，三年奴隶"，此言不虚。"师徒如父子"，师傅不仅教给学徒以职业技巧，而且承担学徒吃、住花销，有时候甚至还要买衣置鞋，事实上，师傅代替了父亲的地位。因此，学徒在师傅家里的时候，必须绝对服从师傅的约束。这就是"师傅们"的逻辑，正如马克思所说的那样，学徒以及由学徒转化而来的帮工，"绝对不是真正的、独立的劳动者，而是照家长制寄食于师傅处的"②。

---

① 张正明：《晋商兴衰史》，336 页，太原，山西古籍出版社，1995。

② 马克思：《资本主义生产以前各形态》，36～37 页，北京，人民出版社，1956。

其二，学徒在学习期间没有工资收入，但并不等于学徒一无所获，只不过不采取工资的形式而已。例如，学徒每月就能够得到一些"月规"，数量因地而异，多少不等，但依据的标准是每月洗澡和剃头的费用。另外，逢年过节学徒也能获得一些零用钱，多在年终发给，称为"压岁钱"。"月规""压岁钱"的存在反映了师徒之间不是一种无偿劳动关系，学徒能获得师傅的"恩赐"，学徒为了报答这种"恩赐"，当然会"毫无怨言"地服从师傅的驱使。

其三，学徒制度还得到了宗法家族制度的强力支撑。宗族教育是宗族制度的一项重要内容，并获得宗族经济上的资助。宗族资产一般来源于宗族公有财产，如祠堂、祭田收入及族人捐产。其资助对象，一是就学于族学的子弟，族学免收本族子弟费用，有的还供应茶饭、纸笔、教材，并根据学生的成绩给予一定的补贴。二是进入工商业的学徒，本族子弟接受几年的基础教育之后，面临着分流，天资聪颖的孩子继续在科举的道路上跋涉，以便光宗耀祖，资质一般或自家经济十分窘迫的孩子进入工商业，接受经商或手艺培训，例如，江苏昆陵《恤孤家塾规条》记载，"生徒如资质平常，粗能识字记账，即须学习生理，借以养母成家"①，即接受谋生手段的训练。许多宗族法都规定，如子孙经商营工，立业养家，都可以从宗族公产中获得一定补贴，以作求师与盘缠之费，例如，安徽祁门彭氏宗族族规规定："子孙始习业而无力者，由户报明，助钱四千文，备置铺陈。进店后至写关书，由户查明，本店人作保，再助钱十千文，仍将关书送验发还。……习业已成，助钱四千文，以示鼓励。"②

进店学艺，是青少年践商事贾的必经途径，宗族对此持积极的态度。例如，前述江苏昆陵《恤孤家塾规条》云："（生徒）年在十一岁以上

---

①　多賀秋五郎：《中国宗谱の研究》（資料篇），583 頁，東京，東洋文庫，1960。

②　安徽祁门《彭氏宗谱》卷八《义庄规条》，见朱勇：《清代宗族法研究》，183页，长沙，湖南教育出版社，1987。

者方令学习，能出塾习生理，每生送钱一千四百文以助置衣履之费。"①"学艺。凡年十三岁以上二十以下愿习艺者，先助拜师费一千，衣被费二千，艺成后另谢师费三千，董事确查支领。"②虽然各宗族规定的资助学徒的标准不一，但对农家子弟顺利地投师学艺无疑起了很大的作用，尤其是那些家境贫寒的学徒，他们拜师学艺要交纳一笔不菲的费用。例如，清代嘉庆年间的长沙香店条规记载，学徒"进师之日，应上钱一串五百文入帮，即交值年人收管存公，倘有不遵者，罚戏一台敬神"③。1828年长沙酥食汤点业规定："铺家新带门徒，无论子侄，捐钱二千文敬神……三年满师，再捐钱二千四百文，方准帮请，违者公逐。"④此外，学徒出师时按规矩还需请戏班，办酒席，邀请同业师傅及帮工参加，这也需一笔费用，因此，没有宗族的支持，学徒不仅难以拜到师傅，而且即使拜到了师傅也会因费用受阻。从这个意义上说，师徒关系充满了宗法色彩，学徒学艺不仅承载着家庭的希望，一定意义上也背负着宗族的荣辱。

当然，我们还不能忽视行会制度在招收学徒方面的族缘、乡缘、地缘等规定。在前近代中国这样一个农业宗法社会里，任何乡缘和地缘的规定实质上意味着师徒之间剪不断的宗法关系。不过，鸦片战争后，旧式学徒制度面临着极大的挑战。

（二）行会学徒制度的重建原因

历史上行规因受到破坏而重整的事例并不少见，但相对说来，行规存在的时间比较长，重建的频度较低，这与当时社会经济的发展和封建官府的保护息息相关。但是，鸦片战争以后，随着外国资本主义的侵入，传统工商业受到日益激烈的竞争。这种竞争造成了许多旧式工商业者的破产或失业，幸存者为了能继续存在下去，便屡屡破坏行

---

① 多贺秋五郎：《中国宗谱の研究》（资料篇），583页。

② 多贺秋五郎：《中国宗谱の研究》（资料篇），554页。

③ 《香店条规（省城）》，见彭泽益主编：《中国工商行会史料集》上册，309页。

④ 《酥食汤点条规（省城）》，见彭泽益主编：《中国工商行会史料集》上册，422页。

规以苟延残喘，这种情形在 19 世纪 70 年代以后逐步加剧。而在此之前，源于两广、流于两湖及江南地区的太平天国运动对旧式工商业秩序的强烈冲击，也在一定程度上造成了行会工商业条规的紊乱。因此，19 世纪 70 年代以后，重建行会制度的活动十分频繁，作为行规重要组成部分的学徒制度，当然是其重建的重要目标之一。

作为一场农民起义，太平天国运动对旧式工商业秩序的冲击是空前的，这是由于战争的区域主要分布在近代中国工商业发达的两广、两湖及江南地区。尽管太平天国采取了保护工商业的政策措施，但由于清朝官府的歪曲宣传，民间将太平天国视作"犯上作难"的"匪贼"者甚众，太平军所到之处，工商业者流徙四散，例如，在以织缎业闻名的江宁，"咸丰三年以来，机户以避寇迁徙，北至通如，南至松沪"①。淮南的制盐业也因战乱而萧条，"平日岁产七八十万大引。遭乱之后，场商歇业，灶煎亦减。以今（一八五四年）约计，大抵岁可得四五十万大引。彼时商疲课缺，资本甚难"②。另外，清政府为镇压太平天国运动而实行的"厘金"政策，也竭泽而渔地摧残了近代工商业。

太平天国运动期间，江南城镇中许多行会的公所被摧毁。例如，苏州红木梳妆业"自遭兵燹，公所被毁无存"③。常熟宁绍会馆因"洪杨之役，屋宇尽毁一炬"④。至于汀州会馆，"庚申之乱，城陷馆毁。即馆之祀产市屋，亦毁废过半"⑤。南京江宁织染公所正乙祠于"癸丑遭

　　① 蒋启勋、赵佑宸修，汪士铎纂：光绪《续纂江宁府志》卷六《实政》，见《中国方志丛书》编委会编：《中国方志丛书·华中地方·第 1 号》，54 页，台北，成文出版社，1970。

　　② 彭泽益主编：《中国近代手工业史资料（1840—1949）》第 1 卷，603 页。

　　③ 《红木梳妆业重建公所兴办善举碑》，见苏州博物馆、江苏师范学院历史系、南京大学明清史研究室合编：《明清苏州工商业碑刻集》，140 页。

　　④ 《常熟宁绍会馆始末记》，见苏州博物馆、江苏师范学院历史系、南京大学明清史研究室合编：《明清苏州工商业碑刻集》，371 页。

　　⑤ 《重建汀州会馆碑记》，见苏州博物馆、江苏师范学院历史系、南京大学明清史研究室合编：《明清苏州工商业碑刻集》，369 页。

兵燹之乱，佛像栋宇，被毁烬尽"①。

从太平天国匠营的设置也可看出民间手工业受到的冲击。由于战争的需要，太平天国也实行官营手工业政策，对加入太平天国的工匠按营编制。"诸匠营、水营、土营而外，又有木营，其卒皆木工〔匠〕；金匠营，其卒皆金银匠；织营，其卒皆织机匠；金靴营，其卒皆靴鞋匠；绣锦营，其卒皆男绣匠；镌刻营，其卒皆刻字匠，各营以指挥统之。"②太平天国境内到底聚集了多少能工巧匠，根据现有的材料很难做出准确的判断，但从某些记载中仍可窥其一斑。例如，太平天国定都南京之后，为广贴招贤榜，称"江南人才最多，英雄不少，或木匠，或竹匠，或铜铁匠，吹鼓手。你有那长，我便用你那长"③，于是，"广招机匠十万人，文弱者多借以藏身"④。尽管可能有"借以藏身"的滥竽充数之辈，但机匠数量之多则是无可怀疑的。又如，"贼造房屋，有伪土营泥水匠、伪典木匠、伪典油漆匠三项伪职，皆系两湖掳来匠人，现授伪职，到处裹胁各行匠人，到省时已不少。入城后，凡省城各匠又被掳胁殆尽"⑤。太平天国运动对传统工商业的冲击，客观上有利于扫除封建行会势力，各地能工巧匠或汇聚到太平天国，或流徙于异地，也有利于不同区域间手工业技术的交流和传播。

但是，封建行会势力毕竟不是一次战争，尤其是一次失败了的战争所能消除尽净的，战争结束之后，那些长期积淀在人们头脑中的根深蒂固的惯例必然会重新抬头，甚至犹如积压已久的火山喷发，来势

① 《江宁织染业公所重整行规及助建公所捐款人姓名碑》，见江苏省博物馆编：《江苏省明清以来碑刻资料选集》，457页，北京，生活·读书·新知三联书店，1959。

② 张德坚等：《贼情汇纂》卷五上，见彭泽益主编：《中国近代手工业史资料（1840—1949）》第1卷，518页。

③ 徐珂：《康居笔记汇函·雪窗闲笔》，见彭泽益主编：《中国近代手工业史资料（1840—1949）》第1卷，520页。

④ 彭泽益主编：《中国近代手工业史资料（1840—1949）》第1卷，529页。

⑤ 涤浮道人：《金陵杂记附续记》，见中国史学会主编：《中国近代史资料丛刊·太平天国》第4册，616~617页，上海，上海人民出版社，1957。

凶猛。况且，太平天国运动对行会工商业的发展所起的破坏作用同封建行会势力企图维护行会工商业的封闭性、排他性以及行会手工业者的垄断利益是不相适应的。因此，太平天国运动失败后，遭受打击的各地工商业行会开始了重建行规的活动。比如说长沙纸店业，"溯乾隆晚岁，前辈曾有条程，迨至咸丰初年，一经兵燹，旧制颓废，遂至不复可稽……嗟嗟殆非，是业始无定章，亦无定局耳。兹不得已，爰集同行协议，拟撰集义同庆四字，永定新章，以垂久远"①。光绪年间重整行规的武汉天平业曾"于乾隆五十九年，业已有规有矩，迄今数十余载，章程仍守旧规。近以兵燹之后，众心不一，诚恐无知之徒，借隙不遵旧规，我等特约同人，复行同众公议，以照旧规，流传于后"②。其实，行会的"诚恐"心理是建立在武汉天平行业秩序已遭受太平天国运动强烈冲击基础之上的。湖南邵阳瓷器业也是出于同样的考虑而重整行规的，该业"自咸丰兵燹后，人日变而日非，即法愈易而愈坏，其中弊窦多端，擢发难数，而所谓同行章程井然有条者，殆篾如也。兹邀集同人，爰照旧章添设新条，俾各遵依"③。行规的紊乱也使不法者有隙可乘，例如，在长沙刻字业，"咸丰之始，兵燹相寻，同治之初，逆氛乍靖，乃有不法之辈，无籍之徒，矫功牌而伪造关防，假军务而冒称奖赏，借我等之镌刻，遂此辈之骗奸……厥后愈出愈奇，作奸作伪，或以零星单字分送各店刊雕，或以别样文词散及数家镌刻"④，行业经营秩序遭到破坏。

乍看起来，上述两湖地区工商业行会的重建是太平天国运动的冲击所造成的。其实，将行会的破坏完全归因于太平天国运动，如果不

①　《纸店条规（省城）》，见彭泽益主编：《中国工商行会史料集》上册，318页。

②　日本东亚同文书院编：《中国经济全书》第4册，317页，北京，线装书局，2015。

③　《磁器店条规（邵阳）》，见彭泽益主编：《中国工商行会史料集》上册，307～308页。

④　《刻字店重定条规（省城）》，见彭泽益主编：《中国工商行会史料集》上册，296页。

是出自行会组织对农民起义的攻击，至少也是对历史的误解。太平天国运动失败后的 19 世纪 60—70 年代，正好是中国民族资本主义的产生时期，鸦片战争后即入侵中国的外国资本主义与传统手工业发生了激烈的竞争，这种竞争主要体现为资本主义工商业对旧式工商业的排挤、打击和取代，其竞争之激烈常常导致你死我活的斗争。19 世纪 80 年代，广东先后发生了两起反对使用机器的械斗，侨商陈启沅倡设汽机缫丝后，南海、顺德一带继起仿效者"多至百数十家"，手工缫丝业者纷纷破产，"久为业丝工人饮恨"。1881 年 8 月，土丝业者聚众"前往裕昌厚，蜂拥入门，毁其机器"，数日后，又聚集"三千余人，分路直扑学堂乡(学堂乡为机器缫丝业者集中之地——引者注)，学堂乡亦纠众守御……两造枪炮已施，各不相下，有非理喻所能济者，目睹该村伏卒击毙机工一人"。①

无独有偶，广州织衣行也发生了一次死伤多人的械斗，原因类似。1888 年 10 月至 11 月，《申报》曾对此做了详细的连续报道。据称，"机房之织衣瓣栏干者，向分金花、彩金两行，现因金花行改用机器织造，物美价廉，而彩金行不能仿而行之，未免相形见绌。于是顿萌妒忌之心……竟纠集数百人，各持军械，前往寻衅〔衅〕。谓金花行亦早有所闻，严备以待。相约在珠帽岗争斗，以决胜负，鏖战两日，称干比戈，如临大敌，伤毙六七人，受伤者不可胜数"②。

为了生存的竞争是十分残酷的，尽管旧式手工业者拿起武器抗争，但无论械斗的结果如何，手工业者总是避免不了因竞争而被淘汰的命运，因为他们不仅承受着来自行业以外的机器工业的压力，而且还面临着行业内部行规被破坏的挑战。近代文献中，破坏学徒制度的事件时有记载，有些还诉至官府。1894 年 3 月 26 日的《申报》上有这样一则报道：

> 朱德卿住居二十铺，向做洋铺，博取绳头以糊其口。同业曹阿福心存嫉妒，不准朱收集学徒。日前纠同无赖将朱锯子夺去，

① 彭泽益主编：《中国近代手工业史资料(1840—1949)》第 2 卷，43~50 页。
② 彭泽益主编：《中国工商行会史料集》下册，711 页。

嗣由同业友人解劝，将锯送还。前日曹仍不甘心，父子三人纠唤朱同至凝和桥老虎灶吃讲茶，未分曲直。昨日曹父子纠同专制铜首饰之阿池、豆腐、泉荣、已革营兵阿三及阿九等约十二余人，在县署西首清泉楼茶馆，将朱殴击，碗盏粉飞，拳脚交下。①

这是一起业主之间的纠纷，同业曹阿福担心朱德卿招收学徒，多谋利润，心存嫉妒，大打出手。原报道并未指明纠纷是由朱德卿"违规"多招学徒，还是曹阿福"违规"不许朱德卿招收学徒所引起的，但学徒制度的权威性无疑被其中一方破坏了。

其实，作坊主也是被限制招收学徒的，以防止同业分化，但随着行业的发展，劳动力不足时，业主又会联合起来改变原来的规定，有趣的是，业主之间的这种默契往往遭到帮工的反对。例如，在吴县蜡笺业，"各作坊原定规条，每做手一人，每月捐钱五十文"，"以为棺殓之费"，"捐钱必足十二千文，始许收徒，不许做手多捐，亦不许作主代捐"，于是一些仅有一两个帮工的小作坊要等十余年甚至二十年才能收一个学徒，极大地限制了作坊的发展。由作坊主组成的绚章公所改为每四年招收一徒，1889 年该业中的三名八九年未招收学徒的作坊主李荣先、邰嗣淮、许继潜先后招徒一名。这种违反陈规的做法立即遭到了帮工们的反对，他们组织起来，"喝令做手一齐停工，逼令将所收学徒辞歇"，致使几家收徒作坊停工月余，于是作坊诉至官府，官府采纳了绚章公所改订的条规，即六年招收一徒。② 又如，苏州府金箔业工匠 1837 年要求业主增加工价，"倡议停收教徒三年"，业主陈景孚等26 家告至官府，经官府判决，"收徒习业，亦听各作自主，毋许倡言停收，把持滋事"③。1873 年再起纠纷，经双方协商，"三年一收，一

---

① 《同行忿争》，载《申报》，光绪二十年(1894)三月二十六日。

② 参见《吴县为禁止蜡笺作坊做手私立行头聚众把持给示碑》，见苏州博物馆、江苏师范学院历史系、南京大学明清史研究室合编：《明清苏州工商业碑刻集》，102 页。

③ 《吴县永禁造箔工匠倡众停工碑》，见苏州博物馆、江苏师范学院历史系、南京大学明清史研究室合编：《明清苏州工商业碑刻集》，165～166 页。

俟满师后再收。统扯九年中，每作各收两徒"①。

帮工反对作坊主招收学徒的斗争，是为了缓解就业竞争的压力，使其生存得到保障。而当他们的生存受到威胁时，他们会诉诸极端。1872 年，苏州金箔业中发生了一件骇人听闻的惨剧，《申报》对此做了详细报道：

> 苏州金箔一作，其生意则甚大，其工价则甚昂，每一字号之中，只准留学生意一名，以习此业，不欲广其传也。该行中向来规例如此，亦相承至今不变耳。盖缘其业成之后，每日辛工所赚，则有七千余文之多，故人视为利薮，而不能不为专利之计也。乃有双林巷开金箔作之董司，已犯成例，不与众谋，另收一徒。同行中之人，闻之无不大怒，强行禁止。该董司不从，且赴县署控告，谓其同业把持。邑宪堂讯两造，谕以该业私立规条，本非国例，所当管办。特既有此规条，则将来宁勿犯之，以免拂人心而肇衅端云云。此案姑宽深究焉。乃董司因此遂任意不肯改从，仍收其徒而不遣，且又结衙役为护符，自以为同业虽多且横，可以无奈我何矣。众工匠俱各愤怒不平，其势汹汹，会集定计，召董司者于某日来公所议事。董司不敢不应召，而又畏其凶顽，姑偕衙役数人同往，以作保卫之计。乃甫到公所内，见有一二百人早已聚集，见董司既已入门，遂将衙役驱之门外，紧闭公所之门，衙役捶门不得入，但闻门内呼号之声甚惨，喧闹之声甚厉而已。衙役心知有变，且门内者呼曰，"尔如欲启门，除非请县尊来"，遂飞奔回署，报知邑宪。邑宪至，破门而入，则见一裸尸系于柱侧，自头至足，血肉模糊，不分上下，盖几如腐烂朽败者一般矣。而此一二百人者，见邑尊来则皆木立如塑，既不哄散，亦不畏惧，

---

① 《吴县为金箔业收徒不许无赖把持阻挠给示晓谕碑》，见苏州博物馆、江苏师范学院历史系、南京大学明清史研究室合编：《明清苏州工商业碑刻集》，172 页。

视其唇齿之间，则皆血污沾染，如出一辙焉。盖此人以为大众口咬而死矣。于是令闭大门，使众无从逃逸，皆就擒焉。此本月十四日事也。夫工匠等虽系愚蠢之辈，何至居心悍毒如此所为者，只同行私列，乃竟出此极刑，亦惨刻之至矣。是非亟申王法，戢此刁风不可也。又传邑尊于公所内讯问时，有一儿在侧，系亲见者。供云初将董司裸缚住，有四人者令于众曰，董司坏我行规，可恶已极，理宜寸磔，方快我辈之心。今与众议不用凶器，而置之惨刑，则王法所不能及，官刑所不能加也。尔众人各咬其肉，必尽乃已。于是，众人争相上前，摇唇鼓吻，登时肉尽，血溢满地，而其人转辗数刻方毕命云。距邑尊之至公所，盖董司方绝气耳。呜呼！奇酷异惨矣哉。①

这件残酷悲惨的事件在当时的影响很大，陈其元在《庸斋笔记》卷四，黄钧宰在《金壶遗墨》卷二《金箔作》，以及其时正在浙江温州海关任帮办兼医师的美国浸礼会传教士玛高温在《中国的行会》一文中都做了记载。杀人的主谋最后自然受到了"王法"的惩处，但这件事本身却反映了几个不容忽视的事实。其一，工商业行会成员中已经出现了为获取更多的利润而不惜破坏招收学徒规定的行为。其二，行规对其成员仍然具有强有力的号召力，否则，苏州金箔业中的二百名成员何以敢对破坏行规者下此"恶口"。其三，清朝地方政府虽然反对行规对招收学徒的限制，但仍要求成员"宁勿犯之"，这实际上是承认了行规的合法性。

这一切都说明了重建学徒制度权威性的"必要"。重建学徒制度反映了行会工商业内部打破和维护行会制度的两股力量的斗争，重建越频繁，说明行会工商业内部的斗争越激烈，这才是晚清学徒制度重建的实质。例如，1860年湖南长沙砚店业重整条规时特别申述其动机，指出："近因人心不齐，已见各执，以乾隆之规为无用，薄先辈所议为

---

① 《苏州金箔作董司为工匠咬死》，载《申报》，同治十一年（1872）十一月二十一日。

不凭，舌任鼓厥雌黄，眼不作乎青白。遂至戈操同室，衅起萧墙，亟
须复整宏规，上邀犀照，庶免渐生訾议，大肆鸥张为，是鸠尔同心，
麇兹一体，公议十余条目，永垂百世。"①在这些条规中，关于学徒制
度的内容就占了三项。有些行规的重建则完全是为了重申学徒制度的
严肃性，例如，1881 年重建的益阳靴鞋店条规，便因为"近来铺户以
带徒获利，但前所学艺术，何能顾活？今我同行合意，爰集酌议，只
许一年带徒一名，绝无彼此之论，倘一年已满，恐带新徒，不许外行
引荐乱入，只许我等同行引荐。如有不遵，一经查出，公同理罚"②。
重整于 1909 年的武冈炮店条规，是由于"迩来师徒授受，规矩紊乱，
纷纷手艺，因而效尤"③。从晚清年间重整的条规来看，学徒制度的内
容占了很大的篇幅，当然，不同地区、不同行业也存在着差异，有的
行业侧重学徒的习艺年限，有的行业偏重于学徒的数量，还有的行业
则强调学徒的费用，这是相沿已久的惯例的某一方面遭到破坏的反映。

(三)学徒制度的重建内容

如前所述，太平天国运动所到之处，旧式行会制度遭到了不同程
度的打击。战争结束后，这些地方的手工业者试图重建行会秩序，强
化对手工业的控制，学徒制度是重建行规的重中之重，湖南是较为突
出的地区之一，下面以《湖南商事习惯报告书》的记载为主，结合其他
各地行规综合分析。归纳起来，学徒制度的重建主要体现在以下几个
方面：

第一，关于招收学徒条件的严格规定。招收学徒的年龄条件首先
就成为一道门槛。"年龄最小者，类自十二三岁以上，大不过十七八岁
以下"④，这是一个最佳的学艺年龄段。学徒的文化程度一般没有特殊

---

① 《砚店条规（省城）》，见彭泽益主编：《中国工商行会史料集》上册，
292 页。

② 《靴鞋店条规（益阳）》，见彭泽益主编：《中国工商行会史料集》上册，
279 页。

③ 《炮店条规（武冈）》，见彭泽益主编：《中国工商行会史料集》上册，
364 页。

④ 《附录二·徒弟》，见彭泽益主编：《中国工商行会史料集》上册，527 页。

要求，但某些特殊行业如书肆业、刻字业等均要求学徒能读书识字，
例如，长沙刻字店条规规定，"带徒必择已读书识字者，方易教授，免
致后来不谙文理，滥刻"①。商业学徒的文化水平一般高于手工业学
徒。在晚清，由于行会制度的封闭性、排他性，工艺水平高的手工业
行业往往强调招收学徒的地缘、业缘色彩，非本地、本帮子弟不收。
例如，长沙点翠业明文规定，"不准带外省外府州县人为徒"②；邵阳
铜货店"带徒只许本乡本村子弟，违则重罚"③；武陵铜货店还开出了
惩罚的标准，"不准招带外帮徒弟，如不遵规者，罚戏一台，典钱十串
文入公"④。漆工是一项集绘画、雕刻、色彩于一体的技艺高超的手
艺，技术封锁也十分严厉，例如，在长沙漆铺，"新带徒弟，我等同
人，从不传别府别县之人为徒，违者议罚"⑤。又如，在新宁漆店，
"本行徒弟，只准收带宝庆五属之人，不得私带外省外府之人，违者罚
逐"；"五属之人，如有愿学漆工者，尽可在同府同县店内投师，不准
径投外府之人，如违革逐"。⑥ 益阳漆店也公议"我帮不请外帮客师，
我帮不帮外帮，并不带外帮徒弟，如违罚戏一台，酒四棹，不遵者，
公同禀究"⑦。这种情形正如《中国经济全书》作者考察中国学徒制度后
得出的结论："大概从亲戚知交辈中，择其十二三岁以上之子弟，教养

---

①　《刻字店条规（省城）》，见彭泽益主编：《中国工商行会史料集》上册，
295 页。

②　《点翠条规（省城）》，见彭泽益主编：《中国工商行会史料集》上册，
392 页。

③　《铜货店条规（邵阳）》，见彭泽益主编：《中国工商行会史料集》上册，
463 页。

④　《铜货店条规（武陵）》，见彭泽益主编：《中国工商行会史料集》上册，
464 页。

⑤　《漆铺条规（省城）》，见彭泽益主编：《中国工商行会史料集》上册，
482 页。

⑥　《漆店条规（新宁）》，见彭泽益主编：《中国工商行会史料集》上册，
484 页。

⑦　《漆店条规（益阳）》，见彭泽益主编：《中国工商行会史料集》上册，
486 页。

之以为徒弟者也，又往往于亲戚朋友之外，即同乡者之子弟，亦教养之。然而大抵无他乡之缘者，则不养也。"①有些行业虽然在招收学徒的地缘、业缘上没有明确规定，但却通过增加对外地学徒的收费，达到限制的目的，例如，益阳剪刀店业规定，"带徒弟只准带本邑人，如有带外邑人，照新来客司例，上会钱三串二百文入公，不遵者公同革出"②。这样，外地学徒也只有在高额费用面前望而却步了。由于师徒之间这种浓厚的血缘、地缘、业缘关系，业主或师傅对学徒的管理难以基于制度的规范，而是建立在宗法基础之上，所谓"师徒如父子"，就是学徒必须如同儿子对待父亲那般孝顺，师傅则必须如同父亲管教子女那样严格。有些行规对此做了明确规定，例如，光绪年间的机房及机工章程规定："凡为师留徒者，教养看待，必须如同己子一般，不得自任心意，能使成业之后，终身敬服，方不负为师之道矣。"③

满足了上述条件之后，还必须有引荐人，即保证人。长沙绸布庄"收带生徒，必凭引荐认保"④。巴陵布店"添带徒弟……务须要其父兄伯叔书立投师字据，庶寒暑啾唧唧及一切不测可保无虞"⑤。这种投师字据确认师徒授受关系，有利于学徒在艰苦的环境中完成学艺，但它严格限制学徒人身自由并规定师徒人身依附关系，其主要内容包括学徒年限、双方的责任和义务、师俸等。下面是《湖南商事习惯报告书》商业条规附录所载的投师契约⑥：

---

① 日本东亚同文书院编：《中国经济全书》第4册，315页。（此处引文原为日文，中文为作者翻译。——编辑注）

② 《剪店公议条规（益阳）》，见彭泽益主编：《中国工商行会史料集》上册，358页。

③ 日本东亚同文书院编：《中国经济全书》第4册，326页。

④ 《绸布庄后定条规十条（省城）》，见彭泽益主编：《中国工商行会史料集》上册，260页。

⑤ 《布业条规（巴陵）》，见彭泽益主编：《中国工商行会史料集》上册，265页。

⑥ 《附录二·徒弟》，见彭泽益主编：《中国工商行会史料集》上册，529页。

立投师字人郭玉芳，今凭引人李仕清投拜师傅

姜启林名下，学习缝艺，言定三载，愿出俸金钱叁串叁百文正，供食制厚谷陆石整。其钱进师交半，出师全楚。其谷两年交楚。自拜之后，任师教训。师则教诲谆谆，弟则专心致志。倘有不听师言，任师责罚，年限未满，毋得自去另行。倘若性傲不遵，以及中途自废，毋许东逃西走。寒暑忧疾，不与师傅相干。出师之时，俸金交楚，抽工补足，此字发还，立此为据。

　　　　　　　　　　　　　　　　董汉云
　　　　　　　　凭引人　漆友德　等均花押
　　　　　　　　　　　　刘梅生

光绪二十五年四月初三日　立笔人郭玉云

　　投师契约是师徒关系的重要约定，也是手工业管理的重要制度依据之一。投师契约签字生效后，师徒授受关系得以确立，师徒按照约定各自履行其责任和义务。凭引人既是介绍人，也是担保人，这就是中国社会经济生活中广泛存在的"中人制"。"中人"不仅负责介绍学徒给师傅，而且对学徒应尽的责任和义务进行担保，当师徒关系出现危机时，"中人"负责从中调解，"中人"的存在使师傅对学徒的严格管教，如"任师教训""任师责罚"有了切实保障，因此，"中人制"的存在是学徒制度的重要保证。也因为如此，学徒契约对于中人的身份是有要求的。从史料来看，充当中人这一角色的人一般与学徒有着密切的亲缘关系，如"父兄伯叔"。至于从契约文本上无法判断其关系的那些中人，也必定要取得师傅和业主的足够信任才能充当这一角色。

　　第二，关于学徒费用的明确规定。除了须由中人引荐和担保，传统学徒契约中一般也明确规定学徒应交纳的费用。投师学艺通常要交纳押柜钱、进师钱、出师钱等。押柜钱即保证金，由学徒的保证人交纳，行规中并无明确规定，按惯例，"须由其父兄备具保证金（俗谓之押柜礼），视所学商业之大小为金额，多者百金以上，少亦数十金，或

数十百串不等"①。也有些行业不需要保证金。进师钱的标准在行规中
都有明确的规定，但各行数额不等。一般来说，商业学徒所需的进师
费用高于手工业学徒。以南京云锦业为例，云锦业招收学徒按例分机
房和号家两种，机房学徒大多是农民或城市穷困人家的子弟，进师的
规矩是"送糕酒"，给师父叩头，然后大家吃他送来的糕和酒。号家则
招收有钱人家的子弟，徒弟进门不送糕酒，而是"席敬"（即送现钱），
家底富裕一些的"席敬"有四五十元硬币不等，稍次的也有十至二十元，
另送四元给带师。② 有些行业规定在交纳诸如师俸、上会钱、上行钱、
入帮钱、敬神钱之类的进师费用后，同时还需置办酒席，邀请同行值
年、首士参加做证，学艺期满后，还须置办出师酒，以此感谢师父的
培养，并向同行表明已具备了师傅的资格。行会制度下招收学徒的费
用情况如表 7-1 所示：

表 7-1 晚清时期长沙行会手工业学徒费用示例表

行业名称	时间	学徒费用情况
绸布店业	光绪十八年（1892）	蒙师学徒，每年上会纹银四两，做酒之日，由店东着人送交值年。
砚店业	咸丰十年（1860）	凡带徒弟，毋论亲友戚等，公议进师香钱二串文，酒席两桌，出师照例。
刻字店业	咸丰四年（1854）	进师之日，除交师俸外，许备入行钱四串文，先期具柬知会值年，同赴文昌阁敬席入会，书名入簿。
篾店业	光绪十五年（1889）	进师出入行规银八钱归公，师规银四两，进师酒席，由师备办，出师酒席，听徒自备。
龙须草席店业	光绪二十九年（1903）	铺店准其带徒弟者，上会钱一千二百文入公。
纸店业	光绪丁酉年（1897）	徒弟进店，请酒拜师，当捐入会钱一串二百文入公，（三年满）做酒出师。

① 《附录二·徒弟》，见彭泽益主编：《中国工商行会史料集》上册，528 页。

② 参见南京市工商联合会编：《南京云锦史略》，见中国人民政治协商会议
江苏省暨南京市委员会文史资料研究委员会编：《江苏文史资料选辑（第二辑）》，
166 页，南京，江苏人民出版社，1981。

续表

行业名称	时间	学徒费用情况
弹花店业	宣统元年 （1909）	凡带徒弟，出备师傅钱五千文，酒席二桌，出师入帮钱四百文，火印钱一百文，交值年登簿。
泥行	光绪三十一年 （1905）	新带徒弟，即上行油演戏进神，出备戏钱五串二百文，其钱尽此一节交清，三年已满，备酒席出师。
纸扎店业	宣统元年 （1909）	各铺户徒弟，自备规钱十四串文外，入名香钱四百文。
纸盒店业	宣统元年 （1909）	凡投师，备师俸钱十二串文，外出备香资二串文，其香资半年为限，出进酒席徒备。
梳篦店业	光绪二十九年 （1903）	铺户教习徒弟，徒弟备出师父十串文，进师日上名钱六百文，出师日上行钱一串文。
整容店业	宣统元年 （1909）	带徒学艺，演戏一台敬神，不愿做戏，折钱三串一百二十文，学徒出师，须出香油钱二百四十文。
面店粉馆业	同治八年 （1869）	学习面包饼店者，各应备行规钱六千四百文入会，徒弟进师之日，备酒请值年。
药店业	光绪十五年 （1889）	初入徒弟，公议出香资钱四千文，注册入会，先期送钱，方许拜师。
锡店业	同治年间	当带徒弟之日，务先登簿记名，其应出上行银十五两，又灯油香钱四百八十文，均交值年入公，三年期满，设席请众出师。
铜店业	光绪十六年 （1890）	铺家带徒弟，进师登名，捐钱四百文，三年出师捐钱八百文，四年做酒。

资料来源：本表据《中国工商行会史料集》上册有关材料综合编制而成。

　　第三，关于学徒的数量、习艺年限及养成的规定。在学徒数量及习艺年限的规定上，绝大多数行业都执行"三年为满，出一进一"的条规，违者严惩。例如，长沙裱店条规宣布，"各铺户新带徒弟，只准一出一人，不得重带多名，例应以三年为满，不准一年半载出师"①。重庆纸帮条规规定"各铺户学徒以三年为准，每家只准招徒一人，不许多

　　① 《裱店条规（省城）》，见彭泽益主编：《中国工商行会史料集》上册，337 页。

招"①。光绪年间武汉天平同业强调,"学徒弟者,以四年为满,出师以后仍凭帮做,余为开立铺面。学徒弟者,三年以后准招。铺内作坊,只准一名,不许多招"②。这些规定的目的,旨在维护行业的动态平衡,但在客观上有助于保障学徒的培养质量。当然也有例外,有的行业规定学徒期限为四年,像武陵刻字业,"徒弟任牌招带,准以四年为满……恐四年未满,不准出师"③。有的行业规定招收学徒周期为两年,例如,长沙白铁帮客师友重整条规时,"议带徒弟,每铺只准一名,两年满方可再带"④。在招收学徒数量的规定上,有些行业允许两出两入,例如,长沙锡店"凡带徒弟,只准两出两入,不许多带"⑤;绸布店业规定"收带生徒,必凭引荐认保,总以二出二入为常,多则三人为止"⑥;长沙干湿靴鞋店业规定"铺户新带门徒,无论亲朋均以三年两个为期"⑦。

对于学徒的培养和训练,行规中强调"因材施教"的原则。湘乡成衣店条规规定,"子弟从学,有聪明鲁钝之别,若聪明者,只要婉言训诲,鲁钝者,只得慢慢约束"⑧。在那些工艺复杂、技术含量比较高的行业中,学徒所受训练过程更为复杂、全面;反之,在一些技术水平不高的行业中,学徒训练仅凭学徒自身观察、模仿即可完成。20 世纪

---

① 《纸帮章规》,见彭泽益主编:《中国工商行会史料集》上册,559 页。

② 日本东亚同文书院编:《中国经济全书》第 4 册,317 页。

③ 《刻字店条规(武陵)》,见彭泽益主编:《中国工商行会史料集》上册,300 页。

④ 《白铁帮客师友重整条规(省城)》,见彭泽益主编:《中国工商行会史料集》上册,352 页。

⑤ 《锡店条规(省城)》,见彭泽益主编:《中国工商行会史料集》上册,458 页。

⑥ 《绸布庄后定规条十条(省城)》,见彭泽益主编:《中国工商行会史料集》上册,260 页。

⑦ 《干湿靴鞋店条规(省城)》,见彭泽益主编:《中国工商行会史料集》上册,277 页。

⑧ 《成衣店条规(湘乡)》,见彭泽益主编:《中国工商行会史料集》上册,379~380 页。

20年代的南京刻扇骨业是南京的一种旧式手工业，由于传承了该业训练学徒的优良传统，该业学徒资格的取得较其他行业为难，"为学徒者，必曾读书数年，天资聪慧，心思灵巧，且不喜嬉戏者，方有良好之结果"；刻骨坊在对学徒进行训练时，"教授上初颇费神"，其程序是：学徒入门之初，"必先教以用刀，试刻粗货，由师于竹边（南京粗货皆以竹制）画就墨迹，令其照纹雕刻，并须于余时课以粗画，由浅入深，迨至不需墨迹，自能空手刀刻寻常花卉，始能令刻次等精货"。①由此可见，南京刻扇骨业在学徒训练过程中，师傅对于引领学徒学习手艺是十分重要的，这是因为刻扇骨带有很强的工艺美术性质，不是光凭借学徒自己观察模仿就能轻易学会的。

第四，重申违反学徒规定的罚则。制度是对人的行为的激励与约束，为了确保其有效性，对破坏学徒制度者进行惩罚，既是重建行会权威性的体现，也是维护行业秩序的重要保证。行会对违反学徒制度的惩处可谓十分严厉，其主要处罚措施有如下几条：

（1）对违规超带学徒的处罚。一种情况是，行规明确写明给予处罚但并未具体规定如何处罚，例如，长沙砚店规定带徒"满两年一个，不得越期早请，倘有不遵，同行人公议照罚"②。另一种情况是，明确处罚的具体方式，罚款是最普遍的处罚手段。例如，刻字店同行重申了行业惯例，"开店帮伙所带徒弟，只准出一进一，重带者，照戊寅年庄西林堂重带徒弟，罚钱四串文入公。如日后违者照罚，倘恃强不遵者，鸣众议论，再行重罚"③。湘乡纸爆业行会对业中"倘有擅行重带者，查出罚钱二千四百文入公"④。罚戏也是一种常见的方式，例如，面店粉馆业规定，"徒弟以三年为满，出一进一，铺家不得重带，如违者罚

①　《刻扇骨坊之学徒》，载《中外经济周刊》，第110号，1925年5月2日。

②　《砚店条规（省城）》，见彭泽益主编：《中国工商行会史料集》上册，293页。

③　《刻字店重定条规（省城）》，见彭泽益主编：《中国工商行会史料集》上册，297页。

④　《纸爆业条规（省城）》，见彭泽益主编：《中国工商行会史料集》上册，363页。

戏"①。戏曲具有鲜明的地方文化特色,以这种相对喜庆的方式对违规者加以惩罚,体现了东方智慧,且寓教于乐,有助于同业间的团结。最重的惩罚是革逐学徒或取消师傅招收徒弟的资格,例如,长沙泥行规定,"倘有私行重带,冒充继名,一经查出立革,管年徇隐者,议罚"②。长沙锡店业同行议定,"如有擅自多带者,公议罚店东银六钱,罚店中伙计银四钱,以作香赀,永不准带"③。

(2)对不交纳或不按时交纳入师费、出师费的涉事者予以罚款、罚戏或革逐等处分。邵阳纸烛店业规定,"投师学徒者,入会钱四百文,如违不准伊店带管"④。益阳剪刀店同业议定,"凡带徒弟,上会钱一串文入公,如有不清,不许帮做,不遵者,公同革出",即便是兄弟、叔侄等亲缘关系也不例外,"兄带弟,叔带侄,照例上会钱一串文入公,如有不遵者,公同革出"。⑤

(3)对于中途辍学的学徒,在行规或学徒契约中规定永远取消其在该业学艺及从业的资格。例如,湖南靴鞋店业规定,"徒弟未满师期,或私逃走者,倘有匿藏混带,查出该徒公革,该师公罚钱二千四百文"⑥。武冈梅葛祀业(染纸作坊)规定,学徒"如有半途而废,以及背师另投别店,在祀人概不得顾请,如有不遵,公罚抢请店主钱二千四百文"⑦。长沙药店业规定"倘艺期未满,诡辞翻出,不许另投别处,

---

① 《面店粉馆条规(省城)》,见彭泽益主编:《中国工商行会史料集》上册,417 页。

② 《泥行条规(省城)》,见彭泽益主编:《中国工商行会史料集》上册,348 页。

③ 《锡店条规(省城)》,见彭泽益主编:《中国工商行会史料集》上册,458 页。

④ 《纸烛店条规(邵阳)》,见彭泽益主编:《中国工商行会史料集》上册,315 页。

⑤ 《剪店公议条规(益阳)》,见彭泽益主编:《中国工商行会史料集》上册,358 页。

⑥ 《靴鞋店之条规》,见彭泽益主编:《中国工商行会史料集》上册,266 页。

⑦ 《梅葛祀条规(武冈)》,见彭泽益主编:《中国工商行会史料集》上册,329 页。

亦不许做本行生意，如违公同革退"①。对辍学学徒严苛的处罚，凸显了师傅或业主的权威，其积极意义在于对学徒习艺年限的保证，没有一定时间保障，学徒很难真正完成职业技能培养，从而成为一个熟练的手工业者。

（4）对学徒习艺期间私自外出帮工，或其他同行雇请行为，予以重罚。长沙整容店规定，学徒"未出师者，以前只准在师父店内帮贸，不准出店帮工，外人亦不准雇请，违者公同禀究，并将徒弟革出"②。武冈成衣店规定学徒"拜师学艺，如有不满师或先出或参师或帮工另做，公同逐出，永不许入行"③。长沙篾店议定，"倘徒三年未满，别店不得雇请，亦不得私带为徒，如违店主处罚，徒永革逐"④。

（5）对不勤习苦练的学徒，轻则体罚，重则斥退。在学习期内，"有不遵规，不勤习者，其师惩戒之遣斥罚跪，甚且加以夏楚焉"；学徒契约中也有"倘有中途辍业，所议俸钱，仍照原数奉缴，不得退还"的约定，"倘有不听师言，任师责罚"。⑤ 这些惩罚方式无疑增强了学徒制度的强制性。

此外，为了保证行会手工业对技术的限制和垄断，对私自招收外地、外帮徒弟的行为，行规也是严格禁止并从重予以处罚的。具体措施见本章前文所述，此处不赘。

晚清行会学徒制度的重建是对明清时期学徒制度的重申和强化，这是鸦片战争后手工业遭受太平天国运动、外国资本主义和民族资本

---

① 《药店条规（省城）》，见彭泽益主编：《中国工商行会史料集》上册，447 页。

② 《整容店条规（省城）》，见彭泽益主编：《中国工商行会史料集》上册，400 页。

③ 《成衣店条规（武冈）》，见彭泽益主编：《中国工商行会史料集》上册，382 页。

④ 《篾店条规（省城）》，见彭泽益主编：《中国工商行会史料集》上册，302 页。

⑤ 《附录二·徒弟》，见彭泽益主编：《中国工商行会史料集》上册，528～529 页。

主义等外力冲击，以及行业内部竞争日益加剧的反映。作为具有排他性的封建同业组织，行会希望通过对学徒制度的重建，达到既降低熟练劳动者的增长速度，以保障手工业者收入，又实现抑制新的业主开张，控制同业竞争的双重目的。但是，这些保守的行规不仅挽救不了手工业衰落的命运，相反还会加速其衰败。在竞争相对缓和或技术劳动者相对缺乏的行业中，学徒制度便温和得多。例如，在上海乌木公所重整行规中，关于学徒的条款规定"新开店作满年后，每年均准收徒壹人，以体旧章也"，"就地学徒满师，循向旧章，向所报告注簿"，"外作无店收徒称工，亦向公所报名，入行注簿"，"其父在沪立业，其子别地学就来沪称工，亦向公所报名入行"，"铺家乏本，无木进作，存徒未满期者，亦准其在外称工"。① 相对于晚清时期手工业行会的整体而言，上海乌木公所的做法也许只是一个例外，但正是这个"例外"预示着手工业学徒制度变革时代的到来。

二、近代手工业学徒制度的变迁

20 世纪初年，资本主义工场手工业获得了较大发展，学徒制度也随之变化。首先，学徒的数量不受限制或不再受到严格限制，但仍保留学徒习艺年限的规定。其次，学徒制度的手工技艺训练职能日益弱化，但师徒之间的宗法色彩保持不变。最后，某些新式手工业行业中的师徒关系出现了一些微变，但绝大部分行业依然延续惯例。学徒制度在这三个方面的变与不变，为手工工场主广泛使用学徒创造了条件。

（一）作坊与工场学徒制度的变化

第三章的分析表明，清末民初时期中国近代手工业同民族机器工业一样取得了长足的发展，那么是什么原因促使中国近代手工业具有如此韧劲得以长期存在下来并有所发展呢？从另一个角度看，为什么

① 上海博物馆图书资料室编：《上海碑刻资料选辑》，405 页，上海，上海人民出版社，1980。

工场手工业向现代工厂工业的转化如此艰难呢？这需要做多角度的综合分析。前文已经研究了传统经济下农民的贫困化、手工业与民族机器工业的良性互动、手工业经济中的政府行为以及手工业自身的能动因素等。此外，以学徒制度为核心的劳动管理形式也为工场手工业的存在和发展创造了条件。

这一历史现象似乎与已有理论相悖。我们知道，学徒制度服从和服务于行会制度，而行会制度的宗旨就在于限制竞争，学徒制度以限制招收学徒为手段制约了传统手工业向工场手工业的发展。为什么说学徒制度造成了工场手工业的长期存在和发展呢？这在很大程度上应"归功于"早期资本家，即工场主们，是他们改变了学徒制度不利于工场手工业发展的消极面，保留其积极内容，为手工业提供了源源不断的廉价劳动力资源，不仅使其在大机器工业的竞争中存在下来，而且扩大规模，向工场手工业方向发展。

首先，同业公会不再限制或不再严格限制招收学徒的数量，但仍保留学徒习艺年限的规定。我们检阅有关的同业公会业规，没有发现招收学徒数量与时间上的限制，但都严格规定习艺年限。例如，《上海市眼镜业同业公会业规》第十二条规定，"同业收领学生艺徒，应依下列之规定办理：（甲）学生艺徒规定三年毕业；（乙）学徒进店三月后须将姓名年岁籍贯及进店日期等报告本会备查"[1]，这表明招收学徒仅需备案而已。其他同业公会也均有类似规定，并制定一些相应的措施以保证习艺时间的落实，如规定"同业不得录用未毕业之学徒"[2]，或实行证书制度，例如，上海市打铁业同业公会规定，"学徒实习期满，由师傅率同到会缴纳费银二元领取证书"，这个证书等同于在同业入职的许可证，"同业嗣后不得录用无证书之学徒充当伙友"。[3] 还有对中途

①　《上海市眼镜业同业公会业规》，载《工商半月刊》，第 5 卷，第 13 号，《工商法规》，1933。

②　《上海市履业同业公会业规》，载《工商半月刊》，第 4 卷，第 21 号，《法令规章》，1932。

③　《上海市打铁业同业公会业规》，载《工商半月刊》，第 4 卷，第 21 号，《法令规章》，1932。

辍业学徒或业主进行处罚的规定，例如，上海油漆木器业同业规定，"（学徒）如中途辍业，依据从前习惯贴偿饭资及谢师筵席费"①，雇用未满期的学徒，如"发生纠纷，概由留用者负责"②。有些同业公会虽然也限制招收学徒的数量，但与行会制度下"三年为满，出一进一"的规定比较起来，宽松得多。例如，上海履业同业公会规定，"同业收领学徒，依下列各项办理之：（甲）老店每年得招收学徒一名；（乙）新店于第一年得收学徒两名，第二年起照甲项办理"③。实际情形也是如此，例如，南京刻扇骨业招收学徒，"并无定额，换言之，即多多益善"④；南京"沙磨坊之收徒，并无定额，入门手续，亦极简单，为徒时期，亦照南京习惯，三年满师"⑤。

学徒数量上的突破或放宽限制对于早期资本家来说，是获得廉价劳动力、扩大生产规模的捷径。学徒制度与农业社会经济生活相适应，当传统工商业发展到一定阶段时，学徒制度所固有的封闭性、保守性就成为早期资本主义发展的障碍。学徒制度的巨大惯性，使得对传统的改造并非轻而易举，甚至要付出血的代价。少数师傅或早期资本家起初大量招收学徒就受到了同行的强烈反对，晚清时期长达数十年对学徒制度的重建，就是试图恢复传统的一次集体努力。但是，这种努力终究只是延缓了改造传统的步幅，却难以阻碍其前行的趋势。在使用学徒所获利益的驱使下，招收学徒的数量终于有了突破，尤其是在行会势力较为薄弱的农村手工业或受到资本主义冲击较大的城市手工业中，学徒数量的突破给他们带来了看得见的好处，一个手工作坊或

---

① 《上海市油漆木器业同业公会业规》，载《工商半月刊》，第 5 卷，第 16 号，《工商法规》，1933。

② 《上海市新法洗染业同业公会业规》，载《工商半月刊》，第 4 卷，第 21 号，《法令规章》，1932。

③ 《上海市履业同业公会业规》，载《工商半月刊》，第 4 卷，第 21 号，《法令规章》，1932。

④ 《刻扇骨坊之学徒》，载《中外经济周刊》，第 110 号，1925 年 5 月 2 日。

⑤ 《沙磨坊之学徒制度》，载《中外经济周刊》，第 113 号，1925 年 5 月 23 日。

手工工场招收学徒的数量没有限制了，作坊主或工场主专注于学徒习艺年限内所带来的效益，既无须顾虑他们的训练，也不管期满后是否能继续工作，三年的学徒期为早期资本家节省了一大笔流动资本的支出，而得到的却是按需驱使的劳动力。很明显，这是作坊主或工场主们在现代工厂工业的打击下寻求生存的有效方式。

其次，学徒制度的技艺授受功能日益弱化，但师徒之间的宗法色彩保持不变。近代手工业学徒制度的职业技能训练功能的淡化是生产分工的结果。在传统小手工业生产中，一个师傅必须完成生产过程中的每一道工序，才能生产出最终成品。产品质量的高低很大程度上依赖于师傅技艺的精湛程度。学徒要想从事生产或充当师傅也必须熟悉生产过程中的每一个环节，其技术水平的高低与师傅的传授密切相关，只有名师才能训练出高徒，古代中国许多能工巧匠就是在这种训练中成长起来的。但是，随着工场手工业的发展，原来复杂的生产工艺被分解为一个个简单的工序，产品不再依赖于某个人，而是在生产者的分工协作中完成的。在这里，有些工序简单到只需几天便可以掌握的程度，而且学徒不必再熟悉每一个环节，习艺的重要性降低了。近代手工业学徒制度技艺授受功能的淡化也是工场组织发展的结果。伴随着技术的进步，劳动工具的专门化，生产分工使得相当数量的工人能在某一个大作坊中分门别类地从事某一道固定的工序，从而造成社会生产过程的质的划分与数量比例的变化，随之也引起了管理形式的进步。原来业主兼师傅的角色在手工工场中消失了，代之以经理和专门对手工业工人进行监督的管理人员，他们不可能像师傅那样与学徒朝夕相处，直接指导学徒，很难与众多的学徒发生密切关系。他们要做的唯一的事情就是将学徒分配到某一个部门中去，在工头的监督或一位技术工人的指导下劳动，与其说这是一种技术的传授，不如说更像是一种监督式的劳动管理。从技术传授这一角度看，工场学徒制比之传统手工业师徒制倒退了，这种情形在近代中国同一行业中的大工场与小工场之间存在着鲜明的对比。例如，上海机器修造业中，"小厂的学徒学习技术较大厂全面。因为厂小人少，不像大厂专门指定某一部门或跟随某一位老师傅专学一种技术。而小厂师徒之间见面时间多，传授技术的机会也就较大中型厂为多。并且一般小厂的业务，依靠修修配配，缺乏制造能力，因此小厂学徒容易学到全面的技术"①。上海机器修造业中，学徒比例很高，"在初进厂的二三年，厂方没有什么东西给你学，只叫你做一些苦工，在翻砂间里铲铲泥，扛扛铁架子，在机器间里凿凿浇口，锉锉毛头。有了学徒白替厂方做这些工作，厂方便不用另雇苦力工人了。及至后来自己学得了一些技术，甚至你的技术和正式工人——老师傅一般高，厂方仍借口你的学业期限未满，要你继续白白地替他做工。老师傅虽比学徒经验多一些，但一般说来，老师傅能做的，学徒也能做，比如，在新业铁厂内，有四个学徒，比老师傅的技术还好，厂方故意要分学徒与老师傅，不过是特别剥削工人的一种办法。所以我们可以说一句，华商铁厂的发展，是建筑在对这些青年劳动者无代价的剥削上面。名为学徒，实际上是白白地替厂方做工而又没有工资的工人"②。在天津针织业中，"学徒习艺之程序，大抵先习缠线，次习针织"，但在学徒学习针织时，情况有很大不同，视学徒的手艺和厂中工作情形而定："小厂中多无缠线工人，故学徒于习艺期间大部分之工作，多耗于缠线之上，得闲始由师傅授以针织之术。在大厂中，情形较善……学习针织工艺，可以较早。"③由此可见，学徒制度中的职业技术训练机制日益为廉价劳动力使用机制所取代，这是学徒制度在工场手工业甚至现代工商业中能够广泛存在的重要原因。

当然，这并不等于说近代手工业中的业主与学徒之间就不存在师徒关系，恰恰相反，他们依旧保持着具有浓厚封建色彩的宗法关系。例如，南京沙磨坊业学徒"在例只认老板为师，但学徒之学技，全赖技精工人之教授，故习惯上亦称此项工人为师，名曰带师"④。上海机器

---

① 《前恒昌祥机器船厂学徒出身老工人孙祖恩访问记录》，1962 年 1 月30 日，见中国社会科学院经济研究所、上海市工商行政管理局、上海市第一机电工业局编：《上海民族机器工业》下册，829 页。

② 朱邦兴、胡林阁、徐声合编：《上海产业与上海职工》，562 页，上海，上海人民出版社，1984。

③ 方显廷编：《天津针织工业》，75 页。

④ 《沙磨坊之学徒制度》，载《中外经济周刊》，第 113 号，1925 年 5 月23 日。

修造业的学徒"进厂时先由家长买香烛一付，由介绍人送去，先拜财神
爷，后朝死去的师公神像跪拜，最后向老板、老板娘跪拜，并尊他为
师父、师母"①。师徒关系的宗法性还体现在所谓"中人制"上，以天津
织布业为例，学徒拜师，须经一人介绍，但所谓介绍人，"大都为雇主
之同乡、朋友、亲戚、家族等"②。据方显廷对天津织布业中 550 名学
徒的调查，朋友介绍者 176 人，同乡介绍者 170 人，亲戚介绍者 133
人，家族介绍者 42 人，为其他关系介绍者 29 人，天津地毯业、针织
业、织布业、磨房业中学徒入行的介绍人大多利用血缘、乡缘关系，
具体情况如表 7-2 所示：

表 7-2　天津部分手工业学徒介绍人背景统计表

行业名称	调查人数	介绍人背景				
		同乡	亲戚	家族	朋友	其他（邻里、同学等）
地毯业	261	124	37	32	35	33
针织业	220	91	78	22	24	5
织布业	550	170	133	42	176	29
磨房业	289	94	78	47	63	7

资料来源：本表主要依据的是方显廷对天津手工业的有关调查——《天津地毯
工业》(1930)、《天津针织工业》(1931)、《天津织布工业》(1931)、《天津之粮食业
及磨房业》(1933)等。

这说明，天津地毯业、针织业、织布业、磨房业中学徒的使用是
以血缘、乡缘关系为纽带的。早期资本家为什么乐于维系与学徒之间
名义上的师徒关系呢？这是因为保持师徒关系，既便于工场管理，又
有利于榨取学徒血汗。在这种关系下，资本家能够利用"一日为师，终
身为父""衣食父母重于生身父母"等传统伦理，役使学徒和经过学徒培
养的工人忠心耿耿地为其服务，以师徒关系掩盖真正的劳动雇佣关系。

---

① 《前大中华汽车材料厂老工人蔡福根访问记录》，1960 年 8 月 17 日，见中
国社会科学院经济研究所、上海市工商行政管理局、上海市第一机电工业局编：
《上海民族机器工业》下册，813 页。

② 方显廷编著：《天津织布工业》，81 页。

在这种关系下，资本家可以"名正言顺"地榨取学徒的劳动。一方面，学徒只需很短时间的训练就可以成为熟练工人，其他时间便为资本家无偿劳动；另一方面，资本家也可以借各种理由延长学习期限。方显廷在考察了天津针织工业后，指出雇用学徒对资本家的两大好处："一以学徒无需工资，雇主所付之工资大省，二以学徒在学习期间，听命师傅，不致擅离职守，工厂工作，亦可不致中辍。"招收学徒充当工人劳动既能节约成本，又可以最大限度地规避劳资纠纷，于是"一行百效"，"由是雇用学徒日多，二十年来，学徒之制，极为发达"。①

最后，某些新式手工业行业中的师徒关系出现了一些微变，但绝大多数依然延续着惯例。所谓微变，主要体现为在入门程式、礼仪及契约关系、学徒待遇上有所松动。例如，在南京毛巾业中，学徒"入门礼制，亦甚简单，微特不给押柜，不贴饭食，或并香烛门生帖皆可省去，入门之日，由介绍人将学徒亲自领至，当面勉以勤慎服从，礼式即备"②。福州商家收徒，虽"必有介绍人与之引荐，然无何种契约之事"③。在某些计件制的新式手工业中，学徒在习艺期内就可以获得一定的收入，例如，在天津织布业中，雇主"为鼓励学徒之工作起见，亦有按月与以工资者，工资之数，约当工人所得一半或三分之一。并规定每日必成工若干，若超过规定工作，则付与全额工资，与正式工人相等。除此另有一法，即以其工资与工人相等，而重收其膳费，以示别于工人"④。天津地毯业学徒"皆按入厂期起零需，本厂每年出费洋十元，有功者，另有奖赏"⑤。天津针织业大厂中的学徒，"除每月与

① 方显廷编：《天津针织工业》，75～76 页。

② 《南京毛巾业之学徒制度》，载《中外经济周刊》，第 115 号，1925 年 6 月 6 日。

③ 《福州商业状况及商家之习惯》，载《中外经济周刊》，第 88 号，1924 年 11 月 15 日。

④ 方显廷编著：《天津织布工业》，82 页。

⑤ 《德盛厚地毯厂注册呈文并徒工规章与愿书》，见天津市档案馆、天津社会科学院历史研究所、天津市工商业联合会编：《天津商会档案汇编（1912—1928）》第 3 册，2772 页。

以薄资外，每日额外工作，尚可领取奖金……学徒每日织物四打者每月给薪一元，织五打者二元，织六打者三元，此外，每多织一双给奖金一角"①。线毯制造业中，"学徒每年亦有工资，大概第一年给银六元，第二年十二元，第三年十八元，另有奖金办法，即入厂后视其能力，每月酌给八角乃至一元之奖金"②。山东潍县颜料业学徒制度规定："凡学徒之性质勤慎者，入厂一二月后即可得津贴数吊（每吊合当十铜元五十枚），所有学徒之每日食宿，概由厂中供给，以后学徒技进，工资即逐渐增加。"③尽管这些报酬同正式工人比较起来仍很低廉，而且没有任何保障，但是，这个变化是积极的，同旧式手工业作坊中使用学徒无须付出任何代价相比，学徒劳动力价值在某些新式手工业中得到了一定程度的承认，从而为师徒之间固有的宗法关系的削弱提供了可能，向业主与学徒之间建立一种现代经济契约关系迈进了一步，尽管道路还非常漫长。

与此相比，旧式手工业中的师徒制则沿袭传统，学徒习艺年限长，而且毫无报酬。例如，温州手工艺行业中，"木匠泥匠，均以四年为满师之期，在未满师前，出外工作，所得工资，皆由其师取得，并不津贴学徒，间有逢年节，略给鞋帽费者，其数甚少"，雕刻匠所收学徒，"大半皆无津贴，其有每年由师给一二元或三四元，为鞋袜费，系属例外之优待"。④ 又如，山东博山县窑货业学徒的"每日制坯之工资，悉归其师领受，学徒之每日食宿，亦由各徒之师供之，闻学徒之满师期为四期〔年〕，未满师之前，皆无津贴"，该县颜料业中，"无论学徒之技艺高下，皆不给薪，亦无奖赏津贴等名目"。⑤

确定师徒关系的"关书"或"保条"仍在各地手工业中广泛存在，虽

---

① 方显廷编：《天津针织工业》，75 页。

② 《天津工业之现状》，载《中外经济周刊》，第 198 号，1927 年 1 月 29 日。

③ 《山东潍县之经济状况》，载《中外经济周刊》，第 187 号，1926 年 11 月 6 日。

④ 《温州劳工近况》，载《中外经济周刊》，第 210 号，1927 年 5 月 7 日。

⑤ 《山东博山县之近况（续）》，载《中外经济周刊》，第 217 号，1927 年 6 月 25 日。

然表述略有变化，但内容仍沿袭其旧，具有浓厚的封建色彩。例如，长沙篾业学徒拜师，必须携带投师字，其内容如下①：

长沙篾业投师字

立投师字人何春生，今将其子智清投拜李师傅名下为徒，学习三年，议定进师钱五串文，出师时备酒席二桌，三年之内听师教训，三年之外，听徒自便，倘有寒暑星灾，各安天命，逃南走北，不与师傅相干，恐口无凭立此投师字一纸交。

　　李师傅收执为据

　　　　凭引进人　　　　　　　　　　　　　　范福章衣店

　　　　　　　　　　　　　　　　　　　　　　周长生

民国十一年七月初三日　　　　　　　　　　　何春生立

又如，北京机器修造业中，学徒在入场学习之前，都必须觅得妥适保人，备具"保条"，其内容如下：

> 具保条人○○○年○岁○○省○○县○○村人，今蒙○○○君保荐至○○工厂学习工艺，订明学习四年为满，在此学习期内并无薪金，须恪守厂规，不准旷工，如中途辞工须将饭费（每日两角）按日如数包补，倘有不端行为或违犯规章及有疾病逃亡等情均由保荐人负完全责任，此系自愿，并无异言，欲后有凭，立此保条存证。②

上述保条中，除规定学徒的责任和义务，如习艺年限、纪律要求、中途辍学的赔偿责任外，还须声明如果学徒身体有何意外，与师傅或厂主无关，"保条"却不保证师傅传授技艺的责任和学徒的待遇。因此，这种类型的"保条"或"关书"无异于学徒的单程保证书，成为手工作坊主或手工工场主管理学徒的法律依据。为了便于管理，一些手工业同业公会还要求学徒签收统一制作的志愿书，以北京地毯业为例，志愿

---

① 郑福森：《长沙的小篾工》，载《生活》，第1卷，第11期，1925。

② 赵梅生：《北平机械工业调查（续）》，载《工商半月刊》，第7卷，第20号，《调查》，1935。

书不仅要求学徒表明习艺的意愿和保人的责任，而且对违章、学制、请假、毕业等条款规定得很详细①：

志愿书

京师毯行商会为发给志愿书以凭投号收用事，兹据　　姓名　　作保负责介绍得　　姓名　年岁　实系　省　县　村人，情愿投在　　号学艺，倘有不正当行为及其他，均有保人担负完全责任，须至愿书者。

违章

——学期未满，私自潜逃，或在他家工作，及私招股东，开设本行营业者。

——搅乱行规，妨害行业，及不服约束者。

——听唆聚众罢工，犯刑事范围者。

附则

——学艺，其宁夏门，以四年期满；惟东西两门，按阴历计算，不计闰，向以三年另六个月为期满毕业时间。如中途辞退者，得按日缴还饭费，保人担任负责。其婚丧及病不计，若假期逾限一月以上，可得补习。又倘遇有危险疾故，可得保人与该家长，双方负责。

——毕业时，应有本号经理报会，请领毕业证，俾维生计。

——优待条件，改列于毕业证内。

——负责保人　姓名　　职业　　年龄　系　省　县　　村人

右给艺徒　　　　　　收执

中华民国　　年阴历　　月　　日

上海机器修造业学徒的投师"关约"无异于一部简略的劳动管理规约：

> 立投师关约××人，今因长（次）子××名，无业营生，自愿学习工艺。央请介绍人××人，送入××厂××老师名下习学工艺，议明三年为满。自投师之后，早晚辛勤工作，决不偷安。如有不守规则，违逆教训，任凭老师责罚，决无异言。欲后有凭，立此投师关约存照。规约如下。（一）早晚须照定钟点工作，不得违拗。（二）进厂之时须缴押柜洋30元。（三）除本厂例假外，倘自因事请假者，满师时照数补足。（四）倘有不测，各由天命与师无

---

① 王清彬、王树勋、林颂河等编：《第一次中国劳动年鉴》第 1 编，577 页。

涉。(五)满师后非经师傅介绍,不得擅自他去。(六)如有半途而废,押柜概不给还。(七)晚间无事不得自由出厂游玩,须经师傅允可方行。(八)若有要事返里,须家长来厂说明理由方可同回。

年　　月　　日①

由此可见,如同清末民初时期经济上传统与现代并存的格局一样,手工业学徒制度也处在由旧到新的转化过程中,呈现出错综复杂的特点。手工业学徒制度的变与不变既与手工业经济组织变迁状况相适应,也与政府缺乏统一的学徒立法有关。南京国民政府虽在 1929 年通过了《工厂法》,并以一章的篇幅对学徒制度做出规定,但它只适用于 30 人以上并且使用原动力的工厂,对于大量存在的手工业学徒却未予重视。不过,应该指出的是,南京国民政府行政院于 1936 年 8 月核定通过了《上海市工人待遇通则》②,规定凡在上海市区内,"不适于工厂法之工场,其雇主待遇工人,均应遵守本通则"(第一条)。该通则对手工业学徒的年龄、工作时间、培养、契约、学徒人数、学习年限等主要问题做出了明确规定。例如,雇主招收学徒,"不得雇用未满十四岁之男女儿童"(第十一条);"未满十六岁之童工与学徒,每日工作时间不得超过八小时,在午后八时至翌晨六时之时间内不准工作"(第十二条);对于学徒,"每日应于工作时间外酌予受教育之机会"(第十三条);雇主招收学徒,必须与监护人订立契约,其内容除写明学徒姓名、年龄、籍贯、住址、职业种类、缔结日期及存续时间外,还必须载明"相互之义务……如约定学徒应受报酬时,其报酬额及其给付期",并"不得有限制学徒于学习期满后营业自由之规定"(第二十六条);当"雇主所招学徒人数过多,对于学徒之传授无充分之机会时,社会局得令其减少学徒之一部"(第二十七条);学徒习艺期限以所习技艺之难易为原则,

---

① 中国社会科学院经济研究所、上海市工商行政管理局、上海市第一机电工业局编:《上海民族机器工业》下册,812 页。(作者引用时对原书格式进行了调整,并改用数字序号标识规约条目。——编辑注)

② 该通则的内容请参见《劳工月刊》,第 5 卷,第 10 期,1936。

"但最长期限不得过三年"(第二十八条)；等等。

这是目前所能见到的南京国民政府关于手工业学徒的唯一立法，尽管仅限于上海一隅，但它表明了政府开始重视手工业学徒，如执行得好，未尝不可以推广到其他地区。遗憾的是，上述关于手工业学徒的制度规定，几乎未见施行，这在下面几个问题的分析中还将得到证实。究其原因，主要在于当时并不具备实施条件。随着日本全面侵华战争的发动，上海沦为沦陷区，经济受到极大的摧残，政府没有足够的力量执行这些规定。从其他未沦陷地区的手工业学徒制度看，即使没有受到战火的直接影响，上述规定也难以变为现实。这是因为，一方面，工场主们或师傅们为使自己的企业在与现代企业的抗争中延续下来，总会千方百计地充分发挥学徒作为廉价劳动力资源的优越性，最大限度地节省人工成本，例如，北京机器修造业的工场主中就流行着这样一句"格言"——"吃学徒"，就是其真实写照。另一方面，在近代中国，学徒有着广泛的来源，尤其在农村经济破产的背景下，与其让孩子们在家中饥饿而死，不如忍受各种苛刻条件，将孩子投入师门，来姑且延长其生命，从而为学徒作为手工业劳动力的主要来源奠定了坚实的社会经济基础。

(二)一点比较：中西学徒制度转型中的异同

西方国家也不例外，学徒制度同样具有悠久的历史。"学徒——作为一个独特的阶级，在美国，增长缓慢。但是，从十四世纪初起，这样一种趋势是很明显的，即任何人在享有城市和行会自由之前，作为学徒的最短期限，通常是七年。在同一世纪后期，采取了限制行会师傅徒弟数量的措施；起初，人数不超过他能够供养或能'赡养、指导、教授'的数量；后来，在下一个世纪，则更直接地限制学徒的数量。按照师傅在行会中的地位，或一名、两名、三名学徒，或每人一名徒弟，二至三名雇工，但行会师傅自己的孩子通常除外。"[1]英国的学徒制度最早产生于 13 世纪，也有相似的规定。1499 年的《赫尔手套匠行会章程》共十二款，其中有两款关于学徒的内容：第七款规定"该行会师傅

---

① 　彭泽益主编：《中国工商行会史料集》上册，74～75 页。

招收的学徒，学徒期不得短于 7 年，师徒契约中必须予以明确的规定。师傅每招收一名学徒，即应为其缴纳 12 便士，用作行会供奉的蜡烛费用"；第八款规定"该行会成员不得招收生于国外者为学徒或雇工，违者按上述方式罚款 20 先令"。① 七年的期限不完全是习艺的需求，其中有一部分时间必须为师傅提供无偿的劳动，以抵偿师傅的教授之功。其他行会也有类似的条款，例如，1345 年伦敦马刺业行会章程第四条规定，"本行业任何会员所招收之学徒，其学习期间俱不得少于七年，而此类学徒亦必须按照本城惯例进行登记"；该行会还禁止没有学徒经历的人招收学徒，第五条规定，"倘有从事本行业之非自由人按照前条所述年代期限招收正式学徒，即应如前述之例予以处罚"。② 由此可见，在传统手工业中，中西学徒制度具有相似的特点。

不仅如此，在其面临资本主义的威胁时，最初的反应也与中国旧式行会一样。晚清时期，在外国资本主义已经进入中国，民族资本主义已经产生的背景下，中国旧式行会仍试图重建学徒制度。同样，当西方资本主义生产关系萌芽产生并得到一定程度的发展后，行会仍然维护传统的学徒制度。在英国，公会的大量出现始于 15 世纪，"大多数公会都是通过手工业行会的合并而建立起来的，这时的合并主要发生在生产同一产品的不同部件或不同工序的手工业行会之间，也发生在那些使用同种原材料的手工业行会，包括经营该种原材料的手工业行会之间"③。16 世纪下半叶又出现了跨行业合并而形成的公会。从行会到公会的目的很明确，即在面对资本主义生产关系萌芽的威胁时，希望以"集体的力量和新的经济策略来进行抗争"④，可见，15 世纪英国出现这些公会虽然与后来的同业公会名称相同，但其性质差别很大。服从于行会的学徒制度也被毫无改变地延续下来，例如，近一百

① 金志霖：《英国行会史》，100 页，上海，上海社会科学院出版社，1996。
② 刘启戈：《中世纪中期的西欧》，123 页，北京，生活·读书·新知三联书店，1957。
③ 金志霖：《英国行会史》，155 页。
④ 金志霖：《英国行会史》，159 页。

年后的《赫尔手套匠公会章程》(1598 年)仍然规定，"没有在手套行业当过7 年学徒者，不得在自己的住所内出售手套行业的货物（丝绸商销售伦敦和斯坦福德的货物例外），违者没收其货物"；该公会的学徒制度还得到了市政当局的认可，手套匠们"除了那些出生或居住于本城的人以外，未经市长和大部分市议员认可，他们不会招收其他人为学徒，即使有人能完全满足手套匠的需要，他们也必须经市长和大部分市议员同意之后，才能成为学徒"。① 1673 年的《赫尔织匠公会章程》规定，"身为织匠者，若没有在本行业当过 7 年学徒，不具备本市市民和公会成员的身份，不得开店、设置织机，不得在自己和他人的织机上工作，也不得在本市及其特许区域内从事与织匠行业有关的劳动。违者，每星期罚款 10 镑"②。由此可见，在早期资本主义阶段的英国，学徒制度不仅没有废除，而且由于获得市政当局和市立法机构的认可而得到了强化与合法化。

但是，同样没有例外的是，随着生产力的进一步发展，生产关系的桎梏必然被突破。在西方，行会关于学徒制度的规定也被那些急于扩大规模的业主们视为一纸具文，超额招收学徒的事件层出不穷。1574 年，伦敦呢绒匠公会的帮工向公会理事会提出控告，有许多师傅违反了公会关于限额招收学徒的规定，并要公会理事会阻止这一倾向，他们还抱怨道，由于得不到就业的机会，他们中的许多人被迫改行，有的甚至沦为乞丐和盗贼。在共和政体时期(1649—1660)，伦敦成衣商公会的工匠也在一份请愿书中控诉，行业中若干个富人，"招雇了大量的学徒，从而使我们中的较为贫困者受到了打击"③。学徒数量的突破，为一部分手工作坊上升为手工工场创造了有利条件，手工工场的出现为手工业生产力的变革和机器的使用创造了前提，并最终孕育出

① T. M. Lambert, *Two Thousand Years of Gild Life*，见金志霖：《英国行会史》，171～172 页。

② T. M. Lambert, *Two Thousand Years of Gild Life*，见金志霖：《英国行会史》，174 页。

③ 金志霖：《英国行会史》，256 页。

现代工业。在这一过程中，原先服务于行会、旨在限制生产规模的学徒制度日益背离行会制度，转向服从和服务于资本主义生产，西方学徒制度的转型打上了与近代中国不一样的烙印。

进入工业化时代以后，学徒制度的职业技能训练功能得以强化。在这点上，有人甚至认为，作为产业革命先驱的英国，"它能够在世界产业界雄飞，其原力实在于学徒制度"。第一次世界大战发生后，英国学徒制度被迫中断，"大战停止后，各种产业界，因大战中学徒养成的中断而感到熟练工的缺乏，成为很大的问题"。于是英国政府重新利用学徒制度，使那些在大战中未曾满期的学徒，在财政部的援助下重回旧业，继续接受训练，据称，"依照学徒复活策直接间接重归旧业的人数约有十万之众"。①

英国充分利用、强化并改造了学徒制度的职业技能训练功能。学徒主要分布在机械及造船业、印刷业、建筑业、家具制造业、木工及其类似行业、陶瓷器业、车辆制造业、皮鞋制造及修缮业、运输业等。到20世纪30年代，英国需要熟练职工的产业所吸收的学徒约有30万人，除苏格兰外，英国每年受完义务教育的人数约有32万（英国规定14岁受完义务教育）。其中8万人，即毕业生的四分之一充当学徒，这部分学徒被称作"trade apprentice"，即普通学徒；其余四分之三中的一部分继续进学校，毕业后从事商业或成为公务自由人，但在正式工作前，仍需接受学徒训练，即"pupil apprentice"和"student apprentice"。"pupil apprentice"是要造就未来管理者的，所受训练比普通学徒更广泛，"student apprentice"旨在训练一工场至数工场的特殊事务，他们的年龄为18岁至21岁，是大学或工业专门学校出身的人。

英国工业化时期的学徒训练不再像中世纪那样是师傅与学徒双方的授受关系，而是在很大程度上体现为政府行为。政府机构介入学徒契约，称为"第四者学徒契约"，通常规定雇主训练学徒的期限，学徒在规定的期限内必须忠实地接受训练，并规定了每日的劳动时

---

① 朱胜愉：《英国之学徒制与技术训练》，载《商业月报》，第16卷，第3号，1936。

间、充当学徒的期限内每年的工资额、亲权者及保证人（即第三者）对于学徒契约的承认以及学徒出身的技术学校。学徒期限因行业不同而互异，但与中世纪相比，普遍有所缩短，最高年限由七年减为五年。这既是技术进步的必然结果，也与"第四者"的介入密不可分，"第四者学徒契约的目的，是想借第四者的力量，确保学徒的待遇及训练，比较可以优异"①。

美国的学徒制度带有更强烈的政府行为色彩。1934 年美国成立了联邦学徒训练委员会，其目的，"一为学徒保证完善之职业准备，一为帮助供给充足之有高技能的工人，以适应国家之日增的需要"。与此相应，联邦各州及若干城市设立了由各地劳工部、青年行政处、职业教育部、职业介绍机关等部门代表及雇主与劳工两方推选出的同等数量代表组成的州学徒委员会加强合作，结果使得"以学徒与雇主所订之书面合同为设立学徒标准之基本条件"成为学徒训练的基本原则，合同内容必须包括：关于所学程序或工作表格，最佳学习次序及学习该职业各项技能所需时数；必须保证学徒每年至少有 144 小时的上课时间；必须载明付给学徒递增的工资表，最初为职业工人的 25％，以后逐年增长，使学徒在学习时期所得平均工资达到职工工资的 50％。② 由此可见，政府的介入不仅强制规定了学徒的工资收入，而且确保学徒的职业技能训练规格，从而为未来技术工人的素质提升打下了基础。

法、德两国以立法形式完成了学徒制度的近代化改造。同英国一样，法国传统学徒制度服从和服务于行会制度，学徒与雇主间存在着人身依附关系，"自一七九一年同业公会废止之结果，学徒制度，置于契约自由制之下"③。为制止雇主或师傅虐待学徒，从 1803 年起法国议会制定了一系列关于学徒的法令，作为法国劳工法的一个重要组成

---

① 朱胜愉：《英国之学徒制与技术训练》，载《商业月报》，第 16 卷，第 3 号，1936。

② 参见《美国学徒标准之全国计划》，载《国际劳工通讯》，第 5 卷，第 3 期，1938。

③ 伍绍垣编译，朱钰校订：《学徒制度与技术教育》，84 页，南京，国立编译馆，1941。

部分，其主要内容包括以下几个方面：

第一，学徒契约的法定条款。学徒契约是"制造业者、商工业主、手工业者或细工，对于相手方，约明与以系统的职业训练，或将与训练，相手方对之，照约定条件，且于约定期间，服务劳作之契约"（第一卷第一条）。该契约应载明雇主、学徒、学徒之父母/监护人或由父母及治安裁判所授权者的姓名、职业或年龄、住所，以及学徒学艺期限、学徒待遇、职业训练条件、违约者的赔偿责任等条款，由雇主和学徒代理人双方签字认可，并送当局指定的劳务审判所或治安裁判所登记备案。契约自登记之日起生效，学艺期限若超过同一职业习惯的时间，该契约无效，"协定期间，超过地方习惯最长期间以上时，得将其期间缩短，或废弃契约"（第一卷第十六条）。学徒契约还对雇主的资格做出了严格限制。例如，"未满二十一岁者，无论何人，不得为学徒之雇主"（第一卷第四条）；又如，"雇主对于学徒有虐待情事，对于学徒之职业的训练，明认为不适当时，劳务审判所或治安裁判所，根据技术教育地方委员会之调查，可以限制雇佣学徒之数，并可参照事实，在一定期间，停止雇用学徒之权"（第一卷第七条）。

第二，雇主与学徒的法定义务。雇主对学徒须承担的义务如下："需以合理的公平态度待之，不问在户内户外，监督学徒之行为与操守"（第一卷第八条）；"学徒在十六岁以下，或不能读、写、计算，或初步宗教教育尚未修了，雇主应许学徒以一定时间为该项必要之教育，但每日不能逾二小时"（第一卷第九条）；"雇主对于契约所载之业务上技能，继续的完全教育学徒"（第一卷第十条）。学徒的义务如下："学徒对于雇主，需忠实、从顺，而且尊敬，并于自己能力及体力范围内，负作事之义务，学徒经十五日之生病与出亡，对于所定契约，不能充分履行时，按照该契约条款，不能不负赔偿之责"（第一卷第十一条）；"对于学徒契约义务，尚未完全履行，或未免正当义务十八岁以下之学徒，知情雇佣为学徒、劳工或使用人者，对于该学徒正当雇主，须负损害赔偿之责"（第一卷第十二条）；"学徒期间终了时，学徒应在地方职业委员会，或地方技术教育委员会任命之委员会，面受试验"（第一卷第十一条）。由此可见，学徒教育已经成为法国国家教育体系的一个有机组成部分。

第三，关于学徒习艺年龄、劳动时间、假期等的规定。学徒法规定未满十三岁者不能为徒，"年龄未达十三岁者……无论如何资格，不得雇佣"（第二卷第二条）。在"商工业企业及其联合事业"中，"不问其为劳工为学徒，不得使十八岁以下者及妇人，每月从事于超过十小时之实在劳作"（第二卷第十四条）；上述诸企业以外，"对于十四岁以下学徒之实在劳作时间，不得超过十二小时"（第二卷第十八条）。学徒的法定假期有"日曜日、耶稣圣诞日、升天祭、复活祭、全圣徒纪念日、一月一日、七月十四日、复活节周之月曜日及圣灵降临祭日、十一月十一日"（第二卷第四条）；"职场主或职人雇用之未成年学徒，在日曜日或法定假期，不论有如何情形，不得为职业上或商业上之劳作"（第二卷第五十四条）。[1] 为了保证学徒享受受教育的权利，1925 年 7 月法国议会又通过了对雇主征收的学徒税法，规定对每年缴纳 10000 法郎以上的雇主，征收税率为 0.2％的学徒税，为学徒教育的普及发达提供财政支持。同时对雇主积极从事学徒教育者，达到当局规定的"合理的完全学徒制度"标准者，予以免税。据此学徒税法，1926 年缴纳学徒税的雇主为 147965人，学徒税收入为 54045027 法郎，1927 年学徒税缴纳者及收入相应增长为 172704 人和 70527823 法郎，1932 年学徒税收入猛增至 1 亿 6000 万法郎。

德国学徒制度"实为中世纪手工业基尔特所定制度之继续"[2]。估计该国学徒在劳工中的比例，一般工业及手工业学徒在全劳工中平均约占 7％，商业学徒在全从业者中平均约占 10％，金属工业及光学工业的比例更高，25％为学徒。在西方国家中，德国学徒较多，"决非因雇主以学徒替代劳工"，而是"因学徒受法律特别保护"。[3] 德国学徒法分为两个部分，一是关于所有商业及工业学徒制度的一般法令，二是关于手工业学徒的特别法令。一般法规定了雇主招收学徒的资格、

---

① 关于法国学徒制度的内容，请参见伍绍垣编译，朱钰校订：《学徒制度与技术教育》，71～96 页。

② 伍绍垣编译，朱钰校订：《学徒制度与技术教育》，149 页。

③ 伍绍垣编译，朱钰校订：《学徒制度与技术教育》，150 页。

雇主及学徒的义务、解雇及契约解除的理由、学徒修业证书的发放及学徒使用数量上的限制等。①

特别法令适用于手工业学徒，规定招收学徒的手工业雇主，须年满二十四岁，经过"师傅试验"或"职人试验"，或独立经营五年以上，或为职长，拥有特定的职业技能。每个手工业学徒在习艺期满后，都有机会接受由手工业公会任命并经当局承认的试验委员会的"职人试验"，"此试验之结果，记载于学徒证书，公认职业学校之毕业证书，认为与学徒证书，有同等价值"。② 手工业公会对学徒制度承担着特殊的责任和义务：（1）制定关于学徒的特别规定；（2）强制的公会制定的学徒规则受当局承认；（3）谋学徒福利；（4）在技术及道德上任训练学徒之义务；（5）雇主与学徒之间发生纷争，有仲裁之义务；（6）学徒与师傅同居时，公会可以视察其寓所。

总之，与中国近代手工业学徒制度相比，英国、美国、法国、德国等西方国家的学徒制度完成了近代化转型，学徒制度成为国家教育制度的一个有机组成部分，而且在政府、议会等权力机构介入下，学徒制度具有强制性与合法性。同时，学徒制度的职业技能训练功能得以强化，学徒不能作为廉价的劳动用工，政府从学徒习艺年限、上课时数、训练时间、假期保障、雇主教育责任、学徒学习义务等方面，确保学徒期满后能够成为合格的技术工人。

（三）近代手工业中学徒的广泛使用

随着学徒招收与使用数量限制的突破，在中国近代手工业中，学徒制度从传统人才培养为主的机制蜕变为劳动用工机制，学徒制度不再是

---

① 参见伍绍垣编译，朱钰校订：《学徒制度与技术教育》，150～157 页。德国一般法令中为法国学徒所不具备或与之不同者：雇主使用大量学徒，以致学徒得不到充分训练，当局可以要求解雇相当数量之学徒，或限制使用学徒之数，以"取缔意欲节省劳作工资，使用学徒，替代成年人劳工"的现象。学徒可获得"训育奖励金"，其标准如下：第一年为普通劳作工资额的 20%，第二年为 25%，第三年为 35%，第四年为 55%。但不同企业间存在着差异。参见伍绍垣编译，朱钰校订：《学徒制度与技术教育》，154、159 页。

② 伍绍垣编译，朱钰校订：《学徒制度与技术教育》，155～156 页。

培养师傅的重要途径，学徒也不再是业主后备者，而是劳动力后备军，是大量廉价劳动力的主要来源，大量使用学徒成为近代中国手工业的一个重要特征。据调查，青岛 1931—1932 年手工业总户数为 1327 户，各业工徒总数为 10939 人，学徒数达 2600 人①，学徒数占工徒总数的比例为 23.8%。1936 年上海市区职业统计中，工徒总数为 454732 人，其中学徒数为 53775 人②，学徒数占工徒总数的 11.8%。次年上海市社会局调查市区手工业 5874 家，共雇用男工 15839 人，女工 874 人，学徒 11963 人，学徒占到 41.7%。③ 下面分行业对若干手工业的学徒使用情况做一些考察。

一是棉织业。鸦片战争后，随着外国机制棉纱的大量输入，原来紧密结合于家庭中的纺织业逐渐分离出来，其结果是手工纺织业的衰落和手工棉织业的兴起。传统家庭纺织业中，“纺”始终是制约“织”的一个瓶颈，机纱的输入打破了这种状况，改良织机的引进和晚清官局所培训的学徒为手工棉织业的发展准备了技术基础。清末民初时期的乡村中出现了若干棉织业经济区，城市里则出现了集中的手工工场。无论是乡村手工织布业经济区，还是城市手工工场，都广泛使用学徒。据 1932 年对高阳织布区 382 户织户的调查，有 154 户使用雇工和学徒，共计 369 人，平均每户雇用 2.4 人。虽然无法区分出使用学徒的数量，但可以弄清的是，“许多学徒，年长后即升为正式雇工，雇工也每年回乡时带引了许多亲朋来高阳工作”④。因此，可以断定，这 369 名雇工和学徒中，绝大多数都是学徒或学徒出身的手工织布者。

学徒超过工人的现象在其他地方的织布工场中也不鲜见。例如，1928 年河北静海县内的织布工场，其组织“大都聘用工师一二名，教授技术并修理机械，其余招募工徒为之，工徒三年毕业，学习期内不支工资”⑤。独流镇稍具规模的织布工场，“内中织布工人，以学徒为

① 参见彭泽益编：《中国近代手工业史资料（1840—1949）》第 3 卷，567～568 页。

② 参见《上海市区职业统计》，载《国际劳工通讯》，第 3 卷，第 9 期，1936。

③ 参见《上海市手工业调查》，载《国际劳工通讯》，第 4 卷，第 7 期，1937。

④ 吴知：《乡村织布工业的一个研究》，130～131 页。

⑤ 《静海县经济状况》，载《经济半月刊》，第 2 卷，第 8 期，1928。

多，学徒无工资只学技能"①。据 1932 年对湖南湘潭的调查，县立贫民工场的 140 名工人全部为学徒。② 桂林的棉织业与高阳类似，多以家庭手工业形式存在，共有 400 余家织户，2000 余名织工，除家庭工人外，学徒与学徒出身的雇工占 53.4%，时人认为，"与其谓为手工工厂，无宁谓为由老板工匠学徒所构成之城市手工作坊"③。城市织布工场中学徒的使用更加普遍。比如说北京，有人于 1924 年调查了北京13 家使用手织机的织布工场，其劳动力的使用情况如表 7-3 所示：

表 7-3　1924 年北京织布工场使用劳动力情况统计表

场名	工人数	百分比	学徒数	百分比
祥聚	140	70.0	60	30.0
德善	60	54.5	50	45.5
经纬	80	53.3	70	46.7
裕华	39	48.8	41	51.2
同义	40	57.1	30	42.9
益华	30	46.2	35	53.8
汉利	13	26.0	37	74.0
元记	20	40.0	30	60.0
仁记	21	51.2	20	48.8
华盛	28	56.0	22	44.0
华丰	30	60.0	20	40.0
利丰	15	50.0	15	50.0
大中	20	44.4	25	55.6
共计	536	54.1	455	45.9

资料来源：王季点、薛正清：《调查北京工厂报告》，载《农商公报》，第 122 期，1924。

———————————

① 河北省政府建设厅编：《调查报告》，50 页，1928。

② 参见《湖南省湘潭县工厂调查表》，载《工商半月刊》，第 4 卷，第 1 号，《调查》，1932。

③ 彭泽益编：《中国近代手工业史资料(1840—1949)》第 3 卷，644 页。

表 7-3 显示，北京 13 家棉织工场中，工人有 536 人，占工徒总数的 54.1％，学徒有 455 人，占工徒总数的 45.9％。其中，工场规模越大，学徒比例越低，在 100 人以上的 3 家工场中，学徒占 39.1％；工场规模越小，学徒比例越高，在 100 人以下的 10 家工场中，学徒占 51.8％，工人与学徒之比为 1∶0.85。在济南，1933 年手工织布业中学徒占 29％。① 1936 年，上海手工纺织业雇工中，学徒占 30％。②

天津织布业利用学徒更为普遍。据方显廷 1927 年调查，天津织布工场工人中，学徒占三分之二，工人总数为 7873 人，学徒人数为 5117 人，占全业工人的 65％，如表 7-4 所示。织布工场越小，使用学徒越多，其中在 10 人以内工场组，学徒比例高达 75.4％；在 11～20 人工场组，学徒占 73.7％；在 21～30 人工场组，学徒占 65.7％；在 31～40 人工场组，学徒占 64.6％；在 41～50 人工场组，学徒占 56.7％。甚至还有 55 家织布工场全部依靠学徒，其中 20 人以内的工场高达 49 家。

表 7-4　天津织布工场使用劳动力人数分组统计表

使用劳动力人数	工人		学徒		合计	
	实数	百分比	实数	百分比	实数	百分比
1～10	136	24.6	416	75.4	552	100
11～20	431	26.3	1207	73.7	1638	100
21～30	463	34.3	887	65.7	1350	100
31～40	539	35.4	984	64.6	1523	100
41～50	343	43.3	449	56.7	792	100
51～60	142	41.3	202	58.7	344	100
61～70	165	35.4	301	64.6	466	100

① 参见《几个工业区域的劳工状况鸟瞰（二）》，载《劳工月刊》，第 2 卷，第 10 期，1933。

② 参见《旧中国的资本主义生产关系》编写组编：《旧中国的资本主义生产关系》，154 页，北京，人民出版社，1977。

续表

使用劳动力人数	工人		学徒		合计	
	实数	百分比	实数	百分比	实数	百分比
71～80	—	—	—	—	—	—
81～90	40	44.4	50	55.6	90	100
91～100	50	50.0	50	50.0	100	100
100 以上	447	43.9	571	56.1	1018	100
合计	2756	35.0	5117	65.0	7873	100

资料来源：方显廷编著：《天津织布工业》，30 页。

二是地毯业。地毯编织盛行于新疆、西藏、甘肃、内蒙古一带，属于家庭手工业，具有极高的艺术性。晚清咸同年间，西藏喇嘛带两名徒弟在北京报国寺设地毯编织传习所，招收贫寒子弟，传授编织技术，是为北京地毯业之始。1903 年在美国圣路易斯州国际博览会上，晚清农商部选送的地毯获得一等奖章，从此打开了国际市场。此后北京、天津、上海、济南等地都出现了规模不等的手工作坊或手工工场，其中北京、天津较为集中。据 1920 年北京劝工实业公所调查，当年北京地毯工场达 354 家，使用学徒数量超过其他各业，"多数毯行，为节省经费起见，每多收学徒少用工人，甚有拟将工人全行辞退，只留工头一二人，工作全以付诸学徒者"①。1924 年包立德、朱积权调查了 207 家织毯工场，工人数为 1768 人，学徒数为 5066 人，工人数与学徒数之比为 1∶2.86，具体分布情况如表 7-5 所示：

表 7-5　北京地毯业工人与学徒人数统计表

使用劳动力人数	毯行数	工人数	学徒数	工人与学徒人数的比例	学徒数占工徒总数的百分比
1～10	178	411	3733	1∶9.08	90.1
11～20	17	296	538	1∶1.82	64.5

---

① 《中国地毯工业之沿革与制法及其销路》，载《中外经济周刊》，第 75 号，1924 年 8 月 16 日。

使用劳动力人数	毯行数	工人数	学徒数	工人与学徒人数的比例	学徒数占工徒总数的百分比
21～100	8	366	565	1：1.54	60.7
101～200	3	455	170	1：0.37	27.2
200 以上	1	240	60	1：0.25	20.0
总计	207	1768	5066	1：2.87	74.1

资料来源：包立德、朱积权：《北京地毯业调查记》，见李文海主编：《民国时期社会调查丛编·二编·近代工业卷》中，229 页。

由上表可知，北京地毯业中学徒数在工徒总数中的比例平均为74.1％。地毯工场规模越大，雇用的学徒越少，工人与学徒人数的比值也越大。在1～10人组的地毯工场中，一名师傅要同时给九个学徒传授技艺，难度很大，甚至还有78家地毯工场完全不雇工人，而是依赖1373名学徒从事生产。相比之下，天津地毯业中手工业工人分为细工、粗工、学徒三类，细工有7614人，占总数的66％，粗工有665人，占总数的5％，学徒有3262人，占总数的28％，工人与学徒人数之比为1：0.39。[①]

三是针织业。针织业是20世纪初年传入中国的新兴手工业，产品以袜子、毛巾为大宗，发展迅速，很快成为民初重要的手工业行业。究其原因，学徒制度功不可没。较之其他手工业，针织业学徒学制较短，例如，长沙针织业学徒学习半年，九江则没有固定期限，学会为止，通常"以每日能织袜一打为技熟时期"。此外，该业学徒须承担学习费用，例如，在南昌，"凡未谙织袜人之愿学织袜者，须向工头接洽，给以全期学费八元……学徒若有损坏袜针之事，由学徒自赔"[②]；在九江，"学技之学费，不论学习时日多寡，皆照六元，练习针织之时，学徒之

①　参见《吾国地毯业概况》，载《工商半月刊》，第3卷，第23、24号合刊，《调查》，1931。

②　《南昌织袜工厂之近况》，载《中外经济周刊》，第161号，1926年5月8日。

使用袜针，皆易损坏……为学徒者须负赔偿责任"①。由于针织业学制较短，随到随学，且无须担保，开业简单，因此吸引了大批学艺者。对于工场主来说，由于实行包针制和计件制，并代销袜机和袜针，学徒的大量招收既扩大了针织品的生产，又增加了针织工具的销售。

不过，随着针织业的发展，同业竞争日趋激烈，业主们也开始大量使用学徒以榨取他们的血汗。创办于 1912 年的北京最大织袜工场华兴织衣公司，除 2 名工头和 2 名职工外，其余 28 人全为学徒。最大的毛巾企业利容毛巾工场，45 名织袜工人中学徒达 30 人，占 66.7%。②同行中最大的企业尚且如此，其他作坊或小型工场便可想而知了。天津手工针织业"大多数概系一家，置备针织机数架，雇用学徒若干名，从事制造"③，招收和使用学徒的比例在手工业中最高。据调查，1929年天津针织业共雇用工人 1610 人，其中学徒有 1159 人，占总数的72%，高于地毯业的 28% 和织布业的 65%。④ 青岛织袜业共雇工 106人，其中学徒有 61 人，占 58%。⑤ 在天津，1929 年合计新旧染坊工作人员为 481 人，其中 176 人为职员，188 人为工人，117 人为学徒，学徒数占工徒总数的 38.4%。⑥

四是机器修造业。鸦片战争后，中国传统的铜器、铁器、锡器手工制造业开始向近代机器修造业转化，出现了一个以人力为动力的手摇车床时代。从严格意义上讲，除少数使用动力的机器工厂外，大多属于技术水平较高的手工工场。由于机器修造业对技术要求高，业主绝大多数出身于学徒，他们对招收和使用学徒也情有独钟。据 1935 年对北京机器修造业的调查，学徒比例达到 45.3%，工场规模越小，学徒比例越高，具体情况如表 7-6 所示：

① 《九江织袜业之近况》，载《中外经济周刊》，第 185 号，1926 年 10 月 23 日。
② 参见王季点、薛正清：《调查北京工厂报告》，载《农商公报》，第 122 期，1924。
③ 《天津工业之现状》，载《中外经济周刊》，第 198 号，1927 年 1 月 29 日。
④ 参见方显廷编：《天津针织工业》，69 页。
⑤ 参见彭泽益编：《中国近代手工业史资料(1840—1949)》第 3 卷，567～568 页。
⑥ 参见方显廷编著：《天津织布工业》，53 页。

表 7-6　北京机器修造业使用学徒统计表

使用劳动力人数	工厂数	工徒总数	学徒数	学徒数占工徒总数百分比
20 以下	36	434	264	60.8
20～50	17	533	303	56.8
50 以上	9	1041	343	32.9
总计	62	2008	910	45.3

资料来源：赵梅生：《北平机械工业调查（续）》，载《工商半月刊》，第 7 卷，第 20 号，《调查》，1935。

其他城市机器修造业招收和使用学徒的情况比北京更严重。据调查，1931—1932 年，青岛机器修造业共使用工人 380 人，其中学徒有 345 人，学徒数占工人总数的 90.8％；从工种分布看，机器翻砂、铜器制造等行业中学徒数均超过工人。[1] 上海是近代民族工业最先进的地区，然而在向现代机器工业转化的过程中，学徒的使用比例也高得惊人。具体情况如表 7-7 所示：

表 7-7　上海民族机器修造业学徒使用情况示例表

企业名称	学徒使用情况	资料出处
远昌机器厂	1898 年全厂工人达 100 余人，学徒占半数以上。	上册，124～125 页
合昌机器厂	1898 年至 1906 年，雇用工人超过 100 人，其中学徒约占 1/3。	上册，125 页
史恒茂机器造船厂	1908 年左右，职工人数维持在 30 人上下，其中学徒占 2/3 以上。	上册，135 页
公兴铁厂	工人 60～70 人，其中学徒 20 余人。	上册，137 页
荣昌机器厂	雇有工人 20 余人，多数系学徒。	上册，138 页
永昌机器厂	1895 年左右，全厂有 100 个工人，其中学徒占半数。	上册，166 页

---

[1]　参见彭泽益编：《中国近代手工业史资料（1840—1949）》第 3 卷，567～568 页。

续表

企业名称	学徒使用情况	资料出处
炽丰机器厂	全厂工人 10 余人，学徒占半数以上。	上册，180 页
建昌铜铁机器厂	兴盛时雇有工人达 200 人左右，其中学徒占 1/3。	上册，191 页
吴祥泰机器厂	雇有工人三四十人，其中学徒占大半。	上册，212 页
鸿昌机器船厂	基本工人 100 余人，其中学徒 60 人。	上册，214 页
丰泰机器厂	工人 30 人，学徒占半数。	上册，221 页
陈大庆机器厂	雇有职员 2 人，工人 20 余名，大半皆系从业于厂主之学徒。	上册，240 页
发昌机器厂	1922 年，工人增至十五六人，其中学徒占 3/4，老师傅只有三四人。	上册，265 页
钧昌机器厂	工人 30 余人，其中半数为学徒。	上册，325 页
新祥机器厂	工人 100% 是本厂学徒出身，其中未满师的占 70% 以上。	下册，808 页
明精机器厂	1920 年，全厂 140 多个职工中，有 110 余人是学徒。	下册，808 页

资料来源：本表据中国社会科学院经济研究所等编《上海民族机器工业》上、下册有关资料整理而成，具体页码见表中"资料出处"。

据上海民族机器工业史料组的不完全统计，1927 年以前，上海机器修造业雇用的全部工人中，学徒比重为 70%～80%；至全面抗战前夕，由于学徒满师人数增加和市场萧条，新学徒增加不多，比重下降至 40%～50%；全面抗战时期学徒增加更少，占工人总数的 30%～40%。① 其他各地机器修造业学徒使用情况大体与此相同。

五是杭州纹制业。纹制业是民初从手工丝织业中分离出来的一个行业，分图案、意匠、纹雕三项，到 1923 年发展到一百多家。该业大

①　参见中国社会科学院经济研究所、上海市工商行政管理局、上海市第一机电工业局编：《上海民族机器工业》下册，807～808 页。

量招收学徒，学制灵活，一年或半年满期，学习期内向师傅交纳 3～4 元伙食费。据 1927 年对 64 家作坊使用学徒情况的调查，有 62 家使用了学徒，具体分布情况如表 7-8 所示：

表 7-8　杭州纹制业工人与学徒人数统计表

使用劳动力人数	场家数	工人数	学徒数	学徒数占工徒总数的百分比
1	16	16	62	80
2	11	22	33	60
3	8	24	36	60
4	10	40	78	66
5	4	20	13	39
6	3	18	29	62
7	2	14	28	67
8	5	40	33	45
9	2	18	13	42
14	1	14	8	36
总计	62	226	333	60

资料来源：《杭垣纹制工业之调查》，载《中外经济周刊》，第 223 号，1927 年 8 月 6 日。百分比系笔者重新计算。

另外还有其他手工业行业。天津磨房业是一个传统行业，近代机器面粉厂兴起后，它仍在一个较长时期内存在，其中原因，一是"以机磨玉蜀黍粉，则不如土磨之佳，故玉蜀黍粉之研磨，乃为磨房所独占"[①]，二是学徒制度为小业主们节省了成本支出。据调查，该业学徒在习业的三年期中，平均每月连同住宿在内仅花费 9.19 元，而雇用一名普通店员每月需 14.85 元，一名普通磨夫每月也需 12.56 元，因此，招收一名学徒一年可减少支出近 60 元。在所调查的 510 家磨房中，招收学徒的有 413 家，学徒总数为 925 人，最少者 1 人，最多者达 20 人，

① 方显廷：《天津之粮食业及磨房业》，载《经济统计季刊》，第 2 卷，第 4 期，1933。

平均在 2 人以上。该业招收学徒不需要考试，由亲戚、朋友、家族、邻居等为之介绍并担保。[①] 同样是在天津，在传统的鞋业中既有商业性质的内局，也有手工业性质的绱鞋作坊或绱鞋铺。绱鞋作坊规模较绱鞋铺为大。在所调查的 98 家作坊中，共有工人和学徒 765 人，平均每家近 8 人。其中工人有 306 人，平均每家 3 人；学徒有 459 人，占工徒总数的 60%，平均每家 4.7 人。天津绱鞋铺有 360 家，工人与学徒共 1806 人，平均每家 5 人。其中工人有 529 人，占 29.3%，每家平均 1.5 人；学徒有 1277 人，占 70.7%，每家平均 3.5 人。[②] 为了说明学徒使用的广泛性，我们不妨再从各地重要手工业行业使用学徒的文献中择取有关资料，列为表 7-9。

表 7-9　各地重要手工业行业使用学徒情况简表

行业名称	使用学徒情况	资料来源
北京纸绸花业	此等花行之大者，不过工人四五名，学徒十余名，其小者则自行制造外，学徒二三名而已，学习三年为满期。	《北京纸绸花业》，载《中外经济周刊》，第 165 号，1926 年 6 月 5 日。
天津玻璃业	各场工人以学徒为最多，学徒最低年龄十二三岁，五年或四年满期。	《天津工业之现状》，载《中外经济周刊》，第 198 号，1927 年 1 月 29 日。
天津纽扣业	仅北亚实业工厂 1 家，工人学徒共 40 余人，以学徒为最多，约 3/4，三年满师。	《天津工业之现状（再续）》，载《中外经济周刊》，第 200 号，1927 年 2 月 19 日。
北京珐琅业	七八十家，规模较小，多系满期出厂之工徒，在家招收学徒数名，自行制造，学徒三年零一节为满师。	《北平珐琅工业近况》，载《经济半月刊》，第 2 卷，第 14 期，1928。

①　参见方显廷：《天津之粮食业及磨房业》，载《经济统计季刊》，第 2 卷，第 4 期，1933。

②　参见谷源田：《天津鞋业之组织》，载《政治经济学报》，第 3 卷，第 2 期，1935。

续表

行业名称	使用学徒情况	资料来源
汉口铜器业	每一作坊，雇用工人一二名，学徒二三人，至多者不过十人。	《汉口铜器贸易之概况》，载《工商半月刊》，第 2 卷，第 24 号，1930。
北京制瓷业	仅北京瓷业公司 1 家，工人 60 余人，学徒 40 余人。	《中国陶瓷工业调查》，载《工商半月刊》，第 4 卷，第 2、3 号合刊，1932。
天津造胰业	除天津造胰公司外，手工业场家计 24 家，共雇用工匠 193 名，学徒 162 人。	王镜铭：《天津造胰工业状况》，26、27、40、41 页，天津，河北省立工业学院图书馆，1935。
南昌印刷业	本市印刷业共 63 家，均系男工，大厂 10 余人，艺徒 4～5 人，小厂 5～6 人，艺徒 4～5 人。	《南京市工业状况（续）》，载《经济旬刊》，第 2 卷，第 1 期，1934 年 1 月 1 日。

综合各地手工业使用学徒情况分析，从民初到全面抗战前夕，学徒数在近代手工业劳动力总数中的比例为 50％～60％，因此，学徒管理很大程度上反映了近代手工业生产和劳动管理。在近代手工业中，学徒制度从传统的职业技能培训制度日渐蜕变为劳动用工制度，学徒的角色转换了，从主要是习艺者变成了手工业中的主要劳动力，学徒制度也因此成为手工业管理形式的重要体现。

三、手工业学徒的养成、劳动与待遇

（一）从学徒工到熟练工：学徒的养成训练

学徒是近代手工业主要的劳动力来源，学徒的养成、劳动与待遇也是近代手工业劳动管理的重要内容。一方面，要使学徒工成为未来合格的熟练工，需要经过一定的培养和训练；另一方面，学徒的劳动、待遇又直接关系到手工业的生产成本和效率，进而影响手工业的兴衰。

传统手工业产品的制作主要依赖于生产者的技能操作，技能水平高低与技艺精湛程度不仅决定产品质量的高低，也制约着手工业产品的工艺水平。一个熟练的手工业者必须熟悉手工业生产过程中的每一个环节，才能制成最终产品，因此，在手工业生产要素中，劳动者的重要性远远超过手工业生产工具。传统手工业生产的这种技术特征决定了传统手工业的工艺流程实践性强，理论性低，技能传授与训练主要通过观察、模仿、动手操作与口耳授受等方式。学徒习艺，"见工师所力行者，以目受之，既得诸心，则应诸手，其技既成，久则熟能生巧，经验优于学识远甚"①。因此，学徒技术水平的高低与师傅的技艺水平密切相关，只有名师才能训练出高徒，古代中国许多能工巧匠就是在这种训练中成长起来的。

学徒制度作为一项重要的职业技能训练制度，在手工业中长期存在下来。旧式手工业对学徒的训练也十分严格，非如此，学徒难以学会手工业产品的每一道制作工序，尤其是工序较为复杂、工艺水平较高的手工工艺。如前所述，南京刻扇骨业学徒资格的取得较其他工艺为难，不仅要求学徒具有一定的文化基础，而且授徒过程由简到难，由浅入深，循序渐进。南京雕花店学徒习艺与此相仿，须经过车物、粗刻、细刻三个时期，如此练习三年，才能达到"略能细刻"的程度。②由此可见，由于刻扇骨具有很强的工艺美术性质，不是仅凭学徒自己观察模仿就能轻易学会的，因此，在南京刻扇骨业的学徒训练过程中，师傅对手艺的传授十分重要。

近代手工业中除若干传统行业因艺术性和技术性很强，必须长时间训练外，多数手工业行业中学徒习艺的重要性降低了。一方面，业主着眼于眼前竞争的需要，不允许学徒长时间习艺；另一方面，由于工场手工业分工的进步，学徒只需熟悉生产过程中的某种专门工序，无须长时间学习。例如，在北京地毯业中，"毯行中教授艺徒，与旧时相同，改革之处甚少，且不但不改革，反有不及从前，盖在昔艺徒非

---

① 林传甲：《大中华京师地理志》，167页，北京，中华印刷局，1919。

② 参见《南京雕花店之营业概况及学徒经过》，载《中外经济周刊》，第120号，1925年7月11日。

但于技艺上得有训练，且于贸易上及铺中管理，亦能得其门径"①。但这并不表明学徒完全不学习技术，学徒期限也不能因此缩短。在规模较大的作坊或工场中，学徒不再由业主亲自传授技术，而是由老学徒、技术工人、匠师等担起师傅的责任。据对天津地毯业 261 名学徒的调查，由旧学徒教者有 100 人，细工教者有 61 人，匠师教者有 60 人，工头教者有 40 人。教授的方式，因学徒而异，"或用口述，或用手演，或使从旁观察，惟使其与他人一处工作，借以学习者，为数最多"②。也就是说，学徒所接受的主要是一种工作经验的传授，而非学理的熏陶。在上海五金机器业中，资本家"对学徒不直接传授技术"，而是由资本家指定学徒"跟某一位老师傅正式学习技术"。学习由浅入深，钳工第一步学习锯、锉、凿等基本动作，第二步练习铲、磨、刮等高精技术，然后充当老师傅的下手，学习装配整台机床。时间分配上也有固定安排，学徒进厂的第一年，只打杂差，如烧饭、买菜、送货、扛原材料等工作。过了半年或一年以后，第二批新学徒进厂了，就把打杂差工作交给新学徒，早一批学徒可以进车间，开始学习技术了。最初只教些清砂泥、凿毛口、搪炉灶、拉风箱等辅助工作，这是学艺的第一步。又过了一个时期，第三批新学徒来了，于是再接着递升。第一批学徒由师傅或资本家指定跟某一位老师傅正式学习技术。③ 在北京织布业中，"学徒初入工厂皆先习轮线，次习织布，更习提花，最高程度者，乃教以压花于织版之工作"④。

　　规模较大的手工工场成批招收学徒，学徒的培养方式也相应地进行了改革，除了训练工作技巧，还传授专业知识或教授文化课程。例如，顺昌铁工厂规定："学徒除习艺工作时间外，并另订教室课程，使

---

　　① 　包立德、朱积权：《北京地毯业调查记》，见李文海主编：《民国时期社会调查丛编·二编·近代工业卷》中，226 页。

　　② 　方显廷编：《天津地毯工业》，76 页。

　　③ 　参见中国社会科学院经济研究所、上海市工商行政管理局、上海市第一机电工业局编：《上海民族机器工业》下册，828 页。

　　④ 　王季点、薛正清：《调查北京工厂报告》，载《农商公报》，第 122 期，1924。

其受补习教育，教以算术、绘图、机械原理等，所需书籍文具，由厂供给。"①上海五金机器业手工工场中的学徒除了"由资本家分别指定工种，跟随一位车工或钳工为习艺师傅"，"还组织学徒上课，以数学、识图为主要课程，半年以后，教授制图。这样一面实习，一面上课，一年以后，基本上有了独立操作的基础"。② 上课的大致安排则是，本部门生产不紧张，就停一次夜工，作为上课时间（因为夜工是规定要做的）。上课时间与夜工时间一样，同样是 6 时至 9 时半。每周两次，日期不固定，教师均为本厂工程师、技术人员。中华铁工厂利用这种方式在短短十余年间培养了约 300 名学徒，其中很多成为机器业中的技术人员和领班，为上海民族机器工业的发展提供了一些技术力量。③汉口苏恒泰伞店是一个规模较大的手工工场，也重视学徒的培养，由"3 个老工人充当教授技师"，学徒练习制伞技术，"每星期内用两个晚上学习文化"。④

从学制上看，手工业学徒的养成年限一般为三四年，但不同地区、不同行业存在差异，例如，北京玉器业中最长的学徒期限为七年零一节，成都长机业学徒年限更长达九年。学徒的养成具有阶段性，从挑水、做饭等勤杂事务开始，等次年新学徒入门后，开始练习简单技术，最后学习较为复杂的工艺。学成后，须帮师半年至一年，其间无工资。总之，学徒的职业技能训练尚处于"熟能生巧"的阶段，有利于职业技能养成的国家保障制度尚未形成，学徒制度处在艰难的转型过程中。

---

① 《顺昌铁工厂学徒学艺规则》，载《国际劳动通讯》，第 4 卷，第 9 号，1937。

② 《前中华铁工厂老工人姚秀祥等座谈会记录》，1962 年 1 月 9 日，见中国社会科学院经济研究所、上海市工商行政管理局、上海市第一机电工业局编：《上海民族机器工业》下册，831 页。

③ 参见《前中华铁工厂老工人姚秀祥等座谈会记录》，1962 年 1 月 9 日，见中国社会科学院经济研究所、上海市工商行政管理局、上海市第一机电工业局编：《上海民族机器工业》下册，831 页。

④ 苏荫泉：《名扬华中的汉口苏恒泰伞店》，见《武汉文史资料》编辑部编：《武汉文史资料（总第三十三辑）》，武汉，武汉市政协文史资料委员会，1988。

(二)延时和低酬：学徒的劳动与待遇

学徒制度的最大变化，莫过于招收和使用学徒数量的突破，从制度变迁上看，即是从传统的职业技能训练制度向近代劳动用工机制转变。方显廷调查天津地毯业后，在分析学徒制度时，得出结论说："世人多以为厂坊抵偿学徒之工作，即为授之以织毯之技术，使其学徒期满，可成为织匠。夫学徒之制，本为使青年得受工业之教育而设。然现在中国之学徒制，昔日之教育厚意，已多不可复见，递变而为工资榨取之制度，不独织毯工业如是，其他各业，亦莫不然。"①大量使用学徒，使得家庭手工业可能上升为手工作坊，手工作坊可能发展为手工工场，手工工场得以扩大规模，分工协作，进一步向机器工厂转化，这是资本主义工业产生和发展的重要途径。但是，对中国近代手工作坊主或工场主而言，要沿着这条正途上升为工业资本家，并非易事，因为他们不仅要应对旧式手工业者的顽强抵抗，而且不得不面临外国资本主义和民族资本主义的残酷竞争。正是在这种激烈的竞争中，中国近代手工业为了生存和发展，才开始了技术与工艺上的求新求变，也才有了经营形式上的灵活变通。技术进步与经营形式的近代性变迁既是近代手工业发展的重要条件，也是其发展的重要体现，两者不可或缺。但是，对早期资本家而言，考虑的首要问题还是如何生存下来，他们突破学徒制度限制的原初动机恐怕也在于此。因此，最大限度地利用学徒，加强管理，使手工作坊或手工工场的利益最大化，便是作坊主或工场主求生存的首要法则。延长学徒的劳动时间，最大限度地降低其待遇，以达到长期使用廉价劳动力、减轻其成本支出的目的，便成为手工业劳动管理的核心内容。

以学徒制度为核心的劳动用工机制，在管理上具有两大时代性特点：一是最大限度地延长学徒劳动时间，包括增加日工作时间、延长习艺年限、取消或减少节假日等；二是尽可能地压低学徒的劳动待遇，如降低劳动报酬、减少生活支出、提供简陋的劳动环境。正如时人所言："对待艺徒一项，无教育，无卫生，不顾其身体之发育，而延长其

---

① 方显廷编：《天津地毯工业》，94～95 页。

工作时间，吝与其应得之利益，增长其毕业年限，艺徒食其苦而行主收其利。"①下面是天津铁铺一名学徒的自述：

> 在早晨五点多钟的时候，我们的工作便开始了，先把门上的板子摘下来，把四五个水桶挂在门外的钩子上，拔火、火炉、煤筒都搬到门外，用来焊物的小煤炉子燃着，屋中收拾清楚，静候着师傅的起来，师傅的被褥整好，一切用具收拾停当，然后跑街、买菜、作饭、摆饭在桌上，敬候着师傅一碗一碗的用去，所余下的残汤冷饭，才是我们应该用的。我们的工作由早五点多钟到晚八点多钟，还在不停的工作。我们最怕秋季，各家都在准备着火炉，我们的工作就更加重了，每日除了日间的工作外，还要加做夜工，到夜十二点以后，师傅疲乏的睡了，可是我们仍旧收拾一切东西及师傅屋中的事情，一切完毕，始能入睡，可是时间已经一两点钟了。我们的工作既如此，可是我们得着的，只有拳打、脚踢和"混蛋"、"杂种"的怒骂与毒打。提起报酬……可是现在的商人是多么的狡猾，学徒与伙计的工作是一样的，学徒又可以任意使用打骂，报酬又小，所以都辞去伙计收用徒弟。至于我学的什么，我也莫明其妙，知道的不过打边、扣口，每日所接触到的，只有水桶、煤筒、火炉、铁片，所听到的只有师傅的怒骂，与梆梆的打铁声。②

从这段毫无文采的自白来看，其习艺场所应该是一个具有作坊性质的铁铺，业主兼师傅亲自参加劳动，属典型的小手工业，离工场手工业尚有一段距离。这则发表在 1937 年《国际劳工通讯》上的学徒自述，究竟是客观的陈述，还是愤怒的控诉呢？从字里行间不难看出学徒的主观感受，尤其是在 20 世纪二三十年代工人的阶级意识高涨，过去笼罩

---

① 包立德、朱积权：《北京地毯业调查记》，见李文海主编：《民国时期社会调查丛编·二编·近代工业卷》中，202 页。

② 《国内劳工消息》，载《国际劳工通讯》，第 4 卷，第 3 期，1937。

在师徒之间那种"温情脉脉"的"父子"关系被揭穿之后，学徒对遭受师傅或作坊主、工场主剥削压迫的强烈感受，即对劳动时间之长和劳动待遇之低的怒火。但是，我们也不能因为学徒的这种主观感受而完全否认其事实基础。实际上，在中国近代手工业中，学徒劳动时间之长、待遇之低是一个普遍现象。在小手工业中，学徒要与师傅一起参加劳动，并在师傅家中打杂。在较大的作坊或手工工场中，由于招收学徒较多，学徒在劳动分工中的角色随着时间的推移而变化。在入门的前两年，学徒主要充当师傅或业主的仆役，做与手艺无关的杂事，例如，在长沙印刷业中，学徒"头一两年间，这个印刷工的'小鬼'因为只是为老板做杂事，所以没有学手艺的机会，他们实际是老板的私人仆役"①。这些"私人仆役"们在一段时间内专门为师傅或业主的起居饮食服务。天津磨房业中，学徒最普通之职务为供差遣，具体包括：侍候经理、司账、店员，以及照料顾客、帮助厨师、拣晒、卸货、码货、挣袋、称售、送货、帮账等。此种职务，非一时同来，依学徒之年限而定，时间愈久，则粗工愈少。② 天津织布业中初入工场的学徒"常司织造之初步工作如缠线、轮轴、穿经等，此外又必奔走差遣，为厂主及工人服役"③。北京机器五金业中，"大抵初学者多作笨重及简单的工作，如拉风箱、钳工（磨光者）、熔铁及为熟练工人或师傅准备工作器具与原料等"④，当然也免不了侍候师傅或业主之类的劳役。由此可见，学徒习艺初期主要从事杂役，真正用于学艺的时间并不多，不仅如此，手工业学徒的单日劳动时间普遍超过手工业工人。据对北京地毯业工人的调查，工人工作时间以 12 小时最为普遍，学徒则以 12 小时以上最为普遍，达 78%，具体工时分布情况如表 7-10 所示：

---

① 彭泽益编：《中国近代手工业史资料(1840—1949)》第 3 卷，322～323 页。

② 参见方显廷：《天津之粮食业及磨房业》，载《经济统计季刊》，第 2 卷，第 4 期，1933。

③ 方显廷编著：《天津织布工业》，31 页。

④ 赵梅生：《北平机械工业调查（续）》，载《工商半月刊》，第 7 卷，第 20 号，《调查》，1935。

表 7-10　北京地毯业工人与学徒工作时间分组统计表

工作时间/小时	场家数	工人数	百分比	学徒数	百分比
9	1	4	0.2	88	1.7
10	2	192	10.9	100	2.0
11	—	—	—	—	—
12	21	761	43.0	886	17.5
13	83	492	27.8	1893	37.4
14	99	319	18.1	2099	41.4
总计	206	1768	100.0	5066	100.0

资料来源：《吾国地毯业概况》，载《工商半月刊》，第 3 卷，第 23、24 号合刊，《调查》，1931。

　　其他各业学徒工作时间也多为 13～14 小时，个别有高达 18～19 小时者。例如，长沙织布业学徒"每日工作 12、13 小时"①；东北织布业学徒每日工作约 13 小时，自上午 5 时起，至下午 7 时止②。据包立德对北京地毯业 207 家地毯行的调查，"只有 24 家毯行每日工作在 12 小时以内，2 家毯行工作在 10 小时以内，1 家毯行工作在 9 小时以内，其余各毯行大都工作 13 或 14 小时以上。冬令以日短关系，其工作时间虽因之而少，晚间仍须继续工作至 10 点或 11 点钟"，全行业 94％的学徒劳动时间为 12～14 小时。③ 上海机器修造业中，"学徒的工作时间，经常要达十八九小时"④。这些不仅反映了业主压榨学徒的残酷性，同时也说明了学徒劳动对师傅或业主的重要性，他们只有拼命延长学徒的劳动时间才能在与近代工厂工业的竞争中占据一席之地。

① 王清彬、王树勋、林颂河等编：《第一次中国劳动年鉴》第 1 编，587 页。

② 《奉天新民县织布业之近况》，载《经济半月刊》，第 1 卷，第 1 期，1927。

③ 参见包立德、朱积权：《北京地毯业调查记》，见李文海主编：《民国时期社会调查丛编·二编·近代工业卷》中，226、221 页。

④ 《老工人李福棠、蔡福根、陈朝泉、杨正阳、沈志章、袁根新、俞伟宝、杨宽德等座谈会记录》，1960 年 8 月 16 日，1960 年 9 月 23—27 日，1961 年 12 月 23 日，见中国社会科学院经济研究所、上海市工商行政管理局、上海市第一机电工业局编：《上海民族机器工业》下册，821 页。

尽管学徒劳动时间如此之长，但除传统三节（端午节、中秋节、春节）外，学徒没有任何假期。例如，天津织布业的"学徒假期有定，大抵端阳及中秋节各放假一日，新年则放假五日至十日不等"①。北京珐琅业"每年端阳中秋两节，各放假一日，旧历年放假二日，平常并无放假时期"②。其他各业皆然，学徒平常除婚丧大事外，不能任意请假，"如有必要事故请假，须照请假天数补足"③。天津针织业学徒"日常工作，鲜有间断，除个人结婚、疾病及父母丧祭等大事外，不能告假，即告假之时日，亦须于学成之前补足之"④。相比之下，天津针织业工人的节假日多得多。"新年假期最长，有自三天至十五天者，但普通约为十天。至若端阳及中秋，则多者三天，少者一天，而以一天为最普通。除此三节之假期外，尚有双十节、劳动节，及其他政府所规定之假期，大都放假一日。当旧历每月初一及十五日，工厂大多停止夜工，或停工半日，使工人得一休沐或料理个人私事之机会。"⑤长沙红纸作坊学徒不仅没有假期，若有告假，须以数倍于假期的时间予以弥补，"如三年内因事或疾病告假，期满后尚须补学"⑥，如三年内共告假十天，则须再学三十天。上海中兴铁工厂学徒除日工外，"夜工缺席一次，应照日工半工补足之"⑦。由此可见，手工业学徒的劳动时间不仅基于学徒制度安排的习艺年限，而且常常通过惩罚性规定得以确保。

延长习艺年限也是延长学徒劳动时间的一种办法。一般而言，学徒即便学会了技术，也不能轻易出师或毕业。例如，上海机器制造业

---

① 方显廷编著：《天津织布工业》，81 页。

② 《北京珐琅工业近况》，载《经济半月刊》，第 2 卷，第 14 期，1928。

③ 《顺昌铁工厂学徒学艺规则》，载《国际劳工通讯》，第 4 卷，第 9 期，1927。

④ 方显廷编：《天津针织工业》，74 页。

⑤ 方显廷编：《天津针织工业》，68 页。

⑥ 王清彬、王树勋、林颂河等编：《第一次中国劳动年鉴》第 1 编，588 页。

⑦ 《中兴铁工厂工徒章程》，见中国社会科学院经济研究所、上海市工商行政管理局、上海市第一机电工业局编：《上海民族机器工业》下册，819 页。

的"学徒在初进厂的二三年，厂方没有什么东西给你学，只叫你做一些苦工……及至后来自己学得了一些技术，甚至你的技术和正式工人——老师傅一般高，厂方仍借口你的学业期限未满，要你继续白白地替他做工。老师傅虽比学徒经验多一些，但一般说来，老师傅能做的，学徒也能做，如在新业铁厂内，有四个学徒，比老师傅的技术还好。厂方故意要分学徒与老师傅，不过是特别剥削工人的一种办法。……华商铁厂的发展，是建筑在对这些青年劳动者无代价的剥削上面。名为学徒，实际上是替厂方做工而又没有工资的工人"①。北京地毯业将学徒期限由原来的三年零一节延长至四年，20 世纪 20 年代初，北京地毯业"自公会无形解组后，各毯行借口以艺徒资质较笨，或不守行中规则，乃有延长至 4 年之久者"②。机器修造业学徒习艺年限一般为三年，但资本家常常借口延长学习时间，能够三年如期毕业的很少。据调查，北京机器修造业学徒的习艺时间为三年者占学徒总数的 4％，三年半者占 21％，四年者占 60％，四年半者占 2％，五年者占 12％，七年者占 1％。③ 延长习艺时间成为一种常态，并不完全是学习技术的必要，而是借此无偿占有学徒的劳动力，可见，学徒职业技术训练机制异化成廉价劳动用工机制后，学徒制度为中国近代手工业降低了用工成本，这也是它能长期广泛存在于近代手工业中的重要原因。

除了劳动时间长，劳动强度大，学徒们的劳动环境也值得一提。劳动环境是手工业生产管理的重要内容，对于作坊主或手工工场主而言，劳动环境的优劣决定了生产成本的大小，对学徒而言，劳动环境的好坏间接地体现着劳动待遇的高低。在北京地毯业的普通地毯行中，工人和学徒"聚十数人于几间房屋之中，其间空气恶劣，黑暗异常……木机亦设置拥挤"，"屋中光线充足与否，随时季而异。在夏日则窗户

① 朱邦兴、徐声、胡林阁合编：《上海产业与上海职工》，562 页。

② 包立德、朱积权：《北京地毯业调查记》，见李文海主编：《民国时期社会调查丛编·二编·近代工业卷》中，217 页。

③ 参见赵梅生：《北平机械工业调查（续）》，载《工商半月刊》，第 7 卷，第 20 号，《调查》，1935。

洞开，光线尚充足，每届冬令，窗户用纸糊裱，以御风寒，室中黑暗异常。空气又污浊不堪，其内温度，亦随时季而异，每届冬令，则用一二旧式之煤炉以御寒，屋广人多，不敷分配，因此将所有门户关闭，以防寒气侵入，其结果仍不免令工人艺徒忍冻而已"。更有甚者则是卫生状况的不堪。毯行中随处吐痰的现象普遍存在，"室中则又尘土飞扬，垃圾满地，羊毛线屑，充满室中。屋中墙壁，污秽及黑暗不堪，有时墙上石灰粉剥落殆尽"，这一情形被观察者形容为"较诸旧式之黑暗监狱，有过之无不及"。在一般的卫生条件已经如此恶劣的同时，地毯业特有的"颜料之恶劣气味"，也"充塞屋内，益令人难堪矣"。学徒们在这种劳动环境中长时间地劳动，不仅谈不上在长身体的黄金时间里发育成熟，甚至患上"肺病及心痛病、身体孱弱等病"，危及生命安全，"一旦学习期满，百病丛生，而致夭亡，在所难免"。① 新兴手工业的劳动环境也极其恶劣，例如，天津针织业坊所"大都空气既不流通，房屋又极其狭隘。多数小作坊有仅租每间可容五六人之小屋两间者，此两间小屋，既为工作室，亦即办公室、货栈、厨房、饭厅与卧室"②。

尽管学徒们直接参与了强度不亚于正式工人的生产劳动，但受制于传统学徒制度，近代手工业学徒一般是得不到工资的。大多数学徒与雇主之间并非雇佣关系，师傅或业主没有责任这么做，因为在学徒学艺期间，他们的食宿是由师傅或业主提供的。例如，在天津织布业中，"最普通者，即不给正式工资，但以其餐宿及杂费，归雇主负担，逢旧历年节，略与微资，以为零用"③。在小规模的作坊或工场中，学徒往往与师傅同桌吃饭；至于规模较大的手工工场，业主也为学徒提供住宿，但多为粗茶淡饭，"学徒习艺期中，欲求身体发育，可谓毫无

① 包立德、朱积权：《北京地毯业调查记》，见李文海主编：《民国时期社会调查丛编·二编·近代工业卷》中，218 页。

② 方显廷编：《天津针织工业》，29 页。

③ 方显廷编著：《天津织布工业》，82 页。

希望"①。有些工场还发给学徒衣服，但为数很少。此外，学徒也并非一无所获，只是他们的收入往往不采取工资的形式罢了。一般来说，学徒每月能够得到一些"月规"，数量因地而异，多少不等，但依据的标准是每月洗澡和剃头的费用。随着习艺时间的增加，"月规"也相应增加，通常情况为第一年每月一元，第二年每月二元，第三年每月三元。另外，学徒们逢年过节也能获得一些零用钱，多在年终发给，称为"压岁钱"。以北京地毯业为例，学徒于学艺期内，没有工资，业主只给予饮食居所及洗澡剪发等费用。学徒的饮食非常简单，"且亦恶劣不堪，几难下咽"。有时业主对于家庭贫困的学徒也会"稍稍为之添补"衣着，这对那些学徒来说，自然是格外的恩赐了。也有一两家毯行在学徒的学习期内，"视其技艺之优劣，按月如工人领工资"，其薪资"自5角至11元12元不等"，这是业主为了激励学徒提高技艺，以便织出品质更高的地毯来。② 有些较大的毯行，学徒在夏季的每个月里可以得到八九枚铜圆作为洗澡之用，但学徒中"不忍耗此洗澡钱，作为储蓄，而身则任其污垢者，亦不乏人"，足见学徒待遇之低。这还是规模大一点的毯行，那些小毯行的情形更加恶劣。其他手工业中的学徒待遇情况也大致与此相同。中国近代手工业工人的工资也很低微，但同没有工资收入的学徒比较起来，使用学徒使业主的劳动力成本大大降低。以北京地毯业为例，全行业的雇佣工人有 1768 人，学徒有 5066 人，据调查，20 世纪 20 年代初期，76％的地毯业工人工资收入在 9元以下，9 元以上的有 425 人，占 24％，假定将全部学徒改雇工人，按每月人均 5 元的工资计算，每月需增加工资支出 25330 元，全年需增加 303960 元。③ 据方显廷调查，天津地毯业所用学徒比例比北京地毯业低，在 11568 人中，学徒有 3262 人，占 28.2％，85％的工人膳食费

① 方显廷编著：《天津织布工业》，82 页。

② 参见王清彬、王树勋、林颂河等编：《第一次中国劳动年鉴》第 1 编，578~579 页。

③ 参见包立德、朱积权：《北京地毯业调查记》，见李文海主编：《民国时期社会调查丛编·二编·近代工业卷》中，222 页。

外的月工资为 6 元至 9 元，假定学徒全部改雇工人，每人每月仅按 6 元计算，全年需增加工资 234864 元。①

　　手工业学徒的待遇之低还可以从学徒为了改善自身的劳动待遇所展开的不懈斗争中得到印证。其斗争方式分为两类。一是逃离，这是一种消极的方式，逃离原因虽然复杂，但待遇低下甚至遭受虐待是其中最基本的因素，例如，天津地毯业"学徒之待遇，殊多不善。小作坊之匠师，对雇佣学徒，尤为苛刻"，学徒不堪虐待而大量逃离现象时有发生。② 天津恒大铜丝罗底制造厂于 20 世纪 20 年代末"在蓟、宝两县所招之学徒四十余名，告退者已二十余名之多"③。二是积极的罢工斗争。据对 1926 年上海罢工的统计，有十二次是在提出减少招收学徒、给学徒津贴/工资或按劳绩给酬、不得以艺徒代替成年工人、不得对艺徒进行体罚、严格限定习艺时间等要求得不到满足后引发的。在斗争中，学徒与工人站在一起，取得了一定的胜利。例如，1926 年 9 月，上海和记翻砂厂的工人和学徒要求加资而罢工，最后劳资双方协议，把作加二成半，普通加一成半，学徒加一元。④ 1935 年广州石印业劳资双方达成十六条协议，其中第十二条规定，"各号每部雇用大工二人者，得收容学徒一人，学徒期内只准见习，不得专责负担一部工作"，第十四条"关于各号工友暨童工学徒等之生活及待遇，工人方面认为有改善之必要，请求资方改善时，资方应于可能范围内予以接受"。⑤ 同年长沙印刷业也通过斗争要求业主"限制每技工五人，带学徒一人，多退少补"⑥。虽然能够取得部分胜利的案例实属凤毛麟角，但这些斗争反映了学徒不仅意识到自身待遇极其低下，而且开始了自我觉醒，并力图摆脱师傅和业主的束缚，具备了一定的阶级认同感。

---

　　① 参见方显廷编：《天津地毯工业》，62 页。
　　② 参见方显廷编：《天津地毯工业》，76 页。
　　③ 《人间地狱工厂学徒之生活》，载《益世报》（天津），1928-12-03。
　　④ 参见彭泽益编：《中国近代手工业史资料（1840—1949）》第 3 卷，374～375 页。
　　⑤ 《广州市修正石印业劳资协约》，载《劳工月刊》，第 4 卷，第 9 期，1935。
　　⑥ 《国内劳工界》，载《劳工月刊》，第 4 卷，第 9 期，1935。

四、学徒制度与近代手工业的兴衰

在职业技术教育制度缺失的近代中国，学徒制度在手工业中的存在有其合理性，正如列宁所说，"保持手工生产和系统而广泛地实行分工，是我们所考察的一切行业的共同特点。生产过程分为若干局部工序，由各种专业工匠去做。这些专业工匠的培养，需要经过相当长时间的训练，因而学徒制就成为工场手工业的自然伴随物"①。但是，在中国近代手工业中，作坊主和手工工场主们不约而同地利用学徒制度的"自然伴随物"特性，在面对外国资本主义和民族资本主义的残酷竞争时，强化其廉价的劳动用工机制，对近代手工业的发展造成了广泛而深远的影响。一方面，学徒制度为工场手工业的发展提供了源源不断的廉价劳动力，降低了作坊主和手工工场主的劳动成本，促进了手工业的一度兴盛；另一方面，学徒制度自身的缺陷也给近代手工业带来了消极影响。

鸦片战争后，尽管旧式的行会组织试图重建传统的学徒制度，但对于新发展起来的手工工场主来说，那只是一道徒具象征性的篱笆墙，他们可以轻而易举地越过它，并按照自己的意志和需要"改造"学徒制度。他们改造了传统学徒制度中不利于手工业扩张的一面，如突破了招徒数量的限制、淡化了学徒养成的严格训练机制，但却保留了其中有利于业主的一面，如习艺年限的规定、师徒之间浓厚的宗法色彩、对学徒的惩罚性约束等。不受限制地招收学徒，且在固定期限内尽量缩短训练时间，使他们获得了大量廉价的劳动力，师徒之间浓厚的宗法色彩不仅使得业主对学徒的管理披上了一层"亲情"外衣，而且使其对学徒的剥削也具有了"合法"理据。在中国近代，工场手工业发展最好的 20 世纪 20 年代前后，也是学徒制度空前发展的时间，这当然不是历史的偶然巧合，而有其内在的必然逻辑。在学徒制度下，业主或师傅可以"名正言顺"地任意延长学徒的劳动时间，压低其生活水准，

---

① 列宁：《俄国资本主义的发展》，见《列宁全集》第 3 卷，388 页。

不付工资或赏赐少量鞋袜费、压岁钱，生产成本可以因此大大降低。虽然中国近代工人的工资收入在世界范围内已经是很低的，但同他们比较起来，学徒的收入更少，也更容易管理。有些行业保留"保证金"的做法，增加了业主的资本实力。例如，上海中华铁工厂 1928 年的股款为 10000 元，收取学徒保证金 680 元，1929 年收取学徒保证金 970元，1930 年股款达到 24700 元，学徒保证金也增加至 1250 元，保证金分别占到当年股款的 6.8%、9.7% 和 5.1%。① 因此，在市场景气时，工场主们往往采取各种手段延长学徒的学习时间，或一满师就予以解聘，重新招收新学徒，前述织布业、地毯业、针织业中就存在着学徒多于工人甚至雇工全部为学徒的状况；在市场萧条时，他们则催促学徒提前出师。学徒的大量存在使得手工工场在同现代工厂的竞争中获得暂时的优势。

但是，这只不过出于学徒制度下业主们的眼前利益，而留下来的则是长久之患，几乎是在学徒制度促进近代手工业发展繁荣的同时，埋下了令其衰落的陷阱，这是短视的业主或师傅们始料不及的。

其一，大量使用学徒不可避免地带来产品质量或标准的下降，从而影响其产品的市场销售。尽管工场手工业分工发达，学徒无须掌握全部生产过程，但从不熟练到熟练，从熟练到具有相当技巧，需要一段时间的磨炼，许多学徒却是在杂役结束之后，就被当作熟练工加以使用。同时，由于生活的艰苦、劳动环境的恶劣，学徒在工作中不是积极地反抗，便是消极地怠工，在南京刻扇骨业中，"徒苟嫌师待遇不善，则刻之速力及精巧上有影响也"②。这种现象不仅在南京刻扇骨业中存在，在其他各业也是十分普遍的，从而造成产品质量的下降。例如，在湖南印刷业中，"出现大批学徒的结果是印刷标准的退化，因为大部分学徒都是不成熟的工人"③。地毯业学徒"手艺不免低逊，制品

---

① 参见中国社会科学院经济研究所、上海市工商行政管理局、上海市第一机电工业局编：《上海民族机器工业》下册，811 页。

② 《刻扇骨坊之学徒》，载《中外经济周刊》，第 110 号，1925 年 5 月 2 日。

③ 彭泽益编：《中国近代手工业史资料(1840—1949)》第 3 卷，323 页。

自较卑劣，于将来营业，不无影响"①。"北平地毯之退化，正由于多用学徒，现因美国之抵制，北平地毯工人之失业问题业已产生"②，岂止是工人失业，由于"学徒艺术欠佳，所制物品似较工人所制为差，出品既劣，价格愈低，中外商人收买者，颇存观望，该业几成停顿状态"③。此外，学徒劳动时间太长，"缺乏责任心，不能发挥劳动能率，而于生产费不能使其节省，且于原料等物不知爱惜"④，因此，延长劳动时间，实际上不仅降低了边际生产效率，而且造成了原料浪费，致使成本增加。所以，不受节制地大量使用学徒所带来的市场萎缩直接导致手工业生产效率的下降，即使是传统工艺十分出色的北京景泰蓝业也面临着相同的困境。由于"作品类出学徒之手，艺术不精，出品恶劣，中外商人，皆不敢尽量收买。至国内如广帮建帮，近不曾来平批货。本市所销售者亦属寥寥"⑤。

其二，造成近代手工业中更加激烈、无序的竞争。大量使用学徒给业主们带来了"甜头"，为了节约工资支出，弃用满师学徒，招收新进徒弟成为业主们的普遍做法。满师学徒往何处去呢？他们也学着师傅的样子，开家作坊，招几个徒弟，以糊口谋生。他们或依附于较大的工场，或直接面向市场，压低售价，造成空前激烈的竞争。例如，在地毯业中，"学徒三四年期满毕业后，不以超升工人，必应遣散另招，则失业者必须另谋生计而同业增竞争愈烈"⑥。据 1928 年调查，北京制造珐琅的工场不下七八十家，除几家规模较大之外，"大多数规

---

① 《中国地毯工业之沿革与制法及其销路》，载《中外经济周刊》，第 75 号，1924 年 8 月 16 日。

② 《吾国地毯业概况》，载《工商半月刊》，第 3 卷，第 23、24 号合刊，1931。

③ 《北平珐琅工业近况》，载《经济半月刊》，第 2 卷，第 14 期，1928。

④ 包立德、朱积权：《北京地毯业调查记》，见李文海主编：《民国时期社会调查丛编·二编·近代工业卷》中，220 页。

⑤ 北平市社会局编：《北平市工商业概况》，7 页，1932。

⑥ 《中国地毯工业之沿革与制法及其销路》，载《中外经济周刊》，第 75 号，1924 年 8 月 16 日。

模甚小，多系满期出厂之工徒，在家招收学徒数名，自行制造，门外亦不标明字号，与住家无异，大概亦不呈报营业，以免缴纳捐款"①。北京靴鞋业中的小作坊，"大都由鞋店学艺期满者组织而成，概属小本营生，为数甚多"②。这些学徒出身的小业主只有拼命榨取学徒的无偿劳动，才能在市场的剧烈动荡中生存下来。例如，在天津地毯业中，"今日之小匠师，大半皆昔日之学徒，故一旦得势，遂尽以自身所受者，转施于人，循环相继，变本加厉……欲图微利，故不免竞争，竞争之方法类多克扣其学徒"③。又如，天津织布业中那些被解雇的工徒"惟有东拼西凑，开设作坊，自为雇主，用学徒帮同工作……其作坊既小，工作情形，更不如彼原来工作作坊。学徒待遇，当必随之更苦。由此种困境轮回转覆，每况愈下，其结果使织布业中不但失业工人过剩，即学徒亦有人满之嫌"④。这真是一个学徒制度恶性循环的怪圈：业主为了获利，大量招收学徒，学徒满期后解雇再招收新学徒；被解雇的满期学徒不得不自为小业主，也大量招收学徒，其结果是产品质量的下降和生产标准的退化，减价销售成为必然，竞争趋于白热化。但是，这种竞争不是企业生产技术和组织管理的竞争，而是一场招收学徒和压榨学徒的竞赛，是一场无序的自杀式竞争。因此，学徒制度的存在在很大程度上延缓了近代手工业向大机器工业的过渡转化。

其三，从长期来看，学徒制度不利于业主的技术更新。一方面，廉价的学徒使得业主或师傅宁可多用学徒，也不愿更新手工工具；另一方面，学徒出身的手工业者在技术上缺乏创新性，"依样葫芦，虽未必一蟹不如一蟹，欲求日新月异，实属难得"⑤。在北京手工业中，"各厂工师，类皆由工徒出身，非曾习有专门学术，欲其发明新法，俾

---

① 《北平珐琅工业近况》，载《经济半月刊》，第 2 卷，第 14 期，1928。

② 北平市社会局编：《北平市工商业概况》，251 页。

③ 方显廷编：《天津地毯工业》，76 页。

④ 方显廷编著：《天津织布工业》，83 页。

⑤ 李云良：《教育职工方策》，载《上海总商会月报》，第 6 卷，第 10 号，1926。

制品日见精良，指导管理，悉合科学，非所敢期"①。广州民族机器修造业产生初期的技术队伍一般都是学徒出身，他们有较丰富的实践经验，但缺乏理论知识，因而往往只能仿制，不能创造。②

当然，学徒制度十分复杂。一方面，不同地区经济发展水平和受到资本主义冲击的程度不一样，地方文化在社会生活中的表现也不一样；另一方面，不同行业与市场联系的深度与广度不一，历史传统各异，有些行业传统习惯影响巨大，有些行业则相对较小。因此，各地、各行业在学徒资格、习艺年限、工作时间、劳动待遇等方面存在着一定的差异。尽管如此，作为手工业劳动管理的一部分，其共同特点也十分明显，即最大限度地降低使用学徒的代价，从而节省劳动力成本支出，这主要是通过延长习艺年限、延长工作时间、降低劳动待遇等方式方法实现的，这是早期资本家通行的做法。学徒的管理是一种具有浓厚传统色彩的契约管理，借助传统血缘、地缘、乡缘等社会伦理关系强化对学徒的控制，构筑起业主或师傅与学徒之间"亲情式"的、具有浓厚封建宗法色彩的师徒关系。学徒制度的存在，既为手工业的生存与短暂发展提供了大量廉价劳动力，也延宕了手工业自身变革与进一步发展的步伐。

---

① 北平市社会局编：《北平市工商业概况》，426 页。

② 参见伍锦：《解放前广州市私营机器工业概况》，见中国人民政治协商会议广东省广州市委员会文史资料研究委员会编：《广州文史资料选辑（第二十三辑）》，广州，广东人民出版社，1981。

结　语　二元经济中的资本主义手工业

一、二元经济理论的历史误区

二元经济理论是西方发展经济学探讨落后国家和地区经济增长的理论模型，其创始者是美国著名经济学家 W. 阿瑟·刘易斯，其后费景汉、G. 拉尼斯、D. W. 乔根森、D. S. 鲍尔和 S. A. 马格林等发展经济学家不断对这一经济增长模式本身的缺陷加以修正。本书不打算对之做过多的经济学意义上的探析，而只是想指出这一理论在运用于分析中国实际问题中所存在的不足。[①]

在中国近代经济史和中国早期现代化的研究中，二元经济理论已为越来越多的学者所使用，他们用"二元经济""二元社会"等描述中国近代社会的经济特征。在他们看来，"随着社会经济的发展，现代化地区与传统地区不仅没有形成相互联系、相互促进的关系，反而呈现出彼此封闭和排斥的格局，于是，一种两极化的现象出现了，当现代地区和部门变得越来越现代的同时，传统地区和部门却变得越来越'传统'和落后。这就是人们通常所说的'二元结构'"[②]。他们所指的现代

[①]　有关二元经济发展理论的详细分析，请参见张晓光：《对二元经济发展理论的研究》，见《经济研究》编辑部编：《经济学博士硕士论文选(1985)》，528～556页，北京，经济日报出版社，1986。

[②]　许纪霖、陈达凯主编：《中国现代化史(1800～1949)》，16 页，上海，上海三联书店，1995。

化地区和部门其实就是沿海城市和大机器工业，传统地区和部门就是内陆乡村及其农业与手工业。这种分析为从总体上探讨中国近代社会的过渡特征提供了一个新的视角，尤其使我们对造成当代中国经济发展区域性差异的历史根源的认识更为清晰。因为二元经济本质上是一种介于两种同质经济即传统经济与现代经济之间的过渡现象，在某种程度上我们依然处于这种历史延续之中。但是，用二元经济理论研究中国早期现代化却有意无意间造成了一个不大不小的历史误区，这就是忽略了对既非传统又非现代的手工业——一种在中国近代城乡广泛存在的经济现象的探讨。

二元经济模式将社会经济区分为传统和现代两大部门，并从两部门关系的角度探讨经济发展过程。所谓传统经济，就是农业经济，现代经济即以机器生产为特征的工业经济。发展经济学一反古典经济学将社会经济视为同质体系的思维，把社会经济区分为异质的传统与现代两大部分，其主要依据是传统农业存在着大量的剩余劳动力，由于劳动力数量过多，其边际生产率为零或负数，这些剩余劳动力完全被吸收必须依赖于现代工业经济的高度发展。农村剩余劳动力的主要存在形式是隐蔽性失业。所谓隐蔽性失业，即指边际生产率为零的劳动就业状态。在既定的农业生产技术、生产资源以及经营形式等条件制约下，人口稠密的欠发达国家，一部分农业劳动力的边际生产率为零，这部分人对农业总产出的形成没有实际贡献，把他们从农业生产中转移出去，再配置到其他产业部门，不会减少农业部门的总产出。但是，由于欠发达国家中现代工业吸纳农业剩余劳动力的能力有限，大量劳动力被滞留在农业生产中，事实上的失业被隐蔽起来了。所以，从理论角度讲，边际生产率为零时的劳动力即为剩余劳动力。[①] 二元理论不仅把农业看作只是被动消极地向工业输送剩余劳动力和产品的部门，而且从根本上忽视了手工业的存在，或把手工业整体划入传统经济部门，这在理论上和事实上都是行不通的。

---

① 参见［美］查尔斯·P. 金德尔伯格、［美］布鲁斯·赫里克：《经济发展》，张欣、陈鸿仪、蒋洪等译，396 页，上海，上海译文出版社，1986。

从理论上看，手工业是一个仅次于农业的历史悠久的产业部门，是孕育现代工业之母，大机器工业产生之后，手工业还会在一个相当长的时期存在并有所发展，在后发外缘型工业化国家和地区尤其如此。在这个时期内，受到市场竞争的激励与制约，手工业要么在技术和经营管理上不断更新，生存下来并有所发展，要么被淘汰。存在下来的手工业不论在生产力还是生产关系上都或多或少地发生了若干近代性变迁，并在时机成熟时向大机器工业过渡。这就使它们有别于传统手工业。更为重要的是，在传统农业经济和现代工业经济长期并存的二元经济结构中，手工业尤其是资本主义作坊和手工工场，不同于传统农业那样存在大量剩余劳动力，因而也就不存在边际生产率为零的现象，同时，手工业技术和经营管理机制上的创新及其相应的外延性扩张，还能吸纳一定数量的农村剩余劳动力。手工业也不像大机器工业那样能以其现代化的生产力为传统农业的改造创造技术条件，并以其技术进步所造成的内涵性发展吸纳传统农业中释放出来的剩余劳动力，从根本上解决传统农业部门边际生产率为零的问题。因此，手工业在生产力上接近于传统农业，在生产关系上更靠近现代工业，是一种介于两者之间的中间经济。任何忽视手工业或把手工业划入传统经济部门的做法在理论上都是失之偏颇的。

手工业与现代工业的并存是工业化过程中不可避免的一个历史阶段。事实上，无论是先发工业化国家还是后发外缘型工业化国家，手工业都在一定时期、一定区域内存在，但其存在的时间与原因则因地而异。就近代中国而言，由于资本和技术资源的相对短缺，外国资本主义的残酷竞争，传统经济下农民的贫困化所造成的大量剩余劳动力的存在，从沿海开放的通商城市到内陆腹地的偏远农村，到处都有人从事手工制造，人民生活中的绝大部分日常用品都离不开手工业，手工业在国民经济和社会经济生活中占有十分重要的地位，是介于传统农业和现代工业之间的中间经济带。这些相对于现代工业而言较为落后的旧式手工业，在机器工业的打击和刺激下，日益脱离传统的既定轨道，在生产力、经营形式、管理形式等方面向着现代化转型。虽然转型过程受内外因素的制约而显得步履蹒跚，但向机器工业过渡转化

的趋势却十分清晰，其中一部分已经过渡到机器生产。但是，随着
1929—1933 年世界经济危机的冲击、20 世纪 30—40 年代日本侵华战
争的破坏，中国近代手工业向机器工业的转化还远远没有完成，直到
1949 年，手工业仍然构成工业经济的主体。因此，在用二元经济理论
分析中国近代社会经济时，不能忽视这样一个非常重要的中间经济带。

二、中间经济：近代手工业的角色与功能

二元经济是经济发展过程中的一种过渡状况，二元经济模式中手
工业的广泛存在更突出了这一过渡特征，因为近代手工业是一种中间
经济，中间经济实质上是一种处在由传统向现代转化之中的过渡经济。
中国近代手工业就是一种介于传统手工业与现代机器工业之间的过渡
经济。首先，从生产力上看，在机器工业的竞争和刺激下，手工业发
生了许多积极的变化，手工工具开始趋新，虽然缓慢，但却大大提高
了手工业的劳动生产率，某些行业如手工棉织业中从手拉机到铁轮机
的改进使用已经发展到可以直接应用动力机器的阶段，某些手工行业
则是在原有工具的基础上直接使用机器动力，出现了所谓"蒸汽机＋石
磨"的技术模式，生产工艺不断改进，手工业产品的花色品种不断增
多。生产力上的现代性变革取向，使得近代手工业逐步脱离传统手工
业的既定轨道，向着大机器工业生产力的方向发展。但是，从全局来
看，手工业又远远没有完成这种转化，而是处在由旧式手工工具向现
代生产机械的过渡之中。其次，从生产关系上看，近代手工业也逐渐
放弃原有的生产形式，在经营、劳动、管理上开始了近代性变迁，由
封建自然经济的补充形态发展成为资本主义经济的有机组成部分。随
着生产力的变革，近代手工业的生产形态发生了相应的变化。包买主
制下的依附经营与业主制下的自主经营作为中国近代手工业的主要经
营形式，把广大的手工业者组织起来，为区域外甚至国际市场而生产，
从而克服了传统手工业主要满足家庭需求或以地方集市交换为主的落
后状况，并为它向现代工业转化准备了制度前提。合作制下的联合经
营，将分散的、力量弱小的手工业者集结起来，开展单个手工业者所

无法开展的规模生产，进一步壮大了近代手工业的基础。但是，这些变化又带有浓厚的传统色彩，在包买主制下的依附经营中，手工业者依然是以分散的个体劳动形式为主的，在包买主制下自主经营的手工工场中，具有浓厚封建痕迹的学徒制度得以延续并被广泛利用，业主与工人，尤其是学徒之间的宗法关系丝毫没有减轻，这些现象的存在又使其与大机器工业之间存在很大一段差距。从单个手工业企业的生产形态看，各种成分之间，传统与近代、进步与落后往往相互交织，难以割舍。比如，在经营形式上，商人、包买主、工场主等诸种身份的多位一体化现象屡见不鲜：作为商人，他直接向市场购买产品；作为包买主，以其部分资本介入生产过程，但为了节省厂房、设备、管理等费用，他主要控制利用分散的家庭手工业；作为工场主，他往往将生产过程中的某道关键工序集中起来。因此，作为一个完整的业主，他既采取了先进的工场化经营，又利用了较为进步的包买主制，同时他还作为旧式商人维持着传统的手工业经营。在近代中国，纯粹的工场主并不多见，诸种经营形式的一体化及其业主的一身多任，正是中国近代手工业由传统向现代过渡转化的具体体现。因此，二元经济中手工业的大量存在反映了近代经济的过渡特征。

近代手工业又是一条介于传统农业与现代机器工业之间的中间经济带。它所特有的经济功能起着连接传统与现代产业的纽带作用。近代手工业在吸纳农村剩余劳动力及其所创产值方面是一种介于传统农业和现代工业之间的中间经济力量。近代手工业的长期存在从根本上说是人口压力下农村劳动力大量过剩的产物，农村手工业是消解季节性失业的主要渠道，是农民改善家庭经济的重要依靠，城市手工业也是离村农民的重要选择之一，手工作坊或手工工场是农民进城后的重要栖身场所。既然手工业不会产生边际生产率为零的现象，那么手工业的存在和发展实际上意味着农村部分剩余劳动力的消化。从源流上看，近代手工业的工人及学徒绝大部分来自农村。据方显廷对 1929 年天津地毯业工人和学徒的抽样调查，被调查的 615 人中，工人有 354

人，仅 10 人为天津本地人，来自河北其他各县的共 326 人，山东各县 15 人，其他各地 3 人。学徒有 261 人，其中仅有 2 人为天津籍，来自河北其余各县的有 228 人，山东各县的有 29 人，其他各地的有 2 人。从学徒家庭背景看，261 名学徒中，"四分之三学徒生于农家"，其中 183 人从事农业。① 天津针织业中，抽样调查手工业工人 113 人，仅 7 人为天津本地人，其余 106 人中，河北的有 104 人，山东的有 1 人，山西的有 1 人；在被调查的 220 名学徒中，天津本地的仅有 4 人，来自河北 48 县的有 200 人，山东 8 县的有 13 人，山西的有 1 人，安徽的有 1 人，可见，天津针织业工徒总数的 96.7% 是河北各县及外省来者，"查学徒以农家子弟为多，此种去农就工离乡赴市之趋势，可为吾国工业化中最显著之现象"。② 天津织布业中，学徒占工徒总数的 65%。在选取的 550 个学徒样本中，天津本地的仅有 27 人，河北其他各县的有 442 人，山东的有 78 人，河南、陕西及安徽的各有 1 人；在选取的 317 个工人样本中，天津本地的有 12 人，河北其他各县的有 244 人，山东的有 55 人，其他省份的有 6 人，"细察外来工人之身世，则大半出自农家，其趋驰津市，无非为谋生计焉"③。成都皮鞋业 30 家店铺的 155 名学徒中，成都本地的有 24 人，其他来自省内 29 个县，多者如华阳县达 32 人，少者仅有 1 人。学徒"家庭是无产者贫农，人口多，田土不足自耕，或做小贩入不敷出，这种的个案要占所调查人数之 139 名，约 90%"④。成都成衣业 66 家店铺的 493 名学徒中，成都本地的有 52 人，人数最多的华阳县达 55 人，少者仅有 1 人，学徒

---

① 参见方显廷编：《天津地毯工业》，71～72 页。
② 方显廷编：《天津针织工业》，69～72 页。
③ 方显廷编著：《天津织布工业》，77 页。
④ 萧思齐：《成都皮鞋手工业学徒生活调查》，见何一民、姚乐野主编：《民国时期社会调查丛编·三编·四川大学卷》中，276、278 页，福州，福建教育出版社，2014。

中的 439 名即约 89％出身于赤贫之农家。①

　　近代手工业究竟吸纳了多少劳动力？很难有一个精确的数据，因为"手艺工人之人数，因散处四方，不易计算，向无实际调查之数字"②。但是，借助局部区域的职业统计资料，可以管中窥豹，以上海为例，据 1925 年上海总工会估计，上海工人总数约 125 万，其中 75 万分属手工业工人、店员、搬运工人、服务人员等。③ 1930 年，上海"华界"仅学徒就有 67814 人，占"华界"人口总数的 4.01％，工业人口有 323273 人，其中现代产业工人有近 23 万人，手工业工人有近 10 万人，加上学徒，约占"华界"人口总数的 10％。④ 1950 年上海就业人口中，手工业者达 262328 人，占就业人口总数的 12.7％。⑤ 保守推测，近代上海的手工业从业人数的比例约为 10％。上海是近代中国工业化程度最高的地区，手工业工人的比例仍达到 10％，其他城市手工业工人的比例应超过 10％或至少不低于 10％。另外，依据一些零星材料估算，可以大体推测出近代手工业者（包括工人与学徒）的大致规模。据巫宝三和汪敬虞的估计，1933 年中国的工厂工人数为 1076400 人，手工业就业人数为 10000000 人。⑥ 1950 年中央人民政府轻工业部调查估计，"我国目前从事手工业生产的工人，约计有一千五百万至二千万人"⑦。因此，无论从哪个角度看，近代手工业从业人数都大大超过了机器工厂的工人数，近代手工业为农村剩余劳动力提供了大量就业机会，否则，城乡失业问题将更为严重。

　　① 参见严俊才：《成都市成衣业学徒生活状况之研究》，见何一民、姚乐野主编：《民国时期社会调查丛编·三编·四川大学卷》中，292、294 页。

　　② 王清彬、王树勋、林颂河等编：《第一次中国劳动年鉴》第 1 编，589 页。

　　③ 参见刘石吉：《近代城镇手艺工人抗议形态的演变》，见李长莉、左玉河主编：《近代中国的城市与乡村》，195 页，北京，社会科学文献出版社，2006。

　　④ 参见邹依仁：《旧上海人口变迁的研究》，106 页。

　　⑤ 参见邹依仁：《旧上海人口变迁的研究》，104 页。

　　⑥ 参见巫宝三、汪敬虞：《抗日战争前中国的工业生产和就业》，见《巫宝三集》，43 页，北京，中国社会科学出版社，2003。

　　⑦ 剧锦文编：《中华人民共和国经济档案资料选编·工业卷》，121 页，北京，中国物资出版社，1996。

近代手工业所创造的产值远远超过现代机器工业。以浙江为例，1936 年制造工业产值为 100480188 元，手工业产值达 2040500 元，约为制造工业的五分之一。① 广西的城市大工业产值为 15960000 元，农村手工业与都市手工业产值则为 14650000 元，几乎与城市大工业并驾齐驱。② 从全国范围看，据巫宝三估计，1933 年中国制造业净产值为 1889026800 元，其中手工业净产值为 1359374000 元，手工业净产值占制造业净产值的 72％。③ 由此可见，近代手工业产值在国民经济中居于主要地位，在农业与现代工业之间是一条名副其实的中间经济带。在对外贸易中，晚清时期中国的出口贸易以手工业产品为大宗。民国成立以后，手工业产品出口仍然占据重要地位。1924 年以前，手工业产品出口值在出口贸易总值中的比例保持在 30％以上，有的年份超过 40％；1924 年以后略有起伏，但也不低于 25％。图 8-1 是根据 1912—1936 年中国手工业产品在出口贸易总值中的比例所绘制的曲线图。④

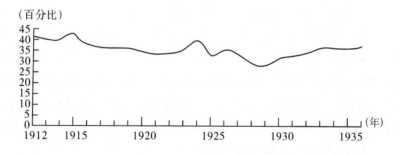

图 8-1　1912—1936 年中国手工业产品
在出口贸易总值中的比例曲线图

---

① 参见姚方仁、方悴农：《一年来之浙江经济》，载《国际贸易导报》，第 9 卷，第 2 期，1937。

② 参见关星三：《改进我国手工业之应有认识与方案》，载《实业部月刊》，第 2 卷，第 6 期，1937。

③ 参见彭泽益编：《中国近代手工业史资料（1840—1949）》第 3 卷，814～815 页。

④ 本图据彭泽益先生对 1912—1937 年中国 67 种手工业品出口值占出口贸易总值百分比的统计数据绘制而成，原统计数据由历年海关报告编制计算而来。参见彭泽益编：《中国近代手工业史资料（1840—1949）》第 3 卷，816 页。

　　由上所述，近代手工业是介于传统手工业与现代机器工业之间的一种中间经济，也是处于传统农业和民族机器工业间的一条重要的中间经济带，这种角色与地位已在一定程度上说明了近代手工业为什么长期存在这一问题。当然，中国近代手工业与民族机器工业的长期并存还有一些重要的外部因素。首先是来自国际市场的引力效应。由于中国早期工业化开始的时期正值西方主要资本主义国家工业化成果的全球扩张期，虽然中国也被工业文明所波及，但同西方国家相比还相当幼稚，工业产品不仅在国际市场上毫无竞争力，而且在国内市场上，清政府丧失了关税保护权而造成竞争不平等，留给民族机器工业的市场实际上也比较狭小。相反，中国传统的手工业产品如丝、茶、陶瓷以及一些劳动密集型产品如草帽辫、抽纱等，由于劳动力成本低廉或工艺水平独特而在国际市场上确立了较大的优势。这一优势暂时是民族机器工业所无法取代的，因此这部分手工业能够存在并得以发展。即使是能够制造这些产品的外资企业和民族机器工业企业，也能在一定范围内同手工业实现技术优势与劳动优势的互补。例如，在纺织业中，机器纺纱淘汰了手工纺纱，这是因为手工纺纱失去了劳动成本优势。但机器织布却无法取代手工织布，因为机器织布所具有的技术优势暂时还难以摧毁手工织布的劳动成本优势，而且随着手工业织布技术与工艺的进步，如铁轮机的使用和花色品种的增多，机器织布业的技术优势并不十分突出，改良后的手工布在工艺上的精美程度甚至超过了机制布。这样，便形成了机器纺纱的技术优势与手工织布的劳动优势之间的良性互动。其次，政府行为对近代手工业的长期存在也起了重要作用。从晚清政府到南京国民政府都注重提倡和鼓励手工业的发展，并采取了若干比较切合实际的政策与措施，产生了一定的成效。例如，推广手工艺教育和改良手工工具，有利于手工业产品技术含量的提高，而减免手工业产品税则增强了手工业的市场竞争力。正是近代手工业扮演着中间经济（带）这一角色，加之国际市场的引力效应及近代政府的行为，才共同促成了手工业的长期存在。

三、近代中国的二元工业化道路

尽管学者们承认明清时期的中国存在着资本主义生产关系的萌芽，但直接带来工业化第一阶段的行业即棉纺织业主要还是满足家庭消费需求的家庭手工业。"无论是从小生产者分化的途径，还是从商人投资生产的途径，都没有发现资本主义萌芽。"①不仅如此，在近代中国，棉纺织业中的资本主义生产关系的萌芽甚至是在工业化产生之后，尤其是在机器纺纱业的带动下得到发展的。因此，中国早期工业化（即机器棉纺织业）的产生不可能依靠封建母体的自然分娩，重工业及其他新兴工业也难以在旧经济腹体内孕生。中国工业化的发生同其他后发工业化国家一样，不论主动还是被迫，主要是对工业化全球扩张的一种反应，从而决定了中国必然走上一条移植型的工业化之路。同时，由于中国的传统手工业有着深厚的社会经济基础，在工业化的过程中手工业还会在一定时期、一定区域内存在，移植型的现代机器工业难以一下子全面代替工业生产中的手工方式。诚如近代学者所言，"手工业制度，比之工场制大经营，有在生产上占优胜之地位者，有与大经营并立而存续者，有因大经营盛行而新须手工业经营者，大小并立，各有领域"②。只要手工业作为中间经济力量继续存在，中国就不可能达到工业化的彼岸。因此，近代中国在移植型的工业化道路之外，还必须对传统手工业进行嫁接改造，走嫁接型的工业化之路。虽然这两条工业化道路都没能使中国实现工业化，但总结其失败的教训仍然具有非常深刻的时代价值。

工业文明的传播是不可抗拒的全球性潮流，移植型的工业化之路

---

① 方行：《中国封建社会的经济结构与资本主义萌芽》，见南京大学历史系明清史研究室编：《中国资本主义萌芽问题论文集》，37 页，南京，江苏人民出版社，1983。

② ［日］关一：《工业政策》，马凌甫译，234～235 页，上海，商务印书馆，1934。

是近代中国无可奈何的选择。从 19 世纪 60—70 年代开始，尽管遭到封建顽固派的强烈反对，中国近代工业文明的移植进程还是开始了，此后，几乎从未间断过。最初的移植主要是机器设备的引进，仅限于严格意义上的政府行为，甲午战争后，始有一定数量的私人资本家参与进来。通过移植，近代中国初步建立起了一批以纺织业、面粉业为骨干的"突发型"现代工业企业。移植型道路在中国早期工业化过程中起了主导作用。但是，移植进来的工业文明（包括外资在华企业）对原有手工业主要采取一种摧毁式的取代手段，而其自身的能量又无法完全吸纳失业的手工业工人，从而遭到手工业者的抵抗；同时，民族机器工业又由于遭受外资在华企业的特权竞争，在一定程度上还需要利用手工业的劳动成本优势，这就使得移植型的工业文明的扩展具有很大的局限性。因此，移植方式难以将近代中国送达工业化的彼岸。

现代工业产生以后，中国传统的手工业大多数存在下来，部分行业还获得发展。如前所述，手工业成为中国近代一种非常重要的中间经济，如何利用这笔宝贵的传统工业经济资源，促使原始工业化向工业化转型，是近代中国工业化面临的又一挑战，也是中国早期工业化成败的关键因素之一。如果说移植型的工业化之路是近代中国在世界工业化潮流下的一种被动反应，那么，怎样借鉴西方工业文明在经营管理、生产技术上的经验对近代手工业加以改造，从理论上讲则是一种自上而下的可以控制的政府行为。它不仅能在一定程度上减少传统手工业对工业化扩张的消极抗拒，有利于工业文明移植成果的巩固，而且也便于实现对传统手工业继承式的替代，这是一条嫁接型的工业化之路。中国近代政府虽然都曾重视手工业，而且也多少采取了一些提倡、鼓励、维护的政策和措施，但是，迟至 20 世纪 20 年代末 30 年代初，才由南京国民政府启动迈开了这样一条嫁接型的工业化之路，而这条道路却被不久后爆发的抗日战争中断。因此，在本书所探讨的范围内，近代历届政府在嫁接型工业化道路上没有取得明显的成效，从而也在很大程度上决定了中国早期工业化不能成功。

二元工业化道路几乎是大多数后起的工业化国家所采取的共同方式，法国、德国、日本就是走上移植型与嫁接型二元工业化道路成功的典型。同英国一样，法国的工业化也开始于纺织工业。由于当时英国禁止纺织机械出口（直到 1825 年才撤销），法国棉织品生产所需的机器主要是由英国人私运入境的。1877 年，法国商人佩里埃去英国考察并从布尔敦-瓦特公司购买了一台蒸汽机，回国后在自己的工场里按照瓦特蒸汽机的结构开始仿造，此后法国无数的机械制造厂都是从这家工场里衍生出来的。法国工业文明的成功移植还在于其接近英国的地缘优势，1830 年前后法国企业里至少有 1300 名英国工匠、工程师以及数千名英国技工，他们是移植英国工业文明的主要载体。[①] 英国开始工业革命时，德国还是一个遭受三十年战争影响的贫困落后的君主专制国家。在腓特烈二世的开明专制下，德国开始了对英、法工业文明的移植。1776 年，当瓦特的第一台蒸汽机在英国矿井里使用时，腓特烈二世就派出了采矿专家、嗣后出任政府高等顾问的比克林去英国进行详细考察，并动员一个机械制造师迁居德国，1820 年德国又设法从法国进口纺织机器。移植进程在德意志关税同盟建立（1834 年）之后加快了，这时德国"继续使用英国机器，招聘英国工匠和工人，一大部分企业还使用英国资金或法国与比利时的联合投资"[②]。虽然德国工业化主要是从重工业尤其是铁路运输部门开始的，但同样离不开工业文明的移植。不仅如此，德国还注重对传统手工业的嫁接改造，例如，世界著名的克虏伯公司、德麦克公司以及鲁尔矿区的第一家蒸汽机制造厂都是通过对旧式手工业的改造发展而来的。[③] 法国、德国的工业化虽然主要不是内生的，但由于拥有接近英国的地缘优势和国内手工业接近于工场手工业的业缘优势，较早受到英国工业化的影响，移植较为便利，对传统手工业的改造和利用也不像其他后发工业化国家那样艰巨。

　　相比之下，日本则是一个与中国情况更为接近的东方国家。作为一个"移植资本主义"的成功范例，日本对工业文明的移植差不多与近

---

① 参见［德］鲁道夫·吕贝尔特：《工业化史》，戴鸣钟等译，57～67 页，上海，上海译文出版社，1983。

② ［德］汉斯·豪斯赫尔：《近代经济史——从十四世纪末至十九世纪下半叶》，375 页。

③ 参见［德］鲁道夫·吕贝尔特：《工业化史》，79～82 页。

代中国同时进行。一方面，在明治政府"殖产兴业"政策的指导下，日本从移植先进的纺织机器入手，从 19 世纪 80 年代初到 90 年代初，以最先进的自动环锭精纺机取代了旧式纺纱机（这一过程在英国花了近一百年时间），重工业和化学工业部门的情况也是如此。引进最先进的技术是日本移植西方工业文明的重要特点。另一方面，明治政府大力招聘外国专家，1872 年共聘用外国专家 214 人，1876 年达 503 人。这些外国专家为日本培养了一批近代工程师、科学家、教育家以及熟练的技术工人，为日本消化、吸收引进的技术奠定了基础。工业文明的移植启动了日本的早期工业化，克服了工业化过程中技术资源不足的困难。① 与此同时，明治政府也非常重视对传统手工业的嫁接改造。在明治政府的指导下，19 世纪 80 年代，日本掀起了一场"物产改良运动"，对不少从事传统工业生产的行业实行技术嫁接，从手工生产向使用动力机械发展。各府县纷纷开办讲习所，或派出技术指导员加以指导，并拨出大量补助金予以扶持。因此，在"物产改良运动"中，织物、陶瓷器、漆器、五金和纸等传统手工业产品的制造部门都获得技术进步，手工工具也逐渐被机械取代。②

后发工业化国家中的工业化很大程度上是一种自上而下的政府行为，工业化的启动有赖于在政府指导下对先发工业化国家工业文明有计划、有选择的移植，对传统手工业的嫁接改造也离不开政府的倡导与扶持。一方面，政府需要确定技术引进战略，提供技术引进资金，决定技术引进路线，即引进什么、从哪引进、如何布局等。另一方面，政府又要坚持对传统工业的升级改造，在移植与嫁接之间搭建起互补的政策桥梁，在移植中促进传统工业的改造，在嫁接中促进机器工业的发展壮大，使机器工业与传统工业形成良性互动。只有坚持二元工业化道路并举的方式，才能在后发工业化国家中顺利地推进工业化进程。因此，是否拥有一个现代型的政府将在很大程度上决定落后国家工业化的成败。

---

① 参见万峰：《日本资本主义史研究》，177～189 页。
② 参见万峰：《日本资本主义史研究》，261 页。

主要参考文献

一、论著部分

千家驹编：《中国农村经济论文集》，上海，中华书局，1936。

［日］长野郎：《中国土地制度的研究》，强我译，上海，神州国光社，1932。

朱新繁：《中国农村经济关系及其特质》，上海，新生命书局，1930。

陈翰笙：《广东农村生产关系与生产力》，上海，中山文化教育馆，1934。

许仕廉：《人口论纲要》，上海，中华书局，1934。

冯和法编：《中国农村经济论》，上海，黎明书局，1934。

［日］田中忠夫：《中国农业经济研究》，汪馥泉译，上海，大东书局，1934。

方显廷：《中国之棉纺织业》，上海，商务印书馆，1934。

柯象峰编著：《中国贫穷问题》，南京，正中书局，1937。

董成勣编著：《中国农村复兴问题》，上海，世界书局，1935。

吴知：《乡村织布工业的一个研究》，上海，商务印书馆，1936。

李长傅：《中国殖民史》，上海，商务印书馆，1936。

［美］卜凯：《中国农家经济》，张履鸾译，上海，商务印书馆，1936。

邓云特：《中国救荒史》，上海，商务印书馆，1937。

伍绍垣编译，朱钰校订：《学徒制度与技术教育》，南京，国立编译馆，1941。

尹良莹：《四川蚕业改进史》，上海，商务印书馆，1947。

柳诒徵：《中国文化史》，南京，正中书局，1947。

陆精治：《中国民食论》，上海，启智书局，1931。

严中平：《中国棉纺织史稿》，北京，科学出版社，1955。

吴承明：《帝国主义在旧中国的投资》，北京，人民出版社，1955。

王亚南：《中国半封建半殖民地经济形态研究》，北京，人民出版社，1957。

刘启戈：《中世纪中期的西欧》，北京，生活·读书·新知三联书店，1957。

马克思：《资本主义生产以前各形态》，北京，人民出版社，1960。

多贺秋五郎：《中国宗谱の研究》（资料

篇），東京，東洋文庫，1960。

武汉市粮食局、湖北大学政治系编：《武汉市机器面粉工业发展史》（初稿），1960。

马克思：《资本论》，见《马克思恩格斯全集》（第二版）第 23 卷，北京，人民出版社，1972。

［英］克拉潘：《现代英国经济史》上卷，姚曾廙译，北京，商务印书馆，1986。

［美］查尔斯·P. 金德尔伯格、［美］布鲁斯·赫里克：《经济发展》，张欣、陈鸿仪、蒋洪等译，上海，上海译文出版社，1986。

Skinner G. W. , *The City in Late Imperial China*, Stanford, Stanford University Press ,1977.

中国农业科学院科技情报研究所编：《国外农业现代化概况》，北京，生活·读书·新知三联书店，1979。

Kriedte, Peter, Hans Medick and Jürgen Schlumbohm, *Industrialization before Industrialization：Rural Industry in the Genesis of capitalism*, Cambridge, Cambridge University Press, 1981.

邹依仁：《旧上海人口变迁的研究》，上海，上海人民出版社，1980。

全慰天：《中国民族资本主义的发展》，郑州，河南人民出版社，1982。

［德］鲁道夫·吕贝尔特：《工业化史》，戴鸣钟等译，上海，上海译文出版社，1983。

列宁：《俄国资本主义的发展》，见《列宁全集》（第二版）第 3 卷，北京，人民出版社，1984。

陈翰笙：《解放前的地主与农民——华南农村危机研究》，冯峰译，北京，中国社会科学出版社，1984。

朱邦兴、胡林阁、徐声合编：《上海产业与上海职工》，上海，上海人民出版社，1984。

吴慧：《中国历代粮食亩产研究》，北京，农业出版社，1985。

汪熙、杨小佛主编：《陈翰笙文集》，上海，复旦大学出版社，1985。

徐雪筠、陈曾年、许维雍等译编：《上海近代社会经济发展概况（1882～1931）》，上海，上海社会科学院出版社，1985。

朱新予主编：《浙江丝绸史》，杭州，浙江人民出版社，1985。

皮明庥：《武汉近百年史》，武汉，华中工学院出版社，1985。

章开沅：《开拓者的足迹——张謇传稿》，北京，中华书局，1986。

段本洛、张圻福：《苏州手工业史》，南京，江苏古籍出版社，1986。

上海市粮食局、上海市工商行政管理局、上海市社会科学院经济所编：《中国近代面粉工业史》，北京，中华书局，1987。

［德］汉斯·豪斯赫尔：《近代经济史——从十四世纪末至十九世纪下半叶》，王庆余、吴衡康、王成稼译，北京，商务印书馆，1987。

杜恂诚：《民族资本主义与旧中国政府（1840—1937）》，上海，上海社会科学院出版社，1991。

章开沅、朱英主编：《对外经济关系与中国近代化》，武汉，华中师范大学出版社，1990。

徐新吾主编：《近代江南丝织工业史》，上海，上海人民出版社，1991。

徐新吾主编，上海市丝绸进出口公司、上海社会科学院经济研究所编写：《中国近代缫丝工业史》，上海，上海人民出版社，1990。

［法］弗朗索瓦·卡龙：《现代法国经济史》，吴良健、方廷钰译，商务印书馆，1991。

徐新吾主编，上海社会科学院经济研究所编写：《江南土布史》，上海，上海社会科学院出版社，1992。

［法］费尔南·布罗代尔：《十五至十八世纪的物质文明、经济与资本主义（第二卷）》，顾良译，北京，生活·读书·新知三联书店，1993。

虞和平：《商会与中国早期现代化》，上海，上海人民出版社，1993。

黄逸峰、姜铎、唐传泗等编：《旧中国民族资产阶级》，南京，江苏古籍出版社，1990。

韩俊：《跨世纪的难题——中国农业劳动力转移》，太原，山西经济出版社，1994。

从翰香主编：《近代冀鲁豫乡村》，北京，中国社会科学出版社，1995。

许纪霖、陈达凯主编：《中国现代化史（1800～1949）》，上海，上海三联书店，1995。

张正明：《晋商兴衰史》，太原，山西古籍出版社，1995。

中国近代纺织史编委会编著：《中国近代纺织史（上卷）》，北京，中国纺织出版社，1997。

曹幸穗：《旧中国苏南农家经济研究》，北京，中央编译出版社，1996。

韩光辉：《北京历史人口地理》，北京，北京大学出版社，1996。

金志霖：《英国行会史》，上海，上海社会科学院出版社，1996。

费孝通：《江村经济》，见《费孝通文集》第2卷，北京，群言出版社，1999。

夏玉如、袁世君主编：《湖州蚕业史》（未刊稿）。

许涤新、吴承明主编：《中国资本主义发展史》，北京，人民出版社，2003。

全汉昇：《中国行会制度史》，天津，百花文艺出版社，2007。

陈亚平：《寻求规则与秩序：18—19世纪重庆商人组织的研究》，北京，科学出版社，2014。

陈诗启：《甲午战前中国农村手工棉纺织业的变化和资本主义生产的成长》，载《历史研究》，1959(2)。

戴逸：《中国近代工业和旧式手工业的关系》，载《人民日报》，1965-08-20。

樊百川：《中国手工业在外国资本主义侵入后的遭遇和命运》，载《历史研究》，1962(3)。

汪敬虞：《关于继昌隆缫丝厂的若干史料及值得研究的几个问题》，载《学术研究》，1962(6)。

孙毓棠、张寄谦：《清代的垦田与丁口的记录》，见《清史论丛（第一辑）》，北京，中华书局，1979。

彭泽益：《近代中国工业资本主义经济中的工场手工业》，载《近代史研究》，1984(1)。

汪敬虞：《中国近代手工业及其在中国资本主义产生中的地位》，载《中国经济史研究》，1988(1)。

刘兰兮：《门德尔斯原始工业化理论简述》，载《中国经济史研究》，1988(3)。

史建云：《〈工业化前的工业化〉简介》，《中国经济史研究》，1988(3)。

彭泽益：《民国时期北京的手工业和工商同业公会》，载《中国经济史研究》，1990(1)。

陈庆德：《论中国近代手工业发展的社会基础》，载《云南财贸学院学报》，1990(3)。

陈庆德：《中国近代手工业的发展趋势》，载《求索》，1991(6)。

杨宇清：《中国近代手工业的演变与反思》，载《赣南师范学院学报》，1991(4)。

史建云：《从市场看农村手工业与近代民族工业之关系》，载《中国经济史研究》，1993(1)。

王文昌：《20世纪30年代前期农民离村问题》，载《历史研究》，1993(2)。

吴承明：《论工场手工业》，载《中国经济史研究》，1993(4)。

吴承明：《近代中国工业化的道路》，载《文史哲》，1991(6)。

王翔：《近代中国手工业行会的演变》，载《历史研究》，1998(4)。

王翔：《从云锦公所到铁机公会——近代苏州丝织业同业组织的嬗变》，载《近代史研究》，2001(3)。

日本东亚同文书院编：《中国经济全书》，北京，线装书局，2015。

二、史料部分

求自强斋主人：《皇朝经济文编》，上海，慎记书庄，1901。

刘锦藻：《清朝续文献通考》，上海，商务印书馆，1936。

江苏省长公署第四科编：《江苏省实业视察报告书》，上海，商务印书馆，1919。

赵秉钧：《工商会议报告录》第2编，北京，政府工商部，1913。

王清彬、王树勋、林颂河等编：《第一次中国劳动年鉴》，北平，北平社会调查部，1928。

阮湘、李希贤、吴秉钧等编：《第一回中国年鉴》，上海，商务印书馆，1924。

方显廷编：《天津地毯工业》，天津，南开大学社会经济研究委员会，1930。

方显廷编著：《天津织布工业》，天津，南开大学经济学院，1931。

方显廷编：《天津针织工业》，天津，南开大学经济学院，1931。

铁道部财务司调查科编：《包宁线包临段经济调查报告书》，1931。

北平市社会局编：《北平市工商业概况》，1932。

建设委员会调查浙江经济所编：《杭州市经济调查》，杭州，杭州市镇东楼建设委员会调查浙江经济所，1932。

张梓生、孙怀仁、章倬汉主编：《申报年鉴》，上海，申报馆，1933。

实业部国际贸易局编：《中国实业志（江苏省）》，上海，实业部国际贸易局，1933。

实业部国际贸易局编：《中国实业志（浙江省）》，上海，实业部国际贸易局，1933。

实业部国际贸易局编：《中国实业志（山东省）》，上海，实业部国际贸易局，1934。

实业部国际贸易局编：《中国实业志（山西省）》，上海，实业部国际贸易局，1937。

实业部中国经济年鉴编纂委员会编：《中国经济年鉴》，上海，商务印书馆，1934。

行政院农村复兴委员会编：《浙江省农村调查》，上海，商务印书馆，1934。

行政院农村复兴委员会编：《陕西省农村调查》，上海，商务印书馆，1934。

行政院农村复兴委员会编：《广西省农村调查》，上海，商务印书馆，1935。

行政院农村复兴委员会编：《云南省农村调查》，上海，商务印书馆，1935。

叶量：《中国纺织品产销志》，上海，生活书店，1935。

王毓铨编：《经济统计摘要》，北平，友联中西印字馆，1935。

冯紫岗：《嘉兴县农村调查》，浙江大学、嘉兴县政府印行，1936。

陈伯庄：《平汉沿线农村经济调查》，上海，交通大学研究所，1936。

建设委员会经济调查所统计课编：《绍兴之丝绸》，杭州，建设委员会经济调查所，1937。

张肖梅：《四川经济参考资料》，上海，中国国民经济研究所，1939。

国民政府主计处统计局编：《中国土地问题之统计分析》，重庆，正中书局，1941。

张肖梅：《云南经济》，中国国民经济研究所，1942。

严中平、徐义生、姚贤镐等编：《中国近代经济史统计资料选辑》，北京，科学出版社，1955。

李文治编：《中国近代农业史资料第一辑(1840—1911)》，北京，生活·读书·新知三联书店，1957。

章有义编：《中国近代农业史资料第二辑(1912—1927)》，北京，生活·读书·新知三联书店，1957。

章有义编：《中国近代农业史资料第三辑(1927—1937)》，北京，生活·读书·新知三联书店，1957。

孙毓棠编：《中国近代工业史资料第一辑(1840—1895)》，北京，科学出版社，1957。

汪敬虞编：《中国近代工业史资料第二辑(1895—1914)》，北京，科学出版社，1957。

中国科学院上海经济研究所、上海社会科学院经济研究所编：《南洋兄弟烟草公司史料》，上海，上海人民出版社，1958。

江苏省博物馆编：《江苏省明清以来碑刻资料选集》，北京，生活·读书·新知三联书店，1959。

南开大学历史系编：《清实录经济资料辑要》，北京，中华书局，1959。

上海社会科学院历史研究所编：《五四运动在上海史料选辑》，上海，上海人民出版社，1960。

陈真编：《中国近代工业史资料(第四辑)》，北京，生活·读书·新知三联书店，1961。

彭泽益编：《中国近代手工业史资料(1840—1949)》，北京，生活·读书·新知三联书店，1957。

姚贤镐编：《中国近代对外贸易史资料(1840—1895)》，北京，中华书局，1962。

中国科学院经济研究所、中央行政管理局资本主义经济改造研究室主编：《旧中国机制面粉工业统计资料》，北京，中华书局，1966。

仁井田陞：《北京工商ギルド资料集(一)》，东京，东京大学东洋文化研究所，1975。

《抗战前国家建设史料·实业方面》，见秦孝仪主编：《革命文献》第75辑，台北，"中央"文物供应社，1978。

《抗战前国家建设史料·首都建设(三)》，见秦孝仪主编：《革命文献》第93辑，台北，"中央"文物供应社，1982。

中国社会科学院经济研究所、上海市工商行政管理局、上海市第一机电工业局编：《上海民族机器工业》，北京，中华书局，1979。

梁方仲编著：《中国历代户口、田地、田赋统计》，上海，上海人民出版社，1980。

李华编：《明清以来北京工商会馆碑刻选编》，北京，文物出版社，1980。

上海博物馆图书资料室编：《上海碑刻

资料选辑》，上海，上海人民出版社，1980。

中国人民政治协商会议全国委员会文史资料研究委员会编：《工商史料（一）》《工商史料（二）》，北京，文史资料出版社，1980、1981。

上海社会科学院经济研究所编：《刘鸿生企业史料》，上海，上海人民出版社，1981。

苏州博物馆、江苏师范学院历史系、南京大学明清史研究室合编：《明清苏州工商业碑刻集》，南京，江苏人民出版社，1981。

陈翰笙主编：《华工出国史料汇编（第七辑）》，北京，中华书局，1984。

黄苇、夏林根编：《近代上海地区方志经济史料选辑（1840—1949）》，上海，上海人民出版社，1984。

李景汉编：《定县社会概况调查》，北京，中国人民大学出版社，1986。

中国人民政治协商会议浙江省委员会文史资料研究委员会编：《浙江籍资本家的兴起》，杭州，浙江人民出版社，1986。

高景岳、严学熙编：《近代无锡蚕丝业资料选辑》，南京，江苏人民出版社，江苏古籍出版社，1987。

中国人民政治协商会议全国委员会、中国人民政治协商会议天津市委员会文史资料研究委员会编：《化工先导范旭东》，北京，中国文史出版社，1987。

天津市档案馆、天津社会科学院历史研究所、天津市工商业联合会编：《天津商会档案汇编（1903—1911）》，天津，天津人民出版社，1989。

吴根荣、徐友春主编：《吴江蚕丝业档案资料汇编》，南京，河海大学出版社，1989。

张世文：《定县农村工业调查》，成都，四川民族出版社，1991。

章开沅、刘望龄、叶万忠主编，华中师范大学历史研究所、苏州市档案馆合编：《苏州商会档案丛编（第一辑）》，武汉，华中师范大学出版社，1991。

饶怀民编：《刘揆一集》，武汉，华中师范大学出版社，1991。

天津市档案馆、天津社会科学院历史研究所、天津市工商业联合会编：《天津商会档案汇编（1912—1928）》，天津，天津人民出版社，1992。

中国第二历史档案馆编：《中华民国史档案资料汇编》第5辑第1编《财政经济》（六），南京，江苏古籍出版社，1994。

彭泽益主编：《中国工商行会史料集》，北京，中华书局，1995。

中国人民政治协商会议全国委员会文史资料研究委员会编：《中华文史资料文库（经济工商编）》第12卷，北京，中国文史出版社，1996。

天津市档案馆、天津社会科学院历史研究所、天津市工商业联合会编：《天津商会档案汇编（1928—1937）》，天津，天津人民出版社，1996。

彭泽益选编：《清代工商行业碑文集粹》，郑州，中州古籍出版社，1997。

《全国工商会议汇编》，见沈云龙主编：《近代中国史料丛刊（三编）》第20辑，台北，文海出版社，1987。

《广东经济纪实》，见沈云龙主编：《近代中国史料丛刊（三编）》第24辑，台北，文海出版社，1987。

《上海之商业》，见沈云龙主编：《近代中国史料丛刊（三编）》第42辑，台北，文海出版社，1988。

常州市纺织工业局编史修志办公室编：

《常州纺织史料》第 1 辑（未刊稿），1982。

林举百：《近代南通土布史》，南京，南京大学学报编辑部，1984。

湖北省地方志编纂委员会办公室编：《湖北省志资料选编》第 3 辑（未刊稿），1984。

河北大学地方史研究室、政协高阳县委员会编著：《高阳织布业简史》(《河北省文史资料（第十九辑）》)，1987。

湖北省乡镇企业管理局《乡镇企业志》编辑室编：《湖北近代农村副业资料选辑（1840—1949）》(未刊稿)，1987。

苏州市档案馆编：《苏州丝绸档案资料汇编》，南京，江苏古籍出版社，1995。

李文海主编：《民国时期社会调查丛编·乡村社会卷》，福州，福建教育出版社，2005。

李文海主编：《民国时期社会调查丛编·二编·乡村社会卷》，福州，福建教育出版社，2009。

李文海主编：《民国时期社会调查丛编·二编·近代工业卷》中，福州，福建教育出版社，2010。

李文海主编：《民国时期社会调查丛编·二编·人口卷》上，福州，福建教育出版社，2014。

李文海主编：《民国时期社会调查丛编·二编·少数民族卷》中，福州，福建教育出版社，2014。

［美］西德尼·D. 甘博：《北京的社会调查》，陈愉秉、袁熹、齐大芝等译，北京，中国书店，2010。

贵阳师范学院历史系：《兴义棉纺织业调查报告》(未刊稿)，年代不详。

三、近代报纸杂志

《申报》

《时报》

《大公报》

《益世报》

《四川官报》

《广益丛报》

中国第二历史档案馆整理编辑：《政府公报》(1912—1928 年)，上海，上海书店。

东方杂志社：《东方杂志》

北京经济讨论处：《中外经济周刊》

北京经济讨论处：《经济半月刊》

实业部国际贸易局：《工商半月刊》

商业月报社：《商业月报》

南开大学经济学院：《经济统计季刊》

南开大学经济学院：《政治经济学报》

劳工月刊社：《劳工月刊》

国际劳工局中国分局：《国际劳工通讯》

北京政府农商部：《农商公报》

实业部统计处：《实业部月刊》

南京中央研究院：《社会科学杂志》

中国实业杂志社：《中国实业》

中国农村经济研究会：《中国农村》

后　记

　　犹如初次分娩的母亲听到新生儿第一声啼哭时的喜悦心情一样，这本小册子付梓时，我的心情也是如此喜悦与快慰。因为它毕竟是自己多年来做学问的心得，可能丑陋，但至少可以反映我问学以来的足迹。

　　然而，我想得最多的还是为拙作付出过辛勤汗水与心血的众多师长。

　　1994年春，在武昌起义纪念馆举行的湖北省纪念兴中会100周年暨辛亥革命83周年学术座谈会上，章开沅先生热情鼓励我报考他的博士研究生，1995年，我如愿以偿，在章师的指导下攻读博士学位。章师所率领的华中师范大学历史研究所是一个学人荟萃、具有浓烈研究氛围的学术集体，是一个理想的求学与科研之地。在章师及其他诸位师长的关心指导下，我在中国近代史海中纵横遨游，并决定以中国近代手工业经济为学位论文方向。当把初步想法告诉章师时，我得到了他的充分肯定。一个偶然的机会，我同章师一起去汉口，同他谈起中国近代手工业经济的长期存在及其地位和作用，并提出构建"中间经济"的理论框架来解释这个问题。章师鼓励我大胆探索，细心论证，他还从瑞士的钟表业谈到菲律宾的编织业，提出中国近代手工业的存在自有其历史的继承性与合理性。章师见识广博、极富启迪意义的话语更加坚定了我研究近代手工业的信心。因此，没有章师指点和引导，这篇文章是不可能作成的。

　　朱英教授作为主要联系老师，平常接触最多，他为选题的确定、完善和史料的运用提出了独到的见解，并为我提供了他搜集的《工商会议报告录》里有关北京政府时期全国临时工商会议上的手工业提案史料。草成初稿后，朱英教授着力尤多，大到论文结构、编排技巧，小至用词达意，他都一丝不苟。马敏教授院务缠身，开题报告和初稿完成后恰值他两度出国访学，但他在繁忙之中仍抽出大量时间为论文的开题和进一步修改提出了有价值的见解，其治学的严谨风格与宏阔视野于我影响尤深。在开题报告会上，罗福惠教授和严昌洪教授提出研究手工业经济所应注意的问题，也使我获益良多。

1990 年，我有一年的机会聆听中南财经大学经济学系赵德馨先生对中国经济史的精彩阐述，先生研究从古至今的经济，领域宽、跨度大、识断精审。他多次同我谈到，学习历史的人研究经济史应该"换脑筋、换思维"，促使我以经济学的思维思考近代社会经济的演变。可惜天生愚笨的我并未得其真道，不过袭用皮毛。但随着学习的深入，我愈加体会到其重要性。论文完成后，赵先生欣然担任拙文的评阅人，并给予了高度评价。四川大学的谢放教授早期曾研究四川近代农村经济，对近代手工业见地深刻，尤其熟悉四川手工业史料，他为我毫无保留地提供了他从《四川官报》《广益丛报》及其他四川方志上所搜集到的有关四川手工业经济的全部史料。同时，他还拨冗担任了论文评阅人，并提出了宝贵的意见。

此外，南京大学蔡少卿教授、中山大学林家有教授、邱捷教授，中国社会科学院近代史研究所虞和平研究员、中南财经大学姚会元教授、湖南师范大学郭汉民教授、饶怀民教授，武汉大学陈锋教授，湖北大学陈钧教授等，在繁忙的教学与研究工作中或拨冗认真评阅了拙文，或参加了拙文的答辩，他们在给予充分肯定的同时，也提出了许多有益的修改意见。尤其令我感激和难以忘怀的是，在论文答辩通过后，蔡少卿先生接受了我做博士后研究的申请，使我有两年的时间对博士论文进行更加系统的思考和修改，有些已整理成小文章在《历史研究》《中国经济史研究》《史学月刊》等杂志上发表。

在平常的学习中，我有幸与建明、奇生、子侠、东辉、菲蓉、正兵诸位学友切磋辩诘，相互交流，使我从他们不同的学问背景和研究心得中，获得了从整体上探究近代手工业经济史的养分。

　　还要特别感谢的是，在当前学术著作出版艰难的境况下，高等教育出版社惠纳书稿，使拙作得以面世，政史法编辑室钟玉发先生提出了宝贵的修改意见，他一丝不苟，使本书避免了许多硬伤。所有这些都直接或间接地促成了本书的写作和完善。学史者未敢忘记过去，对那些曾为自己成长洒过汗水的师长与学友更当铭记，谨识于此，永志不忘！不过，由于本人功夫浮浅，书中缺漏一定很多，未能达到先生所要求的高度，唯有在以后的学习与研究中发奋努力，不断拓宽并深化已有的研究，以报先生于万一。

彭南生

2001 年 10 月

于香港浸会大学善衡校园

再版后记

2018 年 5 月 18 日，我开始了本书的修订工作，距离博士论文答辩已经过去了二十年，距离其初版，也已经走过了十六年。二十年，即便从传统的代际观念看，也大体上相当于一代人的时间。二十年光阴，如白驹过隙。二十年的人生岁月，又被裁为两段，1998—2008 年的十年时光，潜心问学，看书、教书、写书，日复一日，简单却有规律，平淡而又充实，没有虚度光阴，现在回想起来，真是太难得了。从 2008 年开始，走上管理工作岗位，先在历史文化学院院长任上干了一届，2012 年服从安排，到学校管理岗位上，又工作了十年，过着"双肩挑"的日子。说是"双肩挑"，其实只是利用周末，寒、暑假等节假日时间做点学问，聊以自慰而已。

此前多年，已有多家学术出版社征询我的意见，问我是否愿意修订再版本书，但我没有轻易允诺。我担心几年内难以完成高质量的修订工作，简单再版，意义不大。促使我下决心修订出版的是北京师范大学出版社谭徐锋工作室的电话约请与催促。徐锋君早年沿江东下，驻足桂子山，求学华中师大，与我有师生缘；四年本科毕业后，他又负笈北上，先后在中国社会科学院近代史所、中国人民大学清史研究所等国内学术重地攻读历史学硕士、历史学博士学位。他视野开阔，思维活跃，近几年来史学编辑工作做得风生水起，编辑了一批学术质量上佳的史学专著，在学术界产生了很大影响。电话交谈中，我介绍说，正好有一个国家社科基金项目的课题已经结项，承蒙评审专家们厚爱，鉴定结论拿了一个"优秀"。这个课题从立意到立项、结项，经过了十四五年时间的打磨，我下了一些苦功夫，自认为也还说得过去，结项后的成果依然"待字闺中"，我愿意自荐给北京师范大学出版社。徐锋不仅接受了我的自荐，而且还询问我的《中间经济：传统与现代之间的中国近代手工业(1840—1936)》是否有意再版，我表示如果时间上没有硬性约定，可以进行修订。

其时，我在学校分管教学工作，杂务繁多，几无空闲，几年下来，自认为已"驾轻就熟"。不料，2017 年 6 月，新的领导班子又安排我分管人事、学科建设、科研、出版、学报、资产等工作。不久，有班子成员调任他处，我又代管学校的信息化、国际化等工作。因此，我的担子加重，工作压力更大，生怕因为工作的分心而影响学校的发展。党和政府对高校领导的要求很高，不仅要做教育家，而且要做政治家，我虽以教育家和政治家作为自己努力的崇高目标，但我明白，这辈子我离教育家、政治家的标准相差太远太远，身在其位，只有加倍努力，方不负国家的信任与师生的期望。同时，党和政府要求高校领导必须全身心投入学校的管理工作中，不鼓励在岗从事教学、科研工作。于是，我也只能利用周末、节假日等，悄悄地满足一下做学者的欲望。

其实我早就有修订再版的想法。一是本书出版多年，书中的观点还站得住，并未因时过境迁而过时，因此，也便还有一些学术价值。二是这些年来，仍有学术界朋友不时询问有无留存，由于当年印数有限，我本人手头亦无存本，无法赠予，每每留下遗憾。三是这些年来，学术界的研究条件发生了巨大变化，信息技术的发展、大数据的出现为我们提供了海量的资料，且足不出户即可遍览群籍，过去想看而难以看到，或根本看不到的史料，甚至"踏破铁鞋无觅处"的东西，现在"得来全不费功夫"。四是这些年在指导学生的过程中，我总是鼓励学生自主选题，每每与他(她)们讨论选题的确定、史料的搜集与运用、论文结构的安排、学术观点的形成等问题，受益的不仅是学生，我本人也从他(她)们充满稚气与勇气的发言中获得启迪，这是教学相长的魅力所在。尤其是一些涉及手工业的论文，如张静的《山东潍县农村手工业的近代嬗变(1912—1937)》(2003 届硕士论文)、定光平的《羊楼洞茶区近代乡村工业化与地方社会经济变迁》(2004 届硕士论文)、张瑾的《近代四川乡村手工业的变迁及其历史作用(1891—1937)》(2006 届硕士论文)、孟玲洲的《传统与变迁：工业化背景下的近代济南城市手工业(1901—1937)》(2011届硕士论文，博士阶段在南开大学李金铮教授的指导下又完成了《近代天津城市手工业研究(1860—1937)》)、余涛的《近代浙江农村副业研究(1911—1937)》(2012届博士论文)、严鹏的《战略性工业化的曲折展开：中国机械工业的演化(1900—1990)》(2013届博士论文)、李中庆的《中国苎麻产业发展研究(1860—1958)》(2013届硕士论文)、熊元彬的《云贵高原手工业研究(1851—1938)》(2014届博士论文)、韩海蛟的《产品层次与技术演变：近代中国造纸业之发展(1894—1937)》(2015届硕士论文)、张杰的《传承与嬗变：近代成都城市手工业研究(1891—1949)》(2016届博士论文)、李中庆的《近代中国工业化进程中的边缘产业》(2017届博士论文)、粟晨阳的《制度与技术的双重变革：武汉城市手工业研究(1949—1965)》(2017届硕士论文)、郑思亮的《工业化进程中的北京手工业(1900—1990)》(2018届博士论文)等，我多从指导这些论文并与他们的切磋交流中获益良多。本书在修订的过程中，又幸得他们提供或校对若干史料。师徒互助，大抵就是如此，学生不仅从老师那里受益，老师也常常从学生的思考中受到启发。在书稿校对阶段，贵州省社科院田牛博士，云南民族大学段金生博士，华中师范大学近代史所博士生卢徐明同学、苗虹瑞同学、硕士生史骏同学及马克思主义学院硕士生杨永超同学又帮忙校对了部分少见的史料文献。

　　然而，真正拿起笔来，远远没有想象的那样顺利。学校领导班子缺员少将，本应配置十一位党委的常委会委员，最少时仅有五位在任。校长空缺，书记双肩荷重，班子成员一个顶俩，这恐怕是华中师大发展史上一段艰难的时期。直到2018年7月，在校长空缺十个月后，凌云同志才履新到岗。次年7月，时任党委书记的黄晓玫调任中国地质大学；11月，教育部党组任命郝芳华为华中师大校长，同时提任三位、调任一位同志补充进班子。至此，我才卸下了曾经代管的国际化、信息化等工作，原本分管的人事、资产等工作也剥离出去，一下子感觉到轻松不少。我想，是时候利用一些业余时间着手修订完稿工作了，不料，2020年1月，新型冠状病毒突袭神州大地，武汉作为抗疫中心，进入"战时状态"。因此，从开始修订工作到现在，时作时辍，每每拿起时，又须从头阅，而刚刚进入角色，又不得不放下，效率低下。就这样，直到今年暑期结束，历时两年有余的修订方告结束。

学问没有止境，学术没有最好，伴随学术长存的，或许就是遗憾！与原稿相比，本次修订除增加"同业组织：近代手工业行业治理的趋新"一章外，其余多为史料补充，学术观点、框架结构、行文风格等均保持原貌。借此再版之机，对修订工作的缘起与过程略作记述，并感谢提供再版机会的北京师范大学出版社和为此付出辛劳的朋友们，特别是徐锋本人！

彭南生

2020 年 8 月 22 日

于华中师范大学中国近代史所

图书在版编目（CIP）数据

中间经济：传统与现代之间的中国近代手工业：1840—
1936：修订版/彭南生著. —北京：北京师范大学出版社，
2024.1

（中华学人丛书）

ISBN 978-7-303-28463-4

Ⅰ．中… Ⅱ．彭… Ⅲ．手工业－工业经济－经济
史－中国－1840－1936 Ⅳ．F426.8

中国版本图书馆 CIP 数据核字（2022）第 244842 号

营 销 中 心 电 话	010-58808006
北京师范大学出版社 新史学策划部微信公众号	新史学 1902

ZHONGJIAN JINGJI

出版发行：北京师范大学出版社　www.bnupg.com
　　　　　北京市西城区新街口外大街 12-3 号
　　　　　邮政编码：100088
印　　刷：北京盛通印刷股份有限公司
经　　销：全国新华书店
开　　本：730 mm ×980 mm　1/16
印　　张：29.25
字　　数：421 千字
版　　次：2024 年 1 月第 1 版
印　　次：2024 年 1 月第 1 次印刷
定　　价：108.00 元

策划编辑：谭徐锋	责任编辑：曹欣欣　段亚彤
美术编辑：王齐云	装帧设计：王齐云
责任校对：段立超	责任印制：陈　涛　赵　龙